U0871838

创新　融合　发展

——建设工程咨询行业研究成果选编

主编　严鸿华

同濟大學出版社
TONGJI UNIVERSITY PRESS

内容提要

本书结合时代特征、市场变化及政策调整等，对建设工程咨询行业普遍关注的如“中小型企业的转型发展”“建设工程监理服务计费研究”等焦点问题进行了梳理和研究，提出了相应的应对措施，研究成果具有前瞻性、实用性、科学性等特点。本书既适合高等院校专业研究人员参考，也适合企业从业人员及相关人士阅读参考。

图书在版编目(CIP)数据

创新　融合　发展：建设工程咨询行业研究成果选编/严鸿华主编. —上海：同济大学出版社，2017.3

ISBN 978-7-5608-6810-3

Ⅰ.①创…　Ⅱ.①严…　Ⅲ.①建筑工程—咨询服务—研究成果—汇编—中国　Ⅳ.①F426.9

中国版本图书馆 CIP 数据核字(2017)第 050568 号

创新　融合　发展——建设工程咨询行业研究成果选编

主编　严鸿华

责任编辑　陈佳蔚　　**责任校对**　徐春莲　　**封面设计**　潘向蓁

出版发行　同济大学出版社　　www.tongjipress.com.cn
（地址：上海市四平路 1239 号　邮编：200092　电话：021-65985622）
经　　销　全国各地新华书店
印　　刷　常熟市大宏印刷有限公司
开　　本　787 mm×1 092 mm　1/16
印　　张　19
印　　数　1—4100
字　　数　474 000
版　　次　2017 年 3 月第 1 版　　2017 年 3 月第 1 次印刷
书　　号　ISBN 978-7-5608-6810-3

定　　价　68.00 元

上海市工程建设咨询监理有限公司
上海同大工程咨询有限公司
上海同济工程项目管理咨询有限公司
上海园鼎园林建设监理有限公司
上海沪港建设咨询有限公司
上海宏波工程咨询管理有限公司
上海宝钢工程咨询有限公司
上海房屋工程建设技术发展有限公司
上海建实财务监理有限公司
上海建科工程项目管理有限公司
上海建腾建筑工程监理有限公司
上海海达工程建设咨询有限公司
上海富达工程管理咨询有限公司
上海新光工程咨询有限公司
上海臻诚建设管理咨询有限公司
万隆建设工程咨询集团有限公司
同济大学工程管理研究所

参与编写人员(按姓氏笔画排列)

马　骏　王永飞　王槐庭　毛正平　方　海　史贤荣　印家伟
邢　毅　成　刚　朱　琦　朱盛波　刘永新　刘志力　刘格春
孙继德　纪添成　严鸿华　李　松　李　巍　李清杰　杨先锋
肖　树　吴发展　吴红梅　吴晓婷　何　强　冷君雷　张建开
张海峰　陆　明　陈　强　陈倩茹　周国尉　周显道　封履宁
胡　伟　洪雯艳　祝进才　姚　宁　姚　蓁　姚念亮　夏　冰
钱民权　郭康玺　陶荣芬　龚花强　彭雪燕　谢仄平　窦啸松
熊腾芳

评审专家(按姓氏笔画排列)

丁士昭　马　军　朱盛波　刘永新　许智勇　孙占国　杨宏巍
严鸿华　陆国荣　姚念亮　夏　冰　夏天庆　徐逢治　黄金枝
戴瑞同

前　言

一本书的诞生，总有其因缘。长期以来，上海市建设工程咨询行业协会对于现代科学技术与管理理论的发展始终保持着密切关注，并不断地探索与研究。建设工程咨询行业是以技术为基础、运用多学科的知识，并以工程建设实践经验、现代管理理论为依托，为建设市场主体提供项目决策与实施全过程咨询管理的服务行业。经过数十年的发展，其已形成具有规模的产业形态，成为国民经济的重要基础产业之一。但是，时代在进步，社会在变革，市场经济的发展与政策的调整，对建设工程咨询业的影响无处不在，著名思想家严复说："非新无以为进，非旧无以为守。"因此，在继承传统的基础上，融合新与旧、变与守，最终走向创新发展，依然是行业和企业的核心目标。

在当下，行业面临着新的发展形势，经济环境的日新月异，国际国内市场的复杂格局，使投资领域产生令人目不暇接的变化，同时资源环境和生产要素的制约以及人才短缺等问题的凸现，也召唤传统建筑产业转变发展模式。围绕着建筑业的改革，国家相关政策密集出台，诸如服务价格放开、资质管理改革、信用体系建设、统一开放建设市场等，特别是 2014 年住建部颁布《关于推进建筑业发展和改革的若干意见》以后，围绕"坚持淡化工程建设企业资质、强化个人执业资格的改革方向、探索从主要依靠资质管理等行政手段，逐步转变为充分发挥社会信用、工程担保、保险等市场机制的作用" 等一系列要点，包括行政审批制度改革在内的举措接连推进，与此同时，发展"互联网＋""装配式建筑""BIM 建筑信息模型技术"已成为推动建设工程咨询行业工业化和科技化的革命性举措，并得到迅速推进；"一带一路"国家战略的提出与实施，更是将"走出去"与"引进来"并重，开创了市场、资源与投资等对外深度融合的新局面。建设市场和整个行业的形势急剧变化，使行业的发展面临了一系列亟需研究与解答的新课题，如何适应建设市场的新变革、新形态，稳中求进地实现自身的创新驱动、满足市场主体的需求，有效地实现服务模式、服务水平的转型升级，对于企业与从业人员而言都是重大的考验。作为建设工程咨询行业协会，我们肩负重任，责无旁贷。在没有了"政府定价""强制监理""体制红利"的市场化改革中，在工程咨询行业正在改变的管理"碎片化"、服务"碎片化"、服务范畴与工程整体价值链脱节的情况下，在全面营改增和供给侧改革的形势下，我们必须共谋发展，同舟共济，维护市场公平和企业权益，为行业发展做出贡献。

为此，协会正式启动了行业改革发展课题研究工作，成立了领导与专家小组，确立了一系列的课题研究，其中呈现在读者面前的"BIM 技术在上海工程管理中的应用研究""推进中国工程顾问国际化战略研究""新常态下，建设工程监理服务计费研究""经济新常态下中小企业的转型与发展”“行业自律的探索与实践”等文章都是比较成熟的研究成果，经过专家的反复论证，几易其稿，不断修正，方始推出。下一步也将研究和制订成果的推广和转化方案。我们非常期望这些研究能够切中发展需求，并且起到抛砖引玉的作用，引起业内更多的思考与探索，激发起更多的创新思路，推进建设工程咨询行业的新发展。

以这几项课题研究成果为主体，我们编写了这部《创新 融合 发展——建设工程咨询行业研究成果选编》(以下简称《选编》)。《选编》的编制坚持科学性原则，凝聚了众多专业人士的智慧，在深入开展调研分析的基础上，提出科学的发展对策，在课题研究过程中收集的调研数据真实的反映了行业发展的基本面貌，研究结论具有普遍性、可操作性，对于行业内各类型企业都有适用之处，同时坚持创新性原则，大胆提出改革观点，探索行业发展的新途径。例如《新常态下，建设工程监理服务计费研究》的撰写，是在发改委出台了《国家发展改革委关于进一步放开建设项目专业服务价格的通知》(发改价格〔2015〕299号)之后，全面放开了工程监理取费，市场化配置资源更具决定作用的情况下开展的。针对这些现状，我们以上海市监理行业为基础，通过调查问卷统计得出监理人员配备标准、人员成本等数据，以人工费为计费基数，提出一个合理的监理企业服务费取费模型，希望在提供参考依据的同时，能够取得企业的共识，从而促进行业的健康发展。

《选编》的撰写在大量的调查与深入研究的基础上，结合工程咨询行业市场的发展现状，通过专家学者对建设工程咨询行业相关资讯进行整理分析，进一步依托国家权威数据资源和长期市场监测的数据库，是对行业进行了较为全面、细致的调研分析后得出的结论，所以具有普遍的意义和价值。

我们很欣慰，在《选编》的撰写与出版过程中得到了许多企业和专业人士的鼎力支持，没有这些帮助，本书是无法完成的，我们相信《选编》的出版将向行业展现丰富多元的发展思路，为行业改革转型提供指导，为研究成果的转化与企业的实践应用提供参考依据。

本书除了第一篇的几项研究成果，第二篇还简要地编辑整理了上海建设工程咨询行业的发展现状以及近期的调查统计数据，同时也选入了部分企业的发展概要，以求更加真实、全面的展现行业的发展面貌，供读者参考和了解。

问渠哪得清如许，为有源头活水来。非常感谢各级主管部门、各会员单位对协会长期以来的支持，感谢为本书撰写付出辛苦努力的企业与作者，特别感谢著名学者丁士昭教授对课题研究的指导，感谢《建筑时报》王铭辉先生、徐敏女士的热心惠助，也要感谢同济大学出版社的慨然接纳，使得本书得以更加广泛地走向社会。由于编写者水平有限，疏漏在所难免，还请专家及广大读者不吝指正。

上海市建设工程咨询行业协会会长

2017年3月

CONTENTS

目录

前言

第一篇

绪论 3

BIM 技术在上海建设工程项目管理中的应用研究 10

推进中国工程顾问国际化战略研究 80

新常态下,建设工程监理服务计费研究 135

经济新常态下中小企业转型与发展的研究 159

建设工程咨询行业自律的探索与实践 175

第二篇

上海建设工程咨询行业发展概述 255

企业展示 261

第一篇

绪　论

众所周知，建设工程咨询行业的主要任务是运用多学科知识与经验，同时依靠现代科学技术和管理方法，遵循独立、科学、公正的原则，为政府部门和投资者对工程项目的投资决策与建设，提供全过程的技术和管理服务，在提高宏观与微观经济效益，创造项目相关方效益的同时，获得市场的认可以及实现企业自身的发展。建设工程咨询行业经过多年的发展，创造了很多成绩，也出现了很多问题，这也是符合社会发展规律的，随着全球一体化的深入及人类思维的不断进步，许多新的科技与理论不断的涌现，并引领了行业的变革，如互联网＋、BIM 技术、大数据等，对产业的影响都是具有颠覆性的，同时社会发展进入新常态，国家积极推进新型城镇化建设、“一带一路”的宏图、建筑领域相关政策的不断调整等，无不影响着行业的发展，创新驱动，转型升级成为行业与企业的主旋律。

不可避免的是任何细小的变革都将对行业与企业带来多重影响，是生存还是发展，时代的声音时刻都在回荡，在这样的情形下，上海市建设工程咨询行业协会未雨绸缪，组织多方专家研究和讨论行业发展的焦点问题，梳理和整理了行业发展的数据，并会同企业制订了课题，展开深入研究，其中比较有代表性也比较成熟的主要有以下相关内容：

一、促进中小企业转型，推进工程顾问国际化

目前，我国中小企业正处于培育发展与转型升级的关键时期，该类型的企业数量增长较快，与此同时，市场与经济总量不断扩大，但科学发展的内生机制尚未形成，市场环境及法律规范还待进一步完善，科技、管理、人才等基础较为薄弱，要使中小型企业实现从量变到质变，根本的要靠深化改革创新驱动，推动企业实现创新发展，事实上是一项艰巨而复杂的系统工程，需要顶层设计、科学技术、理论发展、政策调控、市场导向、人才队伍等一系列和谐共进才能完成，因此，必须从一定的战略高度，制订并创造符合企业创新升级条件的支撑点。为此，我们先后深入调研了多家已经取得一定成就，比较有代表性的企业作为研究的对象，并希望从这些研究对象里得出具有普遍性科学性的结论，供其他企业借鉴与参考。

在这些企业里有的企业专业性比较突出，例如上海环亚工程咨询监理有限公司，是从上海化工设计院“转”出来的，他们依托熟悉的化工专业，坚持把本行业做专做精做尖。先后与中石油签订了施工监理服务框架协议，框定中石油在上海区域内建设及改造的加油站项目施工监理业务均由该司承接，连续几年已完成 30 多个加油站项目监理，并连续

被中石油评定为服务优良供应商，现已成为上海化工区合格供应商体系成员之一。上海市市政工程管理咨询有限公司以市政工程监理为特色，有丰富的现场施工经验和管理协调能力，近来他们在搞好监理业务的同时，积极把监理工作延伸到项目评价、维修、养护管理方面，将有生力量投入后期项目维护的管理和监理，并逐步摸索总结出一套具有市政公用设施使用后期维护特点的监理工作方式和方法。

有的企业成绩相当突出，如上海智通建设发展股份有限公司历经了 14 年的发展，一直在积极探索如何在传统监理行业中做出自身特点和优势，为使公司发展能迈上新的台阶，公司决定启动新三板挂牌计划，公司大力引进专业人才，完善公司人事、财务、项目管理等各项管理制度，严格按照证监会及交易所要求完善自身项目管理体系、财务管理体系、风险管理及内控体系，并在券商、会计师及专业律师协助下准备了完善的申报材料，顺利通过全国中小企业股份转让系统审核并正式挂牌。这是整个监理行业第一家上市企业，在行业中是创新之举。

在调研中我们发现，很多企业在走向市场的过程中，都有鲜明的企业发展特征。如上海明方复兴工程造价咨询事务所以“严格管理，巩固已有阵地，做专做精、找准突破口，全力拓展”的发展思路，积极开展政策研究和市场调查，将造价咨询、招标代理强项，向做专做精方向发展，开发健全了公司工程咨询信息管理系统，持续加快工程咨询市场的调查研究和经营推进力度，提升了公司造价咨询、招标代理和项目管理的咨询服务实力，实现公司跨越式发展。上海信达工程建设监理有限公司，面对新的市场环境，坚持从基础工作上练好内功，积极在优化技术层面和深化内部管理上做专、做精、做细，构筑强有力的技术支撑体系，完善各类工程监理大纲、监理规划、专业工程监理实施细则、各类工程项目管理及监理作业指导书，由这些技术文件作为公司技术管理的基本体系，形成公司发展的核心竞争力。上海申邑工程咨询有限公司制定了公司股份管理办法，不但约定了“进入”办法，而且还制定了“退出”机制，保证公司的活力，采用干股奖励的办法，用其中20%～30%的利润作为干股奖励，让后来的企业骨干能分享企业利润，实行动态的管理，与经营管理业绩挂钩，同时推行项目经理负责制，把骨干特别是年轻人推到经营、管理第一线。上海臻诚建设管理咨询有限公司为适应经济新常态，为提升企业竞争能力，在经营模式、业务拓展、服务方式等方面进行了革新与尝试，在新形势下，他们远用大量数据的分析与挖掘，根据原则，让业务部门自行决策，从而达到“大道至简”。上海财瑞建设咨询有限公司坚持发挥集团化运作优势，对承接的工程项目涉及会计、房地产评估和资产评估等实行全过程咨询服务，并实施集团化联合操作，对外形成一种单独专业公司不具有的服务优势，以项目服务较高的性价比赢得市场，他们在中铁、东环、上海银行、西安等项目中，在众多竞争对手的角逐中取得头筹。上海百通项目管理咨询有限公司为适应新的形势的变化，确立了“提升招标代理技术含量、大力拓展招标代理服务范围”的发展战略，明确服务向项目前期准备、方案策划、项目管理和合同履约跟踪管理等招投标活动的两端延伸，并提出坚持多元发展，向综合型咨询机构迈进。上海建津建设工程咨询有限公司发展至今已 10 年。从当初年营业额百万元的小微企业，成长为现年营业额数千万元的中型企业。该公司坚持走特色发展的市场路，坚持技术与服务的有效结合，通过提供过硬的管理技术和良好的服务态度，带给业主超过预期的服务。

又譬如，上海科瑞真诚建设项目管理有限公司是一家具有广泛社会影响力和持续行业竞争力的综合性工程咨询企业，企业是在转型发展中一步步逐渐做大。他们尊崇“踏实、拼搏、责任”的企业精神，并以诚信、共赢、开创的经营理念，用心服务于客户，取得了不俗的业绩。上海第一测量师事务所有限公司利用国有的技术特长和人才优势，避开服务酬金上的低价竞争，专注于品牌打造，通过提高专业水准和服务质量逐步与国际接轨，获得了市场的认可。在项目的服务过程中，积极学习国际先进经验，并将国际惯例与上海的实际相结合，使公司的服务更适宜国内施工队伍的运作。上海华城工程建设管理有限公司是以工程项目管理、工程监理、造价咨询、工程检测为核心业务的综合性项目管理公司。该公司富有前瞻性，不满足于现有成绩，坚持走一步想三步，决心触角外探，全力推进“国际化”发展战略，该公司积极搭建境外工程咨询服务的交流平台，促进中国工程咨询行业向国际化发展。

这些企业的发展历程给我们带来了很多启示，值得总结和学习。中小企业是我国国民经济的重要组成部分，为我国的国民生产总值、劳动人口就业、国家税收增长等做出了重要的贡献，借鉴成功企业的经验，全面推动中小型企业的创新发展，是符合行业甚至国家发展战略需求的。

随着全球经济一体化程度的提高，我国“走出去”战略不断深化，中国对外承包工程企业海外业务发展迅猛，国际竞争力显著提高。行业规模保持扩大，年新签合同额和完成营业额以及承揽的项目规模都在持续提升，尤其是随着“一带一路”国家战略的实施，我国工程顾问领域的国际化进程得到了快速推动。

相形之下，西方发达国家工程顾问的发展已有上百年的历史，各种工程项目管理模式在长期的实践和改革中不断发展完善，体制创新和管理技术创新的速度相当迅速。特别是在进入 21 世纪之后，发达国家在工程项目管理的管理思想和管理理念上，出现了重要的发展和变化，如全生命周期管理、全生命周期信息管理、以可续发展为导向的工程管理、项目组合管理、项目集管理等新的组织管理理论、绩效管理、价值工程、总控理论等新理念、新理论、新方法、新工具不断涌现，极大地促进了国际工程顾问行业的发展。对比国际上的先进企业，我国工程服务领域的企业规模是相当小的，我国工程顾问公司无论是造价，还是监理、项目管理，服务范围都是单一的，工作是单向的，就建设工程咨询全过程服务而言，实际上都是有所欠缺的。近些年，随着世界经济的不断发展和基础设施建设规模的不断扩大，国际建设活动发生了巨大的变化，其速度超过了过去五十年国际建设活动的发展速度，因此培养、吸引和使用复合型、外向型、开拓型的国际工程顾问人才，提高自身技术优势，是目前我国工程顾问国际化的最大瓶颈，也是当务之急需要解决的问题，但是国际工程顾问人才的培养是一个系统的工程，除进行长期的教育培训外，整合人才资源、充分利用好已有的国际人才是短期内解决我国工程顾问国际化人才缺乏的重要途径。

同时也要建立属于我国工程顾问的生态系统，所谓生态系统，其生态学的定义是指在一定的空间和时间范围内，在各生物之间以及生物群落与无机环境之间，通过能量流动和物质循环形成相互影响、相互制约的统一整体。而将这一定义应用到工程顾问上，可以理解为我国工程顾问行业的不同组织之间、组织与外界环境之间通过理念传递、资源流动而形成一个能适宜工程顾问行业发展的统一体。

总而言之，我国工程顾问国际化战略规划应当在对我国工程顾问客观分析的基础上，依据工程顾问国际化的战略方向和目标，制定相应的策略，明确工程顾问国际化的发展路径，从而引导我国工程顾问今后的发展方向。因此，我国工程顾问国际化战略规划在本质上是一个认识世界并改造世界的过程，这种“改造”将彻底改变我们以往对工程顾问的认识，因此我们需要以变革管理的理论来指导战略规划的编制。

二、探索 BIM 技术应用，研究监理取费方式

BIM 技术作为当前建筑业的一场革命，给建筑市场的各参与主体都带来了新的机遇与挑战，从建设工程项目管理角度出发，在建设项目中采用 BIM 技术的根本目的是为了更好地管理项目，BIM 技术在建设项目管理中的应用有利于项目管理精细化、集成化管理和协同工作以及实现管理成果的可视化等。BIM 技术为项目的集成化管理提供支撑，建设生产效率得以提高并帮助业主实现经济效益最大化。BIM 的充分应用可为集成创新模式提供组织集成、信息集成、目标管理、合同管理等各方面支持。因此，工程咨询单位作为业主顾问，应该把 BIM 技术应用于工程管理全过程，努力为项目建设增值做出自己应有的贡献。

项目管理方作为业主方咨询服务机构，应用 BIM 技术实现项目全寿命周期综合管理，对工程管理组织变革提出了新要求，包括整个项目管理的组织结构变革和项目管理流程变革。对于一个建设项目应用 BIM 技术管理，需要项目参与各方共同参与和积极主动应用，成为项目 BIM 应用管理团队系统。整体项目 BIM 管理系统可以是“虚拟组织”，即在业主主导下，由项目管理团队、规划设计团队、施工团队以及运营管理团队组成。

对于业主方基于 BIM 技术的项目管理，从项目管理的组织结构变革角度，必然要增加项目 BIM 管理团队。传统的项目管理团体必须与项目 BIM 管理团队紧密配合，整个团体应该由项目管理团队主导。在项目 BIM 管理团队中，其项目 BIM 经理(包括人员组成)可以是业主派出，也可以由项目管理团队派出，甚至可以由业主单独委托项目 BIM 管理团队。

从工程管理流程变革角度，基于 BIM 技术的项目管理必然产生新的管理工作、使某些管理工作提前以及新管理方法，特别是由于实现 BIM 技术应用，可以最大限度实现项目协同管理，从而改变了传统工程管理工作流程。

基于 BIM 技术的项目管理任务应包括两个方面：项目 BIM 技术实施的管理，即项目管理者作为 BIM 专项顾问角色，制定 BIM 技术的管理应用方案并控制实施，承担项目应

用BIM技术的管理。在BIM技术的管理应用框架下的项目管理,即从管理的角度来应用,把BIM当作管理的工具,来帮助进行项目目标的管控。

上海市工程项目管理应用BIM技术,尚处于探索阶段,对上海市建设工程项目管理应用BIM技术的障碍和风险调研表明,工程管理应用BIM技术的存在着一定的问题。如行业体制、标准不完善,缺乏政策引导及保障;参建方对于数据分享持消极态度,缺乏协同管理,不少工程项目上虽然应用了BIM,但只是开发和利用其中一小部分功能,造成资源浪费;BIM应用软件之间缺乏交互性,商业软件功能达不到BIM应用或国内相应的标准的要求,或缺少有效的技术接口;短期成本高、收益不确定,导致经济风险大。

BIM技术是住房和城乡建设部在建筑业信息化发展纲要中推广的主要新技术,是项目精细化管理最有力的技术支撑手段,国内多数的建筑企业已经把BIM技术作为企业创新发展的重要技术手段之一,BIM的应用和推广将在企业的科技进步和转型过程中起到一定的促进作用,也将给行业的发展带来巨大的推动力,在提升企业科技进步的同时,促进工程项目实现精细化管理、提高工程质量、降低成本和安全风险,提升工程项目的效益和效率,我们相信BIM建筑信息模型的推广和应用,将成为建设工程领域的一次革命。

随着互联网技术的快速发展,大数据时代的到来,BIM技术必将成为代表建筑业先进生产力的关键技术,只有重视BIM技术的价值,先知先觉,不断地开展BIM的研究和应用,实现BIM"信息共享、协同工作"的核心理念,才能有效促进BIM技术的落地生根,全面开花。

2015年2月,出台了《国家发展改革委关于进一步放开建设项目专业服务价格的通知》(发改价格〔2015〕299号)(以下简称"299号文"),全面放开了监理取费,工程监理服务价格全面放开是全国改革开放的大势所趋,李克强总理在十二届全国人大三次会议上的政府工作报告中就曾指出:"不失时机加快价格改革。改革方向是发挥市场在资源配置中的决定性作用,大幅削减政府定价种类和项目,具备竞争条件的商品和服务价格原则上都要放开。"但是同时也在短期内给企业带来了阵痛,根据299号文的精神,建设单位在招标过程中监理费用基本上由监理单位自主报价来确定,在这种情况下,确实对工程监理企业带来了一定程度上的困扰,为此,我们以上海市监理行业现状为例,通过调查问卷统计得出监理人员配备标准、人员成本等数据,以人工费为计费基数,得出一个合理的监理企业服务费取费模型。

调查问卷共分为三个部分。第一部分基本情况主要了解被调查企业的性质、资质、各类员工比例、收入、成本等方面的内容,其目的是将企业进行分类统计,使统计结果更加合理、科学。第二部分监理业务人员成本调查表从不同岗位、不同的能力进行人员成本调查统计,其中专业监理工程师岗位以上(含安全管理工程师)分资深档和普通档两档,人员成本取值为调查单位最高人员成本和最低人员成本,和相应的人数。第三部分为项目监理机构人员配置调查表,主要围绕房屋建筑工程和市政工程进行调查研究。房屋建筑工程按照施工顺序分为地基与基础阶段、主体结构阶段、装饰装修阶段。房屋建筑按照不同建筑面积进行各阶段的人员配置调查,市政工程按照总投资进行项目监理机构人员配置调查。

问卷的调查由上海市建设工程咨询行业协会(以下简称“协会”)发放给上海市范围内的监理单位,并督促完成。考虑到数据的有效性、合理性和科学性,协会随机选择其辖区范围内的监理企业进行问卷调查。共收到调查问卷反馈 50 个样本,剔除填写不符逻辑及要求的调查问卷,最终第一部分基本情况有效问卷反馈 45 个样本,第二部分监理业务人员薪酬成本调查统计有效问卷反馈 42 个样本,第三部分项目监理机构人员构成调查表有效问卷反馈 40 个样本。

经研究分析,可测算出在不同建筑面积的房屋建筑工程和不同总造价的市政项目工程情况下,监理企业应配备的人员数量和不同岗位的人员成本。房屋建筑工程项目,有经验的工程师可根据招标文件给出的工期或工程项目的特点测算出的地基与基础阶段、主体结构阶段和装饰装修阶段三个阶段的工期,再考虑不同阶段配备人数,可得出不同岗位人员成本。由工期、人员数量和人员成本三者组合可得到项目监理机构的人员费。市政工程项目根据总工期,推测得到人员配置数量,得出不同岗位人员成本,同时可得出市政工程监理机构人员费。以房建工程和市政工程的人员费为基数,再考虑以人员费为基数的监理项目部营运费系数,以人员费与营运费之和为基数的管理费系数,以人员费、营运费、管理费三者之和为基数的利润计取系数,税金计费系数为政府规定系数,进而可得监理服务费。即:

监理服务费 ＝ 人员费 ＋ 监理项目部运行费 ＋ 监理企业管理费 ＋ 利润 ＋ 税金

经过专业的研究结果显示“按人员费为基数”计费方式不但适用于工程监理取费,对工程造价咨询、招标代理以及工程项目管理服务取费均可适用。“按人员费为基数”的计费方式有利于保证人员的素质和数量,监理企业在报价时就作了明确的承诺。不但能使得各项取费透明化,各项费用容易被业主认可,而且可有效保证服务质量,有利于保障工程的质量与安全,同时可有效处理因工作量或服务周期变化发生的合同变更。同时利于防止低价竞标,无序竞争等不良市场问题及其所滋生较多的社会痹症。

笔者认为,“按人员费为基数”将会对企业的盈利模式发生重大变化,但是,对参加不同地区竞标的企业会受到当地人员价格的影响而降低竞争力,必须要做好减少预期收益的心里准备,对于这种计费方式的推广,可按照此种计费所需数据和计费规则,充分运用“互联网＋”先进技术理论,编制成取费计算软件,在以后的研究中能够在此计算模型的基础上融入先进思想和技术理念,完善本计算模型。

我们十分清楚,监理服务费是工程监理企业得以生存的基础,科学的取费标准,完善的管理体系,才能从根本上促进行业的健康发展。

三、推进行业自律,促进健康发展

完善的市场环境,规范的竞争秩序是任何行业发展的重要基础,长期以来,政府监管与行业自律是良好市场秩序创立的基石,然而在政府不断简政放权的当下,加强行业自律建设,推进诚信体系建设显得愈加重要。中共“十八大”强调诚信体系建设的重要意义,报告中6次提到诚信问题,并对诚信建设提出具体要求,强调要“加强政务诚信、商务诚信、社会诚信和司法公信建设”,并将诚信提升到社会主义核心价值观层面。在推进行业自律、完善诚信体系建设的过程中,行业协会的引领是基础,企业的自律是核心,从业人员的自律是根本。

同时,我们也看到行业各方的共同利益是行业自律建立的重要基础,发挥行业自律的作用,必须使行业内成员认识到公共利益的存在,增强其自律动力才有利于形成良好的内部治理结构,这也是行业自律有效实施的结构性要求。在这个过程中,行业协会可以借助行业自律公约及非强制性的精神引导给予市场道德上的约束,并最终形成自觉的道德意识。

行业自律的建设是一个系统的复杂工程,需要综合协调、内外结合,既要解决表面问题,更要从根本上加以疏导,同时诚信体系的构建内容庞杂,覆盖面广,涵盖了个人、企业和政府等多层次、多方面的诚信建设,因此有学者认为,“广泛的诚信存在是利益约束的结果,而非仅仅是个人道德所为”,从某种意义讲,行业自律也将主导市场行为,加快诚信体系建设,推进行业自律不仅要发挥市场经济的力量,还要充分发挥协会的引导作用,不仅要进行道德建设来加以规诫,更需要法律规范加以强化,才能实现在新常态、新形势下行业自律的创新与发展。

在此项课题研究中,我们较为细致地梳理了建设工程咨询行业自律机制的发展现状,将行业的诚信自律放在了更广阔的视野中,与国内外建设工程咨询行业及其他行业自律机制进行了比较分析,并从经济学、管理学甚至人文学科角度获取了一定的理论,从中归纳出较为科学的结果。

综上所述,无论是工程顾问的国际化、推动中小型企业的转型发展,还是研究监理取费标准,探求BIM技术的价值与加强行业自律,从根本上说都是推动建设工程咨询行业乃至整个建筑产业实现良性发展的重要组成部分,辩证的思考,认真的求索,一定会产生价值,但是,任何行业的进步都不可能是独立的,势必要与整个社会形成千丝万缕的联系,我们期待这些初步的研究,能够对读者有所启迪,为企业、行业甚至整个社会的进步起到一点抛砖引玉、添砖加瓦的作用。

BIM 技术在上海建设工程项目管理中的应用研究

摘　要：推进 BIM 技术在工程建设全过程的应用，对于我国建筑业的创新发展具有重要的意义。本章从上海建设工程咨询行业、特别是项目管理企业开展基于 BIM 技术的工程管理的应用现状入手，深入分析了其中的推进难点和应用障碍，提出关于尽快完善“BIM 标准”等基础，完善政策法规等条件的发展思路；同时，对政府、行业协会和相关企业提出了许多重要的有应用价值的措施和建议。

关键字：BIM 技术；上海工程管理；应用现状；促进措施

引言

建筑信息模型(Building Information Modeling，以下简称 BIM)技术能够给建筑业带来巨大收益和生产力的显著提高，已被国际上公认为是一项建筑业生产力革命性技术。“信息化是建筑产业现代化的主要特征之一，BIM 应用作为建筑业信息化的重要组成部分，必将极大地促进建筑领域生产方式的变革。”①BIM 技术对改造和提升我国传统的建筑行业有着重要意义。

我国对 BIM 技术发展和应用高度重视，已经提到国家发展战略高度。近年来国家和上海市颁布了一系列指导意见，提出了在建筑行业发展 BIM 技术应用的要求。住房和城乡建设部在 2011 年 5 月下发了《2011—2015 年建筑业信息化发展纲要》，在总体目标中提出“加快建筑信息模型(BIM)、基于网络的协同工作等新技术在工程中的应用，推动信息化标准建设”的目标。2014 年，在《关于推进建筑业发展和改革的若干意见》中提出“推进建筑信息模型(BIM)等信息技术在工程设计、施工和运行维护全过程的应用”的要求。并于 2015 年 6 月就推进建筑信息模型(BIM)的应用提出了指导意见，明确了具体发展目标和工作重点。

为了实现“BIM 技术应用和管理水平走在全国前列”的战略目标，上海市政府出台了

① 《关于推进建筑信息模型应用的指导意见》，(建质函〔2015〕159 号)。

一系列相关推进政策，确定“通过分阶段、分步骤推进 BIM 技术试点和推广应用，到 2016 年底，基本形成满足 BIM 技术应用的配套政策、标准和市场环境，本市主要设计、施工、咨询服务和物业管理等单位普遍具备 BIM 技术应用能力。到 2017 年，本市规模以上政府投资工程全部应用 BIM 技术，规模以上社会投资工程普遍应用 BIM 技术。”[①]同时，为推动 BIM 技术在上海建筑行业的应用提出了各项具体落实措施。先后于 2015 年 5 月 14 日发布《上海市建筑信息模型技术应用指南(2015 版)》；2015 年 6 月 8 日成立上海 BIM 技术应用推广中心；2015 年 7 月 1 日推出《关于印发上海市推进 BIM 技术应用三年行动计划(2015—2017)的通知》；2015 年 8 月 6 日出台《关于报送本市建筑信息模型技术应用工作信息的通知》；2015 年 8 月 12 日出台《关于上海市开展建筑信息模型技术应用试点工作的通知》。这些强力推进政策，无疑也对上海建设工程项目管理咨询行业企业如何开展基于 BIM 技术的建设工程项目管理提出了挑战。

工程管理涉及建设项目的全生命周期，包括建设项目决策期(前期论证分析)、实施期(设计阶段、施工阶段、采购活动等)与运营(运行)期。建设工程项目管理(以下简称为“项目管理”)属于工程管理一个部分，致力于“自项目开始至项目完成，通过项目策划和项目控制，以使项目的费用目标、进度目标和质量目标得以实现。”项目管理是一种增值服务工作，致力于为工程建设增值：确保工程建设安全、提高工程质量、有利于投资(成本)控制及进度控制。为了提高项目增值效果，从事项目管理的工程咨询机构其服务范围往往向前和向后延伸。

客观地说，我国目前项目管理的水平不高、管理能力尚显不足，工程咨询机构所提供的服务、为建设项目增值效果往往不令业主满意。项目管理实质上是工程项目信息处理过程，BIM 技术的发展和成熟，可以带来强大的数据支撑和技术支撑。BIM 技术在项目管理中的应用有利于突破以往传统建设项目管理技术手段的瓶颈，可以解决长期困扰工程管理的两大难题——海量基础信息全过程分析和工作协同，真正实现工程信息集成化管理，最大程度上实现为建设项目增值的目的。

近年来，不少学者和组织对我国建筑业 BIM 应用的现状进行了大量调研和分析，特别是对影响我国建筑业企业应用 BIM 技术的障碍提出了想法和建议。然而，这些研究主要是针对设计企业和施工企业。同时，国内外总结的在建设项目全生命周期内的 BIM 技术应用价值点，也主要针对设计企业和施工企业(部分针对项目物业运营企业)。对为业主服务的建设项目管理企业如何应用 BIM 技术，目前研究尚显不足。

为了有效推动 BIM 技术在上海建设工程项目管理中的应用，上海市工程咨询行业协会联合上海现代建筑设计集团工程建设咨询有限公司开展“BIM 技术在上海建设工程项目管理中的应用研究”课题研究。

本课题的主要内容包括以下四个方面：

(1) 梳理 BIM 技术的特点、BIM 技术在建设项目全生命周期的典型应用，明确推进

① 《上海市人民政府办公厅转发市建设管理委关于在本市推进建筑信息模型技术应用指导意见的通知》，2014 年 10 月 29 日。

BIM 技术在我国建筑业应用的意义。

(2) 明确基于 BIM 技术的项目管理对管理组织变革要求，分析提出基于 BIM 技术的项目管理任务。

(3) 通过调研分析，清楚上海工程管理咨询行业 BIM 技术应用在建设工程项目管理的现状以及存在的难点和障碍。

(4) 针对推进上海工程管理咨询行业、特别是项目管理企业开展基于 BIM 技术的建设工程项目管理的难点和障碍，提出对策建议。

本课题研究将以调研上海市工程咨询行业协会下会员单位为基础，分析总结目前上海 BIM 技术的发展现状、对工程项目管理应用 BIM 技术所需要共同营造的市场环境条件、针对影响 BIM 技术在上海建设工程项目管理中应用的主要障碍，提出相关建议，为推动上海 BIM 技术在项目管理中的应用实践提供参考。

一、推进 BIM 技术在我国建筑业应用的意义

(一) BIM 技术的特点

大量的研究表明，BIM 应该包括建筑信息模.型、建筑信息建模和建筑信息管理三方面的含义：

(1) BIM 是建设项目(设施)所有信息的数字化表达，是一个可以作为建设项目虚拟替代物的信息化电子模型，是共享信息的资源，即 BIM 可以理解为“建筑信息模型(Building Information Model)”。

(2) BIM 是在开发标准和互用性基础上建立、完善和利用设施的信息化电子模型的行为过程，参与项目建设有关的各方可以根据各自职责对模型插入、提取、更新和修改，以及支持项目建设的各种需求，即 BIM 可以理解为“建筑信息建模(Building Information Modeling)”。

(3) BIM 是一个透明的、可重复的、可核查、可持续的协同工作环境。在这个环境中，各参与方在设施全生命周期中都可以及时联络，共享项目信息，并通过分析信息，做出决策和改善设施的交付过程，使项目得到有效的管理，也就是“建筑信息管理(Building Information Management)”。

美国国家标准技术研究院对 BIM 的定义，受到广泛认可，即“BIM 是以三维数字技术为基础，集成了建筑工程项目各种相关信息的工程数据模型，BIM 是对工程项目设施实体和功能特性的数字化表达”。

BIM 不仅仅包括一些数据，更重要的是它对整个过程的描述，以及这个过程中所需要的资源的表达。对过程进行表达指模型对象的关联关系，这个关联关系一定是清晰地描述了工程的逻辑关系。

总之，BIM 技术是一项应用于建设项目全生命周期的 3D 数字化技术，它以一个贯

穿其生命周期都通用的数据格式，创建、收集该设施所有相关的信息并建立起信息协调的信息化模型作为项目决策的基础和共享信息的资源。BIM技术有如下四个显著特点：

（1）操作的可视化。BIM技术的一切操作都是在可视化的环境下完成的，在可视化环境下进行建筑设计、碰撞检测、施工模拟、避灾路线分析等一系列的操作。

（2）信息的完备性。BIM是建设项目的物理和功能特性的数字化表达，包含建设项目的所有信息。除了对建设项目进行3D几何信息和拓扑关系的描述，还包含完整的工程信息的描述。信息的完备性还体现在BIM建模这一创建建筑信息模型行为的过程，在这一过程中，设施的前期策划、设计、施工、运营维护各个阶段的信息来自单一的工程数据源，包含建设项目所有信息。BIM模型内的所有信息均以数字化形式保存在数据库中，以便更新和共享。

（3）信息的关联性。一是在数据之间创建实时的、一致性的关联，对数据库中数据的任何更改，都马上可以在其他关联的地方反映出来；二是在各构件实体之间实现关联显示、智能互动。

（4）信息的互用性。应用BIM可以实现信息的互用性，充分保证了信息经过传输与交换以后，信息前后的一致性。

因此，BIM技术能够较好地解决建筑全生命周期中多工种、多阶段的信息共享问题，使整个工程的成本大大降低、质量和效率显著提高，为传统建筑业在信息化的发展展现了光明的前景。

BIM技术本身也在不断发展中，典型的BIM技术发展方向包括BIM与GIS的结合、BIM与物联网的结合等，也为智能化城市提供广阔前景。

（二）BIM技术在建设项目全生命周期的典型应用

BIM技术能够支持建筑设施全生命周期的信息管理，使得生命期的信息能够得到有效的组织和跟踪；BIM可以对各阶段的信息进行有机的集成、共享和管理，支持项目各参与方对其属性及工作流程的定义，从而实现建筑设施全生命周期信息的集成，形成信息知识库，并保证信息从一阶段传递到另一阶段时不会发生信息流失，减少信息歧义和不一致性。同时，BIM可以通过3D数字化技术为设备、设施提供虚拟模型，直观形象地展示各个设备系统的空间布局和逻辑关系，并可以通过模拟维护过程来帮助分析可能的冲突和错误，实现复杂设备维护工作。

2010年，美国宾夕法尼亚州立大学的计算机集成化施工研究组的成果《BIM项目实施计划指南》(第二版)，归纳了美国市场上BIM技术25种常见的应用。

中国也开展了类似的研究，典型的研究成果如过俊的《BIM在国内建筑全生命周期的典型应用》[3]。该研究结合了中国的工程建设行业特点，列出了BIM技术在我国国内的20种典型应用，跨越了项目全生命周期的四个阶段，即规划阶段(项目前期策划阶段)、设计阶段、施工阶段和运营阶段，如表2.1所示。

表 2.1　BIM 技术在我国国内的 20 种典型应用

规划	设计	施工	运营
BIM 模型维护			
场地分析			
建筑策划			
方案论证			
	可视化设计		
	协同设计		
	性能化分析		
	工程量统计		
	管线综合		
		施工进度模拟	
		施工组织模拟	
		数字化建造	
		物料跟踪	
		施工现场配合	
		竣工模型交付	
			维护计划
			资产管理
			空间管理
			建筑系统分析
			灾害应急模拟

上海作为我国经济发达城市，近年来积极探索着 BIM 技术的应用，在总结本市 BIM 技术应用的经验基础上，提出了建筑项目各阶段基于 BIM 技术的 23 项基本应用①[4]，如表 2.2 所示。

表 2.2　建筑项目各阶段 BIM 技术的基本应用

序号	阶段划分	阶段描述	基本应用
01	方案设计	本阶段的主要目的是为建筑后续设计阶段提供依据及指导性的文件。主要工作内容包括：根据设计条件，建立设计目标与设计环境的基本关系，提出空间建构设想、创意表达形式及结构方式等初步解决方法和方案	场地分析
02			建筑性能模拟分析
03			设计方案比选

① 引自《上海市建筑信息模型技术应用指南(2015 版)》。

（续表）

序号	阶段划分	阶段描述	基本应用
04	初步设计	本阶段的主要目的是通过深化方案设计，论证工程项目的技术可行性和经济合理性。主要工作内容包括：拟定设计原则、设计标准、设计方案和重大技术问题以及基础形式，详细考虑和研究建筑、结构、给排水、暖通、电气等各专业的设计方案，协调各专业设计的技术矛盾，并合理地确定技术经济指标	建筑、结构专业模型构建
05			建筑结构平面、立面、剖面检查
06			面积明细表统计
07	施工图设计	本阶段的主要目的是为施工安装、工程预算、设备及构件的安放、制作等提供完整的模型和图纸依据。主要工作内容包括：根据已批准的设计方案编制可供施工和安装的设计文件，解决施工中的技术措施、工艺做法、用料等问题	各专业模型构建
08			冲突检测及三维管线综合
09			竖向净空优化
10			虚拟仿真漫游
11			建筑专业辅助施工图设计
12	施工准备	本阶段的主要目的是使工程具备开工和连续施工的基本条件。主要工作内容包括：建立必需的组织、技术和物质条件，如技术准备、材料准备、劳动组织准备、施工现场准备以及施工的场外准备等	施工深化设计
13			施工方案模拟
14			构件预制加工
15	施工实施	本阶段的主要目的是完成合同规定的全部施工安装任务，以达到验收、交付的要求。主要工作内容包括：按照施工方案完成项目建造至竣工，同时，统筹调度、监控施工现场的人、机、料、法等施工资源	虚拟进度和实际进度比对
16			工程量统计
17			设备与材料管理
18			质量与安全管理
19			竣工模型构建
20	运营	本阶段的主要目的是管理建筑设施设备，保证建筑项目的功能、性能满足正常使用的要求。主要工作内容包括：建筑设施设备的运营与维护、资产管理和物业管理，以及相关的公共服务等	运营系统建设
21			建筑设备运行管理
22			空间管理
23			资产管理

（三）推进 BIM 技术在我国建筑业应用的意义

多年来，在传统建造模式下建筑业的生产效率不仅没有提高，实际上反而在下降。研究表明，美国建筑业生产效率在 34 年里实际下降了大约 10%，而其他非农业行业的生产效率同期增长 80%，如图 2.1 所示。而且建筑业生产效率低下甚至下滑不仅仅出现在美国，它是一个全球范围的问题，中国也绝不例外。

建筑业生产效率低下与建筑生产和管理采用传统建造模式有直接关系，“建筑业的低生产效率与它在信息技术使用方面的落后状况呈明显的强相关性，信息创建和流失重复的循环变化是建筑业生产效率低下的主要原因”。传统建造模式的局限性主要表现在以下六个方面：

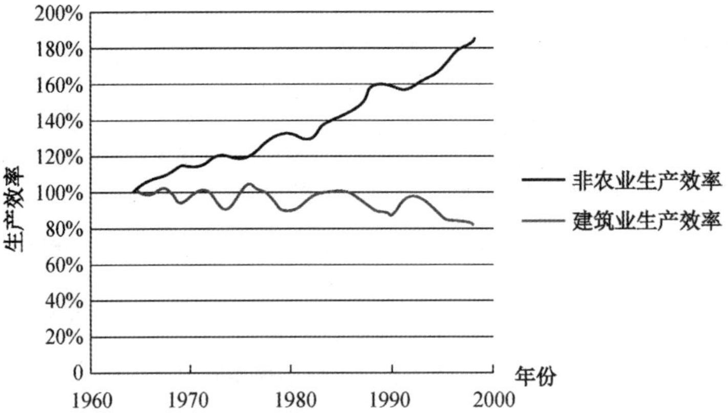

图 2.1　美国行业生产效率的变化情况

(1) 二维表达的局限，采用传统 2D 割裂式的设计所产生的信息来表达 3D 实体，无疑导致严重失真；

(2) 参与建筑生产的单位及其专业众多，而且存在行业壁垒，造成信息孤岛，建设期协同缺失导致协调效率低下；

(3) 动态分析滞后，缺乏及时地动态分析和模拟，建筑性能不能实现；

(4) 各种因管线碰撞、设计变更、业主反复等造成工程量和投资增加，导致投资控制效果差；

(5) 施工可行性不足，对于复杂异形建筑构件，由于设计成果难以反映施工现实，造成现场施工难度骤增；

(6) 运维阶段庞大琐碎的建筑信息的归档、调取、利用、更新效率低，导致运维阶段效率低。

BIM 可应用于工程项目规划、勘察、设计、施工、运营维护等各阶段，BIM 支持对工程环境、能耗、经济、质量、安全等方面的分析、检查和模拟，为项目全过程的方案优化和科学决策提供依据，BIM 支持各专业协同工作、项目的虚拟建造和精细化管理，为建筑业的提质增效、节能环保创造条件。

在我国建筑行业应用 BIM 技术的价值，体现在以下四个方面：

(1) BIM 的应用首先是实现建筑全生命期的信息共享，然后能够使项目所有的参与方能够协同工作，实现工程项目的精细化管理，实现全生命期的信息共享。

(2) BIM 的应用能够实现建筑全生命期的可预测性和可控制，也就是说 BIM 技术可以支持建筑环境、经济、能耗、安全等多方面的分析和模拟，所以它可以实现虚拟的设计、虚拟的建造、管理以及全生命期、全方位的预测和控制。

(3) BIM 的应用能够促进建筑业生产方式的改变，因为 BIM 技术可以支持设计、施工以及管理的一体化，所以说能够促进建筑业生产方式的变革。

(4) BIM 的应用可以推动建筑行业的工业化发展。BIM 能够连接建筑生命期不同阶段的数据、过程和资源，所以它是能够支持建筑行业产品链的贯通，为工业化建造提供技术的保障,能够支持这个建筑行业的工业化发展。

美国斯坦福大学整合设施工程中心(CIFE)根据32个项目总结了使用BIM技术得到的效果:①消除40%预算外变更;②造价估算耗费时间缩短80%;③通过发现和解决冲突,合同价格降低10%;④项目工期缩短7%,及早实现投资回报。

自改革开放以来,我国国民经济呈现持续快速发展趋势。特别是20世纪90年代以来,发展的速度和广度非常的大。同时,我国工程建设也取得辉煌成就,完成了一系列设计理念超前、科技含量高、使用要求高、施工难度大、令世界瞩目的重大工程。2014年,建筑行业总产值已达到约为17.7万亿元,产业规模创历史新高,占国民生产总值20%以上,已经成为是国民经济的支柱产业。即使提高建筑业效益1%,也可以带来非常可观的经济效益。可见,推进BIM技术在我国建筑业的应用有着重要意义。

二、基于BIM技术的建设工程项目管理

(一)对基于BIM技术的项目管理思考

目前,我国建设工程项目管理的水平不高、管理能力尚显不足,工程咨询机构所提供的项目管理服务、为建设项目增值效果往往不能令业主满意。

建设工程项目管理实质上是工程信息处理过程,BIM技术的发展和成熟,可以带来强大的数据支撑和技术支撑。BIM技术在项目管理中的应用,有利于突破以往传统建设项目管理技术手段的瓶颈,可以解决长期困扰工程管理的两大难题——海量基础信息全过程分析和工作协同,真正实现工程信息集成化管理,最大程度上实现为建设项目增值的目的。

从建设工程项目管理角度出发,在建设项目中采用BIM技术的根本目的是为了更好地管理项目。BIM技术在建设项目管理中的应用目的体现在:有利于项目管理精细化;集成化管理和协同工作;管理成果的可视化;等等。BIM技术为项目的集成化管理提供支撑,建设生产效率得以提高并帮助业主实现经济效益最大化。BIM的充分应用可为集成创新模式提供组织集成、信息集成、目标管理、合同管理等各方面支持。因此,工程管理咨询单位作为业主顾问,应该把BIM技术应用于工程管理全过程,努力为项目建设增值做出自己应有的贡献。

本章从在建设工程项目管理中有效地应用BIM技术角度,提出如下基于BIM技术的项目管理的思考。

(1) BIM模型是建设项目信息的载体,是共享信息的资源。BIM不仅是三维数据信息模型,还意味着创建包括二维数据源文档、电子表格和其他内容在内的整体信息资源;而且,BIM模型的数据库是分布式的,动态变化的,在应用过程中将不断更新、丰富和充实。因此,基于BIM技术的项目管理应充分发挥BIM模型的价值,重视获取和完善项目信息资源,加强项目信息管理。

(2) BIM作为一种新的信息技术工具,本身不能产生效益,它要跟现有的其他信息技术

结合，在项目建设和运营过程当中应用才能产生效益。因此，基于BIM技术的项目管理有必要结合其他合适项目管理软件，开展有成效的项目目标控制，提高项目管理水平。

(3) BIM技术的应用为建设项目各参与方提供了协同工作的平台，能帮助项目参与各方工作实现良好的协同工作，可减少由于项目参与各方工作的不协同而引起的投资损失；并通过强化协同工作，有利于加快建设进度和提高工程质量。因此，基于BIM技术的项目管理应充分发挥BIM协同工作的平台作用，促使项目参与各方协同工作。

(4) BIM技术的应用不应仅停留在设计阶段或施工阶段，并应根据运维的需要而在设计和施工阶段对BIM模型或者相关数据库做针对性的要求。应该是从设计阶段开始建立BIM模型，然后将BIM模型移交给施工过程指导施工，在施工过程中输入施工过程的信息，最后得到竣工BIM模型，用来指导运维。BIM的精髓在于将信息贯穿项目的整个生命期，对项目的建造以及后期运营管理综合集成意义重大。因此，基于BIM技术的项目管理应着眼于将BIM贯穿于整个项目全生命周期的各个阶段，并从解决运维过程中的问题作为建设项目应用BIM技术的根本出发点，这样才能全面发挥基于BIM的建设项目管理效益。

(5) 在工程项目管理中应用BIM技术，可以利用BIM技术实现新的信息处理方法，最大限度地实现项目协同管理，提前预判项目实施状况和结果，并做出决策支持。因此，基于BIM技术的项目管理应进行基于BIM应用的项目管理流程再造。

(6) 业主方驱动模式加强了业主方对建设项目的控制力，为建设项目各参与方提供了协同工作的平台，可以在建设项目的全生命周期内运用BIM技术进行项目的管理。因此，从BIM全生命周期理念出发，建设项目应用BIM技术宜采用业主方驱动模式。

(二) 基于BIM技术的项目管理对组织变革要求

1. BIM技术应用对项目建设的组织和过程的影响

美国斯坦福大学集成设施工程中心提出，BIM技术应用对建设项目生产效率的影响涉及“产品”“组织”和“过程”三个方面。其中，对项目建设的组织和过程的影响如表2.3和表2.4所示[6]。

表2.3　BIM应用对建设项目参与组织的影响

序号	建筑信息模型对组织的影响
1	建筑信息模型的可视化效果可以帮助非专业的项目参与方(如业主、政府)对设计方案的理解，并增加他们对方案的影响
2	有助于从多专业的角度对设计方案进行分析
3	有助于在方案设计阶段就吸收设计方、承包商的建议
4	减少出图人员的数量
5	使更多的设计师可以将精力用于设计而不是画图
6	减少造价人员的工作量，使他们可以将更多精力用于分析性的工作

表 2.4　BIM应用对建设过程组织的影响

序号	建筑信息模型对过程的影响
1	有助于业主和用户在施工前对设施的外观和功能做出评价
2	可以帮助政府部门更快地理解设计方案，加快报建速度
3	缩短方案比较的时间，提高决策效率
4	减少非专业项目参与方理解设计意图的时间
5	通过修改建筑信息模型中的参数可以方便地修改设计方案
6	通过建筑、结构、水电管线设计模型间的碰撞检查可以减少各专业协调的时间
7	同步更新各专业工程师的设计信息，减少因信息滞后而造成的错误
8	通过从建筑信息模型中直接提取施工图设计的信息可以加快施工图出图的时间
9	建筑信息模型的自动更新功能有助于对设计变更的管理
10	建筑信息模型中可以直接提取采购信息，缩短采购时间
11	快速生产预算
12	可以方便地计算设计变更对应的成本变化
13	准确划分分包范围减少变更
14	通过在建筑信息模型中集成相关的设计标准有助于建筑产品说明的编制
15	有助于更多的建筑构件在施工现场以外建造
16	协调材料供应商与承包商直接的进度安排
17	便于采购清单的编制，减少库存

虽然上述影响仅指“建设项目施工阶段前”，但对整个建设项目全生命周期的“组织和过程”也产生类似的影响，必将影响基于BIM技术的项目管理的组织。

项目管理方作为业主方咨询服务机构，应用BIM技术实现项目全寿命周期综合管理，对工程管理组织变革提出了新要求，包括整个项目管理的组织结构变革和项目管理流程变革。

2. BIM技术应用对项目管理的组织变革要求

对于一个建设项目应用BIM技术管理，需要项目参与各方共同参与和积极主动应用，成为项目BIM应用管理团队系统。整体项目BIM管理系统可以是“虚拟组织”，即在业主主导下，由项目管理团队、规划设计团队、施工团队以及运营管理团队组成。

对于业主方基于BIM技术的项目管理，从项目管理的组织结构变革角度，必然要增加项目BIM管理团队(图2.2)。传统的项目管理团体必须与项目BIM管理团队紧密配合，整个团体应该由项目管理团队主导，毕竟该团队对建设项目目标负责。在项目BIM管理团队中，其项目BIM经理(包括人员组成)可以是业主派出，也可以由项目管理团队派出；甚至可以由业主单独委托项目BIM管理团队。

值得说明的是，在基于BIM技术的项目管理中，项目管理团队和项目BIM管理团队并不是分离的，应该形成一个有机整体。在开始应用阶段，由于项目管理工程师对BIM技术的掌握不够，往往需要“专业的BIM工程师”协助；但随着BIM知识和技术的普及，专业项目管理工程师可以在掌握 BIM 技术的基础上，真正地把 BIM 技术作为项目管理的工具之一，从而成为一个“基于 BIM 技术的项目管理团队”，如图 2.2 所示。

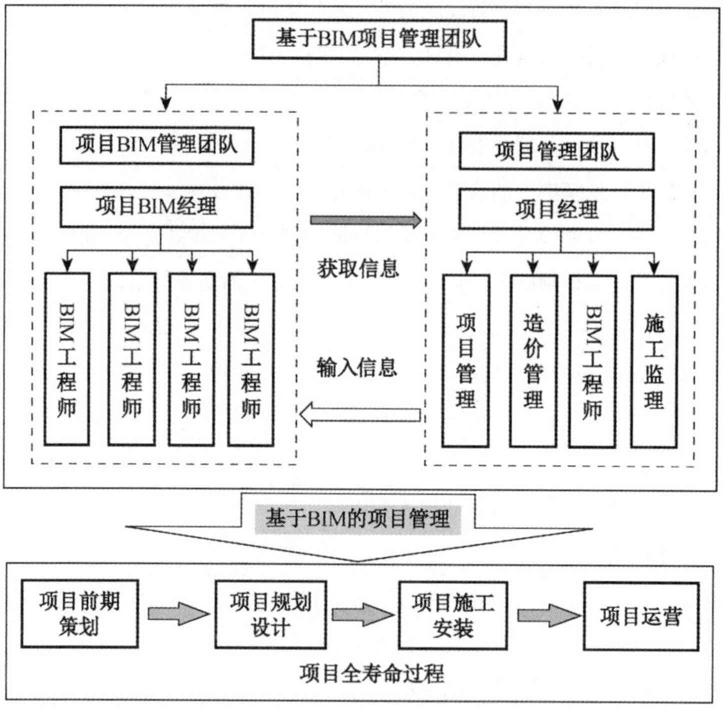

图 2.2　基于 BIM 的项目管理团队模型

在基于 BIM 技术的业主方项目管理中，项目 BIM 管理团队（虚拟的）应该负责整个项目 BIM 技术的有效实施管理，具体任务详见下文。

在基于 BIM 技术的业主方项目管理中，工程项目管理团队的各项管理工作按合同约定的实施。当然由于有了 BIM 模型，可以充分利用项目 BIM 模型所具有的项目信息实现项目精细化管理。

同时，要求工程管理人员：①树立以 BIM 为核心的项目信息沟通理念，了解 BIM 为工程项目管理工作所带来的便利与效益。在新的建设项目的信息沟通中，BIM 成为核心，信息的传递和沟通都要以 BIM 为基础。在这种情况下，工程管理者要确立以 BIM 为核心的项目信息沟通理念。这种理念至少应包含两个层次的内容：首先是明确 BIM 的作用；其次是要认识到 BIM 和传统的 3D 模型的区别和联系，真正地使其发挥作用。同时，工程管理者对 BIM 的应用所带来的价值要充分认识，以便更好地发挥其效能。②掌握与 BIM 相关的工具和技术。由于 BIM 是信息沟通的核心和基础，因此，作为工程管理人员必须充分掌握 BIM 工具，同时，对应用 BIM 进行工程管理工作的相关技术也必须充分了解。③充分了解由于应用 BIM 所引发的问题。由于 BIM 的应用带来工程管理的工作内容、流程以及项目参与方交流方式的变化，因此，工程管理人员在应用 BIM 于具体工作的过程中必须对其所带来的问题有充分的了解。

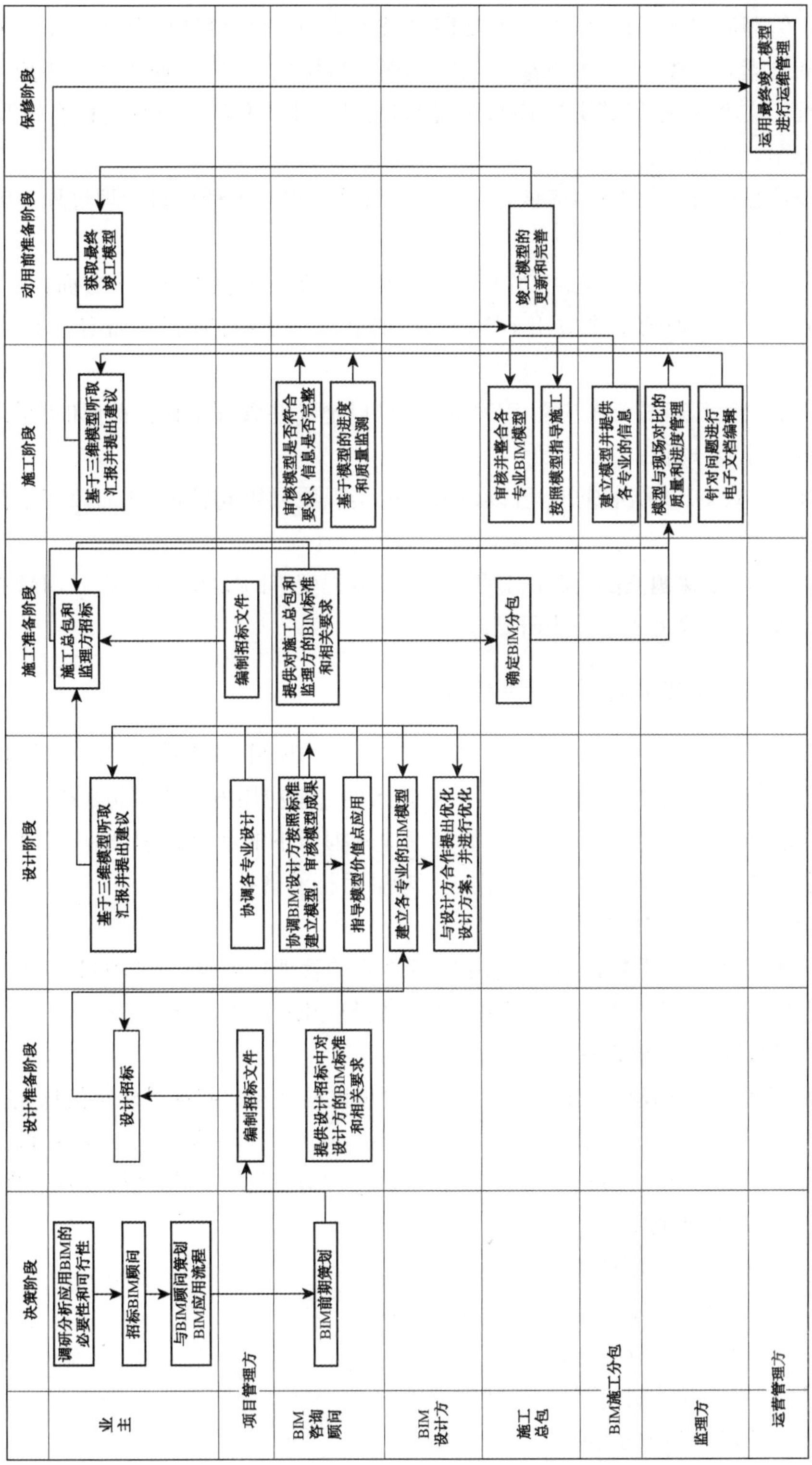

图 2.3 工程项目管理过程实施 BIM 的总体流程图

3. BIM 技术应用对项目管理的工作流程变革要求

从工程管理流程变革角度，由于实现 BIM 技术应用，对建设过程产生影响，导致管理工作任务和管理方式改变，并可以最大限度实现项目协同管理，从而改变了传统工程管理工作流程。文献[7]根据其实施 BIM 的经验，总结提出工程项目管理过程实施 BIM 的总体流程如图 2.3 所示。

对建设项目进行有效管理，应该把传统项目管理流程与工程项目管理过程实施 BIM 的总体流程有机结合起来。

BIM 技术应用对项目管理的工作流程变革要求主要表现在以下三个方面：

(1) 由于项目管理的工作应用 BIM 技术，必然增加了新的任务（如实施 BIM 的工作）；

(2) 由于项目管理的工作应用 BIM 技术，可以把某些管理工作提前（如更早进行项目投资预测和性能分析）；

(3) 由于实现 BIM 技术应用，可以最大限度实现项目协同管理，从而改变了传统工程管理工作流程。

显然，本文限于课题范围，仅提出对管理工作流程变革的要求；具体基于 BIM 技术的项目管理工作流程，这需要进一步研究。

(三) 基于 BIM 技术的项目管理任务

基于 BIM 技术的项目管理任务应包括两个方面：①项目 BIM 技术实施的管理，即项目管理者作为 BIM 专项顾问角色，制定 BIM 技术的管理应用方案并控制实施，承担项目应用 BIM 技术的管理。②在 BIM 技术的管理应用框架下的项目管理，即从管理的角度来应用，把 BIM 当作管理的工具，来帮助进行项目目标的管控。

1. 项目 BIM 技术实施的管理

和建设工程项目管理类似，项目应用 BIM 技术的管理任务也包括“项目 BIM 技术应用的策划”和“项目 BIM 技术的管理应用方案实施与控制”两大工作。

1) 项目建筑信息模型管理应用方案

项目管理者(或专门承担 BIM 技术应用的管理机构)应编制“项目建筑信息模型管理应用方案”。该“方案”应作为项目管理者在整个项目管理过程的实施大纲，其目标应与项目目标保持一致，并应在过程中不断完善和调整。“方案”的编制应根据图纸、规范、设计资料、工艺规定及其他要求，宜包括：

- BIM 实施组织、组织架构；
- BIM 工作流程和操作层次；
- BIM 应用目标和应用点；
- BIM 应用进度计划（应与工程计划衔接）；
- 对统一的 BIM 协同管理平台的要求；
- 敏感数据权限调用规则；

- 数据标准(包括数据内容、分类、编码体系、格式、产生时间、责任方等)的要求;
- 异构数据的提取与共享的要求;
- 各专业的模型界面的划分,提资的要求;
- 软、硬件、网络平台环境及测试计划;
- 验收及移交要求;
- 信息维护设计及出错补救措施要求;
- 远程调用和终端操作的要求。

由美国宾夕法尼亚州立大学计算机集成设施研究组发布的《项目实施策划指南》给出了一个结构化的实施策划框架,该框架包括以下四个步骤:

(1) 定义实施所要实现的价值,并为项目团队成员定义完整的目标;

(2) 设计实施的流程,从总体视角与局部视角分别描述实施流程;

(3) 定义模型信息的互用要求;

(4) 定义支持引实施所需的基础资源。

这四个步骤是从目标定义到实施保障措施设计依次递进的关系图,如图 2.4 所示。

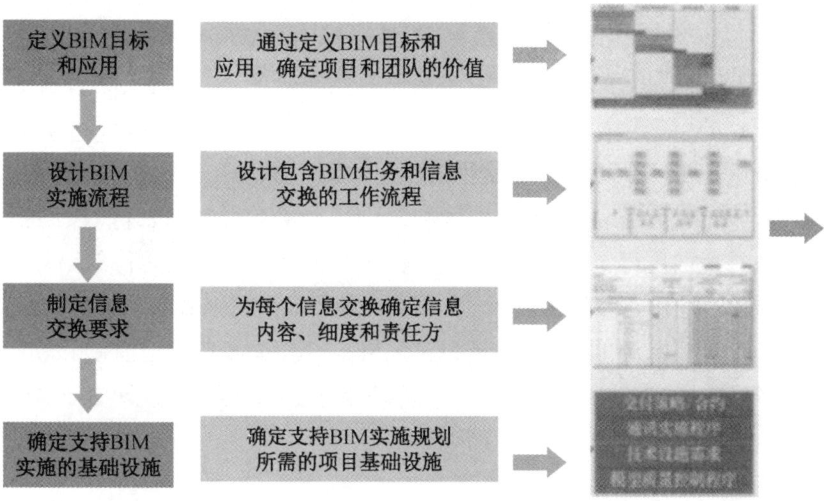

图 2.4 BIM 项目实施策划编制程序[8]

2) BIM 技术的管理应用方案实施与控制

在一个建设工程项目中,BIM 技术的管理应用方案实施与控制工作,宜包括以下六个方面①:

(1) 编制与应用方案配套的 BIM 技术软硬件系统总体方案和组织建设开发,并协调软件开发或提供单位保证软件系统正常运行。

① 参见《上海市建筑信息模型技术应用咨询服务合同示范文本(2015 版)》。

(2) 协助编制设计、施工和监理等 BIM 技术应用相关招标和合同条款。

(3) 协助建立项目 BIM 技术应用组织体系和运行管理制度。

(4) 协调组织设计、施工等参与单位的建模、应用和协同管理等工作。

(5) 负责模型、应用成果的审核、传递和验收。

(6) 配合项目管理单位实现 BIM 技术有效应用于项目建设和管理过程的沟通、协同和分析模拟等。

2. 在 BIM 技术的管理应用框架下的项目管理

传统的项目管理任务包括项目实施阶段的投资、进度、质量控制以及合同管理、信息管理和组织协调。上海建筑设计集团工程建设咨询有限公司根据多年应用 BIM 进行项目管理的研究成果和实践经验总结，认为在 BIM 技术的管理应用框架下的项目管理还应做好以下工作任务(示例)。

1) 勘察设计阶段项目管理

(1) 项目设计初期可利用模型的可视化、参数化特性，对各建筑方案进行比选、优化。即在设计开始初期，利用模型对建筑进行风貌、日照分析、抗震、幕墙结构安全性、光反射评审、能评、环评、动线分析、最佳容积率配比等一系列分析，并进行综合比选后得到最优方案。

(2) 项目在进行各类评审、备案、核准、审批过程中，宜采用设计阶段的模型配合相关合规工作的进行。即根据评审及过程当中政府各委办局的要求，对模型进行适当的信息传递，进行专项点的可视化体现。

(3) 利用模型，厘清设计联合体或各设计组团的组织层次、工作界面和进度参数，视觉直观地分派与审视。因模型运行在一个统一的协同平台，故在设计阶段的模型应设置预计完成时间、完成时间等节点的相关信息，保证其他参加方协同工作的衔接与开展。

(4) 利用模型，进行碰撞检查，保证设计成果的可施工性。设计阶段的模型应支撑施工阶段的工作，保证模型内的建筑、结构、幕墙、管道等相关专业不应有硬和软碰撞。

(5) 利用各阶段的设计模型配合估算、概算、预算的工程量的统计及校对工作，并能对招投标工作清单工程量具有指导作用。

2) 采购及合同管理

(1) 通过已审核完成的施工图模型对采购及产生的合同界面进行划分，并生成采购策略计划，包括总包、分包、监理、供货商及第三方咨询单位的采购工作。

(2) 采购模型的工程量统计应用可作为招标工作的辅助工具，更好地控制项目预算。根据采购方式的需求，依据采购清单的列项对构件进行命名和划分，对工程量进行统计，并与招标代理、造价咨询所提供的清单文件核对，确保其准确有效性。

(3) 对于总包，分包大金额设备或材料，宜通过专项模型跟踪采购过程，及时有效的输入其工作进度计划、供货周期、安装周期、付款要求等关键信息，从而进行现金流预测分析。

(4) 在之前的采购模型基础上，要求合同执行单位完成对其合同内容有关的 BIM 工作，同时该模型将作为价值模型传递至后续施工及运维阶段。

3）施工阶段项目管理

在施工阶段，运用深化模型，传递管理的诉求和工艺信息来进行虚拟施工。包括：施工方案比选、工艺仿真、数值模拟、施工深化辅助、可视化交底、碰撞检查、预制件模型定制、将施工中人、机、物料、投资、场地布置随进度过程进行演绎与调整。

（1）施工质量控制：过程中可以设置若干检查点，持续提高模型应用的水准。复杂节点安装模拟宜体现专业穿插信息与工艺路线模型。

- 施工各阶段的场地场容布置及标准化施工规程；
- 复杂工序和节点虚拟建造模型；
- 工作界面切分后的交叉路线碰撞；
- 施工环境和安全防护措施模型；
- 分部分项工程的验收时，实际与模型的对比。

（2）施工进度控制：总进度计划模型分析宜对附加的资源、技术路线、施工进度、造价信息进行综合评定。

- 关键线路分析；
- 进度偏差值S曲线分析；
- 有相似性多标段的进度跟踪；
- 备选方案进度影响分析；
- 进度警示信息汇总；
- 资源计划模型。

（3）施工造价控制。

- 成本规划模型；
- 造价偏差值S曲线分析；
- 有相似性多标段的造价跟踪；
- 备选方案造价影响分析；
- 多算对比模型（仅对工程量）；
- 造价警示信息汇总；
- 资源计划模型。

（4）工程变更控制通过施工模拟、碰撞检查，提前发现并解决问题，减少工程变更。

- 变更文件涉及部位的模型更新及统计表单；
- 变更文件涉及部位模型深化及统计表单；
- 变更前后模型标识与理由必要性分析文件。

4）竣工验收与交付

- 根据验收、调试、联动、试运行反馈的主要系统的实际性能参数，在竣工模型中予以更新，以评估交付的建筑的实际完成度。
- 根据“项目建筑信息模型管理应用方案”和城建档案馆分册和目录要求将管理数

据归类，建筑信息整合后，输出模型包，进行电子归档。

• 开展基于竣工模型信息的后评价和总结工作，输出信息包括：进度提前/延后量、投入产出比、质量标准达标率、技术经济指标完成度。

三、上海市工程管理应用 BIM 技术情况分析

（一）调研问卷设计与参加单位

为了解上海市工程管理应用 BIM 技术情况，采用问卷调研以及访谈典型企业和建设项目业主两种方式。其中，问卷调研由上海建设工程咨询行业协会向所属 339 家成员单位发布，收到问卷 42 家，有效问卷 40 家。调研时间为 2015 年 9 月至 10 月，历时 2 个月。

本次调研问卷设计了对 BIM 企业层面的应用调研及 BIM 在项目层面的应用调研。其中 BIM 企业层面的调研内容从两方面展开，分别为：①企业基本情况和②企业 BIM 技术应用；对第二方面设计了 27 个问题（表 2.5）；BIM 项目层面问卷是针对单个项目应用 BIM 情况进行设计，共涉及了 23 个问题（表 2.6）。详细问卷设计见附录。

表 2.5　企业 BIM 技术应用

序号	问　　题	备注
1	贵单位 BIM 技术应用所处阶段	选择
2	贵单位对 BIM 技术的应用年限	选择
3	贵单位是否有项目运用过或正在运用 BIM 技术	选择
4	贵单位应用 BIM 技术的项目数量	逐年填写
5	贵单位 BIM 技术主要用于哪种工程	多选
6	贵单位员工是否足够了解 BIM 技术	选择
7	贵单位 BIM 顶层设计人员（包括 BIM 经理、BIM 总监等）具备以下何种能力	多选
8	将 BIM 人员按金字塔分布人员情况	按基础、中间和塔尖填写
9	贵单位每年投入于 BIM 技术研究或培训的资金是否足够	选择
10	贵单位是否有相应的企业级 BIM 规划	选择
11	贵单位是否有相应的企业级 BIM 标准	选择
12	贵单位是否有相应的 BIM 管理平台	选择
13	目前，BIM 技术应用对贵单位所产生的价值主要体现在哪方面	多选
14	采用 BIM 技术，贵单位最希望得到哪方面的价值	限选
15	BIM 实施的障碍因素中，您认为影响程度	多项选择
16	在贵单位目前的运营水平下，运用 BIM 技术是否能够获得更多利润	选择

（续表）

序号	问　　题	备注
17	贵单位获得的 BIM 奖项有哪些	填写
18	贵企业使用过的 BIM 软件有哪些	多选
19	您认为使用 BIM 技术，最大受益者是	选择
20	您认为目前 BIM 应用最紧迫要做的事是	选择
21	您认为目前最急需的 BIM 标准	选择
22	您期望 BIM 模型由哪方提供	选择
23	您现在最希望了解学习 BIM 技术哪些方面	可多选
24	您觉得推广 BIM 技术应该注意哪方面问题	可多选
25	您认为在项目中使用 BIM 技术的主要风险是	选择
26	在推动 BIM 应用发展中贵企业希望政府和协会提供何种帮助	选择
27	请您对 BIM 技术应用和本调研问卷，发表意见或建议	开放式填写

表 2.6　项目 BIM 技术应用情况

序号	问　　题	备注
1	项目概况（地址、体量、投资等）	填写
2	项目特点、技术难点、管理重点	填写
3	主要参建方	填写
4	您单位所在项目中的角色	选择
5	BIM 技术在项目中运用的目标	多选
6	BIM 在项目各阶段应用的频率情况	多项选择
7	不同阶段使用的 BIM 软件分别是	多项选择
8	是否构建了项目 BIM 应用技术架构	选择
9	所处 BIM 架构中的角色	选择
10	项目是否聘用了 BIM 咨询公司	选择
11	贵单位在本项目中应用 BIM 技术所需的软硬件基础设施费用，占项目总投资比例	填写
12	BIM 技术在项目中应用的专业	多选
13	是否有相应的 BIM 技术应用管理平台	选择
14	BIM 技术应用管理平台的管理方	选择
15	BIM 技术应用管理平台简介	填写
16	本项目中 BIM 协同设计的模式及建议	选择/填写

（续表）

序号	问　　题	备注
17	本项目 LOD 标准	填写
18	本项目中 BIM 技术应用点	多选
19	在本项目中利用 BIM 技术解决哪些管理问题	填写
20	您认为下列哪些因素更有利于 BIM 在项目中应用的深入	多选
21	您认为在项目中 BIM 解决下列问题的重要程度	多选
22	您认为下列哪些因素会促使项目各参与方应用 BIM	多选
23	BIM 在本项目中的应用存在的不足及建议	开放式填写

参与问卷调研有效回复的 40 家单位见表 2.7。

表 2.7　40 家有效参加问卷回答单位一览表

序号	单位名称	单位资质等级	单位性质
1	上海正石工程造价咨询有限公司	甲级	咨询
2	上海浦惠建设管理有限公司	工程监理甲级、工程造价咨询甲级、工程招标代理甲级	咨询
3	上海财瑞建设管理有限公司	造价咨询甲级	咨询
4	上海总工工程建设监理有限公司	房屋建筑工程监理甲级、市政公用工程乙级	监理
5	上海富达工程管理咨询有限公司	房屋建筑工程、市政公用工程甲级	监理
6	上海宏康建设工程监理有限公司	房屋建筑工程监理乙级	监理
7	上海唯智工程项目管理有限公司	监理甲级	监理、咨询
8	上海中世建设咨询有限公司	工程造价咨询甲级/工程招标代理甲级资质	咨询
9	上海城济工程造价咨询有限公司	造价咨询甲级	咨询
10	上海银泰建设工程管理有限公司	甲级	咨询
11	上海华谊建设工程监理有限公司	甲级	监理
12	上海正亚工程咨询有限公司	房屋建筑工程施工监理甲级、市政公用工程施工监理乙级	监理、咨询
13	上海柯恒管理信息咨询有限公司	甲级	监理、咨询
14	上海天城工程造价咨询有限公司	甲级造价咨询	咨询
15	上海宏大信宇工程造价咨询有限公司	甲级	咨询
16	上海三凯建设管理咨询有限公司	综合甲级	监理、咨询
17	上海高科工程咨询监理有限公司	房屋建筑工程甲级、市政公用工程甲级、公路工程甲级	监理

（续表）

序号	单位名称	单位资质等级	单位性质
18	上海宝钢工程咨询有限公司	监理综合、甲级设备监理、甲级招投标代理	监理
19	上海斯美科汇建设工程咨询有限公司	市政公用工程　房屋建筑工程 公路工程甲级	监理
20	上海华瑞建设经济咨询有限公司	造价咨询甲级	咨询
21	上海协恒工程管理有限公司	房屋工程监理甲级、市政工程监理甲级	监理
22	上海高华工程咨询监理有限公司	工程监理甲级、设备监理甲级	监理
23	上海海龙工程技术发展有限公司	工程监理甲级、设备监理甲级	监理
24	上海上咨工程造价咨询有限公司	造价咨询甲级	咨询
25	上海诚杰华建设工程咨询有限公司	甲级造价资质	咨询
26	上海建瓴工程咨询有限公司		咨询
27	上海祥浦建设工程监理咨询有限责任公司	甲级工程招标代理、甲级政府采购代理、一级机电设备招标代理、甲级工程造价咨询、甲级工程监理(房屋建筑)、乙级工程监理(市政公用)、乙级工程咨询	监理、咨询、建筑咨询中介服务
28	上海现代建筑设计集团工程建设咨询有限公司	综合甲级资质	设计、施工、监理、咨询
29	上海同济工程项目管理咨询有限公司	综合甲级资质	监理、咨询
30	上海建浩工程顾问有限公司	甲级	监理、咨询
31	上海第一测量师事务所有限公司	造价咨询甲级、招标代理甲级	咨询
32	上海宏波工程咨询管理有限公司	水利设计乙级(河道、防洪、灌溉)	设计、咨询
33	上海天佑工程咨询有限公司	综合甲级资质	监理
34	上海慧之建建设顾问有限公司	综合甲级资质	咨询
35	上海大华工程造价咨询有限公司	工程造价甲级	咨询
36	上海沪港建设咨询有限公司	工程造价咨询甲级	咨询
37	上海新光工程咨询有限公司	建设监理甲级、设备监理甲级、水利部监理乙级、招标代理甲级	监理、咨询
38	上海建科工程项目管理有限公司	房建甲级，市政甲级，工程咨询乙级，招标代理乙级	监理、咨询
39	上海上咨建设工程咨询有限公司	工程造价甲级	监理
40	上海市建设工程监理咨询有限公司	综合甲级资质	监理、咨询

注：以上单位序号按问卷反馈时间排列。

（二）基本情况

1. 企业对 BIM 技术的了解

对 40 家单位统计表明：5 家单位尚未考虑，19 家单位正在学习、思考、探索，8 家单位在个别项目上试验，2 家单位在项目局部应用，5 家单位已有项目整体使用，1 家单位有公司流程化应用，如表 2.8 所示。

表 2.8　各企业对 BIM 技术掌握程度情况统计表

程度	数量	比例
尚未考虑	5	12%
正在学习、思考、探索	19	48%
在个别项目上试验	8	20%
在项目局部应用	2	5%
已有项目整体使用	5	13%
公司流程化应用	1	2%
合计	40	100%

2. 企业应用 BIM 的年限分析

对 40 家单位统计表明：16 家单位运用 BIM 小于 1 年，13 家单位运用 BIM 1～2 年，2 家单位运用 BIM 3～5 年，3 家单位运用 BIM 5 年以上，6 家单位未选，如表 2.9 所示。

表 2.9　各企业应用 BIM 年限情况统计表

应用 BIM 时间	数量	比例
小于 1 年	16	40%
1～2 年	13	32.5%
3～5 年	2	5%
5 年以上	3	7.5%
未选择	6	15%
合计	40	100%

3. 企业 BIM 发展规划及标准

在 40 家单位中，有项目运用过或正在运用 BIM 技术的有 15 家，其中，有 9 家单位已有企业的 BIM 发展规划，其中 3 家单位已有企业级 BIM 操作标准。

4. BIM 管理平台

在 40 家单位中，3 家单位已在使用 BIM 管理平台，所采用的途径有一定的代表性。

（1）租用。上海祥浦建设工程监理咨询有限责任公司通过租用软件开发商管理服务平台，进行 BIM 管理平台运用。BIM 应用典型项目：同济中学图书馆暨杨浦区图书馆

(旧上海市图书馆)工程。

(2) 采购。上海现代建筑设计集团工程建设咨询有限公司正在项目上试用 DB-World 工程云平台。试用项目:建业里室内装修工程。

(3) 研发。上海建科工程咨询有限公司研究开发了本企业 BIM 协同平台,目前处于企业内部应用中。

BIM 管理平台建设的核心价值在于"大幅提升工作效能、确保沟通效率、显著降低成本",但调研结果显示,在不确定 BIM 管理平台的使用能给项目带来多大收益的情况下,平台建设成本是各企业所面对的直接问题。

(三) 项目应用 BIM 情况

1. 调研单位运用 BIM 的典型项目

在调研的单位中,近年来不少单位正在积极从事 BIM 技术应用业务,调研单位运用 BIM 的典型项目如表 2.10 所示。

表 2.10 调研单位运用 BIM 的典型项目统计表

序号	项目名称	单位名称	项目角色	项目特点和解决
1	上海轨道交通 12 号线 1A 标装饰安装工程施工监理项目	上海斯美科汇建设工程咨询有限公司	监理	特点:①参建单位多,协调工作量大;②与其他系统的接口多,在调试阶段,互相配合难;③设计变更多。 解决:在施工阶段通过虚拟建造模拟主要施工过程,可检验各种施工方案
2	基于 BIM 的超大项目群建设方案优化工作机制研究	上海建瓴工程咨询有限公司	子课题承担单位	特点:体量大、参与单位多、项目进度不统一。 解决:达到工作协同,单位协同,文件版本管理,工作项管理
3	同济中学图书馆暨杨浦区图书馆工程	上海祥浦建设工程监理咨询有限责任公司	咨询方	特点:①本项目地下室功能较为复杂,降板区域较多,且降板高度不一致;②设备较为集中,地上部分楼层层高不一致,机电安装管线排布有难度;③走廊部分管道排布密集,净空要求高;④项目施工专业多,多专业需交叉作业;⑤项目人员、材料、机械投入较多,工序衔接较为紧密,如发生问题,则会发生连锁反应,影响整个工程的进度、质量。 解决:将模型与进度相关联,从而模拟建筑物在每一个时间段的施工情况,同时,还可以将造价与模型相关联,形成一个 5D 的生长模型,从而优化不同时间段的资金配置等情况。 通过移动端,将现场安全照片与模型挂接,每天、每周、每月进行不同汇总。 通过鲁班 BE 系统,将施工现场的视频监控与 BE 模型挂接,在电脑前即可查询现场的进度及安全情况

（续表）

序号	项目名称	单位名称	项目角色	项目特点和解决
4	迪士尼梦幻世界	上海同济工程项目管理咨询有限公司	监理	特点：①核心区域、乐园地标；②单体众多、工期紧迫；③高低起伏、造型新奇；④亦真亦幻、艺术装饰；⑤工程管理、国际标准；⑥参建方众多、协调困难。 解决：BIM技术的应用，有利于项目的质量管理、投资管理、进度管理、信息管理和安全管理
5	长宁区虹桥街道261街坊6丘新建商办项目	上海建浩工程顾问有限公司	管理	特点：深基坑、超高层、楼内机电系统复杂；技术要求高，场地小多系统，多专业，多分包，统一管理。 解决：总包团体在BIM项目管理平台上协同工作，最大发挥了协调优势
6	同济大学新建嘉定校区体育中心项目	上海天佑工程咨询有限公司	监理	特点：项目为框架-大跨度钢屋盖结构体系，造型较复杂，涉及诸多专业技术。施工立体交叉多，专业分包较多，施工管理协调难度较大。 解决：模型可视化，优化流程；多专业更早地协作，提高效率；应用于工程量计算、冲突分析；全生命期的信息共享，反馈及时
7	上海虹桥商务核心区（一期）01地块虹桥丽宝广场项目	上海慧之建建设顾问有限公司	咨询方	特点：①专业齐全：该项目BIM实施包括建筑、土建、机电、室外、钢结构，立面造型以弧形为主，专业协同要求高、整体综合性强；②体量较大：项目总共24万m^2左右。 解决：首先对地下室进行数据分析与模型创建，然后跟进实施地上部分的五个单体，根据实际图纸情况，配合业主方或项目部，在规定的时间要求内，合理安排进度
8	回民公墓	上海建科工程项目管理有限公司	BIM咨询	特点：少数民族特色的建筑风格和使用需求。 解决：运用BIM技术做碰撞检测、净空分析
9	上海国际旅游度假区一期乐园配套用房（精品购物村）项目	上海建科工程项目管理有限公司	监理	特点：①部分建筑内部高度超过8 m属高支模架，属危险性较大的分部分项工程，监理届时配专业安全员重点监理；②项目基础为柱下独立桩承台基础，桩长28 m，基桩布置比较密集，群桩施工会产生挤土效应而引发不良后果；③装饰风格多样、立面造型复杂，为配合外立面造型，混凝土结构有大量拱形梁、尖塔、斜挂板、挑板等构件，模板、钢筋安装、混凝土浇筑难度大

（续表）

序号	项目名称	单位名称	项目角色	项目特点和解决
9	上海国际旅游度假区一期乐园配套用房（精品购物村）项目	上海建科工程项目管理有限公司	监理	解决：由于本项目立面造型复杂，按照施工蓝图难以表达，因此监理项目部使用模型进行现场检查，严格按照图纸的要求进行施工，主要用于幕墙阶段的外立面造型冲突，许多节点无法加工或不便于施工，利用模型进行设计沟通和协调
10	泰康人寿松江养老社区	上海现代建筑设计集团工程建设咨询有限公司	BIM咨询	特点：①高端养老社区施工质量要求高；②工程体量大工期紧迫；③基坑面积大，基坑变形控制难度大；④医院护理楼，各种设备管道多，预留预埋多，结构施工存在较大困难。 解决：通过搭建深化施工模型，进行施工过程的虚拟建造，协调设计、施工、深化、安装等各参与方解决在虚拟建造过程中发现的问题，排除施工过程中的各种风险，以指导施工、项目管理、监理等专业的工作

2. 企业应用BIM项目类型分布

在项目上运用过BIM技术有15家单位。这些单位普遍在房屋建筑工程类项目上运用BIM技术，其中也用于市政公用工程的有6家单位，用于铁路工程的有1家单位，公路工程、港口与航道工程无运用，如表2.11所示。

表2.11 各企业应用BIM项目类型情况统计表

运用过BIM技术项目类型	数量
房屋建筑工程	15
市政公用工程	5
铁路工程	1
公路工程	—
港口与航道工程	—

3. 企业应用BIM项目收益

通过对运用BIM能否获得更多的利润问题调研：15家运用BIM技术单位中，3家单位能够获得利润，3家单位能够持平，7家单位不能够获得利润，2家单位未投票，见表2.12所示。

表 2.12 各企业应用 BIM 项目收益情况统计表

获得利润情况	数量	比例
能够获得利润	3	20%
能够持平	3	20%
不能够获得利润	7	47%
未投票	2	13%
合计	15	100%

(四) 对推动项目管理应用 BIM 技术的要求

1. BIM 技术应用对企业所产生的价值

经过统计 BIM 对企业所产生的价值主要体现在(按得票顺序):①提升企业品牌形象,打造企业核心竞争力;②提高预测能力,减少施工现场突发变化;③招投标管理。

2. BIM 技术应用对项目所产生的价值

最希望 BIM 能体现的项目价值(按得票顺序):①提升企业品牌形象,打造企业核心竞争力;②控制建造成本,提高预算的准确率;③提高预测能力,减少施工现场突发变化。

3. 期望 BIM 模型哪方提供

在 40 家单位中,23 家单位期望 BIM 模型由设计单位提供,12 家单位选择了由业主提供,11 家单位选择了由 BIM 咨询单位提供, 1 家单位希望是施工单位提供,数据中有包含 6 家单位的多选选择。

而运用 BIM 技术的 15 家单位的选择又是怎么样的? 统计得出,有 14 家单位期望设计单位来提供 BIM 模型,3 家单位期望是 BIM 咨询单位,2 家选择了业主,1 家选择了施工单位,数据中也有 4 家多选。

由此而知,多数单位倾向由设计单位来提供 BIM 模型,就其拥有的技术能力及专业配置等方面似乎是更合情合理,随着 BIM 技术在设计单位的普及应用,今后 BIM 模型的提交势必成为设计内容中不可缺少的一部分。

4. 推广 BIM 的注意方面

票数最多的三项为:合理设定现阶段 BIM 的应用范围(32)[①];需要想也制定细化的 BIM 文件编制交付标准及相应资费标准(26);各参与方的配合情况(24)。

5. 希望得到政府及协会提供帮助

“在推动 BIM 应用发展中贵企业希望政府和协会提供何种帮助”票数最多的三项:①相关培训(26);②BIM 实际操作手册(24);③BIM 应用标准(20)。同时建议政府利用互联网、云计算技术搭建公共的 BIM 模型应用平台或开放试验中心。向社会或政府投资项目(示范效应)免费或少量收费开放;加大政府在公共开放平台建设和 BIM 人才应用培

① 说明:括号内为得票数,下同。

训投入力度。

6. 希望得到培训的内容

“最希望了解学习BIM技术哪些方面?”前四项得票数为:①项目协同(28);②软件操作(26);③模型规划(26);④案例分析(25)。

7. 目前BIM最紧迫要做的事

通过对15家BIM技术应用单位的统计,认为推进BIM技术在工程管理中应用时,目前需要解决的问题是:①制定BIM标准(7票);②培养人才(5);③改进软件功能(5);④管理模式和BIM配套(5)。

8. BIM实施中的障碍及风险

障碍中突出的5点为:①规范标准等不健全;②缺乏政策引导及保障;③商业软件功能达不到BIM应用或国内相应的标准的要求,或缺少有效的技术接口;④政府对BIM的关注度不高;⑤参建方对于数据分享持消极态度。

BIM实施中最可能的风险评价为:①其他风险:缺乏BIM行业标准(24);②人力资源风险:BIM人才缺乏(22);③技术风险:BIM软件尚不完善或不匹配(21);④管理风险:管理方式转变困难(20);⑤经济风险:短期成本高(17)、收益不确定(17)。

(五) 对实施BIM应用在工程管理中的建议

对上海工程管理企业调研中,“关于BIM的应用标准”“关于BIM的应用”“BIM应用最需要的是业主”“BIM应用价值”“BIM管理软件”以及“BIM培训和推广”等方面,也采取开放式的问卷方式。从以下回答中,可以汇集上海工程管理企业从业人员的共同智慧。

1. 关于BIM的应用标准

(1) BIM的应用标准是最难界定的,目前几种流派并存,项目管理公司在积极探索;造价咨询单位也在探索;软件公司也在探索。

(2) 基础标准缺失,应用标准难以落地,未经实践检验。

2. 关于BIM的应用

(1) 希望有关方能组织相关的培训、提供相应的标准及操作指导手册。

(2) BIM是一种管理工具,如何运用好BIM需要各方建立配套的协同的管理制度去规范BIM,现在阶段还是比较欠缺,很多单位还在尝试阶段,未全面普及。

(3) 在软碰撞排除应用阶段中,需要相关单位早期介入(如土建单位、设备供应安装单位),相互的工作节点和工作面应事先约定,才能体现软碰撞排除的效果,提前优化施工工艺和工序。

(4) 建议强制设计院在设计时就采用BIM技术进行设计,避免二次建模产生偏差。

(5) 建议在BIM项目实施过程中指定BIM团队负责人,协调各配合单位实施BIM计划,职责分明。

(6) BIM应用目前在中小工程中应用较鸡肋,业主自身不愿意投资,且收益成效并不明显,各主流软件之间的兼容性不好,实际应用中主要还是管线综合应用,其系基本水平展示阶段。

3. BIM 应用最需要的是业主

(1) BIM 应用最需要的是业主,但现在业主对该技术的了解很少,建议可以对一些国有的、使用财政资金的代建单位开始推广和培训。

(2) BIM 技术应用的最大受益者是业主,因此应由业主来主导推动,从项目全生命管理的角度来看,也应由业主来主导是最合理的。

(3) 除了政府的大力推行,业主的支持是推动 BIM 技术应用的源动力,现在有些项目业主的积极性仍然不高,虽然决定了使用 BIM 技术,但是推进速度非常慢。

4. BIM 应用价值

(1) BIM 涵盖了全面的信息,降低了设计和文档的工作量和错误,可以更加方便修改和减少修改错误,在施工阶段提供更多信息,提高效率、节约成本、更易沟通,提高建筑运营过程中的收益与成本管理水平。

(2) BIM 技术应用于工程实践是大势所趋,可以更好地促进工程管理水平的提高,节约投资,有利于提前发现问题、解决问题。

(3) BIM 的应用能够提高管理效率,增强管理水平,降低工程成本,提高决策水平,从根本上推进建筑行业的现代化进程。但是,BIM 技术在中国应用仍然不够普遍,扩散程度较低。期待通过各方深入探索加快 BIM 技术的发展,实现 BIM 技术在建筑行业的广泛应用。

5. BIM 管理软件

(1) 目前研发 BIM 管理软件的公司较多,应尽快建立统一的 BIM 标准,做到在使用不同的 BIM 软件时能达到兼容性、通用性。

(2) 软件应具备数据准确,运算效率高,兼容性好等条件。

(3) 多支持研发公司,避免 BIM 软件开发应用的垄断经营。

(4) BIM 技术需要多种软件配合使用,因此前期人员准备及软硬件设施的配备投入巨大,且部分软件开发尚不成熟。

(5) 但 BIM 技术目前并不适所有项目和所有项目参与方,同时现有的 BIM 技术及软件有待完善和简化。

(6) 各主流软件之间的兼容性不好。

(7) 降低 BIM 软件的购买成本,提高 BIM 软件的稳定性是推广的前提。

(8) BIM 本身定位不能为高、大、上,界面要友好。

6. BIM 培训和推广

(1) 协会组织过 BIM 技术应用相关培训,但感觉基本是概括介绍性质的培训,应该有针对性的组织分类培训,规划、架构、实施等相关管理、技术人员分别进行培训,效果可能会更加明显。

(2) 组织成熟案例的学习和交流。

(3) 希望有关方能组织相关的培训、提供相应的标准及操作指导手册。

(4) 建议政府利用互联网、云计算技术搭建公共的BIM模型应用平台或开放试验中心。向社会或政府投资项目(示范效应)免费或少量收费开放;加大政府在公共开放平台建设和BIM人才应用培训投入力度。

(5) 提高BIM软件的稳定性是推广的前提。

(6) 技术的推广离不开培训,培训免费或低费用才会引起企业管理者的兴趣。

(7) 推出的时机要适合,要有一定人员掌握此项技术后再推广。

(8) 法规和规范先行、落实资金来源。

(六) 总体评价

上海建设工程咨询行业协会各会员单位由本市工程监理、工程造价和工程招标代理、项目管理等建设工程咨询行业企事业单位组成,本次收到问卷回复的会员单位42家,有效数据40家,占到会员单位总数339家的12%,调研样本数量少,说明本次调研活动大部分单位反应不积极,或因未曾使用BIM或BIM在企业中的影响极小等原因。虽样本总体数量少,但参与调研的单位,多数为监理、造价、招标代理、项目管理甲级资质企业,并包括了行业内重点企业,如:上海现代建筑设计集团工程建设咨询有限公司、上海建科工程项目管理有限公司等,参与调研的企业的资质、规模在行业中具有一定的代表性,因此,要反映BIM技术应用的实际现状虽不能直接引用本次调研数据,仍可根据数据作出推论,作为本文研究成果的参考依据之一。见图2.5。

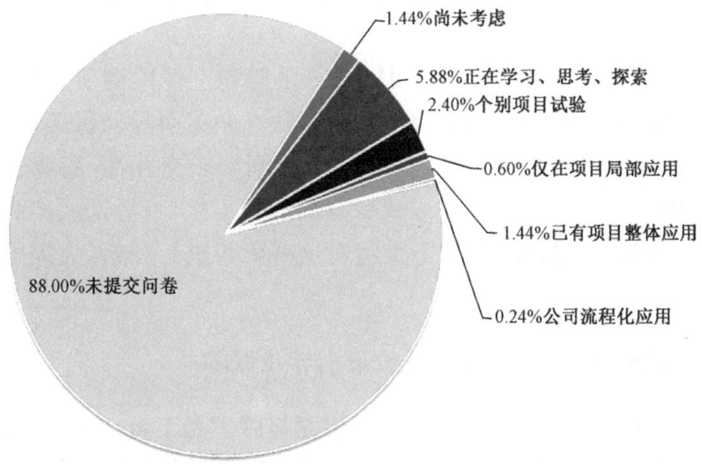

图2.5 上海市工程项目管理咨询企业应用BIM技术的总体情况

40家单位BIM技术应用所处阶段情况,如图2.6所示。40家有效问卷单位的数据显示,虽然BIM技术对上海市工程管理影响力显著,但半数企业仍处于未实践阶段,在具体工程项目上应用BIM技术还不多、多数应用也仅是局部应用,缺乏在项目整体应用。在应用BIM技术过程中,遇到多方面障碍。但是,从上海典型的应用来看,也产生了较好的应用的效果。

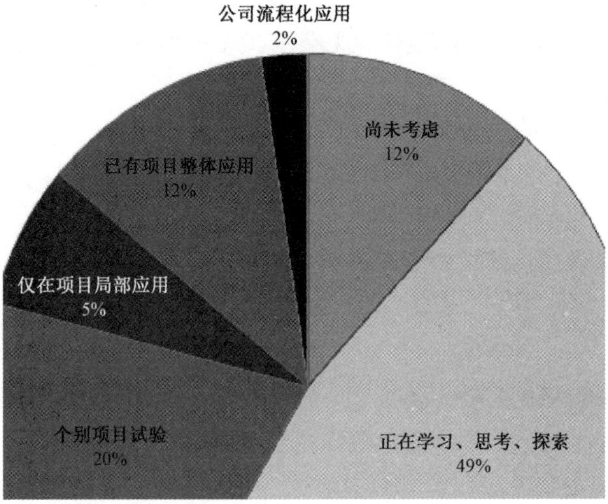

图 2.6　上海工程管理企业应用 BIM 总体情况

因此，上海市工程管理应用 BIM 技术，尚处于探索阶段，亟待政府、行业协会和咨询企业自身采取必要措施，推动 BIM 技术在上海建设工程项目管理中的深入应用，为上海工程建设项目增值做出应有的贡献。

四、上海市项目管理应用 BIM 技术的障碍分析

对上海市建设工程项目管理应用 BIM 技术的障碍和风险调研表明，工程管理应用 BIM 技术的主要障碍为：行业体制、标准不完善，缺乏政策引导及保障；参建方对于数据分享持消极态度，缺乏协同管理；BIM 应用软件之间缺乏交互性，商业软件功能达不到 BIM 应用或国内相应的标准的要求，或缺少有效的技术接口；短期成本高、收益不确定，导致经济风险大；BIM 人才缺乏等。下文将对这些障碍进行分析，为提出克服障碍的对策提供基础。

（一）行业体制、标准不完善，缺乏政策引导及保障

在 BIM 技术的应用中，建筑信息模型的建立与管理是不可或缺的关键工作，但是在工程生命周期的不同阶段，模型的内容与细节该如何掌握与要求，则是项目参与各方都一直希望能有一套准则或规范可以依循的。特别是当合约中牵涉模型的交付时，甲乙双方更需要在交付模型的内容与细节上达成共识。尤其是对于乙方而言，能明确地掌握甲方对交付 BIM 模型的期待，也才能精准估算所需投入之建模资源与成本，并确保所交付之模型能符合后续的应用需求。目前我国的 BIM 应用还都是非常割裂的，设计院从设计优化、辅助出图的角度来做 BIM，而施工单位应用 BIM 技术辅助施工图深化设计、虚拟施工进度及处理复杂节点施工，设计应用和施工应用对模型应用的标准各不相同，导致信息共享受阻，缺少可以从设计阶段延续到施工和运营阶段的设计模型。BIM 标准缺失主

要体现在:建模标准、数据标准和应用标准三方面。目前我国还缺乏 BIM 标准或者不完善,导致基于 BIM 技术的项目管理者"规范"整个建设项目过程 BIM 技术应用缺乏依据。

美国建筑师协会(American Institute of Architects, AIA)的 E202 号文件中[13],以 LOD(Level of Development,在此译为"发展程度")来指称 BIM 模型中的模型组件在建设生命周期的不同阶段中所预期的"完整度"(Level of Completeness),并定义了从 100 到 500 的五种 LOD。这也是一直以来被广为引用于说明建筑信息模型内容与细节的标准。然而,E202 号文件只是概念性地说明了在不同的发展阶段,模型组件随着不同的应用需求,预期的完整度应该如何,也建议可透过模型组件表(Model Element Table)来针对 CSI(Construction Specifications Institute)的 UniFormat 中所定义的建筑组件,定义相对应模型组件在工程生命周期不同阶段的 LOD 与负责作者(Model Element Author),却并未提出更明确且实质的模型组件 LOD 定义。在实务上,LOD 则常被简化地误用于指称整个建筑信息模型的发展程度,并与"详细程度"(Level of Details)混用,造成许多人误以为一个 BIM 模型中所有组件之 LOD 必然需要随着工程生命周期之演进而更加完整与详细,因而造成在 BIM 模型建置上不必要的复杂度与资源人力之耗费,以及在模型交付时不必要之纷争。

其实 BIM 模型的内容与细节之决定,主要取决于工程生命周期各阶段中,各专业分工在工程应用上对 BIM 模型之信息需求,而 BIM 模型在实务上不会(也不需要)是整合所有信息需求之单一模型。在 AIA 的 LOD 定义中原就有根据应用需求所定义的授权使用(Authorized uses)说明,且通常各专业工程师都很清楚其专业应用对建筑信息之需求,因此常会发展出自己所需的 BIM 模型,也很清楚该模型中各组件之 LOD。然而,在三维 BIM 模型中,一个还仅属早期发展程度的组件,几何形状与位置尚未达精准,却很可能因已有具体明确的三维呈现,而被误以为已达更精准之发展程度,因而遭到误用。因此,在 BIM 应用中欲透过较佳的信息管理与沟通来达成较佳的协同合作,需要大家对于各自需求的 BIM 模型组件的 LOD 有标准化的描述,才能有利于分工团队间之信息沟通与交换,以及 BIM 模型之再利用。

BIM 数据标准能够保障信息在建筑的全生命周期中流动起来。在当前我国的建设项目通常都是设计、施工和运维单位各不相同的情况下,如果缺乏统一的标准,设计施工一体化就缺少了基本的数据流转基础。在标准方面存在先有鸡还是先有蛋的问题——尽管业界对于建立标准的呼声很高,但是缺乏大量设计实践的标准是行不通的。

对于为业主提供工程管理服务的机构来说,希望国家尽早制定统一的 BIM 标准,避免至少减少由于"行业体制、标准不完善,缺乏政策引导及保障"造成项目信息化管理的有效性损失,提升项目管理增值能力。

2013 年,中国 BIM 系列标准编制工作正式启动,中国有望在短期内正式出台中国 BIM 标准体系。

(二) 参建方对于数据分享持消极态度,缺乏协同管理

BIM 的价值最大化体现在全生命周期的应用,但目前设计、施工、运维各阶段 BIM

模型的交接、数据的传递标准，项目各参与单位的工作流程、协作机制还没有建立，BIM的价值并没有得到充分的利用；不少工程项目上虽然应用了BIM，但只是开发和利用其中一小部分功能，造成资源浪费。

首先，作为产生BIM的源头，设计单位应用BIM的积极性不高。目前从各设计院反馈的信息来看，当前业主还不愿意专门为三维设计付费。设计单位却由于设计费用一直处于较低水平而不得不考虑成本问题。现在设计单位选择三维设计，往往是从提高整体竞争力的角度出发。阻碍设计单位进一步深化BIM应用的另外一个重要因素，是当前我国设计单位向业主交付设计成果的时候，要将三维设计转换成国家标准所规定的二维施工蓝图。而目前的BIM设计软件的本地化工作还需推进，以提升设计院进行三维设计时的工作效率。

其次，设计单位和施工单位对BIM的需求不一样。设计院更关心如何解决碰撞问题等，以保证不同专业的设计不会出错；而施工单位则更加关注施工工艺模拟和施工组织模拟等。要做到设计施工一体化，要求设计阶段做的模型尽可能满足在接下来的施工阶段施工单位的应用需求。以空调管线的设计为例，设计单位在设计时主要考虑的是空间的布局，如管线的长度、安装高度等，而施工单位则还要考虑管线怎么拼接、管线安装的时序。施工阶段的很多工作不是设计单位能说了算的，甚至要设备供应商来提供解决方案。这个问题在二维设计时代就已经存在。从理论上来讲，从BIM建模开始，施工单位就应该参与其中，将自己的需求体现到BIM模型中。但是由于各种原因，实际操作很难做到这一点。

同时BIM应该能有效地整合规划设计阶段，施工管理阶段的关联基础数据，完全无误地将其导入了运营数据库，再结合相关的网络技术，使商业运营管理更具有应变性和可控性。

然而，事实上由于“参建方对于数据分享持消极态度，缺乏协同管理”，设计阶段的BIM模型并不能很顺利地在施工阶段充分利用，大部分施工阶段BIM模型还需要重新建立。规划设计阶段，施工管理阶段的关联基础数据导入运营数据库，数据往往不完整，很难起到“运营管理更具有应变性和可控性”的目的。

“参建方对于数据分享持消极态度，缺乏协同管理”的原因主要有两个方面：一是“契约性”约束不够，如上述“行业体制、标准不完善，缺乏政策引导及保障”和项目合同本身有关条款约定不明确。二是“非契约性”引导有偏差，如业主虽然认识到BIM技术给项目整体利益带来价值，但往往在设计应用BIM和施工利用BIM所需要的费用上支付不足。据调研，业主不愿意合理支付应用BIM费用的原因是“由于设计或施工单位在这个项目上应用BIM技术了，对企业以后会产生更多的效益”。另外，更重要的是，设计者完成了设计BIM应用点所建立的BIM模型也缺乏“动力”完全交给后续施工者使用，原因有明显是经济问题。换言之，完整的设计BIM模型交给施工者后，给施工者带来的经济效益，设计者不能享受到。三是数据准确性的法律责任不确定，造成各方担心由于数据准确性带来的风险（目前，对此我国法律尚缺乏相关规定）。

对于为业主提供工程管理服务的机构来说，应该协助业主尽可能在有关合同中明确数据分享和协同管理机制；也可以事先编制“项目 BIM 技术应用规划或手册”，作为项目参与各方必须遵守的“法律”。BIM 的实施需要项目参与各方共同工作才能完成，那么后期应遵循怎样的原则来整合不同设计院、不同专业提供的模型，并使模型之间相互耦合至关重要。因此，在实施 BIM 工作之前必须制定统一的原则和标准，如模型的创建标准、编码规则、审核标准，交付标准等。在此前提下，参与各方的 BIM 组件才能相互对接，统一调用。也为日后施工、运维管理平台的搭建提供了依据。同时，业主也应该真正理解“应用 BIM 对业主是最大受益者”，合理支付项目参与各方应用 BIM 技术所需要的相关费用。当然，对此政府建设主管部门或行业协会需要在大量调研基础上，给出“指导性意见”，毕竟业主支付费用要“有依据”。

(三) BIM 应用软件之间缺乏交互性，缺少有效的技术接口

BIM 软件是 BIM 技术应用的关键。Building SMART 联盟主席 Dana K. Smitn 先生在其出版的 BIM 专著 *Building Information Modeling-A Strategic Implementation Guide for Architects, Engineers, Constructors and Real Estate Asset Managers* 中有这样一个论断[14]：“依靠一个软件解决所有问题的时代已经一去不复返了”。显然，BIM 技术应用不仅仅是一个软件的事，准确一点应该说 BIM 技术应用不仅仅是一类软件的事，而且每一类软件的选择也不止是一个产品，这样一来要充分发挥 BIM 价值为项目创造效益，涉及常用的 BIM 软件数量就有十几个到几十个之多了。

BIM 应用于工程管理中，必然涉及各领域运用的软件，一般包括：BIM 核心建模软件、BIM 方案设计软件、和 BIM 接口的几何造型软件、BIM 可持续(绿色)分析软件、BIM 机电分析软件、BIM 结构分析软件、BIM 可视化软件、BIM 模型检查软件、BIM 深化设计软件、BIM 模型综合碰撞检查软件、BIM 造价管理软件、BIM 运营管理软件、二维绘图软件以及 BIM 发布审核软件等。

不同专业人员使用各自的 BIM 核心建模软件建立自己专业相关的 BIM 模型，这些模型需要在一个环境里面集成起来才能完成整个项目的设计、分析、模拟，而这些不同的 BIM 核心建模软件无法实现这一点。当项目在不同阶段或相同阶段的不同任务应用时，由于采用工具软件的不同导致数据格式不统一时，需要考虑数据之间的传递和转换，以确保应用的协调和延续。为实现建筑信息模型基本数据在工程全生命周期中流转时保持一致性，软件须处理好相互间的数据交换。而软件数据交换处理能力决定于两个因素：事务性(主要指当数据出错时可回溯以保持原来正确的数据状态)和同步性(主要用于处理同样的数据由不同的使用者编辑更改后，校验并提供给使用者做出选择，或处理异构数据对同一模型的表达)。

BIM 软件实现信息数据共享的前提是数据接口标准的统一和规范化。研究表明，目前国际上广泛使用的是 IFC(Industry Foundation Classes) 标准[15]。IFC 标准是北美 IAI(International Alliance of Interoperability) 组织于 1997 年 1 月发布的，将多个软件的输入与输出数据格式统一，重新编写，方便建筑工程软件之间的协同工作。IFC 标准将模型分为四个层次：资源层（Resource Layer）、核心层（Core Layer）、共享层（Interoperability Layer）、领域层（Domain Layer），按顺序自上而下，每层只能引用同层或下层信息，确保上层信息变动不影响下层信息。资源层描述建筑对象的所有特性，如材料、造价、日期等，各个信息相互独立；核心层定义信息模型的框架，如建筑物的空间位置，将建筑材料、几何拓扑等资源层信息有机结合；共享层定义跨专业交换的信息，如墙、梁、柱、板、门、窗等实体；领域层定义各个专业针对的对象，如水、电、暖、气等，方便不同专业领域来定义模型。

目前，BIM 软件不够成熟，设计阶段软件不能够满足专业需要，BIM 如何与现有的运维管理平台接轨还有很多工作要做。软件与软件之间的数据传递不成熟，很多软件之间的参数无法共用和传递，影响 BIM 全过程、全生命周期的应用。特别是我国引用了一些国外的运营软件进行初级的商业运营管理工作，实践中发现运营阶段的 BIM 软件与其他阶段的软件交互性极差，造成 BIM 技术在运营阶段未得到充分应用，同时使得运营阶段在商业建设项目的全生命周期内处于孤立状态。

由于工程领域内使用的软件众多，必然产生了各种格式的文件，这些文件之间还存在的复杂的关联关系，这些关系也是动态发生变化的，对这些工程内容的管理已经超越了普通的文档管理系统的范畴。

对于为业主提供工程管理服务的机构来说，虽然“应用软件之间缺乏交互性，缺少有效的技术接口”属于 BIM 工具软件自身的问题，一般应由专业 BIM 工具软件机构解决，但是应用 BIM 技术的工程管理必须清楚认知主要 BIM 工具软件功能及技术特点，在不断总结经验的基础上，为具体项目的应用价值点实现，提供解决方案。

使用 BIM 软件仅仅满足于技术层面上的需求，并不能发挥 BIM 技术的优越性。技术层面上的问题，其他软件理论上都能给以解决。BIM 技术的关键在于协同作用，通过 BIM 技术将设计方、施工方及业主单位有机结合在一起，避免出现施工项目中信息沟通成本高、信息表达不完全、管理效率低下等问题。

总之，项目管理应用 BIM 技术来更好地管理，应用以 BIM 标准为基础、BIM 软件为工具、BIM 模型为媒介、BIM 协作系统为平台，完成信息的利用与传递。

（四）短期成本高、收益不确定，导致经济风险大

企业运用 BIM 技术，终极目标是要求 BIM 技术能带来经济效益，且效益越大越好。BIM 技术带来的经济效益不明显，跟效益的投资回报期有一定关系。经济效益的确定以及投资回报期的确定需要以一定的案例作为研究对象，对具体的企业具体的情况经济效益和投资回报期都会不一样。在经济因素中，购买、升级软件的成本以及培训员工的费用等因素相对于软件带来的经济效益应该是其很小的一部分，当成本小于效益时，才会有企业运用 BIM 技术。当成本大大小于效益或投入一定成本带来巨大效益时，采纳 BIM 技术的企业才会越来越多。同样，投资回报期的长短也是 BIM 技术采纳的重要影

响因素之一，投资回报期的长短直接影响采纳者的决策。当投资回报期很长时，采纳者会没有信心对技术继续投入，别的观望者也会打消采纳此项技术的念头。相反，当投资回报期比较短会很大程度上激励各个潜在采纳者采纳此项技术。

目前，上海工程管理企业应用BIM技术普遍认为“短期成本高、收益不确定，导致经济风险大”，因为现在还属于“探索阶段”，可以说是必然的。但是，应该看到，一个企业的效益除了直接经济效益之外，还有间接社会效益。具体来说，当上海工程管理应用BIM技术到了“成熟期”，那些最先掌握BIM技术在工程管理中应用的企业，已经积累了丰富经验，也培养锻炼了一批专业工程师，建立了较为完善的BIM技术应用于工程管理的体制和机制(包括方法)，一定能够有机会占领市场，从而获得应有的经济效益的收益。每个企业当然应该根据自身的情况选择适合的发展BIM技术应用战略方向。从本次调研的情况看，已经有多个企业制定了“企业BIM技术发展规划”(甚至编制了“企业BIM技术应用标准”)。所选择的发展方向也各有特点，比如某企业注重BIM模型的建立和信息化应用，正在着力培育一批BIM模型的建立和管理人员；还有的企业注重利用BIM技术与现代IT工具结合，在具体项目上实施。

从项目业主角度，业主也需要学习BIM技术相关理念，认识项目全寿命管理应用BIM技术对项目价值提升的效益。特别是项目各参与单位应用BIM技术后，给业主所创造的价值，“业主是最大受益者”。就项目的生命周期来看，业主是项目的主导者，参与项目设计、建设、使用的全过程。业主可以说是BIM应用的最大受益者，但还不能成为BIM技术的主要推手，因为大部分业主既不懂工程建设技术，也不懂BIM，并且大部分业主的项目建设是阶段性的、不连续的，除非业主是房地产公司或者项目管理公司，业务才可能是连续的，因为让所有业主都建一个BIM团队，从投入产出的角度讲也是不经济的。现代专业分工越来越细，业主应该更专注于自己的主业。从而理解和接受为业主提供工程管理服务机构应用BIM技术的重要性，以及应用BIM技术给整个项目建设产出的管理组织和流程的变化，进而明确BIM技术在工程管理中应用的任务和管理方法。显然，这需要社会(包括政府、协会和各企业)广泛的倡导和成功案例的引导。行业协会还可以不断收集整理应用BIM技术成功(或失败)的典型案例及效益数据，加强对业主的引导，支持工程管理企业获得应有的报酬。

从政府角度，政府需要在建设管理程序上“创造”在项目上必须应用BIM技术的要求，如项目建设过程审批要求提供BIM模型，这方面上海市建设主管部门已经提出了具体行政规定有针对性的要求。

(五) BIM人才缺失

调研问卷将BIM人员细分为三个层面，从本次问卷统计反映，自有BIM人员的企业占比为31%，自有率偏低，从占比31%里按三个层面(基础层、中间层及塔尖层的顶层设计人员)显示顶层设计人员缺失严重，多数空缺，有的不过1～3人。

调研问卷在征求各企业对BIM技术应用和调研问卷意见或建议时，要求协会组织

BIM 技术培训的企业占比近 50%，可见人才短缺现象十分普遍。

美国国家 BIM 标准（NBIMS Part 1 Version 1）[17] 把跟 BIM 有关的人员分成三类（图 2.7）：①BIM 用户：包括建筑信息创建人和使用人，他们决定支持业务所需要的信息，然后使用这些信息完成自己的业务功能，所有项目参与方都属于 BIM 用户。②BIM 标准提供者：为建筑信息和建筑信息数据处理建立和维护标准。③BIM 工具制造商：开发和实施软件及集成系统，提供技术和数据处理服务。

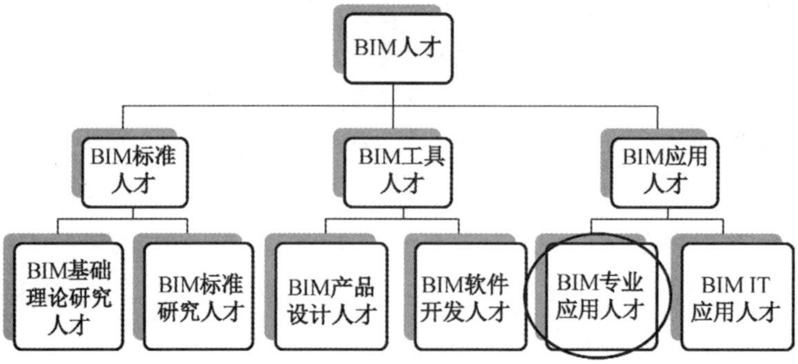

图 2.7　BIM 人才分类

本文的关注点是图 2.7 圈内的“BIM 专业应用人才”，简单描述就是应用 BIM 支持和完成工程项目生命周期过程中各种专业任务的专业人员，包括业主和开发商里面的设计、施工、成本、采购、营销管理人员，设计机构里面的建筑、结构、给排水、暖通空调、电气、消防、技术经济等设计人员，施工企业里面的项目管理、施工计划、施工技术、工程造价人员，物业运维机构里面的运营、维护人员，以及各类相关组织里面的专业 BIM 应用人员等。

对于为业主提供工程管理服务的机构来说，从事 BIM 技术应用在工程管理中的人才应该属于“BIM 专业应用人才”。上海工程管理咨询企业普遍缺乏“BIM 专业应用人才”的原因主要有以下三个方面：

(1) BIM 是崭新的技术，BIM 理念和技术本身产生也仅仅是近几十年，引进中国的时间并不长，我国开展 BIM 的研究和应用尚处于“探索阶段”。

(2) 我国教育机构（主要是高校）开展有关 BIM 的教学刚刚开始，尚没有大量的学生具备相应的 BIM 知识。

(3) 上海工程管理咨询企业中的专业工程师特别是有项目管理经验的工程师本身也不足，平常业务繁忙；同时不少有项目管理经验的工程师对学习 BIM 技术感到“畏惧”，主观上不愿意学习新技术。

(4) 我国各个行业都在大力发展 BIM 技术，人才需求大，导致上海工程管理咨询企业引进“BIM 专业应用人才”难度很大。

因此，不同工程管理服务的企业应该根据自身企业 BIM 技术发展战略需要，针对可能承担的或正在承担的任务，有目的的培养或引进人才。特别是期望承担项目实施全生命期或多阶段应用 BIM 技术的，应该着重培养 BIM 技术负责人和 BIM 技术工程师的岗位人才。

五、促进 BIM 技术在上海建筑工程项目管理中应用的建议

(一) 完善推进上海项目管理应用 BIM 技术的基础和条件

影响 BIM 技术在上海项目管理中应用，必然有很多因素，根据推进发展应用的作用可以分为：基础性因素和条件性因素两方面。

1. 完善推进上海项目管理应用 BIM 技术的基础

保证上海项目管理应用 BIM 技术的基础就是“BIM 标准”。本次课题调研所反映的推进障碍：如“标准不完善，缺乏政策引导”“数据分享”和“BIM 应用软件之间缺乏交互性，缺少有效的技术接口”等方面问题，就因为我国尚缺乏完善的“BIM 标准”。

清华大学 BIM 课题组在其《中国建筑信息模型标准(CBIMS-Chinese Building Information Modeling Standard)框架研究报告》[24]中把 BIM 标准分为 BIM 技术标准和 BIM 实施标准两类。它包括：建筑工程信息模型的应用统一标准，存储标准，设计信息模型的交付标准，信息模型分类和编码标准，建筑工程施工信息模型的应用标准。

2013 年，中国 BIM 系列标准编制工作正式启动，有望在短期内正式出台中国 BIM 标准体系。目前，“中国 BIM 标准的框架”已经出版，实际上它按照美国 BIM 国家标准的一些基本的框架，然后结合了中国的国情，对中国 BIM 的标准总体框架进行了勾画。2015 年 9 月 15 日，中国工程建设标准化协会建筑信息模型专业委员会发布《建筑空间管理 P—BIM 软件技术与信息交换标准(意见征求稿)正文及条文说明》[25]。由此可见，目前保证上海项目管理应用 BIM 技术的基础条件——“BIM 标准”还没有完成，必须尽快完善。

2. 创造推进上海项目管理应用 BIM 技术的条件

推进上海项目管理应用 BIM 技术的条件性因素包括：信息基础设施、信息软件系统、建筑性能分析软件系统、工程管理软件系统，项目运营维护管理系统以及信息硬件设备(如图像识别设备和物联网设备)等涉及建立 BIM 建设全过程应用的相关技术条件；团队人员能力和项目管理流程变更等方面管理条件；以及相应的政策保障措施；等等。

(1) 软件系统

BIM 应用的实现需要一系列以 BIM 核心建模软件为中心的各类分析、模拟、可视化、模型检查、复杂造型、深化设计、造价管理、运营管理、成果发布等软件的支持。

调研结果表明，在上海，工程管理中应用的 BIM 软件主要为：Revit、Navisworks、Bentley、鲁班、ArchiCAD、CATIA 等。主要困难在于：“商业软件功能达不到 BIM 应用或国内相应的标准的要求，或缺少有效的技术接口”。

使用 BIM 软件仅仅满足于技术层面上的需求，并不能发挥 BIM 技术的优越性。技

术层面上的问题,其他软件理论上都能给以解决。BIM技术的关键在于协同作用,通过BIM技术将设计方、施工方及业主单位(进一步包括运维方)有机结合在一起,避免出现建设项目中信息沟通成本高、信息表达不完全、管理效率低下等问题。

总之,项目管理应用BIM技术来更好地管理,应用以BIM标准为基础、BIM软件为工具、BIM模型为媒介、BIM协作系统为平台,完成信息的利用与传递。

(2) 硬件条件

BIM对硬件的计算能力和图形处理能力要求都比传统的CAD软件要高出许多,每个BIM软件产品都会有建议的硬件配置要求,对于BIM应用来说着重需要考虑的配置是CPU、内存和显卡。此外,项目的大小、复杂程度,BIM的应用目标、应用程度和工作方式等都会影响到BIM应用对硬件的要求。

调研结果表明:上海工程管理在应用BIM技术中对硬件条件基本没有反映,部分原因是还处于应用的初级阶段。另外,部分企业利用云计算平台来解决BIM软件产品对硬件配置要求高的问题。

(3) 网络

建设项目管理BIM技术应用利用网络技术的工作方式有如下三种:单机方式、局域网LAN(内联网Intranet)方式和广域网WAN(互联网Internet)方式。

不可否认,互联网应用的水平越高,BIM应用的成熟度也越高。美国BIM标准关于BIM能力成熟度的衡量标准中有一个BIM提交和实施方法(Delivery Method)的指标,根据不同方法划分为10级成熟度(其中1级为最不成熟,10级为最成熟)。在上述10级BIM实施和提交方法中,只有1—2级属于单机工作方法,3－4级属于局域网工作方法,而5—10级都属于互联网工作方法。

调研结果表明:只有5家单位拥有BIM管理平台协同工作,绝大多数仍是“单机方式”。在上海,尽管信息基础设施越来越完善,但工程管理在应用BIM技术时对网络协同尚未很好利用。

(4) 团队人员

在BIM技术应用实施的过程中,除了各类专业技术和管理人员需要掌握BIM技术以外,BIM经理是整个BIM团队的关键角色之一。BIM经理负责执行、指导和协调所有与BIM有关的工作,包括项目目标、流程、进度、资源、技术的管理;应用数字化项目设计相关的各类工程原理、方法技巧和标准,在所有和BIM相关的事项上提供权威的建议和指导;协调和管理BIM环境中工作的所有项目团队以保障完成产品在技术上的合适性、完整性、及时性和一致性。

调研结果表明:在上海,只有个别单位拥有符合上述条件的BIM经理,各类专业技术和管理人员也不够,急需培养或引进。调研显示,全部企业都要求得到培训或案例支持,也表明BIM人才和知识缺乏。

(5) 管理方法和流程

目前掌握了传统的项目管理方法和流程,但是基于BIM技术的项目管理需要充分利用BIM数据库获取有利于管理的信息以及利用BIM技术进行分析等，因此如何开展BIM技术在项目管理中应用，是一个亟待解决的问题。

BIM应用和流程的关系可以用生产力与生产关系的关系进行类比：BIM应用决定流程，流程可以对BIM应用产生反作用(促进或阻碍)。

调研显示：在上海，只有极少数企业重视BIM应用对工程管理流程变化，从而制定适应的流程而绝大多数企业并没有重视；个别企业认为，应用BIM对工程管理流程没有明显影响，如有变化则“自然”形成。这也表明，基于BIM应用下的工程管理流程设计需要完善。

(二) 对政府提出的推进上海市BIM技术应用目标的思考

上海是中国经济发展的领头羊，有很多先进技术的应用和人才的积累，上海推进建设项目应用BIM技术的实践中理应走在全国的前面。比如上海的大型项目中可以看到在BIM方面的应用，像迪士尼项目、上海中心等；从不少企业中正在积极投入应用、快速地进步。

近年来，上海陆续出台了一系列推进BIM技术应用的政策措施。2014年10月29日，上海市政府正式发布《关于本市推进建筑信息模型技术应用的指导意见》[26]，文件规定了上海市推进BIM应用的目标：到2017年底，上海市规模以上政府投资工程全部应用BIM技术，规模以上社会投资工程普遍应用BIM技术，应用和管理水平走在全国前列。2015年7月1日，发布了《推进BIM技术应用三年行动计划(2015—2017)》，提出自2015年9月1日起，在本市工程建设和运营中开展BIM技术应用试点工作。按照“指导意见”的目标、原则和任务，通过2015年至2017年三年“试点培育、推广应用和全面应用”三个阶段推进BIM技术应用。

无疑，要完成上述目标和任务需要政府、企业和教育机构等付出极大努力。首先推进上海市BIM技术在建设项目中的应用要有紧迫感，但是推进有个过程，无条件的强制推进可能欲速而不达。正如前文分析，目前保证上海项目管理应用BIM技术的基础——“BIM标准”还不完全具备；从目前情况看，上海建设项目应用BIM技术的各项条件尚缺乏，到2017年底实现计划目标所需要具备的各项条件，包括上海项目管理应用BIM技术的条件，如项目管理应用BIM技术的人才。

因此，建议要尽快完善BIM技术应用的基础——“BIM标准”，并采取措施创造BIM技术应用的“条件”。

(三) 完善政策保障措施

为了有效推进上海建设项目BIM技术的应用，政府必须出台促进BIM技术应用的政策支持。政府应该出台的政策保障特别应该包括以下几方面：“要求项目使用BIM”的政策；“确定BIM模型深度及参考价格”的政策；“BIM数据的保护”的政策；“BIM的合同范本及要求”的政策；“BIM职业认证的发展”的政策；“BIM对招投标制度的影响”的政策和“BIM 对企业利润分配的参考意见”的政策；等等。这些政策作为保障措施对促进 BIM 技术在建设工程项目管理中的应用也同样适用。

近年来，国家和地方陆续出台了一系列促进 BIM 技术在建设项目中应用的政策文件。住房和城乡建设部在 2011 年发布的《2011－2015 建筑业信息发展纲要》中，提出总体目标是加快建筑信息模型（BIM）、基于网络的协同工作等新技术在工程中的应用。2015 年 6 月，住建部印发了《关于推进建筑信息模型应用指导意见》，作为国家层面的纲领性文件，“指导意见”强调 BIM 的全过程应用，要求在建筑领域普及和深化 BIM 应用，提高工程项目全生命期各参与方的工作质量和效率，保障工程建设优质、安全、环保、节能。同时对建筑行业甲级勘察、设计单位以及特级、一级房屋建筑工程施工企业提出目标，到 2020 年末应掌握并实现 BIM 与企业管理系统和其他信息技术的一体化集成应用。

2014 年 10 月上海市人民政府办公厅转发市建设管理委《关于在本市推进建筑信息模型技术应用的指导意见》中提到营造自主创新的政策环境，培养一批具有一定创新研发能力的 BIM 技术服务企业、建筑企业和专业人才；开展 BIM 软件和应用能力认定；支持大专院校和社会机构开展多层次的 BIM 技术应用教育培训，提高专业人才的数量和能力。2015 年，上海又陆续出台了一系列推进政策，如成立了 BIM 技术应用推广中心，开展建筑信息模型技术应用试点工作，并发布了《推进 BIM 技术应用三年行动计划（2015－2017）》，要求强化应用能力建设，建立和完善社会化的企业和个人能力认定标准和机制；并鼓励社会组织，对本市设计、施工、监理、工程咨询等企业和个人 BIM 技术应用能力进行认定，规范 BIM 技术应用市场行为；加强 BIM 技术应用教育培训。特别是近期发布的《上海市建筑信息模型技术应用指南（2015 版）》，“主要针对建设工程项目设计、施工、运营全生命期的 23 项 BIM 技术基本应用，描述了每项应用的目的和意义、数据准备、操作流程以及成果等内容。作为 BIM 应用方案制定、项目招标、合同签订、项目管理等工作的参考依据”。这对推进 BIM 技术在上海的应用起到很好作用。

由此可见，国家和上海陆续出台的促进 BIM 技术应用的政策，完全适应“要求项目使用 BIM”的需要。而上海市的相关政策有所突破，发布《上海市建筑信息模型技术应用咨询服务招标示范文本（2015 版）》《上海市建筑信息模型技术应用咨询服务合同示范文本（2015 版）》，一定程度上提供了“BIM 对招投标制度的影响”和“BIM 的合同范本及要求”方面的政策保障。

国家和上海市政府对促进 BIM 技术应用而亟待解决的“确定 BIM 模型深度及参考价格”、“BIM 数据的保护”政策、对“BIM 职业认证的发展”和“BIM 对企业利润分配的参考意见”政策等尚缺乏保证措施。

因为“确定 BIM 模型深度及参考价格”的政策；“BIM 数据的保护”的政策；“BIM 的合同范本及要求”的政策；“BIM 职业认证的发展”的政策；“BIM 对招投标制度的影响”的政策和“BIM 对企业利润分配的参考意见”的政策等保障措施也是推进 BIM 技术应用的“条件”，因此建议进一步完善“BIM 对招投标制度的影响”和“BIM 的合同范本及要求”方面的政策，尽早提出有关“确定 BIM 模型深度及参考价格”的政策、“BIM

数据的保护”的政策、“BIM职业认证的发展”的政策和“BIM对企业利润分配的参考意见”的政策。

(四) BIM应用人才的能力和培养

住房和城乡建设部在“推进建筑信息模型应用指导意见”中提出发展目标:“到2020年末,以下新立项项目勘察设计、施工、运营维护中,集成应用BIM的项目比率达到90%:以国有资金投资为主的大中型建筑;申报绿色建筑的公共建筑和绿色生态示范小区。”要求建设单位“满足工程建设不同阶段对质量管控和工程进度、投资控制的需求”。上海市委市政府高度重视建筑行业转型升级,为加快推进BIM技术在全市工程建设中的应用,2014年10月份市政府办公厅出台了《关于在本市推进建筑信息模型技术应用的指导意见》,明确提出全市BIM技术应用的阶段性目标。这个目标的实现,依赖于有足够的专业BIM人才。BIM人才缺乏,是影响上海促进BIM技术在上海建设工程项目管理中应用的关键问题。

1. BIM人才能力

何关培结合目前国内BIM发展状况,认为组织的BIM专业应用人才能力从低到高分为以下六个层次[27]:

(1) BIM软件操作能力。即BIM专业应用人员掌握一种或若干种BIM软件使用的能力,这至少应该是BIM模型生产工程师、BIM信息应用工程师和BIM专业分析工程师三类职位必须具备的基本能力。BIM软件列表采用了美国总承包商协会发布的BIM软件分类方法。需要说明的是,使用其他罗列方法并不会影响这部分BIM能力所要表达的本质,也就是会使用某一种或几种BIM软件。

(2) BIM模型生产能力。指利用BIM建模软件建立工程项目不同专业、不同用途模型的能力,如建筑模型、结构模型、场地模型、机电模型、性能分析模型、安全预警模型等,是BIM模型生产工程师必须具备的能力。

(3) BIM模型应用能力。指使用BIM模型对工程项目不同阶段的各种任务进行分析、模拟、优化的能力,如方案论证、性能分析、设计审查、施工工艺模拟等,是BIM专业分析工程师需要具备的能力。

(4) BIM应用环境建立能力。指建立一个工程项目顺利进行BIM应用而需要的技术环境的能力,包括交付标准、工作流程、构件部件库、软件、硬件、网络等,是BIM项目经理在BIM IT应用人员支持下需要具备的能力。

(5) BIM项目管理能力。指按要求管理协调BIM项目团队实现BIM应用目标的能力,包括确定项目的具体BIM应用、项目团队建立和培训等,是BIM项目经理需要具备的能力。

(6) BIM业务集成能力。指把BIM应用和企业业务目标集成的能力,包括确认BIM对企业的业务价值、BIM投资回报计算评估、新业务模式的建立等,是BIM战略总监需要具备的能力。

对于为业主提供工程项目管理服务的机构来说，从事BIM技术应用在项目管理中的人才应该属于“BIM专业应用人才”。在一个建设项目管理团队中的“项目BIM管理团队”，其BIM专业应用人才能力应着重具备或培养BIM模型应用能力、BIM应用环境建立能力和BIM项目管理能力；对于致力于发展BIM业务的上海工程管理咨询企业来说，还需要致力于培养具有“BIM业务集成能力”的人才。

2. BIM技术负责人和BIM技术工程师的岗位职责

在实施全生命期或多阶段BIM应用时，项目管理单位应当设置BIM技术负责人和BIM技术工程师的岗位。其中，BIM技术负责人是实施BIM应用的关键岗位。上海现代建筑设计集团工程建设咨询有限公司根据多年工作经验，认为配置的人员应当具有足够的经验管理建筑项目的BIM技术应用，其基本职责如下：

(1) 依据相关标准和参考本指南，总体规划和制定BIM应用方案，确定BIM应用点；

(2) 根据项目的建筑信息模型数据需求，确定不同阶段建筑信息模型的内容与深度；

(3) 根据项目的BIM应用需求，参与BIM软硬件方案决策，保证软硬件配置到位；

(4) 建立并管理BIM项目小组，确定小组各职责人员，划分并创建各人员的用户权限；

(5) 组织与BIM相关的会议及培训；

(6) 控制建筑信息模型的质量及进度，并处理各方与BIM相关的协调工作；

(7) 负责审核与验收BIM应用的成果，管理并及时更新建筑信息模型。

BIM技术工程师是相应行业或专业的BIM技术人员，配合BIM技术负责人实施具体的BIM活动，应当具备专业领域实施BIM项目的经验，其基本职责如下：

(1) 依据相关标准和参考本指南，负责实施建筑信息模型在不同阶段和专业的BIM应用；

(2) 根据项目应用需求，策划或构建相应专业的建筑信息模型，并进行模型审核、整合与分析；

(3) 落实与BIM相关的软硬件资源；

(4) 支持BIM项目小组的活动，制定BIM实施细则，如文件夹结构、权限级别等；

(5) 参加与BIM相关的会议及培训；

(6) 维护建筑信息模型，并根据模型修改意见，及时协调并解决建筑信息模型相关问题；

(7) 完成不同阶段和专业BIM应用实施，保证建筑信息模型及其应用成果的质量。

3. BIM人才培养内容

“BIM专业应用人才”的缺乏实质上是人才对BIM专业应用知识和能力的缺乏。因此对BIM人才培养，应该给从事工程管理的人员补充BIM专业应用知识，以提升其BIM专业应用能力。

《上海市推进建筑信息模型技术应用三年行动计划(2015—2017)》中已提到了加强

BIM技术应用教育培训的几种措施：结合现有学历教育的相关专业和课程进一步普及BIM技术，引导专业培训机构开展职业培训、岗位资质证书考核认定等，建立并形成多层次的教育培训体系。在注册执业资格人员的继续教育必修课中增加BIM技术应用课程，引导高等院校和社会机构开展企业管理人员、技术人员等多层次的BIM技术应用教育和培训，不断提高BIM技术应用人才的数量和能力。

因此，建议考虑以BIM各应用能力的培养为课程内容，通过多层次地培训，特别是期望承担项目实施全生命期或多阶段应用BIM技术的工程管理服务的企业应该根据自身企业BIM技术发展战略需要，应该着重培养BIM技术负责人和BIM技术工程师的岗位人才。最终引导人才流向构建BIM人才金字塔的三个层面。

建议BIM人才培训内容主要包括以下方面：

- BIM概论与核心价值；
- BIM国内应用现状与发展趋势；
- BIM组织设计；
- BIM项目与传统项目管理差异；
- BIM应用创新；
- IPD协同一体化交付；
- BIM招投标管理；
- BIM设计管理；
- BIM施工进度与成本管理；
- BIM设计、施工、运维综合应用；
- BIM软硬件知识、技术路线；
- 项目实践。

在国家要求推进BIM技术应用的大环境下，上海市政府有关部门“强势”发布了一系列促进BIM技术应用的政策文件，大多数从事项目管理的人员对应用BIM技术有认知，但普遍缺乏操作经验，亟须在建设项目各阶段应用BIM技术进行项目管理的各个“应用点”的具体方法。BIM的应用贯穿建筑全生命周期，从设计到施工直至运维。BIM在设计、招标、施工阶段收集的信息和可视化图形在设施运营管理阶段大有作为。在上海，可结合国内外成熟的应用经验，进行整理，形成“基于BIM技术的项目管理操作手册”。

建议有针对性地开展项目BIM实施方面的培训，确保上海工程咨询企业根据自身特点和工作需要选择专题深入学习研究，做到“活学能用”。

建议开展建设项目BIM应用培训“应用点”包括如下十一个方面(示例)：

(1) 建设项目BIM实施策划

定义项目BIM实施所要实现的价值，并为项目团队成员定义完整的目标，以及对应用进行评估与筛选；设计BIM实施的流程，从总体视角与局部视角分别描述BIM实施流程；定义BIM模型信息的互用要求；定义支持BIM实施所需的基础资源。

(2) 规划指标管控

在规划管理中，控制指标的控制深度和广度并不是只通过单纯的指标数据来体现，更多需要对建筑形态、体量、相邻关系、立面效果、整体空间肌理等多方面加以关注。传统二维规划审批存在很多问题，如规划效果不直观、指标计算枯燥、空间关系不明朗等。

(3) 设计质量控制

多种方案对比模型、绿色性能分析与优化建议。

(4) 异形结构分析

借助 BIM 技术实现异形结构受力的精确分析，指导曲面复杂建筑施工的准确定位。

(5) 幕墙深化及优化

异形幕墙板块的标准化设计以降低幕墙直接成本。基于 BIM 在异形幕墙的招标图(施工图深度)交付成果阶段，同步提供异形幕墙的标准化、异形率分布报告。确保投标单位在投标阶段能够准确评估项目难度，减少后续以各种手段进行变更签证。可为业主控制成本追加的风险。

(6) 多专业协调，优化建议

将建筑，结构，机电，幕墙等各专业的 BIM 信息模型合成一体，各专业在三维空间内的整合提高了专业间的协同；2D 与 3D 的协同能力，可视化地判断出专业间的设计遗漏问题。

(7) 工程施工可行性分析

基于 BIM 的 VDC(虚拟设计与施工)技术即在真实工程之前，通过模型进行设计和虚拟施工，事先解决可能会出现的问题。

(8) 工程场地布置分析

利用模拟施工现场布置状况，指导，记录，跟踪，分析作业现场的各类活动，基于 BIM 信息，依据施工设计，分析现场施工环境，遵循营建中的"七定"管理(定时，定量，定人，定料，定质，定物，定动线)原则，为施工规划提供可行性建议。

(9) 碰撞检查

运用 BIM 三维可视化技术，依据深化设计原则进行管线合理排布，检查设计中的硬碰撞问题，提出优化建议，降低施工问题，减少返工情况，保障施工进度。

(10) 工程工序控制

施工工序模拟：依据施工工序设计，针对地下区域大面积开挖的实际状况，模拟施工现场工序排布，分析工序的合理性，以及各施工单位间的施工配合，理顺施工条理，减少误会或计划失误而导致的误工及返工状况。

(11) 工程变更管理

将设计变更通过模型进行管理并计算变更的工程量。

建议针对各个"应用点"，编制"基于 BIM 技术的项目程管理操作手册"，可以由上海市工程建设行业协会(以下简称为"协会")组织需要人员的培训。

关于 BIM 专业应用知识的其他方面，一般由各个企业组织培训。

4. 政府对 BIM 人才培养的支持

在新加坡过半的工程是政府直接做业主，所以政府对 BIM 的发展非常重视，是推动

BIM发展的最主要单位。新加坡政府在初期推广BIM项目时也遇到了很大的困难，政府给予了很大支持。如果个人参加BIM的培训，政府给个人补贴，如果项目中决定采用BIM技术，政府给这个项目补贴，如果一个企业想推广BIM技术，政府还会给企业以补贴。政府通过各种政策支持，来大量培养BIM人才，这也是新加坡建筑行业形成竞争力的重要手段①。

2014年10月29日，上海市政府正式发布《关于本市推进建筑信息模型技术应用的指导意见》。文件规定到2017年底，上海市规模以上政府投资工程全部应用BIM技术，规模以上社会投资工程普遍应用BIM技术，应用和管理水平走在全国前列。

显然，上海需要大量的BIM人才；为了支持和保证“应用和管理水平走在全国前列”，不可缺少大量的、有质量的基于BIM技术应用的建设过程项目管理人才。建议上海市政府借鉴新加坡政府的成功经验，对上海市BIM人才培养给予政策支持：

- 个人参加BIM的培训，政府给个人补贴；
- 项目中决定采用BIM技术，政府给这个项目补贴；
- 一些企业想推广BIM技术，政府还会给企业以补贴。

上海已经在若干项目(如前滩、申迪)开展BIM应用上给予补贴，起到了很好的支持推进作用。

(五) 关于企业发展策略

1. 上海项目管理咨询企业面临的挑战和风险

BIM的理论、技术、方法包括软件的工具，今天都还在快速发展阶段，还没有成熟，但是对整个建筑业的生产方式会产生巨大的影响，已经可以产生比较显著的经济效益和社会效益。上海已经出台了一系列推进BIM技术在建设项目中应用的政策，提出了上海市推进BIM应用的目标。上海建设工程项目管理等工程咨询企业即将面临业主要求应用BIM技术或为提供管理服务水平主动应用BIM技术以及项目其他参与各方应用BIM技术的工作环境。无疑，对上海工程咨询企业提出了挑战。

上海工程咨询企业从事项目管理咨询服务中应用BIM技术，将面临技术、经济、管理和人力资源等方面风险。

(1) 技术方面的风险。包括BIM的技术难度高、技术专业性强，如今的技术专业性不够，BIM技术选择存在误区，技术更新比较快。

(2) 经济方面的风险。包括收益不确定，投资回报期长、短期成本高。

(3) 管理上的风险。包括管理方式的转变困难(因为使用新的技术手段，就一定会或多或少对传统的管理方式产生改变)；业务流程转变困难；管理层接受度不高。

(4) 人力资源方面的风险。包括缺乏人才，现有人员的知识能力结构不够，现有业务繁忙。

---

① 参考《新加坡BIM实施及政府审批调研考察报告》，2016年6月。

对于上海工程咨询企业来说，面临上述挑战和诸多方面的风险，无疑将面临企业生存问题，同时也意味抓住能否机遇而发展的前景。

2. 不同企业应对策略

针对基于BIM技术应用的项目管理咨询企业能力水平，可以简单地划分成三个层次的应用：

(1) 高层次应用，即基于BIM技术实现建设项目管理的全面综合应用；

(2) 中等层次应用，即仅能实施个别阶段应用(如应用BIM技术进行设计管理)或若干单项方面的应用(如应用BIM技术进行造价控制)；

(3) 低层次应用，即仅对BIM技术有所了解，进行项目管理暂没有应用BIM技术或应用极少方面。

从本次对上海工程咨询企业应用BIM技术的调研情况分析，仅有部分"综合甲级咨询公司"在从事项目管理过程中，"开展了个别阶段或若干单项方面的应用"，尚没有一家公司开展"基于BIM技术实现建设项目管理的全面综合应用"；大部分企业没有提供应用案例，可以理解为"进行项目管理暂没有应用BIM技术或应用极少方面"。因此，在上海推进BIM技术在项目管理的应用还有很长的路要走。

对于上海从事建设工程项目管理的工程咨询企业来说，必须认识到应用BIM技术是提高建筑业生产效率的重要手段、是管理环境变化发展的必然要求，更是企业自身生存和发展的机遇。

工程项目管理咨询企业应用BIM技术从事建设工程项目管理也有自身的优势和条件：

(1) 我国工程建设的实际情况，长期存在设计、施工以及运维各阶段分割现象，设计单位、施工单位、运维单位各司其职，必要的信息无法有效的整合和传递，也就把全生命周期的BIM应用分割成了个阶段的BIM使用。工程项目管理咨询企业具有综合的业务生产能力和协调工程各阶段各角色的能力，也应该能综合协调好在项目全生命周期的BIM应用。

(2) 工程项目管理咨询企业作为建筑行业内的专业服务单位，具有招标代理、造价、监理，以及项目咨询等综合型的工程业务，也具有这方面的人才。项目管理人才通过BIM专业知识培训，可以成为BIM技术专业管理应用人才。

(3) 工程项目管理咨询单位作为软服务企业，应用BIM技术进行项目管理，没有也无需大量投入硬件设备，除了对软件技术的需求外，基本都是建立在工程项目建设管理工作基础上，也可视为软服务的一种，应纳入其本身的企业业务发展中去。

因此，各个上海工程项目管理咨询企业应根据自身条件进行科学的SWOT分析，建立"企业BIM技术应用发展战略"。

对于上海若干综合咨询管理骨干企业，由于自身人才、管理能力、资金等方面实力较强，而且不少企业已经有应用BIM技术进行项目管理的能力和基础，应该首先强化实施个别阶段应用和单项方面的应用，形成特色化管理，以致发展成为企业核心竞争力；从而进一步发展"基于BIM技术实现建设项目管理的全面综合应用",从"中等层次应用"上升为"高层次应用"。行业协会对成员企业特别是骨干企业提升BIM技术应用能力方面可以起到的作用,包括在政府层面争取政策支持、人员培训、技术引进、项目评优、国内和国际交流与合作以及前沿研究(如制定提升成员企业BIM应用成熟度的计划与体系)等方面。

对于上海其他大多数工程咨询管理企业,努力挖掘自身业务优势,尽可能发展在某一阶段的个别业务上BIM技术应用,形成专业化BIM技术应用的特色企业。当然,在上海推广BIM技术在项目管理中的应用,也需要广大中小企业开展应用。由于中小企业毕竟经济条件有限,也非常需要政府在人才培养和软件平台建设方面的经济支持,如政府构建平台,供小企业聚集使用。

3. 共同营造市场环境

推进上海项目管理应用BIM技术,必然要求形成健康的上海项目管理应用BIM技术的市场。在这个"市场"中,需求方就是"业主",供应方是"拥有项目管理应用BIM技术能力的项目管理咨询企业",交易条件包括"BIM的合同范本及要求"和"交易价格"。

从需求来说,不可否认业主态度是影响应用的重要因素。影响项目管理咨询企业"拥有项目管理应用BIM技术能力"的因素,包括:团队人员能力和管理方式等方面。

基于BIM技术的工程管理能否实现价值,关键是看能否真正为项目增值、为业主创造效益。目前企业存在"短期成本高、收益不确定,导致经济风险大"的障碍,很大原因是工程管理企业还不能"说服"业主,基于BIM技术的工程管理能实现价值,能为项目增值、为业主创造效益。

除了社会(包括政府、协会和各企业)广泛的倡导"业主是最大受益者"观念外,还需要用真正成功案例加强对业主的引导。因此,建议行业协会可以不断收集整理应用BIM技术成功(或失败)的典型案例及效益数据,编制协会刊物,支持工程管理企业获得应有的报酬。

同时,政府应该尽快开展"BIM技术在工程管理中的应用"研究,明确BIM技术在工程管理中的应用任务和方法,在此基础上进一步提出BIM技术在工程管理中的应用服务报酬的指导意见。

(六) 本章小结

目前,BIM技术发展仍然面临诸多挑战,为促进BIM技术在上海工程管理中的应用,本章从基础和条件、政策、人才培养和企业发展策略等方面提出了针对性的建议。

1. 对政府的建议

尽快建立相应的BIM标准,使得在应用BIM技术过程中有"法"可依;从软件系统、硬件系统、网络、团队人员、管理方法和流程等方面,采取措施创造BIM技术应用的条件;完善相应政策,有针对性地提供一定的政策扶持;在政府工程中考虑BIM技术的概算,加大BIM推广力度;结合本市情况,制定合理可行的BIM应用目标,逐步提高BIM技术在大中型工程项目的覆盖率。

2. 对协会的建议

在外部，争取政策支持、人员培训、技术引进、项目评优、国内和国际交流与合作以及前沿研究等方面。

在内部，多发挥一些重点企业的示范作用，给中小型企业创造 BIM 技术应用条件；提供专业的、多层次的 BIM 技术应用培训；搭建公共的 BIM 模型应用平台或开放试验中心；组织收集、整理和发布应用 BIM 技术成功（或失败）的典型案例及效益数据，加强行业引导。

3. 对企业的建议

应结合企业自身情况，挖掘自身优势，积极开展 BIM 技术应用；重视 BIM 人才培养，通过推动专业人才队伍的建立，为企业应用 BIM 技术提供保障。

对致力于发展 BIM 业务的上海工程管理咨询企业来说，需要培养具有“BIM 业务集成能力”的人才。

期望承担项目实施全生命期或多阶段应用 BIM 技术的工程管理服务的企业应该根据自身企业 BIM 技术发展战略需要，着重培养 BIM 技术负责人和 BIM 技术工程师的岗位人才。

各个上海工程项目管理咨询企业应根据自身条件进行科学的 SWOT 分析，建立“企业 BIM 技术应用发展战略”。

六、结论和展望

上海市工程咨询行业协会会员单位由本市工程监理、工程造价和工程招标代理、项目管理等建设工程咨询行业企事业单位组成，主要从事建设工程项目管理咨询服务（包括全过程管理或单项管理），已经成为提高上海工程项目建设效益的重要力量。

信息化是建筑产业现代化的主要特征之一，BIM 应用作为建筑业信息化的重要组成部分，必将极大地促进建筑领域生产方式的变革。为了实现“BIM 技术应用和管理水平走在全国前列”的战略目标，上海市政府出台了一系列相关推进政策，确定“通过分阶段、分步骤推进 BIM 技术试点和推广应用，到 2016 年底，基本形成满足 BIM 技术应用的配套政策、标准和市场环境，本市主要设计、施工、咨询服务和物业管理等单位普遍具备 BIM 技术应用能力。到 2017 年，本市规模以上政府投资工程全部应用 BIM 技术，规模以上社会投资工程普遍应用 BIM 技术”。①

为了有效推动 BIM 技术在上海建设工程项目管理中的应用，上海市工程咨询行业协会联合上海现代建筑设计集团工程建设咨询有限公司开展“BIM 技术在上海建设工程项目管理中的应用”课题研究。

---

① 《关于推进建筑信息模型应用的指导意见》（建质函〔2015〕159 号）。

通过该课题研究，分析总结目前上海在建设工程项目管理中应用 BIM 技术的应用现状、市场对 BIM 应用的接受程度，针对影响 BIM 技术在上海建设工程项目管理中应用的主要障碍，提出相关建议，为推动上海 BIM 技术在项目管理中的应用实践提供参考。

课题研究表明，上海市工程管理应用 BIM 技术，尚处于探索阶段，亟待政府、行业协会和咨询企业自身采取必要措施，推动 BIM 技术在上海建设工程项目管理中的深入应用，从而为上海工程建设项目增值做出应有的贡献。

(1) 通过探讨了上海工程咨询行业、特别是项目管理公司在普及 BIM 技术应用理念时提出的 BIM 在项目管理中能做什么、有哪些应用点，提出从事上海工程项目管理咨询企业应用 BIM 技术需要面临的组织变革要求。

(2) 通过对上海市工程咨询行业协会会员单位广泛调研，分析总结出上海 BIM 技术在建设工程项目管理中应用的现状：虽然 BIM 技术对上海市工程管理影响力显著，但半数企业仍处于未实践阶段，在具体工程项目上应用 BIM 技术还不多、多数应用也仅是局部应用，缺乏在项目整体应用。在应用 BIM 技术过程中，遇到多方面障碍。但是，从上海典型的应用来看，也产生了较好的应用的效果。

(3) 提出了影响推进 BIM 技术在上海建设工程项目管理中应用的具体障碍：行业体制、标准不完善，缺乏政策引导及保障；参建方对于数据分享持消极态度，缺乏协同管理；BIM 应用软件之间缺乏交互性，商业软件功能达不到 BIM 应用或国内相应的标准的要求，或缺少有效的技术接口；短期成本高、收益不确定，导致经济风险大；BIM 人才缺乏等。通过对产生障碍的原因详细分析，为提出克服障碍的对策提供了可靠基础。

(4) 提出保证上海项目管理应用 BIM 技术的基础就是“BIM 标准”，推进上海项目管理应用 BIM 技术的条件性因素包括相关技术条件、管理条件以及相应的政策保障措施等。在对推进上海项目管理应用 BIM 技术的基础和条件分析基础上，提出为实现政府提出的推进上海市 BIM 技术应用目标应该尽快完善“基础”、创造“条件”的思路。

(5) 针对政策保障措施，提出上海应尽早发布有关“确定 BIM 模型深度及参考价格”的政策、“BIM 数据的保护”的政策、“BIM 职业认证的发展”的政策和“BIM 对企业利润分配的参考意见”的政策。

(6) 针对 BIM 应用人才的能力和培养，特别是针对上海工程管理咨询企业亟需的知识，提出了具体培养内容和针对“应用点”进行有针对性培训的方式。并提出行业协会、政府对 BIM 应用人才培养应该采取的措施。

(7) 在分析上海工程管理咨询企业应用 BIM 技术所面临的风险基础上，提出不同企业应对策略：明确应用 BIM 技术是提高建筑业生产效率的重要手段、是管理环境变化发展的必然要求，更是企业自身生存和发展的机遇；企业应根据自身条件进行科学的 SWOT 分析，建立“企业 BIM 技术应用发展战略”；首先强化实施个别阶段应用和单项方面的应用，形成特色化管理，以致发展成为企业核心竞争力；从而进一步发展“基于 BIM 技术实现建设项目管理的全面综合应用”，从“中等层次应用”上升为“高层次应用”。

(8) 提出共同营造基于 BIM 技术实施建设项目管理的市场环境要求，上海市政府、行业协会、业主以及上海工程管理咨询企业应当承担各自的责任。

(9) 需要开展“BIM技术在工程管理中的应用”深入研究，包括基于BIM技术的项目管理流程设计，基于BIM技术的建设项目投资、进度和质量控制方法，基于BIM技术的信息管理方法，基于BIM技术的合同管理方法等。

(10) 需要深入开展BIM技术在建设工程项目管理的应用实施策略研究，为工程建设项目上有效开展BIM应用打下基础。

(11) 需要进一步总结BIM技术在建设工程项目管理的应用点实施的具体方法和经验(包括应用效果和教训)，以确保上海工程项目管理咨询企业能尽快掌握基于BIM技术的项目管理方法。

(12) 需要不断总结BIM技术在建设工程项目管理的应用价值，为上海工程项目管理咨询企业切入市场提供帮助。

(13) 需要开展基于BIM技术的项目管理市场机制研究，为上海广泛应用BIM技术提供必要的条件。

参考资料

[1] 丁士昭. 建设工程信息化导论[M]. 北京：中国建筑工业出版社，2005.

[2] 丁士昭. BIM应用·导论[M]. 上海：同济大学出版社，2015.

[3] 过俊. BIM在国内建筑全生命周期的典型应用[J]. 建筑技艺，2011(Z1)：95-99.

[4] 上海市城乡建设和管理委员会，《上海市建筑信息模型技术应用指南(2015版)》(沪建管〔2015〕336号)，2015年5月.

[5] 何关培. BIM总论[M]. 北京：中国建筑工业出版社. 2011.

[6] Building Information Modeling Execution Planning Guide V2. 0，The Computer Integrated Construction Research Group，The Pennsylvania State University，2010.

[7] 陆扬，等. BIM嵌入项目管理过程的关键问题探索[J]. 土木建筑工程信息技术，2014年，6(5).

[8] 王广斌，等. 建设项目施工前各阶段BIM应用方受益情况研究[J]. 山东建筑大学学报，2009年10月.

[9] 上海市城乡建设和管理委员会，上海市建筑信息模型技术应用咨询服务合同示范文本〈2015版〉，2015. 8. 25.

[10] 宗仁栋. 关于运用BIM进行工程管理的研究[J]. 山西建筑，2014年12月.

[11] 田帅. BIM在工程造价管理中的应用[J]. 施工技术，2014(3).

[12] 何清华，韩翔宇. 基于BIM的进度管理系统框架构建和流程设计[J]. 项目管理技术，2011年9月.

[13] 美国建筑师协会(American Institute of Architects，简称AIA)的E202.

[14] Smith D K，Tardif M. Building information modeling：a strategic implementation guide for architects，engineers，constructors，and real estate asset managers [M]. New Jersey：John Wiley & Sons，2009.

[15] IFC(Industry Foundation Classes)标准，北美IAI(International Alliance of Interoperability) 组织，1997年1月发布.

[16] 纪博雅，等. 国内BIM技术研究现状 [J]. 科技管理研究，2015(6).

[17] 美国国家BIM标准.

[18] National Institute of Building Science (NIBS). National BIM Standard. http: / / cic. vtt. fi / Projeets / vbenet / data / BIM_Slide_Show. Pdf,2008-09-07.
[19] 住房和城乡建设部信息中心. 中国建筑施工行业信息化发展报告(2014):BIM 应用与发展[M]. 北京:中国城市出版社,2014.
[20] 中国商业地产 BIM 应用研究报告 2010[M]. 中国房地产协会商业地产专业委员会,2010.
[21] 麦格劳. 希尔建筑信息公司. BIM 建筑信息模型在中国市场的研究报告 [R]. 2009:1-7.
[22] Eastman C,Teicholz P,Sacks R,etc. BIM handbook: a guide to building information modeling for owners,managers,designers,engineers,and contractors [M]. 2nd ed. New Jersey: John Wiley & Sons,2011.
[23] RICS 全球专业指引,国际 BIM 实施指南(第一版)[M/OL],rics. org/guidance.
[24] 清华大学 BIM 课题组. 中国建筑信息模型标准框架研究[M]. 北京:中国建筑工业出版社,2011.
[25] 中国工程建设标准化协会建筑信息模型专业委员会,《建筑空间管理 P-BIM 软件技术与信息交换标准(意见征求稿)正文及条文说明》,2015 年 9 月 15 日.
[26] 上海市政府,《关于本市推进建筑信息模型技术应用的指导意见》,2014 年 10 月 29 日.
[27] 何关培. BIM 专业应用人才职业发展思考(二) 要求哪些能力? [C],中国 BIM 门户,2011 年 11 月 02 日.
[28] 王广斌,刘守奎. 建设项目实施策划[J]. 时代建筑,2013(2).
[29] 马智亮. BIM 技术及其在我国的应用问题和对策[J]. 信息化 · 特别关注,2010(2).
[30] 赵源煜. 中国建筑业 BIM 发展的阻碍因素及对策方案研究[D]. 北京:清华大学,2011.
[31] 王新. 把握国外 BIM 发展的脉动[J]. 土木建筑工程信息技术,2012(1):106-109.
[32] 徐友全,刘欣. 基于 BIM 的大型建设项目扁平化组织结构研究[J]. 工程管理学报,2013,27(1):44-47.
[33] 中国勘察设计协会. Autodesk BIM 实施计划——实用的 BIM 实施框架[M]. 北京:中国建筑工业出版社. 2010.
[34] 张永,张云波. BIM 及其对工程项目管理人员的影响[J]. 项目管理技术,2009(9).
[35] 何贵友,王广斌. 组织变革动能对 BIM 技术采纳的影响机理实证研究[J]. 统计与决策,2013(7).
[36] 罗能钧. BIM 改变项目管理模式[C]. 2015 业主项目管理 BIM 战略高峰论坛.
[37] 许炳,朱海龙. 我国建筑业 BIM 应用现状及影响机理研究[J]. 建筑经济,2015(3).
[38] 李祥伟,孙剑. 建筑信息模型在中国建筑业的发展思考[J]. 建筑经济,2011(4):25-28.
[39] 张春霞. BIM 技术在我国建筑行业的应用现状及发展障碍研究[J]. 建筑经济,2011(9):96-98.
[40] 吴吉明. 建筑信息模型系统(BIM)的本土化策略研究[J]. 土木建筑工程信息技术,2011(9).

附录 1

一、上海基于 BIM 技术的典型建设项目(案例)

【上海中心项目案例】

◆ 项目概况

上海中心大厦位于上海市浦东新区陆家嘴金融贸易区，是一幢综合性超高层建筑，总高度 632 m，共 121 层，总建筑面积 57 万 m^2，于 2008 年 11 月开工建设，2015 年初竣工交付使用。

◆ BIM 技术应用背景

业态：办公、酒店、会议中心、商业、观光平台等多种业态。

规模：是我国第一个 600 m 以上的建筑，是世界上首次在超高层建造 14 万 m^2 的柔性幕墙，将使用速度为 18 m/s 的世界最快垂直电梯，也将是世界上最高的绿色建筑。

地理位置：身处小陆家嘴中心成熟商务地区，周围高楼林立，施工条件相对苛刻、限制繁多，难度长级，成本增加。

建筑系统：非常复杂。仅主要系统就包括 8 大建筑功能综合体、7 种结构体系、30 余个机电子系统和 30 余个智能化子系统。

参建单位：设计团队就包括建筑结构、机电、幕墙和消防等 30 余家咨询单位，施工总承包单位管理下包括基础、结构和机械等十余支施工分包队伍。

信息：大量图纸、资料保存、分类、更新以及管理工作难度很大。

创新设计：旋转、收分、上升的幕墙系统，以及达到绿色超高层建筑建设目标。

成本：本项目预算总投资 148 亿元，要特别注意账面投资与实际建设进度相结合。

◆ 上海中心大厦 BIM 项目组织架构

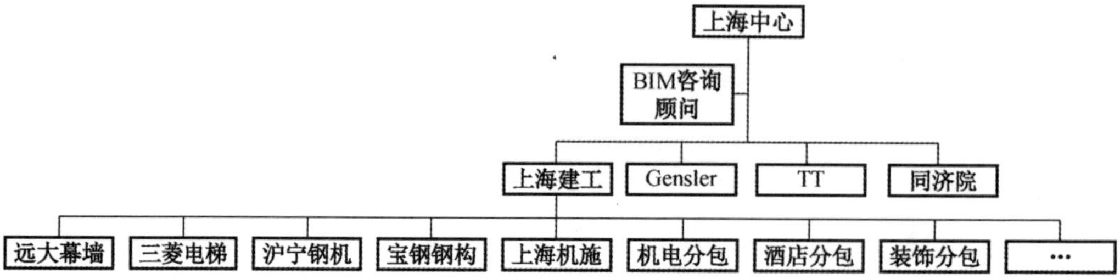

BIM 应用人数：50 余人

◆ BIM技术的应用点

1. 设计阶段

参数化设计：采用算法语言与变量参数，调整设计方案。

可视化设计：提供“模拟和分析”的协作平台。

可持续设计：BIM模型及相关软件，获取建筑能量性能反馈信息，分析与评估建筑物的日照效果、能源消耗、冷热负荷和室内采光等物理环境性能。调整完善设计方案。

多专业协同：审查图纸，优化设计。

2. 施工阶段

施工组织协调：项目管理方可以全面、直观地了解整个施工安装环节的时间节点和安装工序，可对施工组织进行模拟，优化、改善原有安装方案。

4D施工模拟：对整个工程的施工进度、资源和质量进行统一管理和控制。

施工深化图：辅助进行深化设计，提供精准的信息参考及统一的可视化环境。

3. 运营阶段

物业管理数据集成：将建筑空间信息和设备参数信息有机整合。

应急预案模拟：利用模型及灾害分析模拟软件分析并制订防范措施及应急预案。

◆ BIM工作组织与管理

1. 建立BIM工作组

上海中心项目建立了BIM工作小组，小组中除包括本公司的BIM负责人，设计前期部、工程部、采购部和合约部的相关人员，还包括贯穿项目，为项目负主要责任的外部团队的BIM负责人，形成以建设方主导的BIM应用管理体系。

2. 采用BIM网上文档管理平台

BIM网上文档管理平台采用Autodesk公司Buzzsaw软件，主服务器架设在同济大学，通过internet公网登入。业主及各项目参与方通过该平台协同工作。第一时间发布最新的工作信息。方便各单位查阅各类工程信息(可以通过设置7种级别的文件夹权限来确保文件保密)。

平台中业主文档管理的构架如下：

(1) 设计管理——业主(设计部)、设计相关单位产生的各类文件(各类会议纪要、工作联系单等)。

(2) 设计成果——方案设计、扩初设计阶段相关版本文件;最新版本施工图、BIM模型浏览。

(3) 设计审批——各类设计过程批文及评审意见。

(4) 施工管理——业主(工程部)、监理、总承包、专业施工分包单位产生的各类相关文件(会议纪要、进度计划、工程指令等)、现场照片、动态视频。

(5) 施工文件——施工单位产生相关文件。

平台中各项目参与方上传和接收的文档都集中存放在以本单位名命名的文件夹中，

其文档构架由各项目参与方自行规定并执行。

◆ **BIM 达成项目管理总目标**

1. 更好地提高设计质量

采用三维数字技术，实现了可视化设计。在设计阶段，基于 BIM 的模拟分析平台，使项目各参与方及时了解设计意图，提高沟通效率。综合了各专业信息的 BIM 模型，更能直观显示建设后的状态，模型所含的构件信息为设计概算、预算提供了更精确的数据支持。

精细化设计通过 BIM 达到价值提升。以往，业主有赖于审图公司的审核意见，但审查结果侧重于有无违反规范要求，对某些设计参数的取值审图公司一般不会提出最合适建议。通过 BIM 建模及结合各分析软件，设计师能更合理分配各设计单元，创建更适宜的室内环境，实现了绿色运行，有效满足了业主的精细化设计需求。

本项目通过引进设计管理，成立 BIM 工作组，以设计管理＋BIM 形式开展管理工作，从而减少错误，提高质量，节约了时间和费用。

2. 更好地进行施工管理

BIM 模型从三维发展到四维、五维，增加了工期和造价等信息，便于施工单位合理制订施工方案，编制施工进度；通过 BIM 模型，业主可以有效地对进度计划与资金投入时间段做出分析评估，进一步优化进度与成本之间的关系，得到合理控制的目的。

BIM 使施工协调管理更加便捷。本项目每周进行 BIM 模型协调例会，由施工总包负责召集其下分包进行 BIM 模型协调并跟进此流程，模型指导施工等过程中的各种沟通及技术问题；业主搭建 BIM 模型整合平台，整合多渠道 BIM 数据，实现业务管理、实时控制和决策支持三个维度的综合项目管理，使管理工作更为便捷有效。

3. 更好地进行运行维护管理

BIM 技术运用使管理从粗放式转向精细化管理。由于 BIM 模型综合了建筑物的所有信息，带来运营管理的便捷和优化。建筑物的运营维护通常包括监控、通讯、通风、照明和电梯等系统，对这些系统的保养维护及故障响应都可以通过 BIM 技术得到快速行动及精确处理。业主通过对 BIM 系统集成数据的分析，实现 BIM 的空间管理、运维管理、资产管理，明显提高信息化管理水平和服务效率。

【上海玉佛禅寺修缮与改扩建工程】

◆ **项目概况**

玉佛禅寺，位于上海市普陀区安远路 170 号，是上海名刹之一、上海市优秀历史建筑。寺院分前院和后院两部分，本次工程范围为前院，是玉佛寺主要礼佛、参观等对外开放区域，主要建筑有天王殿、大雄宝殿(优秀历史建筑)、玉佛楼等，建筑面积 31 566 m^2。

◆ **BIM 技术应用背景**

建筑：玉佛禅寺为上海市优秀历史建筑，是既有建筑的改扩建工程。

结构：古建筑惯用木构架作房屋的承重结构，结构复杂且承重构件多样。

功能：架高寺院主体礼佛建筑，保留中轴线上天王殿、大雄宝殿，消除寺院现存的消防、交通、建筑结构、高密度人员集聚等公共安全隐患。

◆ BIM技术的应用点

1. 3D激光扫描技术应用

3D激光扫描技术代替传统测绘方式，具有高精度、高效率、多方位、多元化等优点。3D激光扫描点云模型是数据化模型，结合BIM模型的使用，可以在模型中直接测量工程师关心的建筑尺度、位置等信息，不需再次人工测量，大大方便了既有建筑修缮改造设计的工作。

2. 3D GIS技术应用

采用网络3D GIS技术将BIM模型、3D激光扫描点云模型结合在一起，真实反映项目在三维数字城市中的情况，为项目全过程解决方案提供了三维可视化展示、数据可实时提取、多解决方案比选等提供了强大的三维可视化数据支持。

3. Autodesk Revit在古建筑造型中的应用

Revit模型可以作为结合3DGIS和3D激光扫描点云模型的BIM数据平台，在该平台上整合多渠道数据，进一步开展设计冲突检查、管线综合、设计评审、施工管理、进度模拟、增强型虚拟现实以及建成后的运营维护等工作。

◆ BIM达成项目管理总目标

上海玉佛禅寺修缮与改扩建工程这一项目是将BIM技术作为核心平台结合3D激光扫描和3D GIS技术，创造出BIM技术应用的新方法，旨在从设计到施工的各个方面为建筑的全生命周期提供更高效、更经济的解决方案。

BIM与云、GIS、扫描、3D打印等其他信息化技术的结合，展示了项目管理效率化的更广阔的前景。

【泰康松江养老社区项目】

◆ 项目概况

泰康松江养老社区08地块(公寓式)办公、养老、医疗及相关配套用房项目是一个高端的国际水准的退休养老社区。项目位于海市松江区人民北路与辰花路交叉口，用地面积45 969 m^2，总建筑面积约16万 m^2，其中地上建筑面积约12万 m^2(7栋高层)，地下建筑面积约4万 m^2，建筑限高80 m。

◆ BIM技术应用背景

未来适老宜居社区发展潜力巨大。上海现代建筑设计集团工程建设咨询有限公司与泰康之家投资有限公司以泰康之家松江养老社区08地块为BIM应用试点，开展在医养结合的大型综合性建筑项目中，全过程应用 BIM 技术与项目管理相结合的试点与研究。通过在全过程项目管理中，BIM 技术更好地提高设计质量、更好地进行施工管理、更好地辅助运维管理。

打造成世界级标准医养活力社区。泰康之家投资有限公司希望应用前沿技术，改善泰康养老地产产品质量，提升产品档次和服务水平。为企业实施名牌发展战略，发挥品牌引领作用提供支撑，建设有利于泰康养老地产品牌发展的长效机制和良好环境。

◆ BIM 技术的应用点

1. 设计阶段

方案设计：BIM 模型搭建、日照概念分析、太阳辐射概念分析、规划可视度概念分析、风环境概念分析。

初步设计：BIM 模型搭建、空间分析、室内舒适度分析、室内采光分析、工程量统计(混凝土)、虚拟现实漫游视频。

施工图设计：BIM 模型深化、管线综合初步、碰撞检查、碰撞检查、图纸检查及优化设计、疏散分析、辅助工程出图、工程量统计(混凝土)、虚拟现实漫游视频、供应商及产品信息清单、Spec 技术规格书。

2. 施工阶段

施工准备阶段：辅助施工场地规划、4D 进度模拟、辅助施工策划。

施工实施阶段：BIM 模型深化、BIM 培训、设计变更跟踪。

竣工验收阶段：竣工模型整合、辅助竣工验收、产品采购信息。

3. 室内装修设计及施工

设计阶段：室内装修 BIM 模型搭建、辅助室内空间效果分析、室内虚拟现实漫游视频、供应商及产品信息清单。

施工阶段：BIM 模型深化、设计变更跟踪。

竣工验收阶段：竣工模型整合、辅助竣工验收、产品采购及维保信息。

◆ 泰康松江养老社区项目 BIM 组织架构

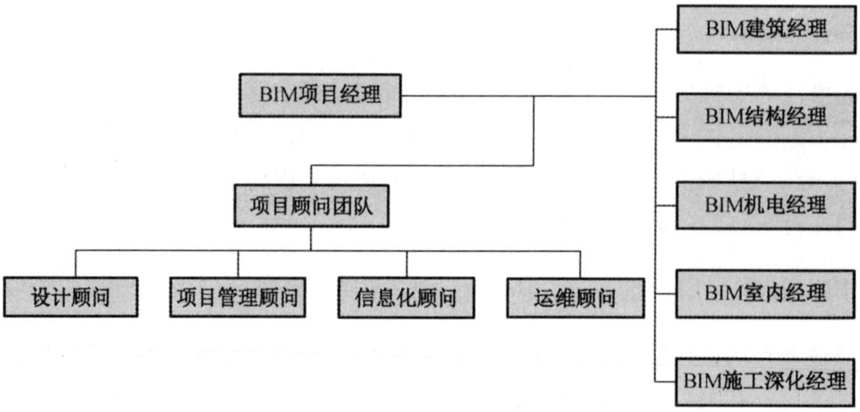

◆ **BIM 工作组织与管理**

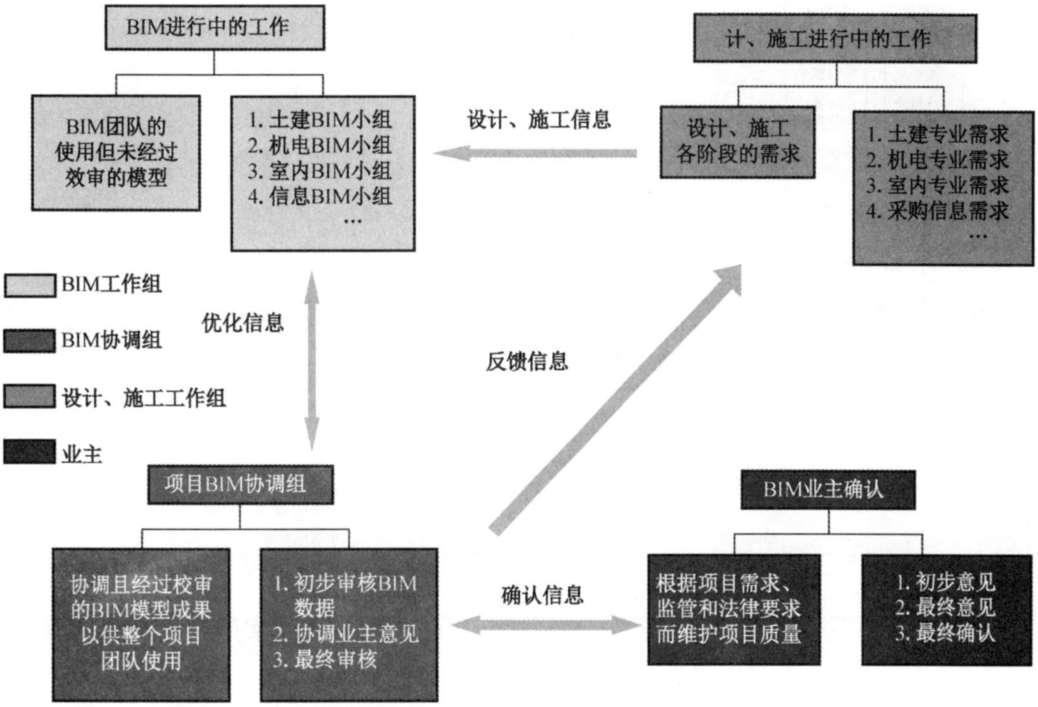

◆ **BIM 达成项目管理总目标**

以数字化、信息化、可视化的方式实现基于 BIM 技术的养老社区类项目建设全过程项目管理，同时也为运维阶段提供完整的数字模型和工程信息数据库。借助 BIM 统一的数字化工程信息模型，实现本项目建设过程中各阶段的数据信息的整合及其应用，进而更好地为项目建设方创造价值、提高效率与质量，是本次项目的主要任务。

1. 更好地实现质量控制管理

上海现代建筑设计集团工程建设咨询有限公司项目管理引入以数字化工程信息平台为核心的 BIM 数字化工程咨询服务，为提高施工图的出图质量，减少施工过程中的工程洽商和设计变更，节约施工成本，并为今后项目的 FM 运营维护预留接口，实现 BIM 平台与运维管理系统的互联，辅助业主实现智能化物业管理。

2. 提高管理效率、降低协同成本

BIM 技术的运用有助于项目管理进行项目全过程总控进度管理，通过搭建深化施工模型，进行施工过程的虚拟建造，协调设计、施工、深化、安装等各参与方解决在虚拟建造过程中发现的问题，排除施工过程中的各种风险，以指导施工、项目管理、监理等专业的工作。

设计、施工基于一个总的 BIM 模型信息地完整保留和传递，相互间的协同配合及变更管理更为紧密有效，同时，有利于提高管理方发现问题协调各参与方的能力，降低误工及返工率，缩短施工周期。

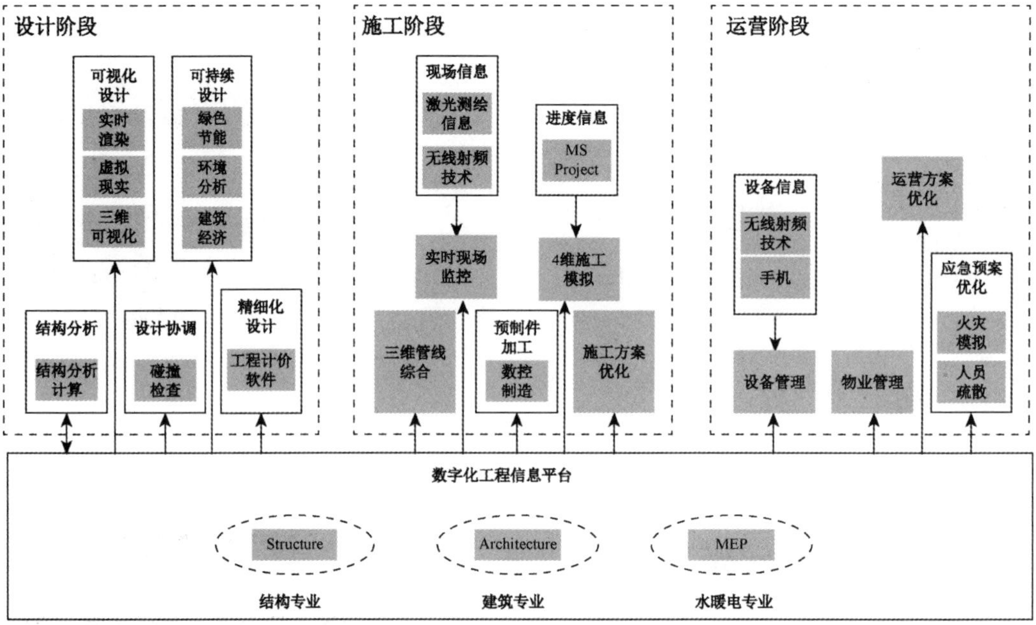

【南京东路720号第一食品商店改造修缮项目】

◆ 项目概况

第一食品商店大楼位于上海市黄浦区南京东路720号，占地4 280 m^2，总建筑面积22 030 m^2，高30余米，2012年开始施工进行修缮，改造修缮后的上海第一食品商店占地面积4 280 m^2，实际营业面积从原有的7 000多 m^2，增加至15 290.7 m^2，从原1—2层的营业面积跃升为1—4层和7层的拥有5个层面的第一食品南京东路旗舰店。

◆ BIM技术应用背景

建筑：上海第一食品商店是上海市第一批优秀历史建筑、上海市市级文物保护单位，是既有建筑的改扩建工程。改造修缮工程的前提是保护和传承既有的建筑风格，并在此基础上对各项设施进行改造和提升。

结构：满足现代商业的需求，进行重大结构改造。

◆ BIM技术的应用点

运用三维激光扫描，比对原始设计资料和对现场进行数据分析及逆向比对，从而不断修正设计文件。

◆ BIM达成项目管理总目标

以新技术运用作为第一食品商店改造修缮项目的初步尝试：基于BIM进行的建筑保

护、历史数据保留、三维激光测绘、数据处理、虚拟现实等，这些均在项目中得到了尝试。

BIM多维技术（三维扫描技术、BIM技术、虚拟现实、运营管理、云应用、仿真模拟等）初步尝试解决既有建筑改造工程中疑难问题和管理过程的解决方案，这一尝试极大地提高了工作效率和设计质量。也为今后类似项目的实施提供了更加科学的技术手段。

二、调研问卷单位

1. 上海正石工程造价咨询有限公司
2. 上海浦惠建设管理有限公司
3. 上海财瑞建设管理有限公司
4. 上海总工工程建设监理有限公司
5. 上海富达工程管理咨询有限公司
6. 上海宏康建设工程监理有限公司
7. 上海唯智工程项目管理有限公司
8. 上海中世建设咨询有限公司
9. 上海城济工程造价咨询有限公司
10. 上海银泰建设工程管理有限公司
11. 上海华谊建设工程监理有限公司
12. 上海正亚工程咨询有限公司
13. 上海柯恒管理信息咨询有限公司
14. 上海天城工程造价咨询有限公司
15. 上海宏大信宇工程造价咨询有限公司
16. 上海三凯建设管理咨询有限公司
17. 上海高科工程咨询监理有限公司
18. 上海宝钢工程咨询有限公司
19. 上海斯美科汇建设工程咨询有限公司
20. 上海华瑞建设经济咨询有限公司
21. 上海协恒工程管理有限公司
22. 上海高华工程咨询监理有限公司
23. 上海海龙工程技术发展有限公司
24. 上海上咨工程造价咨询有限公司
25. 上海诚杰华建设工程咨询有限公司
26. 上海建瓴工程咨询有限公司
27. 上海祥浦建设工程监理咨询有限责任公司
28. 上海现代建筑设计集团工程建设咨询有限公司
29. 上海同济工程项目管理咨询有限公司

30. 上海建浩工程顾问有限公司
31. 上海第一测量师事务所有限公司
32. 上海宏波工程咨询管理有限公司
33. 上海天佑工程咨询有限公司
34. 上海慧之建建设顾问有限公司
35. 上海大华工程造价咨询有限公司
36. 上海沪港建设咨询有限公司
37. 上海新光工程咨询有限公司
38. 上海建科工程项目管理有限公司
39. 上海上咨建设工程咨询有限公司
40. 上海市建设工程监理咨询有限公司

附录 2

《BIM 技术在上海工程项目管理中的应用现状和前景研究》调查问卷

BIM 企业层面应用调研

本调查问卷旨在了解上海工程建设行业开展工程项目管理工作中 BIM 技术的应用现状,收集受访单位对 BIM 技术的了解程度、应用情况及相关诉求。

该问卷可能由贵单位一个人负责填写,但希望所填信息尽可能代表贵单位整体实际情况。填表后仍空缺的,代表贵单位对该问题不了解、不相关或没有合适答案。

衷心感谢贵单位对本次调研工作的大力支持!

一、受访单位的基本情况

单位名称:____________________

通讯地址:____________________

联系人:____________________ 职务:________________

电话:____________________ 邮箱:________________

单位资质等级:____

单位性质:

□业主 □勘察 □设计 □施工 □监理

□咨询 □运维 □其他,请说明:____________

业务范围主要为:

□房屋建筑工程 □市政公用工程 □公路工程

□铁路工程 □港口与航道工程

□其他,请说明:____________

二、BIM 技术应用

1. 贵单位 BIM 技术应用所处阶段:

□尚未考虑 □正在学习、思考、探索

□个别项目试验 □仅在项目局部应用

□已有项目整体应用 □公司流程化应用

□其他,请说明:____________

2. 贵单位对 BIM 技术的应用年限为:

□<1 年 □1～2 年 □3～5 年 □5 年以上

3. 贵单位是否有项目运用过或正在运用 BIM 技术？

□是

□否(请接着做第 22 题)

4. 贵单位应用 BIM 技术的项目数量：________个；

其中逐年应用 BIM 技术的项目为(请逐年填写)。

____

5. 贵单位 BIM 技术主要用于哪种工程？

□房屋建筑工程　□市政公用工程　□公路工程

□铁路工程　□港口与航道工程　□其他，请说明

6. 贵单位员工是否足够了解 BIM 技术？

□全部了解　□大部分了解　□小部分了解　□全部不了解

7. 贵单位 BIM 顶层设计人员(包括 BIM 经理、BIM 总监等)具备以下何种能力：

□ BIM 模型的开发维护能力　□ BIM 思想的理解能力　□ BIM 软件的操作能力

□团队的领导能力　□项目管理经验　□建设行业法律法规的了解

□项目全局的掌控能力　□有效沟通的协调能力

8. 假设将 BIM 人员按金字塔分布，

基础层为设计、建模人员，贵公司此类技术人员约有____人；

中间层为 BIM 模型分析应用人员，贵公司此类技术人员约有____人；

塔尖层为 BIM 顶层设计人员，贵公司此类技术人员约有____人。

9. 贵单位每年投入于 BIM 技术研究或培训的资金是否足够？

□十分充足　□比较充足　□比较不足　□不足

10. 贵单位是否有相应的企业级 BIM 规划？

□是，请简要说明：____

□否

11. 贵单位是否有相应的企业级 BIM 标准？

□是，请简要说明：____

□否

12. 贵单位是否有相应的 BIM 管理平台？

□是，请简要说明：____

□否

13. 目前，BIM 技术应用对贵单位所产生的价值主要体现在哪方面：

□提升企业品牌形象，打造企业核心竞争力

□缩短工期，提高计划的准确率

□控制建造成本，提高预算的准确率

□提高预测能力，减少施工现场突发变化

□提高施工质量

□冲突检查，事先查找图纸中的错、漏、设计冲突
□可视化
□支持预制加工
□文档管理
□招投标管理
□现场安全管理
□提升利润
□其他，请说明：________________

14. 采用BIM技术，贵单位最希望得到哪方面的价值？(限选3项)
□提升企业品牌形象，打造企业核心竞争力
□缩短工期，提高计划的准确率
□控制建造成本，提高预算的准确率
□提高预测能力，减少施工现场突发变化
□提高施工质量
□冲突检查，事先查找图纸中的错、漏、设计冲突
□可视化
□支持预制加工
□文档管理
□招投标管理
□现场安全管理
□提升利润
□其他，请说明：________________

15. 下表所示BIM实施的障碍因素中，您认为影响程度分别为

障碍因素＼影响程度	影响非常大	影响一般	影响不明显	不影响
缺乏政策引导及保障	○	○	○	○
规范标准等不健全	○	○	○	○
缺乏针对BIM的合同文本或合同条款	○	○	○	○
缺乏客户需要	○	○	○	○
单位领导对BIM不够热情	○	○	○	○
政府对BIM的关注度不高	○	○	○	○
参建方对于数据分享持消极态度	○	○	○	○
合同中缺少BIM激励条款	○	○	○	○

（续表）

障碍因素＼影响程度	影响非常大	影响一般	影响不明显	不影响
缺乏 BIM 方面的人才	○	○	○	○
商业软件功能达不到 BIM 应用或国内相应标准的要求，或缺少有效的技术接口	○	○	○	○
投入成本过高	○	○	○	○
BIM 投资收益的不确定	○	○	○	○
社会认知度低	○	○	○	○
与传统方式相比，BIM 优越性不明显	○	○	○	○
现有项目交付模式不利于 BIM 的实施	○	○	○	○
BIM 的使用会使建筑行业信息透明化，影响部分人利益	○	○	○	○

16. 在贵单位目前的运营水平下，运用 BIM 技术是否能够获得更多利润？

☐能够　☐持平　☐不能够

17. 贵单位获得的 BIM 奖项有哪些？

____

18. 贵企业使用过的 BIM 软件有哪些？

☐ ArchiCAD　☐ Bentley　☐ CATIA

☐ Civil 3D　☐ MagiCAD　☐ Microstation

☐ NavisWorks　☐ Revit　☐ Rhino

☐ Sketchup　☐ Tekla　☐ Vectorworks

☐ Vico　☐广联达　☐鲁班

☐其他，请说明：________________

19. 您认为使用 BIM 技术，最大受益者是：

☐业主　☐设计单位　☐咨询服务单位　☐施工单位　☐运营单位

20. 您认为目前 BIM 应用最紧迫要做的事是：

☐制定 BIM 标准　☐培养 BIM 人才

☐改进软件功能　☐管理模式和 BIM 配套

21. 您认为目前最急需的 BIM 标准：

☐全国标准　☐地方标准　☐企业标准

22. 您期望 BIM 模型由哪方提供？

☐业主　☐设计单位　☐ BIM 咨询单位　☐施工单位

23. 您现在最希望了解学习 BIM 技术哪些方面？（可多选）

☐ BIM 理念　☐软件操作　☐模型规划

□项目协同　　□企业实施架构　　□案例分析

24. 您觉得推广 BIM 技术应该注意哪方面问题?(可多选)

□合理设定现阶段 BIM 的应用范围

□制定针对不同类型的项目的应用方法

□需要事先组建 BIM 团队

□需要订制专业的软硬件配置

□需要决策层的政策支持和执行层的实施决心

□各参与方的配合情况

□需要行业制定细化的 BIM 文件编制交付标准及相应资费标准。

25. 您认为在项目中使用 BIM 技术的主要风险是:

(1) 技术风险

主要原因:

□ BIM 技术适应性差　　□ BIM 技术难度高

□ BIM 技术选择存在误区　　□ BIM 软件尚不完善或匹配

(2) 人力资源风险

主要原因:

□现有人员回避新技术　　□现有人员知识与能力结构欠缺

□ BIM 人才缺乏　　□现有业务繁忙,培训难

(3) 经济风险

主要原因:

□短期成本高　　□收益不确定性　　□投资回报期长

(4) 管理风险

主要原因:

□管理方式转变困难　　□业务流程转变困难

□管理层接受度不高

(5) 其他风险

主要原因:

□缺乏 BIM 行业标准　　□法律责任界限不明

□知识产权归属不明　　□社会认知度不高

其他,请说明:________________________________

26. 在推动 BIM 应用发展中贵企业希望政府和协会提供何种帮助:

□ BIM 技术标准　　□ BIM 应用标准　　□ BIM 实际操作手册

□ BIM 应用案例　　□相关培训

其他,请说明:__________________________

27. 请您对 BIM 技术应用和本调研问卷,发表意见或建议:

____

BIM 项目层面应用调研

28. 项目概况(地址、体量、投资等):

29. 项目特征(项目难点、亮点等):

30. 主要参建方:

建设单位:

招标代理单位:

设计单位:

施工单位:

项目管理单位:

监理单位:

物业、使用单位:

其他参建单位:

31. 您在项目中担任的职务是:

- □项目经理
- □CAD/BIM 经理
- □专业设计师
- □造价师
- □建模人员
- □科研人员
- □其他,请说明__________

32. 您单位所在项目中的角色是:

- □业主方
- □设计方
- □施工方
- □物业管理方
- □咨询方
- □科研机构
- □其他,请说明__________

33. BIM在项目各阶段应用的频率情况：

	非常频繁	比较频繁	一般	偶尔	基本没用过
前期策划	□	□	□	□	□
方案设计	□	□	□	□	□
扩初设计	□	□	□	□	□
施工图设计	□	□	□	□	□
招投标和采购	□	□	□	□	□
施工准备	□	□	□	□	□
施工	□	□	□	□	□
竣工	□	□	□	□	□
维护和运营	□	□	□	□	□

34. 不同阶段使用的BIM软件分别是：

规划阶段：

□ Auto CAD Civil 3D　□ Bentley　□ DProfiler
□ iTWO　□广联达　□鲁班
□ Revit　□其他，请说明：________

设计阶段：

□ 3D3S　□ ArchiCAD　□ Bentley
□ CATIA　□ DProfiler　□ Ecotect Analysis
□ MagiCAD　□ Navisworks　□ PKPM
□ Radiance　□ Revit　□ Sketup Pro
□ Tekla　□ Vectorworks　□鸿业BIM
□天正　□斯维尔　□其他，请说明：________

施工阶段：

□ 3D3S　□ ArchiCAD　□ Navisworks
□ Bentley　□ BIMx　□ BIM 360 Field
□ CATIA　□ DDS-CAD　□ Bentley
□ Revit　□ Tekla　□ VICO Suite
□鲁班　□斯维尔　□其他，请注明：________

运营阶段：

□ AiM　□ ArchiFM　□ Citymaker
□ Project Wise　□ SAGE　□ VICO Suite
□ VRP　□斯维尔　□其他，请说明：________

35. 是否构建了BIM应用技术架构：

□是　　□否

36. 所处 BIM 架构中的角色：

□业主　　□设计　　□监理

□造价　　□承建商　　□分包商

□材料供应商　　□其他，请说明：________

37. 项目是否聘用了 BIM 咨询公司；

□是　　□否

费用占项目总投资________%

38. BIM 技术在项目中应用的专业：

□建筑　　□结构　　□设备

□幕墙　　□电梯　　□室外管线

□材料供应商　　□照明　　□标识

□景观　　□其他，请说明：________

39. 是否有相应的 BIM 应用/管理平台：

□是　　□否

40. BIM 应用平台的管理方：________

41. BIM 应用/管理平台简介：

42. BIM 在项目中运用的目标：

规划阶段：

□数据采集　　□建筑策划　　□场地分析　　□方案论证

□投资估算

□其他，请说明：________

设计阶段：

□方案论证　　□可视化设计　　□性能化分析　　□工程量计算

□ 3D 审图及各专业协调

□其他，请说明：________

施工阶段：

□虚拟建造　　□预制件加工　　□物料跟踪　　□施工现场规划

□施工模拟　　□竣工模型交付

□其他，请说明：________

运营阶段：

□竣工模型交付　□维护计划　□资产管理　□空间管理
□建筑系统分析　□防灾规划
□其他，请说明：__________

43. 您认为下列哪些因素更有利于BIM在项目中应用的深入：

	非常重要	比较重要	一般	比较不重要	完全不重要
组织间的协同合作	□	□	□	□	□
各方的参与度	□	□	□	□	□
各参与方的专业程度	□	□	□	□	□
BIM连续应用的阶段数	□	□	□	□	□
各阶段之间BIM交付的顺利程度	□	□	□	□	□

44. 您认为在项目中BIM解决下列问题的重要程度：

	非常重要	比较重要	一般	比较不重要	完全不重要
工作范围的界定、规划和调整(范围管理)	□	□	□	□	□
进度管理	□	□	□	□	□
成本管理	□	□	□	□	□
质量和安全管理	□	□	□	□	□
组织规划和项目团队建设	□	□	□	□	□
沟通管理(信息传输等)	□	□	□	□	□
风险管理	□	□	□	□	□
合同管理	□	□	□	□	□
招投标	□	□	□	□	□
项目总体控制和管理	□	□	□	□	□

45. 您认为下列哪些因素会促使项目各参与方应用BIM：

	非常重要	比较重要	一般	比较不重要	完全不重要
合同模式和合同中对BIM交付物清晰的权责界定	□	□	□	□	□
业主对BIM应用的支持	□	□	□	□	□
不同专业设计师的配合度	□	□	□	□	□

（续表）

	非常重要	比较重要	一般	比较不重要	完全不重要
定期的 BIM 专业培训	☐	☐	☐	☐	☐
各项目参与方早期介入项目	☐	☐	☐	☐	☐
增强各运用软件之间的交互性	☐	☐	☐	☐	☐
硬件成本及维护费用	☐	☐	☐	☐	☐
扩展和完善 BIM 软件的功能种类	☐	☐	☐	☐	☐
利用局域网或者协同软件建立沟通平台	☐	☐	☐	☐	☐
模型中数据的丰富度(属性详细度、模型的数据种类)	☐	☐	☐	☐	☐
项目的客观条件(复杂程度高等)	☐	☐	☐	☐	☐

46. 项目中应用 BIM 技术所需的软硬件基础设施费用占项目总投资☐%

47. 在项目中 LOD(模型的细致程度)的制定心得：

48. 项目中 BIM 协同设计的模式为：

☐中心文件　☐模型链接

在使用以上协同设计模式存在的不足及建议：(包括心得、风险等)

49. 您认为项目中 BIM 技术应用效益及价值点：

☐优化流程　☐提高效率　☐性能分析及评价

☐模型可视化　☐变更时自动实现相关修改

☐多专业更早地协作☐工程量计算　☐工程量计算

☐冲突分析　☐全生命期的信息共享

☐可预测性和可控制☐生产方式改变　☐实时反馈

☐其他，请说明：__________

50. BIM 使用需满足的条件或存在的困难(软件、政策、模型管理等):

51. BIM 在项目中的应用存在的不足及建议

上海市建设工程咨询行业协会课题终审意见

课题名称	BIM 技术在上海建设工程项目管理中的应用研究
课题承担单位	上海现代建筑设计集团工程建设咨询有限公司

专家评审意见:

推进建筑信息模型(BIM)等信息技术在工程设计、施工和运行维护全过程的应用,对于我国建筑业的创新发展具有重要的意义。

本课题从上海建设工程咨询行业,特别是项目管理企业开展基于 BIM 技术的工程管理项目的应用现状入手,深入分析了其中的推进难点和应用障碍,提出了基于 BIM 技术的项目管理任务和组织变革要求,以及关于尽快完善"BIM 标准"等基础,完善政策法规等条件的发展思路;同时,对政府、行业协会和相关企业提出了许多重要的有应用价值的措施和建议,具有创造性、科学性和应用性,对于 BIM 技术在工程建设项目管理中的应用问题,取得了重要研究成果。专家组一致同意通过课题评审。

本课题在 BIM 技术运用于当前重大工程建设项目中的成功经验方面,应予以关注和分析;对调研(如问卷调查)的相关数据和资料可适当展开分析,特别是对于企业与业主的建议尽可能具有可操作性;对于 BIM 技术应用需要有实施规划的设计;在推广应用的分阶段、分步骤方面可提供一些参考意见,以进一步推进 BIM 技术在建设工程项目管理中的应用。

上海市建设工程咨询行业协会编印

2016 年 3 月 3 日

推进中国工程顾问国际化战略研究

摘　要：“推进中国工程顾问国际化战略研究”课题，目的是希望改变目前建设工程顾问服务各中介组织管理结构和行业结构碎片化状态，按照国际通行的工程顾问模式加速推进“中国工程顾问”行业体系的建设，在国内国际建筑市场竞争中能创出“中国工程顾问”的市场品牌。

近五六十年来，建筑业中的建筑设计、施工发展很快，大型的建筑设计院、建筑施工企业(集团)数量很多，队伍可观，力量很强。相反，整个建筑业中很重要的一环——“工程顾问”却非常薄弱。20世纪80年代末90年代初，建设部开始建设监理的试点和推行，对基本建设项目实施监督和管理。不久又相继产生了工程造价、招标代理、设备监理、房地产咨询等一系列属于工程顾问服务的中介组织。但因没有一个总体的考虑，迄今为止没有形成如国际工程顾问公司那样科学的产业链组合。各个专业的服务都是单一的，工作是单向的，各中介组织各自为政，相互分裂，导致组织管理和服务体系的“碎片化”，不仅增加了服务双方费用成本，而且不能为工程业主提供无缝隙且非分离的整体型服务。工程顾问的中介组织规模小、服务单一，与工程的整体价值链脱节，没有在对建设工程全过程、全方位服务的总体框架下实现必要的融合，除了造价、招标代理、监理、项目管理等专业服务的中介机构外，属于综合性的、为建设项目实行全过程、一体化管理服务的“工程顾问工程师”专业资质体系缺失，往往以“工程咨询”“工程管理顾问”取而代之。

从2000年开始，越来越多的国际工程顾问在我国境内注册成立顾问公司或设立办事处，并通过不断的参与各个工程领域越来越多的重点项目证实其自身的专业技术水平、高品质服务与科学的管理模式。国际上，工程顾问已成为一个相对独立的、多学科综合的服务行业，被发达国家列为高层次知识产权中的重要领域，有许多具有很高水平和威望的工程顾问公司，在全球都享有很高声誉。政府与企业凡是做建筑业，都已经离不开工程顾问业。

加速推进中国工程顾问行业体系的建设，是符合国际惯例的，其存在与发展已经是大势所趋，是中国建设工程管理的发展方向。因而，如何参考国际工程顾问服务的发展历程所积累的经验，从工程顾问的顶层思考中国工程顾问的发展战略，以国际化的方向拓展视野，从政策、法规和行业治理上，尽快构建和完善以设计为龙头的中国工程顾问服务体系，都需要从体制安排上进行分析、规范与调整，从而使其顺应建设工程发展对工程顾问服务的需求，更好地服务于国内和国际建筑事业发展。

为剖析我国工程顾问服务的现状和把握变革的路径，本课题引用了英国学者佩里·希克斯(Perri6)的《整体性治理理论》和美国项目管理协会(PMI)出版和发行的《组织变革管理实践指南》，以深刻了解我国工程顾问的现状、成因以及如何借助变革管理的方法设计、启动和实施组织变革以适应多变的市场环境、保持变革的效果和优势。在对我国工程顾问国际化的战略方向的研究分析中，引用了美国西图公司国际化发展之路和治理模式，从西图公司的发展过程，阐述国际著名工程公司的特点以及对于工程顾问的作用、意义与竞争力优势，从而思考如何植根建筑市场，制订出可持续发展的战略和规划。

本文采用理论分析、实证分析和案例分析相结合的方法，对现实问题进行了论证与探讨，起到了对于研究这一领域的首创意义与创新精神。

由于在涉及工程顾问行业方面系统的中文参考文献有限，因此课题中的讨论、分析及案例都是基于可参考的资料及真实存在的国际顾问公司及项目。作为一项研究的课题，在探讨中难免有主观性或偏颇之处。

关键词：国际工程顾问；内涵特征；现状；战略规划

引言：问题的提出

“推进中国工程顾问国际化战略研究”课题，目的是希望改变目前建设工程顾问服务各中介组织管理结构和行业结构“碎片化”状态，按照国际通行的工程顾问公司模式，加速推进中国工程顾问行业体系的建设，在国内国际建筑市场竞争中创出“中国工程顾问”的市场品牌。

五六十年来，建筑业中的建筑设计、施工发展很快，大型的建筑设计院、建筑施工企业(集团)数量很多，队伍可观，力量很强。相反，整个建筑业中很重要的一环——“工程顾问”却非常薄弱。20世纪80年代末90年代初，建设部开始建设监理的试点和推行，对基本建设项目实施监督和管理。不久又相继产生了工程造价、招标代理、设备监理、房地产咨询等一系列属于工程顾问服务的产业。但因没有一个总体的通盘考虑，没有形成如国际工程顾问公司那样科学的产业链组合，业内专家称之为管理结构的“碎片化”和行业结构的“碎片化”。

工程项目管理是一个不可分割的整体。多年来，管理结构和行业结构“碎片化”状况无法很好满足政府、业主、社会对工程管理服务的需求。整个建设过程都涉及到工程顾问，项目的前期需要顾问，设计需要顾问，施工需要顾问，建成以后的设施管理也需要顾问。多年来有关方面在监理、造价、招标等方面不停地持续研究，但对“工程顾问”的研究却没有引起足够的重视和关注，这方面恰恰是政府、业主、社会对建设工程管理所迫切需求的。

当前国家“一带一路”“京津冀协同发展”“长江经济带”三大经济战略迅速推进，国内国际都有大规模的工程建设任务，可谓体量很大，质量、进度、造价控制、平衡等要求很高。要保证和提高建设项目投资的绩效，就需要一个全新的、以“工程顾问”体系为代表的、非“碎片状”的建设工程管理模式，根据工程业主和其他客户的需要，提供无缝隙且非分离的整体型服务。

如何解决管理结构和行业结构的“碎片化”？本课题组认为，引入和运用“整体性治理理论”是不二的选择。

早在2013年党的十八届三中全会公报就指出，破除各方面体制机制弊端的任何一方面重大改革，必须“更加注重改革的系统性、整体性、协同性”。在全面深化改革的过程中，党中央又提出了“供给侧”改革，在供给侧和需求侧两端发力促进产业迈向中高端，平衡和满足供需双方的实际需求；提出了以“培育新动能”为特征的“新经济”理念，让新动能异军突起以适应产业革命的发展；在2016年3月中央深改组会议上，习近平强调要“实现改革举措系统集成”。这一切都是从总体上考虑问题，体现了改革的“系统性、整体性、协同性”。解决目前管理结构和行业结构的“碎片化”，也理当如此。

20世纪90年代后，以英国学者希克斯为代表提出了“整体性治理理论”[31]发展至今已有十余年。根据希克斯的定义，整体性治理就是“以公民需求为治理导向和一切行动的逻辑，以协调、整合、责任为治理机制，对治理层级、功能、公私部门关系及信息系统等碎片化问题进行有机协调与整合，不断从分散走向集中、从部分走向整体、从破碎走向整合，为公民提供无缝隙且非分离的整体型服务的治理图式”。其出发点就是运用现代信息技术拆除部门之间的藩篱，通过整合公共服务的供给部门，实现对新公共管理市场化、分权化所造成的碎片化治理的战略性回应。关键环节是“协调”“整合”“逐渐紧密与相互涉入”，凸显了合作模式的紧密、合作阶段的深入以及合作结构的稳定。

作为一种还处于成长阶段的治理理论，强调多元体间通过网络状连接进行充分沟通与合作，达成有效协调与整合，使彼此的政策目标连续一致，政策执行手段相互强化，达到合作无间的目标的治理行动。

这一理论对欧美国家社会治理的理论与实践产生了重要影响，对改革完善我国工程顾问服务体系无疑也提供了新的思路。引入合作治理的理念，根据工程顾问服务的内容，纵向权力线和横向行动线之间要建立协调与整合的连接性机制，实现工程顾问管理结构和行业服务结构的一体化运作和无缝隙供给；参照系或标杆就是国际工程顾问体系模式。以国际先进的大型工程顾问公司和专业服务公司为标杆，环视国际上的成功经验，在借鉴国际经验的基础上，创立中国特色的工程顾问新模式。

国际上工程顾问公司已有百余年的历史，大、中、小并存，在社会经济发展中占有十分重要的地位。借鉴和嫁接国际成功的顾问服务模式，这对我国整个建筑业的发展和建设工程绩效的提升无疑具有重要的现实意义。

我们希望通过研究，力图为业界开拓出全方位工程服务的新思路，按工程顾问服务的发展方向，打开工程顾问服务创新发展的动力之门。

本课题重在工程顾问体系的战略研究，不研究具体的市场策略问题。课题研究的第一部分，以国际工程顾问的内涵和特征为主轴，展示工程顾问国际化的方向；第二部分着重分析当前中国工程顾问的落后状况，从中国工程建设和国家发展的需求，揭示实现我国工程顾问国际化的紧迫性；第三部分借鉴国际上大型工程顾问公司顾问服务的经验，提出中国工程顾问业建设的导向和近、远期的目标；第四部分阐述推进中国工程顾问国际化战略的指导思想、应把握的关键环节和核心问题，揭示中国工程顾问体系建设的应循路径。

一、国际工程顾问的内涵和特征

工程顾问是在经济发达国家现代化的进程中发展起来的社会化行业，是近几十年才出现并逐渐走向成熟的新兴行业。现代科学技术的发展日新月异，社会分工高度专业化，不同学科交织渗透，不同行业互相依存，政府、企业和个人在对某些重大问题做出决策的过程中，往往需要跨行业、多学科的专家提出解决问题的可行方案，供决策者选择和参考，以弥补决策者个人知识、经验和精力的不足。随着社会经济的发达，工程顾问行业必将获得更大发展，在我国的发展空间尤其广阔。但工程顾问行业的发展也需要许多必要的主观条件和客观条件，其中比较重要的首先就是对工程顾问的内涵、特征、责任、职业道德和核心价值等的深刻认识和广泛共识。

（一）工程顾问的服务对象

建筑生产领域的工程顾问服务很早就有，但作为一个独立的行业，是近代工业化和经济迅速发展的产物。20 世纪 50 年代以来，工程顾问服务行业在建筑业中得到迅速发展，现已达到相当发达的程度，成为建筑业中非常重要的组成部分，也是整个咨询顾问行业（智库）的重要和成熟的分支之一。

1. 业主

建筑领域工程顾问最重要的发展是项目管理服务的兴起。从某种意义上看，它是对传统建筑生产方式和管理方式的变革，开拓了建筑生产专业化的新领域。

建筑生产与工业生产的一个重要区别，在于作为产品需求者的业主要介入建筑生产过程的管理。但是，业主一般缺乏建筑工程方面的专业知识，不能对建筑生产的全过程实行有效的管理。因此，业主是建筑工程顾问的首要服务对象，也是主要服务对象。

自设计和施工分离之后，业主一般委托建筑师或工程师代表其利益对施工过程进行监督。这种方式比业主自行管理大大前进了一步，但仍然具有局限性，也存在一定的缺陷，其主要问题在于，建筑师只对施工阶段进行监督，而不能对设计阶段进行监督；施工阶段的监督也主要以技术和质量为主，对费用、进度则较少关注。这是设计人员本身的地位、知识结构和经验所决定的，其效果也不十分显著和理想。

自20世纪50年代以来，随着科学技术日新月异的进步，经济持续、稳定地发展，以及人民物质文化生活水平的不断提高，需要建设许多大型、巨型的工业建筑、国防工程和文化体育设施，如航天工程、大型水利工程、核电站、大型钢铁企业、石油化工企业、新型城市开发等。这些工程技术日益复杂、规模宏大、投资额巨大、建设周期长、质量要求高，对项目开发、建设的组织与管理就提出更高的要求。由参与设计工作的建筑师或工程师代表业主监督施工的管理方式已远远不能适应这种要求。这些大型工程的投资者和承包商都难以承担由于组织和管理的失误而造成的损失。建筑生产的这种发展趋势，促使人们加强对项目管理的研究，也促进了项目管理向社会化、专业化的发展。

随着建设项目的日趋复杂，在建设过程中涉及的问题也越来越多，越来越复杂，一般技术型人员就难以胜任项目管理工作，需要造就一批既懂技术又懂经济而且熟悉法律、精于管理的复合型人才，为项目建设提供咨询顾问服务。这种咨询顾问服务的内容和范围逐步由个别具体问题而扩大到项目建设全寿命周期的各个阶段，涵盖组织、管理、经济和技术的各个方面，总之，涵盖业主负责的全过程和全方位。具体内容将在下文中详细分析。

2. 设计、施工和供货等单位

任何一个项目的工程建设活动基本上都离不开设计、施工和供货单位。首先，与业主相比，这些参与主体按照其专业分工长期从事建筑工程的专业化生产活动，一般都具有相应的专业知识、经验和能力，即其本身都是专业化的。因此，一般情况下，这些主体通常不需要再去寻求工程顾问的帮助。但是，在某些情况下，在某些特殊领域，面临一些特殊问题时，这些专业化的单位往往也会需要工程顾问的支持和帮助。比如，对从事设计的建筑师/工程师而言，如果由他负责设计的工程项目涉及专业化的工艺流程，他必须寻求工艺方面的专家作为顾问。比如，某市会展中心的设计由某外国建筑师负责，该建筑师接受任务后立即委托了一位会展工艺专家作为顾问，从会展工艺的角度为整个项目的功能布局、进出口通道、垂直交通等方面提供咨询意见。再如，从事工程施工承包的施工企业，对于新进入的领域、区域，可能对该领域或区域的风土人情、文化、法规、惯例等不熟悉，除了提前进行必要的考察和了解以外，在施工过程中聘请专家作为顾问是非常必要的。在国际工程承包中，我国许多建筑施工企业到海外承揽工程，由于不了解当地的法律法规、国际工程合同管理和国际惯例，曾经吃过很大的苦头，甚至产生巨大亏损，不仅被业主高额索赔，还导致声誉损失，不得不临时求助于专家顾问的帮助，在工程顾问的指导下进行应对、反索赔。如果从一开始就有工程顾问的支持和帮助，可能会产生完全不同的结果。尽管我国能够走出去的企业往往都是技术力量强、管理水平高且有实力的企业，但在许多情况下，聘请工程顾问公司协助进行工程管理也是非常必要的。

其次，在任何一个工程项目中，任何一个参与主体都有自己的项目管理任务，每个主体的目标不同，其地位、出发点不同，项目管理的任务和时间范围也不同。不同主体的项目管理知识、经验和能力也有差异。比如设计单位的项目管理，受理念和传统的影响，其项目管理的水平和能力相对较低，特别是在大型项目中，作为总负责单位的设计机构（国外往往是建筑师事务所）来说，整个设计阶段的项目管理任务是相当艰巨的，不仅要保证设计质量，还要保证设计进度，控制项目总投资，协调各个专业设计单位之间的关系，降低设计成本，等等。在这种情况下，可能非常需要一个工程顾问单位协助其进行设计阶段的设计项目管理工作。

因此，工程顾问公司的服务对象主要是业主，在某些特殊情况下，在大型或复杂项目中，也可能为设计单位、施工单位和供货单位提供服务，服务的内容可能是项目管理、技术、经济等方面。

3. 政府和金融机构

在建筑领域，工程顾问公司除了为业主、设计和施工单位提供咨询服务外，还可能需要为政府和金融机构服务。

为政府服务的内容主要有：一是对与建筑业发展、城市规划与建设、建筑市场管理等有关的法规、政策提供咨询意见，其直接服务对象可能是政府建设主管机构；二是对政府投资兴建的重大项目提供决策咨询，即对项目方案的论证、分析和评价，这时，政府的身份实际上是业主，因而从服务对象上看可以将其归入业主之列。与企业和个人作为业主不同，政府作为业主的项目，可能更强调项目是社会效益、宏观效益和长远效益，对工程顾问机构的要求也有所不同。

为金融机构服务，具体服务对象可能是国际金融和援助机构，如世界银行、联合国开发计划署、亚洲开发银行、亚洲基础设施投资银行以及一般的商业银行等。工程顾问机构的主要任务可能是对项目技术方案与系统设计的可靠性、适用性进行评估，对项目投资估算的准确性、财务指标及其敏感性进行分析，对项目的执行情况进行监督或评估，向贷款机构提供客观、公正的阶段性工作报告，以及项目的后评价，等等。

(二) 工程顾问的工作范畴

如前所述，工程顾问公司的主要服务对象是业主，其服务时间可以涵盖建设项目全寿命周期的各个阶段，服务内容可以涵盖业主负责的各个方面，包括技术、经济、管理和组织等。以下以业主为服务对象，概括分析工程顾问公司的主要服务工作内容。

建设工程的全生命周期包括决策阶段、实施阶段和使用阶段。在决策阶段，业主需要进行开发管理(Development Management，DM)；在实施阶段，业主需要进行项目管理(Project Management，PM)，在使用阶段(或称运营/运行阶段)需要进行设施管理(Facility Management，FM)，如图 3.1 所示。

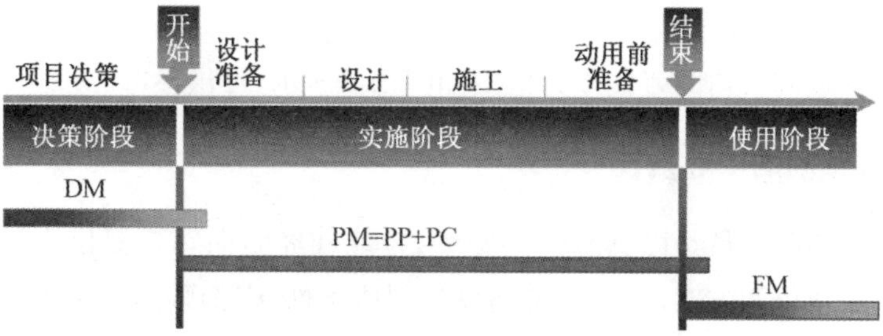

图 3.1　建设工程全寿命周期的管理

1. 决策阶段的咨询工作内容

在决策阶段，工程顾问公司可以帮助业主开展的工作有：

- 建设环境和条件的调查与分析；
- 项目功能规划；
- 项目定义与目标论证；
- 概念设计；
- 可行性研究；
- 投资规划；
- 风险分析；等等。

2. 实施阶段的咨询工作内容

在实施阶段，工程顾问公司可以帮助业主开展的工作有技术、经济、组织和管理等方面，其中技术方面的咨询工作可能有：

- 技术方案分析和论证；
- 工程设计；
- 详细设计（如施工图设计、钢结构的细部设计等）；
- 工程验算、计算；等等。

组织、管理和经济方面的咨询工作可能有：

- 组织设计；
- 融资方案；
- 计划管理；
- 施工管理；
- 现场监督；
- 工程测量服务（quantity survey）；
- 合同管理；
- 法律咨询；等等。

3. 使用阶段的咨询工作内容

在使用阶段，工程顾问公司可以帮助业主开展的工作有：

- 工程维护保养计划；
- 空间管理；
- 运行数据收集与分析；等等。

德国某工程顾问公司的咨询服务范围如图 3.2 所示，可供参考。

（三）工程顾问的专业责任

工程顾问机构和人员是以其专门的知识、技能和经验向客户提供咨询服务，为客户提供解决问题的建议和方案，为客户正确决策创造条件，咨询顾问人员本身并无决策权。至于决策不当或失误的原因可能是多方面的且十分复杂，有技术的、经济的、社会的、政

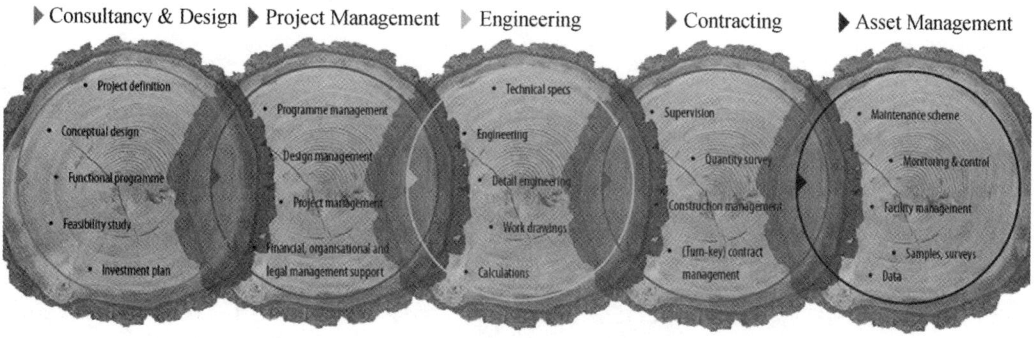

图 3.2 德国某工程顾问公司的咨询服务范围

治的、自然的、时效的等方面的原因，也在相当程度上受决策者本人的知识、能力、经验和风格以及理念等的影响。

究竟导致决策失误的原因何在，事先很难估计，有时事后也很难查清楚。因此，在一般情况下，不应要求咨询顾问人员承担决策失误的责任。但是，工程顾问服务既然是一种有偿服务，咨询服务机构和人员就应对其所提供的咨询成果负责，对其咨询报告中的原始数据、计算方法、工艺方法、经济评价、社会评价、环境评价等的科学性和可行性负责。如果咨询报告确实质量低劣，内容东拼西凑，敷衍塞责，而且数据不实，计算方法错误，从而导致决策失误，咨询顾问机构和人员就应当承担咨询失误的责任，包括经济责任和法律责任。

建设工程领域的咨询顾问机构和人员的责任，有一定的特殊性，尤其是项目管理咨询。项目管理咨询人员为业主提供的项目管理咨询服务与一般咨询服务有许多不同，他不仅提供一个咨询报告供业主参考，而且实实在在参与项目实施阶段全过程和全方位的项目管理工作(当然也可能是某个阶段的某几项项目管理工作)，对有些技术问题、经济问题有权直接处理和决策(根据授权不同而不同，一般重大仍需业主决策)。但项目管理人员咨询人员与承包商的承建工程的性质根本不同，既不设计，也不施工，而是用科学的方法和手段帮助业主进行投资控制、进度控制和质量控制。建设工程项目的周期一般都比较长，在项目实施过程中影响项目目标实现的因素都很多，而且许多干扰因素是项目管理咨询人员无法控制的，也无法准确预测的，如自然灾害、突发流行病、工资调整、材料设备价格上涨、新颁布的地方法规(例如不允许大型建筑机械白天进出工地，不允许夜间进行高噪声施工作业等)。因此，不能要求项目管理咨询人员保证项目目标的实现，更不能无理地对项目管理人员予以处罚，例如工期拖延一天罚款多少，投资超出多少，罚款多大比例等。

项目管理人员是专业化、社会化的力量，在项目管理方面有十分丰富的经验，能够及时发现问题，妥善处理有关问题，并预测可能发生的问题。虽然项目管理咨询人员不能向业主保证项目目标一定实现，但毕竟比业主自行管理项目建设要有利得多，成功的可能性更大。项目管理人员出于职业道德，也为了维护本人和咨询顾问机构的声誉，在项目实施过程中，一般都会千方百计地采取各种措施进行项目目标控制，使项目目标尽可能好地实现。

那么是不是意味着所有的项目管理人员和机构都具有足够的知识和经验并且会尽职尽责地为业主提供服务呢？是不是所有的项目管理人员和机构在任何情况下都不用承担任何责任呢？如果在任何情况下都不用承担责任，这样的“特权”会不会被滥用？如果要承担责任，应承担多大责任，在什么情况下承担责任呢？

如上所述，项目管理咨询人员和机构处于职业道德和自身声誉，一般不会滥用免责“特权”，因为其商业机会主要来自过去的业绩和口碑，如果出现滥用“特权”，很快就会身败名裂，在行业中无立足之地，那等于自取灭亡的“自杀”行为。所以，项目管理人员的失误，一般不存在主观上的故意。但是，尽管没有主观故意，项目管理人员和机构也可能根据其失误的性质或损失大小而受到责任追究。

在何时承担责任以及承担多少责任问题上，权威国际组织的规定往往是经过了广泛认可的国际惯例，可以给我们提供借鉴和参考。国际咨询工程师联合会(FIDIC)在《业主和咨询工程师项目管理协议书国际通用规则(IGRA1980PM)》中明确了项目管理咨询人员对哪些问题不承担经济责任，对哪些问题要承担经济责任以及承担的最高经济责任的金额，其主要内容如下：

项目管理咨询人员对于非他直接责任而造成的损失，如非他设计、负责的工程，由于业主、承包商或供应商的任何行为造成的任何损失，不负经济责任。

项目管理咨询人员在以下四种情况下要承担经济责任：

- 由于项目管理人员的明显失职或犯罪行为造成的损失；
- 项目管理人员在文件中引用了违反法律的条款；
- 项目管理人员侵犯了第三方的专利权、版权等权益；
- 由于项目管理咨询人员在服务过程中的错误决策和指示造成的损失。

咨询顾问人员承担的最高经济责任的金额应由业主与咨询顾问人员协商确定，并在咨询协议书中明确规定。由于这个问题比较复杂，也比较敏感，需要根据具体情况灵活处理。在实践中，咨询顾问人员承担的最高经济责任的金额大多按以下两种方式处理：一是在该项目上所收取的全部咨询费，二是该咨询机构的全部注册资本。通常采取第一种方式。

咨询顾问机构和人员为了转移风险，往往向保险机构投保合理的专业责任险，这不仅是自身风险的转移，也是业主风险的转移。现在，国际上许多业主往往都会要求咨询顾问人员和机构提供已经购买专业责任险的证明，这已经成为国际惯例。

(四) 工程顾问的职业道德

1. 国际组织职业道德规范借鉴

许多国家的咨询行业都制定了各自的行业规范，以指导和规范咨询顾问人员的职业行为。以下分析几种主要国际组织的职业道德规范，可以为我国工程顾问机构和个人在国内的咨询服务以及国际顾问服务行为提供借鉴和参考。

1) 英国皇家特许测量师学会(RICS)的专业道德信念和行为规范

RICS成立于1868年,目前有11万名会员,分布于全球120多个国家和地区,每年出版500余份研究报告及政策报告。其专业领域涵盖文物及艺术精品、建筑测量、商业物业、建造、争议解决、环境保护、设施管理、测绘、管理咨询、矿物及废物管理、规划和开发、厂房和机械、项目管理、住宅物业、农村物业和估价等16个不同的行业。

RICS有140多年的发展历史,得到全球的普遍认同,并获得持续的发展,究其原因,除RICS倡导每位会员必须具备包括管理能力、领导能力、协调能力、创新能力等在内的专业胜任能力之外,更重要的是要求每位会员必须坚守职业道德信念和行为规范。申请入会的会员,在专业胜任能力评核(APC)的最后面试时,将职业道德作为强制性能力考核内容。职业道德作为一名合格的RICS会员的底线,任何人在任何情况下都必须遵守。正因为这种职业道德的信念和胜任能力的理念,使得RICS学会具有全球性的公信力,使得会员具有良好的社会信誉,得到社会的普遍认同。

RICS职业道德信念包括九个核心原则,具体内容如下:

• 正直不阿:永远不要将自身利益置于委托人利益之上,或者高于其履行职业职责的对象的利益之上;恪守委托人的秘密;考虑公众和社会更广泛的利益,为委托人和社会创造价值。

• 诚恳可靠:做任何事情都应让人信任,始终诚实;要比委托人掌握更全面和准确的信息,不要误导委托人,不要歪曲事实。

• 透明公开:行为坦率、透明;与委托人分享全部完整、充分、准确、及时以及可理解的信息和事实。

• 承担责任:对自己的全部行为负责任;永远不要承诺超出自己所能给予的事情;如事情没有做好,不要归咎客观,勇于承担错误和责任,不要歪曲事实证明自己的结论。

• 贵乎自知:知道自己专业能力的限度,不要企图超越这个能力限度行事,不要试图从事超出自身能力范围的工作。

• 客观持平:始终保持客观性,向委托人提出客观、公正、中性的建议,不要让自己的感觉、兴趣和偏好左右自己的判断、影响委托人的决策。

• 尊重他人:决不对他人有偏见和歧视;无论委托人大小、项目优劣,应该以相同的执业标准和规范来履行自己的职责、权利和义务。在执业过程中,不可持有政治、宗教、国籍、种族、性别、年龄、肤色、残疾、婚姻、经验状况、信仰偏见;公平对待项目团队成员、同行和同事。

• 树立榜样:树立好的榜样,充分考虑到自己的公众和私人行为都可能直接或间接影响到自己、学会和其他会员的信誉;在私生活中应持有高的道德标准。

• 敢言道正:有勇气坚持自己的立场,只与那些遵守职业道德的人合作;如果怀疑其他会员的玩忽职守、假公济私等任何危害他人的不法行为,敢于采取应有的行动。

以上这些核心原则,要求所有会员必须以一种道德的、负责任的方式执业。RICS对执业过程中可能遇到的情况制订了相应的行为规范，包括正确地处理好礼品/款待（贿赂/诱惑）；健康和安全；平等机会，歧视；骚扰；利益冲突；非法或不当行为；内线交易和洗钱；保密义务；反不正当竞争；酗酒和滥用毒品；劝诫与激发；版权和所有权；广告标准；环境保护；地方社会关系；政治和社会行为等 16 个方面的问题，告诉会员哪些是禁止行为，哪些是必须行为以及如何做等问题。行为规范提供了一个会员与其委托人关系的行为准则，也包括了旨在维护公众利益的职业自身的社会义务。

2）国际咨询工程师联合会（FIDIC）的职业道德准则

FIDIC 成立于 1913 年，目前有 50 多个成员国，按地域划分四个地区性组织，即亚洲及太平洋地区成员协会（ASPAC），欧共体成员协会（CEDIC），非洲成员协会集团（CAMA），北欧成员协会集团（RINORD）。目前，FIDIC 在全球已拥有 67 个成员协会，代表了约 400 000 位独立从事咨询工作的工程师。

鉴于腐败问题目前已成为一个全球性“瘟疫”[1]，FIDIC 作为国际工程咨询业的领导组织，在 1995 年伊斯坦布尔年会上正式对此进行了讨论，1996 年发布了反腐败问题政策声明。1998 起成立廉洁管理工作组，提出开发一套业务廉洁管理体系的建议。1999 年在世界银行等支持下，成立廉洁联合工作组，着手起草了《工程咨询业务廉洁管理指南》，该指南包括 6 个附录，即 A. 定义；B. FIDIC 道德准则；C. FIDIC 关于业务廉洁的政策声明；D. 工程咨询企业行为准则范本；E. 业务廉洁管理核查清单；F. 参阅文献。其中，附录 E“业务廉洁管理检查清单”列举了 50 项工程咨询企业各项经营和业务活动要核查的问题，具有较强的实践意义，值得借鉴。

按照 FIDIC 的道德准则，要求咨询工程师必须具有正直、公平、诚信、服务等的工作态度和敬业精神，这充分体现了 FIDIC 对咨询工程师要求的精髓，其主要内容如下。

（1）对社会和咨询业的责任

① 承担咨询业对社会所负有的责任；

② 寻求符合可持续发展原则的解决方案；

③ 在任何情况下，始终维护咨询业的尊严、地位和荣誉。

（2）能力

① 保持其知识和技能水平与技术、法律和管理的发展相一致的水平，在为委托人提供服务时应采用相应的技能，并尽心尽力；

② 只承担能够胜任的任务。

（3）廉洁和正直性

在任何时候均为委托人的合法权益行使其职责，始终维护委托人的合法利益，并廉洁、正直和忠诚地进行职业服务。

（4）公正性

① 在提供职业咨询、评审或决策时不偏不倚，公正地提供专业建议、判断或决定；

② 通知委托人在行使其委托权时可能引起的任何潜在的利益冲突；

③ 不接受任何可能影响其独立判断的报酬。

(5) 对他人公正

① 推动"基于能力选择咨询服务"的理念;

② 不得故意或无意地做出损害他人名誉或事务的事情;

③ 不得直接或间接取代某一特定工作中已经任命的其他咨询工程师的位置;

④ 在通知该咨询工程师之前,并在未接到委托人终止其工作的书面指令之前,不得接管该咨询工程师的工作;

⑤ 如被邀请评审其他咨询工程师的工作,应以恰当的行为和善意的态度进行。

(6) 反腐败

① 既不提供也不收受任何形式的酬劳,这种酬劳意在试图或实际:

a. 设法影响对咨询工程师的选聘过程或补偿,和(或)影响其委托人;

b. 设法影响咨询工程师的公正判断。

② 任何合法组成的机构对服务或建设工程合同管理进行调查时,咨询工程师应充分予以合作。

3) 美国项目管理学会(PMI)的《项目管理专业人员行为守则》

美国项目管理学会(PMI)成立于 1969 年,是世界上服务于项目管理职业最大的专业协会。在全球 160 多个国家和地区拥有 24 万多名会员,PMI 的项目管理专业人士认证在项目管理专业中受到普遍认可。[2] PMI 的专业人员分布在各个主要行业,包括航空、汽车、商业管理、建筑、工程、金融服务、信息技术、制药、医疗和电信。PMI 制定了《项目管理专业人员行为守则》,内容包括以下两大部分,即对职业的责任和对客户和公众的责任。

(1) 对职业的责任

① 遵守所有组织规则和政策。如提供准确和真实陈述的责任,与 PMI 合作处理违反职业道德和收集有关信息的责任等。

② 候选人/证书持有人的职业惯例。如提供有关服务资格,经验和表现的准确和真实通知和陈述的责任等。

③ 职业的提高。如承认和尊重别人获得或拥有的知识产权或者准确、诚实和全面地办事的责任等。

(2) 对客户和公众的责任

① 专业服务的资格、经验和表现。如向公众提供准确和真实陈述的责任等。

② 利益冲突情况和其他被禁止的职业行为。如确保利益冲突不损害顾客或客户合法利益或影响/妨碍职业判断的责任等。

4) 英国皇家特许建造师学会(CIOB)的职业道德标准

CIOB 成立于 1834 年,是一个主要由从事建筑管理的专业人员组织起来的涉及到工程建设全过程管理的专业学会,在国际上具有较高声望。1993 年,[3] CIOB 理事会在《皇家特许令和附则》的授权下制定了《会员专业能力与行为的准则和规范》。该文件由准则和规范两部分组成,准则部分界定了建造师的一般行为标准及职业和道德追求,规范部分则对英文头衔缩写以及会员级别描述的使用、徽标、咨询服务、广告等四方面内容进行了详细界定。

CIOB将职业道德标准列入会员的知识体系，并在会员面试过程中进行考察。准则部分共包括16条，主要内容如下：

• 会员应该在履行其承诺的职责和义务的同时，尊重公众利益。

• 会员应该证明自身的能力水平与其会员级别保持一致。

• 会员应该时刻保证其行为的诚实，以此来维护和提升学会的威望、地位和声誉。

• 在国外工作的会员，也应该遵守本准则和规范以及其他适用的准则和规范。

• 会员应该完全忠诚和正直地履行义务，特别是在保密、不损害雇主利益、公平、公正、守法、拒绝贿赂等方面。

• 如果会员知道自身缺乏足够的专业或技术能力、或者缺乏足够的资源来完成某项工作，那么会员不得承担。

• 如果会员没有能力承担某项咨询服务的全部或者部分，应该拒绝提供建议，或者获取适当的符合要求的协助。

• 英文头衔缩写及其适当的描述应符合《皇家特许令和附则》的规定。

• 只有资深会员和正式会员才被允许在提供咨询等相关服务时，使用理事会批准的徽标。

• 提供咨询服务的会员应该获取专业的补偿保险，负担支付提供咨询服务时所要求承担的全责。

• 从事其他建筑相关业务的会员应该购买适当的保险，并以此保证业主能够抵御由于工作所引起的关于工人、第三方及邻近物业的风险。

• 会员不能蓄意或者由于粗心(无论是直接还是间接)而损害或者试图损害他人的专业名誉、前途或者业务。

• 会员应该不断补充与自己的职责类型和级别相符的最新思想和发展信息。

• 会员应该严格按照《会员专业能力与行为的准则规范》的规定对提供的服务登广告。

• 会员应该随时全面了解并遵守国家关于健康、安全以及福利方面的法律法规，因为这将影响建设过程中的每一个环节，从设计、施工、维护到拆除，会员也有责任确保同事以及建设过程的其他参与人员知道并理解这些法律法规所规定的各自的职责。

• 会员不应该有性别、种族、性取向、婚姻状况、宗教、国籍、残疾以及年龄方面的歧视，并且应努力消除他人的上述歧视，以促成平等。

总之，国际工程顾问业将以道德的、负责任的方式执业，在执业过程中将正直、公平、诚信、服务、对他人和社会负责的工作态度，保证工程顾问的知识和技能水平与技术、法律和管理的发展水平相一致，始终维护工程顾问业的尊严、地位、荣誉，作为共同的行为准则和恪守的敬业精神。英国皇家特许测量师学会的专业道德信念和行为规范的“正直不阿、诚恳可靠、透明公开、承担责任、贵乎自知、客观持平、尊重他人、树立榜样、敢言道正”九项核心原则则是国际工程顾问业职业道德标准的集中体现。正因此，使他们在国际建筑市场中赢得了很高的声誉。

2. 工程顾问机构工作的独立性和公正性

工程咨询和顾问工作是根据客户的要求，为客户的利益服务，但不能要求咨询顾问人员在判断和处理问题时以客户的主观意志为转移，应该具有一定的独立性，实事求是地按照客观规律办事，而不应受一个地区、部门、企业或个别领导的限制。

要做到这一点，咨询顾问机构应是相对独立的经济实体，不得与建筑企业、设备制造企业、材料生产企业、贸易商行等存在经营、资本等方面的经济关系。在任何情况下，都要求咨询机构和人员只从客户那里收取合同上规定的报酬。即使从公正的立场出发，介绍客户使用某公司的设备或其他产品，也不得从该公司收取手续费、佣金、回扣或其他报酬。在建筑生产领域，咨询顾问机构是独立于业主、设计机构和施工机构而存在的一支专业化的社会力量。同一咨询机构，可以在不同的建筑工程上分别为业主或承包商单位服务，但不得在同一建筑工程上既为业主服务，又为承包单位服务，这是国际惯例，有些国家还以法律形式加以明确规定，是对工程咨询和顾问公司最基本、最重要的要求之一。

（五）工程顾问服务及其核心价值

工程顾问服务的核心目的是为工程增值，工程顾问工作是一种增值服务工作。其增值主要表现在两个方面(图 3.3)：

- 为工程建设增值；
- 为工程使用(运营，或运行)增值。

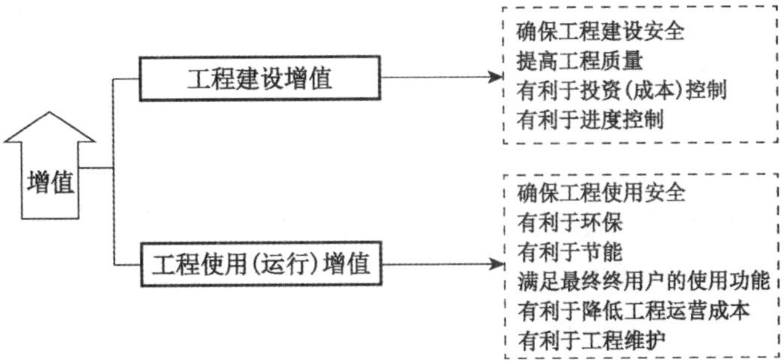

图 3.3　工程顾问的增值

图 3.3 表明，工程顾问的价值和服务的目的在于为工程增值。这种增值，既要考虑为工程建设增值，也要考虑为工程使用增值，二者不可偏废，即不能仅仅考虑建设期的成本节约而忽视使用运行阶段的成本节约，也不能为了加快建设进度而影响工程质量、影响使用安全等。

图 3.3 同时表明，所谓增值，并不仅仅考虑在投资或成本方面的作用，必须系统考虑工程项目的所有方面，即考虑成本、进度、安全、质量、环境、节能等各个方面，无论是建设期还是运行期，项目的各个方面都是互相联系、互相影响的，必须系统考虑，统筹兼顾。

二、实现我国工程顾问国际化的紧迫性

如前所述，“工程顾问”是为业主提供高水平专家服务的知识密集型服务行业。服务内容涵盖建设项目全生命周期的各个阶段，对确保建设工程投资效益和工程建成后的保值增值起着不可替代的重要作用。工程顾问业的发展程度体现了一个国家的经济社会发展水平。

国外的顾问服务业相当发达，在社会经济发展中占有十分重要的地位。据有关资料统计，西方发达国家的工程顾问服务业目前在全球已形成了一个年营业额超过 4 000 多亿美元的巨大产业[4]。

（一）目前我国工程顾问业的现状

纵观我国工程顾问服务业的现状，不能不正视与国际工程顾问服务业的巨大差距。

1. 管理和组织结构“碎片状”

主要表现为因事设项、多头主管，管理结构“碎片化”，同时也导致和深化了行业服务结构的“碎片化”。

目前建筑业中属工程顾问领域的主要有建设监理、造价咨询、招标代理、设备监理、项目管理、工程咨询、勘察设计等若干板块。因资质、资格要求不一，虽同属一个建设部，但相关行业管理部门都会不断制定和发布相关的规定和规章，从而导致这些专业服务只在自己的业务领域内做文章。企业组织之间信息资源、业务流程互不沟通，不能实现各专业之间的无间合作、目标连续一致地对工程项目提供无缝隙的整体性管理。

从对监理、造价、招投标、设备监理等行业发展历程的检索，不难看到管理“碎片化”、组织“碎片化”的状况。

1）监理

我国建设监理诞生于 20 世纪 80 年代中后期，是原建设部吸取我国著名专家的建议，借鉴国际上工程项目管理经验形成的对工程项目全方位监督管理的工程顾问组织形式。1988 年 7 月，中国建设银行颁发了《关于开展建设监理工作的通知》(〔88〕建建字第 142 号)，明确工程监理的内容，可以是全过程的，也可以是勘察、设计、施工、设备制造等的某个阶段。原建设部在北京、上海、天津、南京、宁波、沈阳、哈尔滨、深圳八市和能源、交通两部的水电和公路系统开展先行试点。在总结试点经验的基础上，明确建设监理包括政府监理和社会监理，并在全国全面推行。1997 年 11 月，强制监理列入国家《建筑法》。

监理的法律地位就此正式确立。于是国务院各有关部门都设立了相应的管理机构，地方政府也都纷纷出台自己的地方法规，各个行业条块也都根据行业保护需要制定监理业市场准入的门槛。四面八方都插手对监理的管理。如果按最初的设计思路，对监理、造价、招投标、设计等相关专业服务领域有意识地实施业务协调、整合，今天中国工程顾

问行业体系就不会成为一个问题。很遗憾由于管理理念的局限，碎片化组织管理长期来已固化为我国政府既有的管理模式，各敲各的锣，各吹各的号，对建设工程在监理最初定位的基础上，如何实现各专业管理的协调、整合无人问津。

在1999年重庆彩虹桥垮塌事故后，根据国务院领导关于加强工程现场监理工作的意见，原建设部一纸文件，简单地将监理的作用定位收缩到“施工阶段的监理”、主要的服务方式变为“旁站监管”。远离了最初设计的初衷[5]。这二十多年来，围绕着监理的存活、去留，众说纷纭，问题迭出，使监理行业面临极大的发展困镜。建设部曾出过有关设计监理的文件，后来发改委又不同意，将建设部文件批成仅仅局限于施工阶段。

为解决工程监理服务发展中遇到的新问题和新矛盾，住房城乡建设部2008年组织制订了《关于大型工程监理单位创建工程项目管理企业的指导意见》(建市〔2008〕226号)，意在推动工程监理服务向工程项目管理服务领域转化和发展。但没有从工程顾问体系和对建设工程如何整体性治理的高度研究、解决问题，导致项目管理服务在实践中的表现也只能是进展甚微。

2) 招投标

1980年10月，国务院颁布《关于开展和保护社会主义竞赛的暂行规定》是国内首次提出对工程建设采用招投标的形式。国务院在“规定”中提出：“对一些适于承包的生产建设项目和经营项目，可以试行招标投标的办法”。1981年，在吉林省吉林市和深圳特区率先试行工程招标投标，1982年世界银行贷款项目云南鲁布革水电站首次通过招标方式对引水隧道的建设进行采购。由于一些项目单位缺乏专门人才和技能，于是产生了专门从事招标代理业务的行业，根据资料分析，1983年建设领域有招标代理行业。

2013年建设部颁布了《工程建设施工招标投标管理办法》(建设部第23号令)，对招标投标活动统一规范和管理。不久，国家发改委等九部委也发布23号令：《决定废止和修改的规章和规范性文件》。2013年6月国家发改委就拟取消《招标代理服务收费管理暂行办法》向社会公开征求意见，引发代理机构的极大震动。大家普遍反映，看不懂。招标这种采购方式是否还会继续存在？招标采购是否还需要代理机构[6]？这些年，在招投标问题上各地方政府和相关主管部门也都不断发布各种配套规章和条例。有的从地方和行业利益出发，以配套的名义，“客货混装”，增设审批事项，添加牟利性环节，导致相互“打架”。2005年7月，国家发改委印发《招标投标部际协调机制暂行办法》(发改法规1282号)，成立由监察部、财政部、建设部、铁道部、交通部、信息产业部、水利部、商务部、民航总局和国务院法制办10个部门参加的招标投标部际协调机制，并对招标投标相关规章和规范性文件进行了清理，实属无奈。

3) 造价

诞生于20世纪80年代初的工程造价机构从其发展历程看，一开始就表现为国家计委、中国建设银行、人事部、建设部等多头主管。最早由原国家计委在1982年颁发《基本建设设计工作管理暂行办法》，要求重视投资前期工作，规定建设项目特别是大中型基本建设项目和限额以上技术改造项目，都必须经过有资格的造价咨询公司评估论证。1986

年，中国建设银行在对国家投资项目"三算"审核与控制的同时，推出《办理咨询服务业的暂行规定》，明确除了国家投资项目还包括对其他非国家投资项目的工程要开展概预算、标底、施工结算的编制、审核业务，并产生了第一批以建行系统为主的工程造价服务咨询部、事务所。1996 年，原建设部先后颁布了《工程造价咨询单位资质管理》和《造价工程师执业资格暂行制度》，不久人事部、建设部又联合再度颁发了《造价工程师执业资格暂行规定》并组织造价工程师考试试点，造价工程师制度才算正式建立。

综上所述，监理、造价、招标代理、设备监理、勘察设计等，同属于工程顾问范畴，但却多头主管，组织管理"碎片化"。根据这些板块的发展历程看，有建设部的，发改委的、交通运输部的、中国建设银行的，还有铁道部、水利部、商务部、国家质检总局、城乡建设环境保护部、劳动人事部以及地方政府的、行业条条快快的，等等。一个行业多头主管，管理内容重复、交叉、难免矛盾冲撞，其结果必然导致工程顾问服务产业链的松散状、碎片化。

其次，"本属于同行业的业务，会因存在独立的行业准入资质而分立发展，逐渐形成新的业务领域"。[7]这一判断对我国工程顾问的现状很有针对性。如设备监理。1992 年，上海在对吴泾六期电厂扩建工程和嘉兴电厂电站设备全过程监督与控制的基础上，市政府即发布《上海市工程设备监理机构管理办法》，在中国监理之外又开辟了"设备监理"新的业务领域。2004 年 5 月中国设备监理协会成立。目前在其会员名册上，除个人、院校、科研单位会员外，设备监理单位会员 470 余家，涉及机械、冶金、电力、水利、煤炭、轻工、石油石化、轨道交通、医药、建材、化工、环保、信息、港口、船舶等 20 多个领域。对建设工程顾问服务这种分裂发展的情况在国际上没有。"在不少发达国家、地区，水土保持行业、地质灾害治理行业、工程监理等皆由工程顾问公司承担。这些工程顾问公司有可能专精其中几项业务，也可能是综合性顾问公司，对建设项目实行全过程、一体化管理。"[7]

碎片状管理的另一个直接后果使服务双方费用成本增加。对业主来讲，他请了监理工程师，又要去找项目管理公司，又要去找造价工程师、招标师，造成工程直接成本的重复增加，服务提供方为竞争夺标势必也要加大投标的商业成本。浪费了社会资源，很难保证工程整体服务的效率和效益。

由此可见，没有顶层设计，没有构成中国工程顾问系统，势必会造成一些混乱。工程管理是一个整体性的、持续的、动态的过程。根据整体性治理理论，"对碎片化问题应进行有机协调与整合，不断从分散走向集中、从部分走向整体、从破碎走向整合，协调、整合、逐渐紧密与相互涉入，为工程业主提供无缝隙且非分离的整体型服务"。[8]因此借鉴"整体性治理"理论，通过对建设工程管理和服务碎片状有效协调与整合，使多元主体彼此的服务手段相互强化，目标一致，合作无间，应成为从整体上对建设工程实施完整的工程顾问服务的理性选择。

2. 不能满足业主对工程全生命周期的需求

工程项目全生命周期，如前所述包括决策阶段、实施阶段和使用阶段，即整个项目的决策、实施、最终使用的全过程，构成了一个项目的全生命周期。

工程顾问服务面向的是建设项目各参与方。包括：业主(投资者、开发商)、设计方、施工方、物资供应方和政府相关部门，等等。其提供的服务范畴主要包括三大类，即专业工程服务咨询、工程设计以及项目管理。具体包括：项目前期的研究和论证、工程设计、项目实施期的项目管理、工料测量、项目运行期的设施管理以及与工程项目相关的法务顾问、风险管理、工程保险、工程担保和索赔以及其他有关组织、技术和经济方面的顾问，等等。

作为一个具有国际水准的工程顾问应该是进行工程全生命周期的工程顾问。德国一家大型国际工程顾问公司对工程顾问工作任务界定为五个相互交叉的方面：

- 前期研究和设计；
- 项目管理；
- 工程设计；
- 工程施工；
- 资产管理。

在项目前期研究和设计阶段中，工程顾问的主要任务是：

- 项目定义；
- 方案设计；
- 编制功能描述书；
- 编制可行性研究；
- 编制投资规划；等等。

其中对项目定义和项目的功能描述非常重要，我国在这方面的经验还嫌缺乏。

项目实施期项目管理的主要任务，除了传统的项目目标控制外，特别重视编制项目实施规划(港珠澳大桥的项目实施规划包括项目建设总纲、项目管理纲要和40多项管理制度，共400余页，作为所有合同的附件)、设计管理，以及财务、组织和法务管理的支持。

德国SWECO公司已为全球数十个国家提供工程顾问服务，它以设计为主体，提供全方位服务，综合性很强、覆盖面很广，拥有的工程技术人员超过万人。

另一家大型国际工程顾问公司ARCADIS，组建于1888年，至今已百余年历史。1895年开始在美国、1911年在英国、1925年在荷兰、1934年在亚洲、1990年在欧洲其他国家拓展顾问业务，1995年在荷兰上市，现有28 000余名技术人员(其中31%在欧洲、34%在美国、35%在新工业国家)，在全球有18个分支机构，年产值32亿美元，欧洲排名第3，全球排名第10。该公司提供的也是以设计为主体的工程顾问服务，与SWECO公司类同。

国际上对工程顾问的定位是非常清晰的。我国工程顾问行业现在这“五个环”(图3.2)都联系不起来，不能满足工程全生命周期的顾问的要求[9]。为此，课题组建议国家建设主管部门参考国际工程顾问服务的发展历程所积累的经验，从工程顾问的顶层思考发展战略，以工程顾问国际化的方向拓展视野，尽快构建和完善以设计为龙头的中国工程顾问体系，改变对工程顾问服务系统多头主管、服务系统“碎片化”现状，更好地服务于国内和国际的建筑事业发展。

3. 组织规模小、服务单一

中国工程顾问的组织，从规模来讲，大多是一些小型公司，大一些就是几百人，与国外的工程顾问公司是无可比拟的。[10]在美国（ENR）1997 年公布的世界最大 200 家咨询企业排名榜中，美、英两国的公司超过一半（其中，美国 88 家、英国 16 家），其国际经营额，占 200 家公司总营业额 160 亿美元的 56.7%。200 家咨询公司的业务遍及 130 多个国家和地区，其中，亚洲占 30.8%，欧洲占 25.7%，非洲占 13%，拉美/加勒比占 9.1%，美加地区占 10%。亚洲地区是 200 强角逐最激烈的市场，中国又是其中之最。目前，已有 140 多家国外工程咨询公司进入中国市场。

"一些在某一专业技术领域具有专长的专业型顾问公司，一般将业务重点转向专业顾问业务，并努力开辟更广泛的专业顾问领域。这些专业顾问业务包括拥有专利发明、先进的专有技术，从而形成在某一领域的独特竞争力。1946 年在英国成立的奥雅纳工程顾问公司，是全球最大、最成功的工程顾问公司，目前在欧洲、非洲、中东、东南亚、澳洲及北美洲 32 个国家设有 73 家分公司及办事处，拥有 7 000 多名员工。公司的宗旨是通过出色的技术、高效的组织以及优质的服务来协助业主实现其商业目标，从而最大限度地发挥建筑项目价值。随着公司发展日益庞大，公司的业务趋向多元化，遍及欧洲、美国、中东、亚洲、澳大利亚及非洲，拥有 60 多家分公司，遍布全球 50 个城市"。[11]如美国 TT（Thornton Tomasetti）结构顾问公司，专门从事结构设计的顾问。英国 Scott Wilson Kirkpatrick（SWK）公司始终致力于发展环境保护项目咨询业务。

对比国际上这些航空母舰，我国工程服务领域的企业规模是相当小的。现在国际上的项目越来越大，遇到一些大型的项目，中国的工程顾问公司连投标的资格都没有。

组织的问题不单单是规模，我国工程顾问公司无论是造价、还是监理、项目管理，服务范围都是单一的，工作是单向的。项目前期服务到项目建议书编完就结束了，监理只要安全质量没问题就结束了，造价完成施工图预算编制及工程造价结算就结束了，招投标履行好法定程序开了标、定了标就结束了……就工程全过程服务而言，实际上都是不到位的，何以奢谈工程顾问服务！

4. 尚未形成独立的中国工程顾问工程师体系

工程顾问工程师，是独立于制造商、承建商及物料供货商，并只以委托人的利益为依归的专业人员。国际上菲迪克条款对工程顾问工程师有很硬的规定，必须能提供多种类形的服务，包括专门研究、计划评估、工程项目之设计、监督和管理，等等。作为称职的工程顾问，必须要有实际经验，必须要有施工的经验，有生产的经验才能去当顾问。目前，我国对工程顾问工程师的组织管理离国际上的要求差距很大，体现在以下四点：

第一，在整体上并未形成独立的中国工程顾问工程师的体系。基本上都是监理工程师、造价工程师、招标师等，而且都仅是经过短期培训—网上报名考试—合格发证—上岗。顾问工程师在建筑产业里还没有到位。

第二，缺乏专门的培训机构，所有的培训都局限于纯专业的工程技术知识，对工程顾问服务必备的相关领域学科如管理、经济、法律、风险、索赔等均未涉及。如,造价工程师绝大多数原本从预算员转过来的,业务范围大多数集中在施工图预算编制及工程造价结算,知识结构和能力水平很难达到对工程进行全过程、一体化准确动态估价。又如,监理工程师主要精力集中在质量控制及进度控制,多不具备工程造价管理能力、设计方案判别能力。各专业服务基本都是这种情况,仅仅掌握某一专业的知识,就很难担当工程顾问对工程全生命周期服务的责任。

第三,目前一些从事造价、监理、代理甚至勘察设计等专业公司只要有几名监理工程师、造价工程师,带上一批监理员、造价员就可去做项目管理的工程顾问,大大降低了工程顾问服务的作用和价值。实际上,监理员、造价员在国际上是根本没有的。唯有符合菲迪克条件的工程师才能成为顾问工程师。因此,要培养和造就一大批能承担工程顾问的专业人才,包括项目经理、设计经理、采购经理、施工经理、项目控制工程师、费用控制工程师、进度控制工程师、造价工程师、质量管理工程师、风险管理工程师、索赔工程师、合同管理工程师等,以适应我国庞大的建筑市场和参与国际市场竞争的需要。这方面的任务还相当繁重。目前国内培训机构良莠混杂,难担此重任。

第四,没有专门的工程顾问工程师资格管理,这是严重的缺失。考虑与国际工程顾问接轨,应像美国和欧洲一样,统一设立工程顾问专业人员资格标准,如美国的PMP,欧洲的IPMP。杜绝非专业人士从事工程顾问管理项目。

5. 把工程顾问简单地理解为工程管理顾问,认识上有很大的偏差

工程咨询、工程顾问容易与工程管理顾问混淆,甚至在建设工程有关的教材和教育网络上也时时将三者混为一谈,导致一种观念上的误差,认为会做管理就可以做工程顾问工程师。事实上,三者是有很大差别的。

“工程咨询”,顾名思义,是对工程方面的事情进行咨询,即询问、谋划、商量、磋商,针对问题为决策者作解答、提出咨询意见。按照国家相关规定,工程咨询服务范围包括:规划咨询;编写项目建议书、项目可行性研究报告、项目申请报告和资金申请报告;评估咨询项目建议书、可行性研究报告、项目申请报告与初步设计评估,以及项目后评价、概预决算审查、工程项目的全过程或若干阶段的管理服务;等等。

“工程管理顾问”,从产业性质上也是一种知识服务性产业。他不是直接的管理主体,而是为建设工程提供全方位的管理顾问服务。其任务主要针对管理实践中遇到的问题,提供解决方法。其基本职责,一是与工程业主沟通,了解业主需求,根据业主需求提供管理咨询服务;二是在项目经理带领下完成咨询内容,并协调处理实施过程中出现的问题。从事管理顾问工作的人员称为管理顾问师。

“工程顾问”与“工程咨询”“工程管理顾问”相比涵盖面更广。其主要特征是集中专家群体或个人的智慧和经验,运用现代科学技术、工程技术以及经济、管理、法律等方面的多学科知识,为建设工程决策和管理提供智力服务。其工作范畴涉及整个建设过程即工程全生命周期的决策、实施、使用三个阶段。项目的前期需要顾问,设计需要顾问,施工需要顾问,建成以后的设施管理也需要顾问。服务对象既有工程业主,又有设计、施工、供货单位和政府及金融机构。

国际上工程顾问是以设计为主体的，如同“互联网＋”，工程顾问就是“设计＋管理”。建设项目从设想到交付使用，都必须经历立项、审批、确立投资、招标、施工、竣工验收等一套完整的程序。而设计是完成这一程序的主要部门。政府、行政主管部门以及投资者在项目决策之前，都依据该设计提出的项目可行性研究报告及投资估算，确定项目是否具备立项条件，审查项目设计方案是否合理，项目概算是否在建设投资范围之内；在项目决策之后，整个建设项目是否依照工程的设计来进行管理、施工，最后还要依照设计来对项目进行验收，看是否达到投资的目的。在此过程中，工程顾问就是以政府、业主对项目的需求和期望为标准，通过对项目性质、特点的分析，在工期、投资和质量之间寻求最佳结合点，并进行优化组合，以使投资获得最大效益，同时对设计进度跟踪管理，对设计图纸及其变更严格审核，实施对工程项目投资、进度和质量的全方位控制。顾问工程师必须是懂设计，懂施工、懂管理的复合型人才，否则难当此重任。如果顾问工程师没有设计的经验，不会做设计，把管理从设计中分离出来，只懂工程管理，这就不是工程顾问而成了“工程管理顾问”或“工程咨询”顾问了。

6. 从管理到行业到服务，与国际上的差距极为鲜明

梳理中国工程顾问与国际上的差距，无论从管理到行业还是到服务，与国际上的差距都极为鲜明。本课题在分析碎片化管理状况中，实际上已点到了我国工程顾问的关键软肋：管理的“碎片化”和服务体系的“碎片化”，这就是与国际上工程顾问的重要差别。其次，顾问企业小而散，形不成规模，在服务范畴上与工程的整体价值链脱节，单一的专业服务，互相独立，没有在全过程全方位服务的总体框架下实现必要的融合。第三，专业服务中对工程状况的分析方法、评估管理产业链的工具以及思维方法等陈旧、固化。现在国际顾问公司都已采用波士顿矩阵分析工具、KSF 因素分析方法、工程结构模型、SCP 分析法等，对工程实施前期研究、产业链业务组合管理，诠释工程的现状与预测等，在这些方面我们确实无法与国际上工程顾问公司比肩。第四，就是人才和培训的问题。

有比较才有鉴别。对照国际上工程顾问的发展，不得不承认差距，承认落后。国际上，工程顾问已成为一个相对独立的、多学科综合的服务行业。被发达国家列为高层次知识产权中的重要领域，有很多具有很高水平和威望的工程顾问公司，在全球都享有很高声誉。政府与企业凡是做建筑业，都已经离不开工程顾问业。

承认落后，正视差距，才能促进发展，才能迈开向国际化拓展的步伐。因此，在加速构建中国工程顾问行业体系上要加大力度，在国内国际建筑市场中能尽快创出“中国工程顾问”的市场品牌。

近年来，政府主管部门、行业协会和咨询企业对工程服务如何创新发展的问题都非常关注，这对整个行业的发展是十分可喜的事情，或许这也会给中国顾问业的崛起带来一道新的曙光。

（二）工程建设发展的需求

改革开放 30 多年来，我国国民经济持续高速增长，工程建设市场也持续繁荣了 30

多年，建筑业为我国 GDP 的增长做出了巨大贡献。但是，我国工程建设中存在的问题很多，有些问题如质量、安全等缺陷或事故已经显现，还有许多问题尚未充分暴露，如能耗、环境等问题。建筑业在创造巨额 GDP 的同时并没有为国家、企业和个人创造相应的、值得骄傲的、有价值的财富（固定资产），所生产的许多建筑产品功能不符合使用者要求，使用效率低，价值低，寿命短，质量差，问题非常突出。造成这种状况的一个重要原因就是没有很好地进行项目的策划（决策策划和实施策划），在实施过程中没有很好地进行组织、控制和优化，没有充分利用工程顾问的知识和经验，没有发挥工程顾问在工程建设决策、实施以及使用中的作用。

在今后相当长的时期内，我国 GDP 仍将保持一定的增长速度，建设项目的投资仍将维持一定的水平，工程建设的任务量仍将较大，如何改变现状，克服工程建设中的问题，是需要迫切解决的重要课题。随着我国经济结构的转型升级和国家宏观政策的调整，我国工程建设的发展也面临转型升级的要求和机遇，要求提高投资效益，提升建筑产品价值，提高建筑产品满足用户需求的能力。为此，在大多数工程项目建设过程中都迫切需要工程顾问发挥应有的支持作用，在决策阶段、实施阶段以及使用阶段提供技术、经济、管理等方面的支持。因而，迫切需要工程顾问队伍的发展和壮大，并以国际化的视野和理念、现代化的方法和手段、丰富的知识和经验为工程建设活动提供必要的服务。

1. 工程建设前期的问题及对工程顾问的需求

在建设工程的全寿命周期中，工程建设前期的工作最为重要和关键，它影响了工程项目的决策，对工程项目的方向和成败起着非常重要的作用。但在我国的工程实践中，工程建设前期的工作最为薄弱，其重要性没有引起足够的重视，投入的时间、人力、资金等各种资源不足，所产生的问题也最多。

我国工程建设前期的突出问题主要有：

- 项目定位不准，功能要求不清；
- 项目没有明确的目标，或项目目标不科学，决策拍脑袋；
- 没有进行项目风险分析，经济风险、技术风险、组织和管理风险不明，更没有相应的、足够的对策；等等。

长期以来，我国工程项目决策和项目审批的主要依据是项目建议书和可行性研究报告。可行性研究报告虽然进行了经济分析和技术分析，但由于前期环境调查和分析不够，往往是为了立项和报批而作，因而可行性研究常常变成“可批性”研究，其结论的真实性、可靠性和科学性值得怀疑，其分析的广度和深度不够，以可行性研究报告作为决策的依据，决策所需的信息不足，容易导致决策失误。

工程建设前期的问题对项目的成败影响巨大，并且往往是隐性的，不易被及时察觉，往往在事后才表现出来，但为时已晚，因此必须引起足够的重视，从组织体制和机制上采取有效措施。为了给项目决策提供充分的科学依据，进行项目决策策划十分必要，即把建设意图转换成意义明确、要求清晰、目标明确且具有强烈可操作性的项目策划文件，回答为什么要建、建设什么以及怎么建的问题，从而为项目的决策和实施提供全面完整的、系统性的计划和依据，避免决策的随意性和盲目性。

项目策划要充分占有信息和资料，因此环境调查和分析是项目策划的第一步，也是最基础的一个环节，在认真调查和分析的基础上，找出影响项目建设与发展的主要因素，为项目定位、定义以及目标确定建立基础。环境调查和分析包括对项目自然环境、宏观经济环境、政策环境、市场环境、建设环境等进行调查和分析。根据环境调查和分析的结论，结合项目的建设意图，提出项目定义文件，并进行充分论证，从而明确确定项目开发或建设的目的、宗旨和指导思想，确定项目的规模、组成、功能和标准，确定投资和开发或建设的周期，等等。此外，建设前期的项目决策策划还要进行相应的组织策划、管理策划、合同策划、经济策划、技术策划等，最终形成项目实施的指导文件，形成对设计的要求文件。

另外，任何投资项目都可能面临各种各样的风险，如政治风险、政策风险、经济风险、技术风险、组织风险和管理风险等。因此，项目决策之前，对项目可能面临的各种风险进行分析和评估必不可少，并有针对性地提出相应对策，这是避免决策失误的重要措施，也是提前采取风险预控措施的必要前提。

项目策划需要整合多方面专家的知识和经验，包括组织知识、管理知识、经济知识、技术知识以及设计经验、施工经验、项目管理经验和项目策划经验等。项目策划需要对国内、国外同类建设工程项目的经验和教训进行全面和深入的分析，重视对类同项目的经验和教训的积累和把握。项目策划工作的性质和特点，决定了必须要由具有丰富经验和知识的多方面的专家们完成，需要对各方面专家们的知识、经验以及信息的组织和集成，这些性质和特点决定了项目策划工作必须要由高水平的、专业化、富有经验的工程顾问完成。也很难想象，没有上述的项目策划作为基础，项目决策是否能够实现科学化，项目实施是否能够取得成功。

综上，科学的项目决策迫切需要全面深入的、综合性的项目前期策划，由于组织、人力资源等方面的限制，这种科学的项目前期策划并不是一般的业主或项目筹建机构所能承担或完成的，必须依靠专业化的工程顾问单位，由专业化的工程顾问公司组织有关专家共同完成。因此，工程建设前期的各项工作需要强大的工程顾问公司的支持。

面对我国巨大的工程建设事业，迫切需要大力发展大批的工程顾问公司，参与工程建设前期的各项策划工作，保障工程建设项目的科学决策。

2. 工程建设实施期的问题及对工程顾问的需求

前述的工程建设前期的问题对项目的成败影响巨大，如果在实施阶段能够采取适当的组织和管理措施，也是可以在一定程度上解决，减少甚至弥补其对项目的影响。但由于各种各样的原因，工程建设实施期的问题也非常多，非常突出，不仅不能及时发现和解决工程项目前期产生和遗留的问题，同时还会产生一系列的其他问题，如：

- 没有进行实施策划，没有制定项目实施方案，盲目启动，先干了再说，对突发问题没有预案、没有对策；
- 片面强调项目的单一目标，缺乏系统性的全面控制，如片面强调进度目标，为了抢

进度而产生质量或安全事故;或片面强调节约投资,材料、设备以及人工等各个方面都追求价格最低,从而产生质量问题或工期拖延;

• 对设计过程缺乏管理和协调,设计进度拖延,设计质量低劣,功能不合理甚至功能不全,工程投资失控;等等。

上述问题不是个别项目中的个别现象,而是具有较高的普遍性。[12]据《价值工程》杂志 2001 年 5 月第 3 期的调查,在我国,44%的设计人员和 32%的施工人员认为,他们对业主对工程项目功能的要求缺乏足够的认识,往往需要他们对业主的需要做主观判断;大约 10%的被调查者认为,已经竣工的工程常常和业主的预期是不相吻合的。而实际的情况却远远高于这个数据。

出现上述问题的重要原因之一仍然是缺乏工程顾问的系统性支持。

在项目的实施阶段,首先需要进行项目实施策划,即在项目实施环境调查和分析的基础上,进行项目定义和项目目标的重新分析和再论证;在确认目标的基础上,进行项目管理的组织策划、管理策划、制度建设等基础性实施准备工作。

其次,将项目目标进行分解,包括投资目标分解、进度目标分解和质量目标分解,将分解的目标贯彻落实到设计要求文件(设计任务书),并在后续的设计过程中进行全面控制,协调各个专业设计之间的关系,进行限额设计,通过价值工程等方法节约投资,优化功能布局,按进度计划的节点要求完成各个阶段的设计文件。

在实施的全过程中,要综合平衡投资、进度和质量的矛盾,进行全过程和全方位的控制。在加快进度的同时,平衡进度对投资和质量的影响;在降低造价的同时,平衡其对质量和进度的影响;在强调和严格控制质量的同时,兼顾其对投资和进度的影响。

与前述的项目决策策划相类似,项目实施策划同样需要整合多方面专家的知识和经验,包括组织知识、管理知识、经济知识、技术知识以及设计经验、施工经验、项目管理经验和项目策划经验等。在项目实施过程中进行全过程、全方位的项目管理,也需要具有丰富的项目管理经验,需要投资控制、进度控制和质量控制以及合同管理、信息管理等方面的专业人才,由这些有经验的人才组建的项目管理团队能够形成统一的整体,形成有效的工作团队,也需要规范的管理制度和管理流程,以及长期的互相配合、和谐合作,这也是一般的项目业主所难以具备的。尤其是,在设计管理过程中,需要深入各个专业设计,协调各专业之间的关系,与专业工程师进行深入交流,没有设计经验和相应的专业知识也是不可能的,而一般的项目业主几乎难以拥有相关的专业人才,必须依靠专业化的项目管理顾问公司。

总之,科学的项目管理迫切需要全过程、全方位的项目管理,由于组织、人力资源等方面的限制,这种科学的项目管理并不是一般的业主或项目筹建机构所能承担或完成的,必须依靠专业化的工程顾问单位,由专业化的工程顾问公司组织有关专家共同完成。因此,工程建设实施期的各项项目管理工作需要强大的综合性的工程顾问公司的支持。

面对我国巨大的工程建设事业,特别是面对众多的、复杂的大中型建设项目,艰巨的、持续时间长的项目管理任务,迫切需要大量的高水平的专业化工程顾问团队,协助项目业主进行项目全过程、全方位的项目管理，系统化、科学化地进行控制，保障项目目标的实现。因此，需要大力发展能够承担上述任务的高水平工程顾问公司。

3. 工程使用期的问题及对工程顾问的需求

在工程使用期，我国借鉴香港地区的做法，目前普遍推行物业管理。传统的物业管理以保安、保洁以及采暖、通风、空调、电气、给水、排水等设施设备的维护和保养为主要工作内容，以设施设备的正常运行为工作目标，具有“维持”的特点。

我国于2007年颁布的《物业管理条例》指出：“本条例所称物业管理，是指业主通过选聘物业服务企业，由业主和物业服务企业按照物业服务合同约定，对房屋及配套的设施设备和相关场地进行维修、养护、管理，维护物业管理区域内的环境卫生和相关秩序的活动。”[13]

随着专业化的发展，物业管理出现精深精细化趋势，并从劳动密集型逐渐转化为知识密集型，在物业管理提升的基础上，产生了一个新型的领域——设施管理。在我国，尽管理论上已经进行了一些研究和宣传推广，但在实践中尚未广泛接受这一概念和模式。

按照国际设施管理协会(IFMA)和美国国会图书馆关于设施管理的定义①，设施管理是“以保持业务空间高品质的生活和提高投资效益为目的，以最新的技术对人类有效的生活环境进行规划、整备和维护管理的工作”。它“将物质的工作场所与人和机构的工作任务结合起来。它综合了工商管理、建筑、行为科学和工程技术的基本原理”。设施管理这一行业真正得到世界范围的承认还只是近些年的事。越来越多的实业机构开始相信，保持管理的井井有条和高效率的设施对其业务的成功是必不可少的。设施管理服务除了基本的物业管理外，服务内容往往涉及设置或使用目的机能的“作业流程规划与执行、效益评估与监督管理”。[14]

设施管理的含义，如图3.4所示，它包括物业资产管理和物业运行管理，通过设施管理使设施得到保值和增值，这与我国物业管理的概念有较大不同。

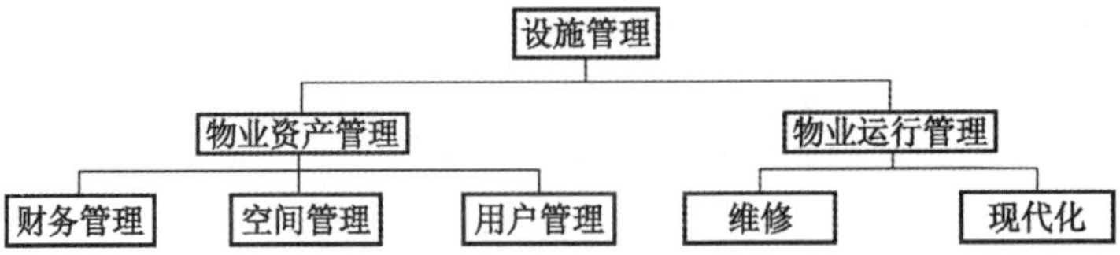

图3.4　设施管理

在上述的设施运行管理(即设施的维修和现代化)中，仍然需要拥有工程知识和经验的专业人才。并且，由于工程维修和更新所面临的约束条件可能更多，问题更复杂，往往更加需要丰富的知识和经验。因此，专业化的工程顾问公司参与设施管理(物业管理)是必然的要求。在工程实施期参与建设的设计、施工和安装人员对所参建的工程更加熟悉和了解而将更加具有优势，由这些单位或人员提供延伸服务，在工程使用期负责设施的

① 引自 http://wiki.mbalib.com/wiki/.

运行管理不仅符合专业化的要求，也可以减少由于组织更替而引起的信息损失，降低信息成本。因此，工程顾问公司不仅可以参与工程建设前期、工程建设实施期的服务，还可以向后延伸，提供工程使用期间的工程顾问服务。

进入 21 世纪以来，工程建设行业发生了一系列变革，不断促使设施管理（物业管理）行业发生变革。

第一，建筑领域的技术革命使得设施管理（物业管理）的对象越来越复杂。随着建筑业的发展和信息技术的应用，智能大厦开始出现，并且在美、欧、日及全球蓬勃发展。伴随智能建筑的发展，信息化的现代建筑设备很快地进入各种建筑，使设施管理（物业管理）范围内的设施设备形成庞大而复杂的系统，各项传统产业的业务也由于结合了信息技术而出现很大的变化。面对庞大而复杂的建筑系统，传统的物业管理应接不暇。

第二，社会发展要求物业提高能源利用效率。能源危机以来，如何提高能源利用效率一直是社会所关心的热点问题，“物业节能”被提到前所未有的高度。但许多物业能源利用效率仍不尽人意。路灯彻夜通明、用电负荷失衡、给排水管道“跑冒漏滴”、公用水阀“细水长流”、供暖空调温度不稳、室内空气严重恶化，等等，面对新的要求，传统物业管理粗放的经营模式显得捉襟见肘。

第三，产业价值链分解与非核心业务外包促进了设施管理行业的产生。随着经济全球化的发展，企业之间的竞争越来越激烈。为了有效地面对竞争，企业不得不集中精力关注其核心业务，而将以物业为主的非核心业务外包给专业公司进行管理。同时，公司的物业部门或者被解散，或者独立成专业的物业管理或设施管理提供商。产业价值链分解和非核心业务外包推动了物业管理行业的专业化，促进了设施管理行业的产生[①]。

在改革开放的 30 多年里，我国固定资产投资高速增长，积累了大量的固定资产，在各行各业发挥着重要作用。上述的行业变革同样影响着我国的设施管理（物业管理），特别是对设施管理（物业管理）专业化的要求越来越高，对专业化的工程顾问公司参与设施管理（物业管理）的要求越来越强烈。只有实现设施管理（物业管理）的专业化，才能更大程度地实现设施（物业）的保值和增值，使设施（物业）更好地为各行各业的生产和人们的生活服务。

综上所述，无论在工程建设的前期和实施期，还是在工程的使用期，都需要专业化的、高水平的工程顾问公司，需要大力发展我国的工程顾问公司。

(三) 国家发展战略的需要

当前，“一带一路”是我国经济新常态下一项重大的发展战略。通过高水准的大通道建设，使沿线国家和城市互联互通，共同发展，不仅是我国政府，更是沿线国家、城市和我国沿线地方各级政府的共同期待。

---

① 引自 http://wiki.mbalib.com/wiki/.

“一带一路”是一个统筹国内发展和对外开放的倡议，为国内建筑业展开了国内市场和国际市场两大扇面，本质上是国际化和全球化。在去年底召开的中央城市工作会议上，中央对城市建设和管理提出“提升建设水平，提升管理水平”的要求，在某种意义上，依附着“一带一路”战略，国内新型城镇化建设的定位在原有的基础上俨然已升华为城市的外交名片。

因此，习近平总书记在城市经济工作会议上强调，必须贯彻“创新、协调、绿色、开放、共享”五大新发展理念，做好“空间、规模、产业三大结构”，“规划、建设、管理”三大环节，“改革、科技、文化”三大动力，“生产、生活、生态”三大布局，“政府、社会、市民”三大主体的五大统筹。如此浩大的工程规模，如此高水平、高标准的开发建设定位，迫切需要大量高水准的工程顾问提供全方位的高智力服务。

1. 国内新型城镇化建设的需要

与国际相比，目前我国城市化率还比较低。常住人口城镇化率为 53.7%，户籍人口城镇化率只有 36%左右[15]。不仅远低于发达国家 80%的平均水平，也低于人均收入与我国相近的发展中国家 60%的平均水平，规划、建设有很大的发展空间。

根据前瞻产业研究院发布的《2015—2020 年中国新型城镇化建设路径与投资战略规划分析报告》显示，1978—2014 年，我国城镇化率已从最初的 17.9%提升到 54.77%。

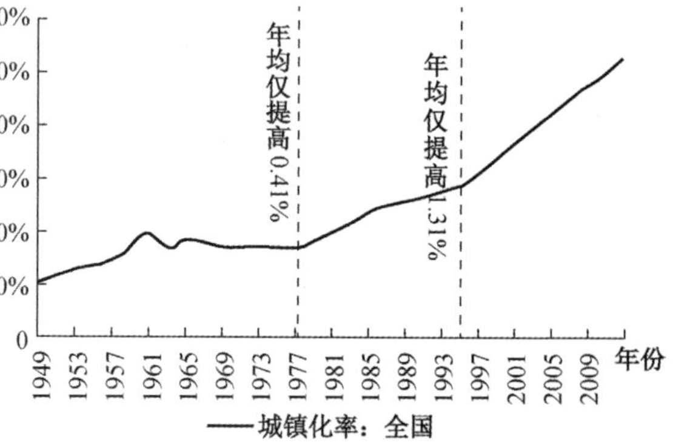

图 3.5　新中国成立以来我国的城镇化率走势

近年来，国家进一步加快了城市群建设：2000 年实施了西部大开发战略，2003 年实施振兴东北老工业基地战略，2006 年启动了中部崛起战略，推动了一系列城市群的崛起，2015 年又最新规划布局了 5 个国家级、9 个区域性、6 个地区性的新城市群。5 个国家级城市群包括长江三角洲城市群(2010 年获批)、珠江三角洲城市群(2008 年获批)、长江中游城市群(2015 年获批)、京津冀城市群(待批)、成渝城市群(申报中)；9 个区域性城市群(国家二级城市群)包括哈长城市群、山东半岛城市群、辽中南城市群、海峡西岸城市群、关中城市群、中原城市群、江淮城市群、北部湾城市群和天山北坡城市群；6 个地区性城市群(国家三级城市群)包括呼包鄂榆城市群、晋中城市群、宁夏沿黄城市群、兰西城市群、滇中城市群和黔中城市群。据 2015 年 1 月《经济参考报》，在 2015 年 11 月 27 日举行的 2015 城市中国计划年度论坛“‘十三五’规划：城市创新与未来”上，国家发改委透露，按照向中西部地区和东北地区适当倾斜、适当向京津冀地区倾斜、在长江经济带地区选择若干具备条件的开发区进行城市功能区转型试点的要求，对 73 个地区城镇开始新一轮新型城镇化试点(表 3.1)。

表 3.1　新一轮新型城镇化试点地区、城镇

省、市、自治区	试点城镇
北京市	房山区、大兴区
天津市	东丽区、中北镇
河北省	威县、白沟镇
山西省	孝义市、巴公镇、泽州县
内蒙古自治区	包头市、元宝山区、准格尔旗、林格尔县
辽宁省	新民市、前阳镇
吉林省	梨树县、抚松县、林海镇
黑龙江省	同江市、青冈县、安达市、
上海市	浦东新区(临港地区)、松江区、
浙江省	台州市、德清县
福建省	永安市、邵武市
江西省	南昌市高新区、艾城镇
山东省	章丘市、龙口市、邹城市、义堂镇、
河南省	濮阳市、长垣县
湖北省	宜都市、松滋市
湖南省	津市市一澧县、芷江县
广东省	茂名市、狮山镇、佛山市南海区
广西壮族自治区	全州县、平果县、北流市
海南省	琼海市、演丰镇、文昌市
重庆市	綦江区、大足区
四川省	成都市、绵阳市、眉山市
贵州省	贵安新区、遵义县、玉屏县、湄潭县
云南省	红河州、板桥镇
西藏自治区	八一镇、泽当镇、曲水县
陕西省	西咸新区、韩城市
甘肃省	敦煌市、高台县、陇西县
青海省	西宁市、门源县
宁夏回族自治区	平罗县、宁东镇
新疆维吾尔自治区	榆树沟镇、北泉镇

因此，新型城镇化建设与“一带一路”共同推进，充分发挥国内各地区比较优势，实行更加积极主动的开放战略，加强东中西及东北地区互动合作，全面提升开放型经济水平，

是新城镇化建设的必然要求。

国际上城镇化都是以一个中心城市为核心，周围环绕着一系列中小城市的城市群，形成了广阔的区域经济增长地带，带动了整个国家经济的发展与腾飞。如美国东岸的“波士顿—华盛顿城市带”、美国西岸的“旧金山—圣迭戈城市带”和美国中西部的“芝加哥—匹兹堡城市带”，日本的东京—大阪—名古屋城市圈，英国的“伦敦—利物浦”城市带，等等。中国目前已形成的城市群有以香港—深圳—广州为核心的珠江三角洲城市群，以上海—杭州—南京为中心的长江三角洲城市群，以北京－天津为核心的京津冀城市群[16]。对这些城市群而言，都不同程度地与全球化经济体系相融合。

城市工作会议对新型城镇化建设，明确提出“要提升规划水平，增强城市规划的科学性和权威性，促进‘多规合一’，全面开展城市设计，完善新时期建筑方针，科学谋划城市‘成长坐标’”，“要提升建设水平，加强城市地下和地上基础设施建设，建设海绵城市，加快棚户区和危房改造，有序推进老旧住宅小区综合整治，力争到 2020 年基本完成现有城镇棚户区、城中村和危房改造，推进城市绿色发展，提高建筑标准和工程质量，高度重视做好建筑节能”，“规划编制要接地气，增强规划科学性、指导性”，“要加强城市设计，提倡城市修补，加强控制性详细规划的公开性和强制性。”“要加强对城市的空间立体性、平面协调性、风貌整体性、文脉延续性等方面的规划和管控，留住城市特有的地域环境、文化特色、建筑风格等基因”，“要把住安全关、质量关，并把安全工作落实到城市工作和城市发展各个环节和各个领域”。这都囊括在工程顾问服务必须履行的工作范畴之内。

2. 国家“一带一路”战略发展的需要

“一带一路”在一定意义上是环绕国家崛起而展开的全球化。有专家分析，“全球化不是一个从历史到今天一以贯之的过程，而是各有各的全球化。历史上所有的大国在崛起过程中，都有推进环绕本国崛起展开的全球化过程。‘一带一路’应该说是中国迄今为止提出的最好的大国战略”[17]。

“一带一路”是中国全球化的初始阶段，建设任务面广、量大，要求高。加快构建高智力的中国工程顾问服务体系不可小觑。根据中国官方发布的框架显示[18]，丝绸之路经济带，重点畅通中国经中亚、俄罗斯至欧洲（波罗的海）；中国经中亚、西亚至波斯湾、地中海；中国至东南亚、南亚、印度洋。“21 世纪海上丝绸之路”，重点方向是从中国沿海港口过南海到印度洋，延伸至欧洲。从中国沿海港口过南海到南太平洋，贯穿整个亚欧非大陆，一头是活跃的东亚经济圈，另一头是发达的欧洲经济圈，而中间则是经济发展潜力巨大的腹地国家。在“一带一路”战略中，基础设施的互联互通是优先发展的领域。

据公开发布的资料[19]：从现在到 2020 年，亚洲地区每年基础设施投资需求将达 7 300亿～10 000 亿元。2014 年，我国对外承包工程行业新签合同额 1 917.6 亿美元，其中，在“一带一路”沿线国家的项目约占对外承包工程新签合同额的 33%；20 个最大的海外承包工程市场中，有 12 个处于“一带一路”沿线国家。今后几年，市场规模还将以年均 4.9%增速，2020 年将增至的 12.7 万亿美元，占到全球总产出的 14.6%。对外承包工程数量按几何级数高倍增长势在必然[20]。

卢锋在解读"一带一路"战略时，列举中国对外承包工程完成额，从20世纪初不到100亿美元，已上升到2014年1 400多亿美元。在外员工数也从20世纪初5万多人上升到2013年30多万人[21]，如图3.6所示。

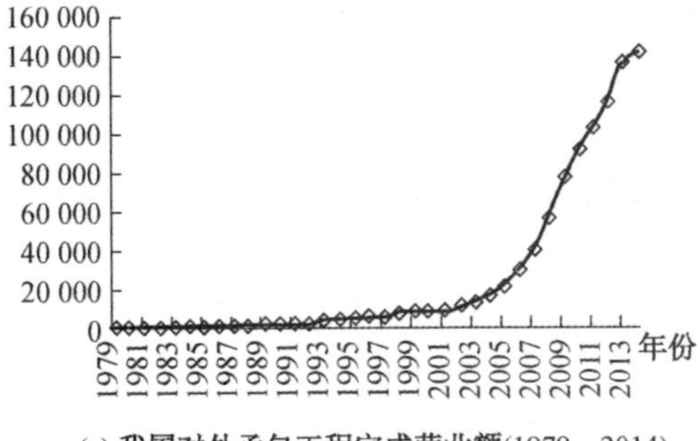
(a) 我国对外承包工程完成营业额(1979—2014)
(单位：百万美元)

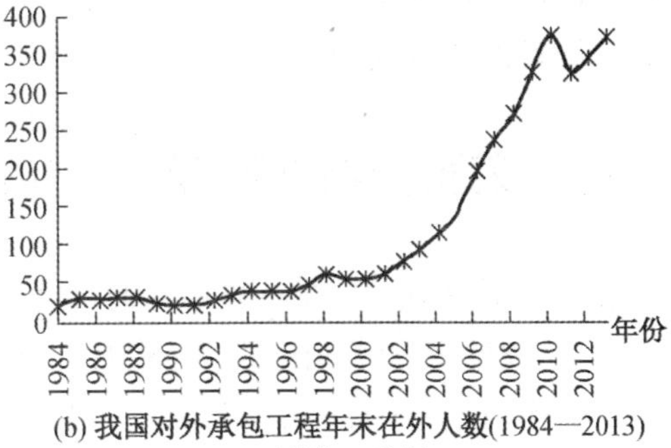
(b) 我国对外承包工程年末在外人数(1984—2013)
(单位：千人)

图3.6　中国建设，对外工程承包规模

通过"政策沟通、道路联通、贸易畅通、货币流通、民心相通，以点带面，从线到片"，"一带一路"沿线上若干城市已成为中国建筑业增长的主要市场之一。"一带一路"工作领导小组办公室负责人、国家发展改革委西部开发司巡视员欧晓理在新华网2015第五届能源高层对话上表示，"一带一路"将扎实推进全面建设六大经济合作走廊和若干海上重要战略节点，包括：建设新亚欧大陆桥经济走廊，以基础设施互联互通为现状，以产业合作建设为载体；建设中蒙俄经济走廊，把丝绸之路经济带同俄罗斯跨欧亚大铁路、蒙古国草原之路的倡议进行对接；建设中国—中亚—西亚经济走廊，参与推进土耳其东西高铁等走廊关键线路的建设和运营，推动建立共同建设、共担风险、共享收益的合作机制；建设中国—中南半岛经济走廊，加强与泰国、柬埔寨的合作，海陆并举，推动走廊建设；对中孟印缅经济走廊，要加强政府合作机制，推动一批基础设施项目建设。此外，还有海上战略支点的建设等方面[22]。

在"一带一路"建设中，沿线国家对我国的倚重程度在不断提升。目前，特别是东南亚、南亚、中亚部分国家因基础设施落后，经济发展水平差异明显，越来越多地要求中国企业能够为业主提供更全面、更灵活的一揽子全过程的服务，尤其是提供符合业主需求的融资方案、甚至是进行直接投资。这一趋势已十分明显[20]。顺应"一带一路"建设市场和各建设方的需求，一些有实力的对外工程承包企业已积极探索从只注重单一产品转向关注工程全生命周期产业链的整合，从只专注于承包工程转向锚定相关投资机遇。根据一直从事国际工程承包企业的信息反馈，国际市场对工程顾问、设计非常重视，一般情况下，工程顾问、设计来自哪个国家，工程项目一般也被推荐由该国企业来承包。

在乐观于"一带一路"给中国建筑业带来极大机遇的同时，其潜在的风险也引起各方的高度关注。有机构分析指出，中国企业在参与"一带一路"发展的过程中会面临法律、法规、信用、政治、互联网等四大主要跨国风险[23]。例如2010年中铁承建的沙特麦加轻轨项目损失41亿美元，2012年中国海外工程有限责任公司等三家中国公司承建波兰高速公路被波兰业主索赔 2.71 亿美元，以及 2014 年墨西哥取消中国高铁合同，等等[20]。其中与缺乏对建设项目实施全生命周期高智力的工程顾问服务无不有很大的关联。

加速构建中国工程顾问的服务体系，创建大中小并举一体化的工程服务模式，形成工程顾问的中国式品牌，成为当前中国建筑业的紧迫任务，建设行政主管部门应尽快摆上顶层设计的决策议程。

三、我国工程顾问国际化的战略方向和目标

在了解了我国工程顾问国际化的现状、我国工程建设发展的需求、国家发展战略的需要之后，我国工程顾问国际化道路如何走的问题就摆在我们面前。

2015 年 1 月 28 日[24]，国务院总理李克强主持召开国务院常务会议，要求加快铁路、核电、建材生产线等中国装备“走出去”，推进国际产能合作、提升合作层次。我国工程顾问国际化的战略应服从和服务于国家的发展战略，当具有进入国际市场的条件时，要抓住机遇，积极挺进国际市场，以对国际工程的总承包带动设备、材料的走出去。为此，当前切实解决好我国工程顾问国际化的方向和目标定位，对于建设具有国际竞争力的中国工程顾问体系，争得挺进国际工程的主动权，有着重要的战略意义。

（一）我国工程顾问国际化的战略方向

确定工程顾问国际化的战略方向是进行战略规划、战略决策的首要前题。战略方向的选择正确与否，直接影响工程顾问国际化的进程和结局。我们在研究和探寻我国工程顾问国际化战略方向时，应充分研究和借鉴国外工程顾问发展的特点和成功经验，结合我国国情和国内工程顾问发展的实际，确定正确可行的战略方向。

1. 以业主需求为导向，推进工程顾问国际化

业主需求，主要体现为对工程项目的建设要求。以业主需求为导向，势必是推进我国工程顾问国际化战略方向的首决条件。

（1）近十年来，随着世界经济的不断发展，国际建设活动发生了巨大的变化，其速度超过了过去五十年国际建设活动的发展。期间，大项目、超大项目不断产生已成为国际建筑市场的主流，建筑设计、建筑工艺、施工技术规范、诠释工程的分析方法和工具等日新月异，超常规发展，业主越来越要求承包商能提供从前期策划、开发到设计、施工、项目管理以至运行维护的全过程服务，尽量减少承包中的中间环节，更多希望以“设计一建造”模式对项目实行总承包，以保证工程的投资效益和安全质量。

（2）顺应工程业主的需求，大型的、超大型的承包商集团不断诞生，以设计为主体的国际工程顾问行业不断发展，服务更加多元化，已成为当今国际建筑承包市场不可逆转的趋势。越来越多的国际大中型承包商还积极参与工程项目的融资和管理经营，参与到“设计一建造”或“投资—规划—设计—建造—管理总承包”等全过程的项目管理。

（3）美国西图公司的国际化发展之路。美国西图公司（CH2M HILL）总部位于美国

科罗拉多州，2015 年 ENR 全球工程设计企业 150 强排名第 10，它既不是最大的承包商，也不是最大的工程设计公司，而是一家均衡发展，具备项目全生命周期服务能力的工程顾问公司，能够为客户提供全方位服务，也就是协助客户完成从概念到建设、从最初目标到最终运营这一全过程中的每个环节，在项目全生命周期中，为客户进行规划、设计、建设、升级、扩展、改造、更新设备、优化、运营。同时，当客户的设施达到使用期限后，西图公司还能够协助客户拆除设施、消除污染、修复环境。工程设计是西图公司安身立命的根本，西图公司的设计能力涵盖了近 30 个行业，这为西图公司从事工程总承包和工程项目管理奠定了基础，而这也是许多国际著名工程公司的共同特点。

西图公司为进入国际市场，凭借强大的设计能力和超出客户预期的服务理念，很快在国际市场打开了局面。以中国市场为例，早在 1998 年，西图中国公司就获得了中国政府授予的电子工程类甲级设计资质证书。西图公司还取得了房屋建设和市政公用工程施工总承包二级资质，成为在中国最先取得该类资质的美国工程公司之一，这就使西图公司能够为中国客户提供设计、采购、施工总承包(EPC)、项目管理、施工管理、咨询和工程设计等全方位服务。

西图公司最初在中国市场的主要客户是进入中国市场的美资公司，例如美国应用材料公司落户在西安高新技术产业园区的全球发展与技术支持中心，就是由西图公司提供设计采购施工(EPC)总承包服务的。坐落在北京天竺空港工业园区的研发中心，也是由西图公司承担工程项目管理服务。对于正在“走出去”的中国工程顾问公司来说，西图公司植根当地市场，抓住发展机遇，以业主需求为导向，制订长期发展战略规划的能力是值得借鉴的。

2. 以建筑市场全球化为导向，推进工程顾问国际化

在新型城镇化建设和“一带一路”的大背景下，中国的建筑业同时面对国内市场和跨境市场两大扇面。以建筑市场国际化标准为导向，提升中国工程顾问的能力和水准，是参与建筑市场国际竞争的必然要求。

(1) 近十年来，中国对外承包工程企业海外业务发展迅猛，国际竞争力显著提升。据不完全统计，年新签合同额和完成营业额均已双双突破千亿美元；承揽的项目规模不断扩大，工程承包业务市场范围不断扩大，目前已遍布全球 180 多个国家和地区。

2014 年，我国对外承包工程业务完成营业额 1 424.1 亿美元，同比增长 3.8%；新签合同额 1 917.6 亿美元，同比增长 11.7%[25]。亚洲和非洲市场在全球业务中占主要份额，拉美和欧洲市场业务量也出现了明显的增速加快现象。在拉丁美洲，中国企业 2014 年新签合同额达 183.2 亿美元，同比增加 25%；在欧洲市场，中国企业新签合同额 114.2 亿美元，同比增加 32%。

2015 年，65 家中国企业入选 ENR250 强国际承包商排行榜，在高铁、电信、风电、核电等领域，中国企业因技术、能力和经验出众获得了国际市场的青睐。我国企业在交通运输建设、电力工程、房屋建筑、石油化工、通信工程等领域的工程承揽能力得到了国际市场的认可。

目前，无论是在欧洲、美国、中东地区，还是非洲和东南亚地区，大规模的基础设施建设给国际承包商们带来了更多的市场机遇。在新的竞争形势下，传统的项目组织和项目管理模式逐渐失去优势，以EPC、BOT、PPP为代表的新型项目采购模式，由于更加符合业主和承包商们的利益诉求而逐渐流行。而业务规模的扩大和项目复杂程度的增加对企业的项目管理能力提出更高要求。

(2) 我国工程顾问行业的发展落后于我国资本“走出去”的速度。

2014年中国设计企业收入在ENR国际200(225)强收入占比为3.97%，比2013年中国的企业收入占比2.98%增加近1%，2014年中国的企业数量占比为9.78%，比2013年中国企业数量的占比7.56%增加2.2%。但是相比于中国企业全球收入与企业数量之比(8.13)，以及中国企业收入、企业数量占比的增长态势，中国企业的收入更多是依赖国内创造的设计收入，国际化程度还不够高(图3.7)。

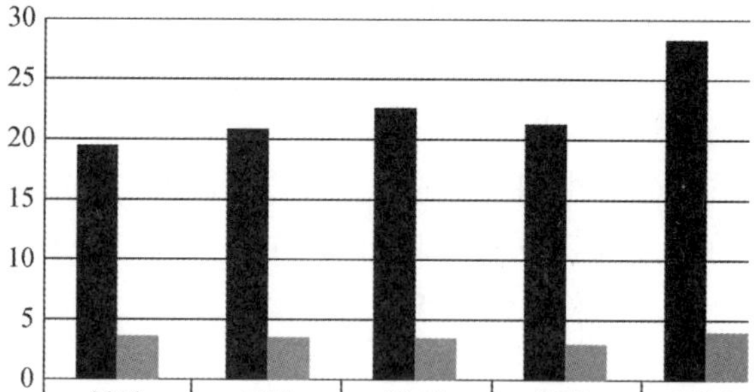

	2010	2011	20.12	2013	2014
中国企业总收入/亿美元	19.53	20.81	22.79	21.25	28.35
中国企业收入占比	3.7%	3.6%	3.5%	2.98%	3.97%

图3.7 2010—2014年中国设计企业入选ENR国际200(225)强收入概况

我国工程顾问行业在国际工程顾问业的这种发展现状显然落后于我国资本“走出去”的速度。据商务部统计，2014年，我国共对全球186个国家和地区进行了投资，对外投资金额高达1 160亿美元，同期我国利用外商投资金额为1 196亿美元。如果将中国企业在国外利润再投资和通过第三地的投资纳入统计范围，2014年我国对外投资规模为1 400多亿美元，超出中国利用外资额200多亿美元，成为资本净输出国和全球对外投资流量最大的发展中国家[26]。

根据建筑市场全球化的特点，我国工程顾问行业在加快国际化步伐，努力缩小与国际工程顾问行业的差距方面还任重道远。

(3) 我国工程顾问业与国际工程顾问行业的主要差距。

① 组织差别。在国际工程建筑行业，提供专业工程项目管理服务的是工程顾问公司，包括建筑师事务所、工程设计咨询公司、工料测量师行。在这些组织里包括有规划专家、建筑专家、结构专家、建筑物理专家、设备专家、经济和管理专家等，他们都是项目参与方的组成部分之一，在项目中承担着除项目管理外的其他专业工作，比如建筑设计、结构设计、机电设计或造价管理等，相互协调和制约；他们的社会信誉、经济利益、行业地位

与提供的服务和项目管理成果息息相关，他们从管理和技术能力两个方面确保了项目业主能够得到最优质的服务。

因此，在国际上依托上述组织机构雄厚的专业技术实力和可靠的专业信誉，对重大和复杂的建设项目实施专业化的项目管理，是目前国际工程顾问行业的通常做法。

② 服务范围差别。在国际建筑市场，工程顾问行业的发展新趋势之一就是服务的多样化，不仅更多参与设计—建造，也参与设计—工程管理类项目，甚至将服务范围延伸到运营和维护；工程顾问公司可以为业主服务，也可以接受承包商的聘用为其服务（一般不能在同一项目）。

③ 知识差别。

a. 技术方面。要熟悉国外通用的设计规程、施工技术规范、实验标准等，能看懂英文的有关技术文件。

b. 经济方面。要了解国际上有关贸易、融资、工程保险以及财务方面的要求。

c. 管理方面。要掌握国际工程项目管理原理，特别要熟悉合同管理以及工程进度、质量和成本管理，能够使用国际上通用的项目管理软件进行项目管理。

d. 外语方面。除具有熟练的外语听说、阅读和较好的信函、合同书写能力外，还应熟悉和理解国际通用的项目管理专业用语和合同文本。

④ 工具差别。20 世纪 70 年代，计算机开始在工程项目管理中使用，计算机辅助已不再是可有可无，而是成为一种不可或缺的工具。从硬件角度看，形成计算机局域网络、具备因特网接入能力已是基本条件。从软件角度看，最初出现的是为解决某一问题的单项程序，随着信息技术的发展，这些单项程序逐步集成为程序系统，从而出现了项目管理信息系统（PMIS）。20 世纪 80 年代末 90 年代初，为增强在国际大型建设项目在项目管理上的控制能力，在 PMIS 的基础上，出现了项目总控信息系统（Project Controlling Information System，PICS）。90 年代末以来，随着互联网技术的发展，项目信息门户（Project Information Portal，PIP）开始在国际上广泛应用，实现了项目各参与方基于互联网的信息交流与协同工作，已成为新的发展趋势。想作为具有国际水准的工程顾问公司，我们在这方面差距很大。

3. 以科学技术发展导向，推进工程顾问国际化

西方发达国家工程顾问的发展已有上百年的历史，各种工程项目管理模式在长期的实践和改革中不断发展完善，体制创新和管理技术创新的速度相当迅速。特别是在进入 21 世纪之后，发达国家在工程项目管理的管理思想和管理理念上，出现了重要的发展和变化。全生命周期管理，全生命周期信息管理，以可续发展为导向的工程管理，项目组合管理、项目集管理等新的组织管理理论，PIP、BIM 等 IT 技术，绩效管理、价值工程、总控理论等新理念、新理论、新方法、新工具不断涌现，极大地促进了国际工程顾问行业的发展。

国际工程顾问的发展趋势将直接影响到我国工程顾问的发展。加快中国工程顾问行业的发展，就要在认真总结国内经验和教训的基础上，深入研究国际工程顾问新的理论、理念和技术，提出切实可行的改革措施，推动我国工程顾问业的变革，以后发优势，赶上国际工程顾问发展的步伐。

（二）对我国工程顾问国际化战略目标的探讨

"战略"一词源于军事，意为指导战争全局的计划和策略，因此，我国工程顾问国际化的战略目标是一种宏观目标，是对工程顾问行业发展的一种总体设想，它的着眼点是整体而不是局部。它所提出的，是工程顾问行业整体发展的总任务和总要求；它所拟定的，是工程顾问行业整体发展的根本方向。

1. 我国工程顾问国际化战略的SWOT分析

SWOT分析法即态势分析法，经常被用于战略制定、竞争对手分析，主要包括四个方面，即优势（Strengths）、劣势（Weaknesses）、机会（Opportunities）和威胁（Threats）。我国工程顾问国际化不能简单照搬欧美等发达国家的模式，需要研究其外部环境的发展机会和挑战，研究内部环境的优势和劣势，求实地对我国工程顾问国际化的态势进行科学分析，进而选准我国工程顾问国际化切实可行的战略目标。

1）对我国实现工程顾问国际化的优势分析

（1）成本优势

成本优势指那些使成本降低的原因和条件，成本优势来源于两个方面：一是劳力生产率比较高；二是要素价格比较低。

我国拥有13亿的庞大人口，与发达国家相比，我国工程顾问最大的成本优势就是人力资源，较低的劳动力成本将为我国工程顾问国际化竞争带来便利。另外，随着我国高等教育规模的扩大，劳动力素质也在逐步提高，目前我国大学学历的人口已超过1亿，人才红利正在逐渐形成。这都为我国工程顾问在国际化进程中取得竞争优势奠定基础。

（2）市场优势

自改革以来，我国经济始终保持着较高的增长速度，已成为仅次于美国的世界第二大经济体。2011年以来，宏观经济增长速度进入了持续下滑通道，加大交通、能源、信息等基础设施投资将是促进经济增长的最有效手段之一，新型城镇化建设、长江经济带建设、"一带一路"战略等都蕴含着巨大的工程顾问市场。

（3）后发优势

与发达国家在工程顾问行业上百年的发展历史相比，作为管理与技术全面落后者，我们目前的最大优势就在于能够充分利用前车之鉴，少走弯路，少付代价。我们可以借鉴国际工程顾问的新理念、新理论、新方法、新工具，通过技术引进、消化吸收来掌握其核心技术，速迅提升自身水平，同时要加大技术创新的力度，形成自主的核心竞争力。

2）对我国工程顾问国际化的劣势分析

（1）国际工程顾问人才缺乏

要想在国际工程顾问市场上占有一席之地，需要大批懂技术、懂管理、懂法律、通外语，并且熟悉和精通国际工程管理和国际工程常用规范和标准的复合型人才，而这正是我们所缺乏的，从而制约了我国工程顾问行业的进一步发展。

(2) 我国工程顾问公司的规模普遍偏小、抗风险能力弱

目前我国工程顾问公司的规模与国际大型工程顾问公司相比规模要小的多，以国内排名第一的上海建科工程咨询有限公司来说，员工数量两千多人，年产值 10 亿多人民币，而英国的莫特麦克唐纳公司(Mott MacDonald)拥有 1.6 万名员工，年产值 11 亿英镑(约合 108 亿人民币)，可见两者之间的差距有多大。由于规模偏小，又缺乏国际化经营、管理与技术人才，这就使得我国绝大多数工程顾问公司实际上无力承接大规模的国际工程。

(3) 业务范围窄、竞争能力不足

我国工程顾问公司大多是单一经营，单一的从事设计、监理、造价或招标代理业务，虽然在一些沿海城市，一些企业已开始向全过程咨询的方向发展，但实际进展并不明显。

(4) 缺乏融资能力

近年来，国际许多大型建设项目均采用 BOT、PPP 模式，国内也在大力推行 PPP 项目，我国工程顾问公司由于规模小，缺乏融资渠道，融资能力弱，所以很难参与其中，许多公司在大型项目的投标资格预审中甚至拿不出经得起招标机构审查的各类报表。

3) 我国工程顾问国际化面临的机遇

(1) 大背景带来大机遇。受制于国内整体经济市场发展放缓、产能过剩等因素，“一带一路”已成为国家一项重大的国家战略。“一带一路”主要经过西部通向西亚和欧洲，涉及沿线 53 个国家、94 个城市，国内中西部地区同时要开发与振兴的区域占国土面积三分之二。“一带一路”，两大开发扇面，建筑业面临有史以来最大的、最宽泛的市场机遇。

(2) 沿“带”沿“路”基础设施建设行将提速无疑。“一带一路”战略通过政策沟通、道路联通、贸易畅通、货币流通、民心相通这“五通”，欲将中国的生产要素，尤其是优质的过剩产能迅速输送出去，让沿“带”沿“路”的发展中国家、地区和城市共享中国发展的成果，国家已宣布出资 400 亿美元成立丝路基金，为一带一路战略沿线国家基础设施、资源开发、产业合作和金融合作等与互联互通有关的项目提供投融资支持平台，提速沿“带”沿“路”基础设施建设为建筑业带来快速驰骋两大建筑市场的机遇。

(3) 政策环境新机遇。在国家经济转型升级和推进“一带一路”战略的要求下，建筑业作为基础设施开发的先行者，将负有带动产能转移和保全投资增值的重任。国家政策将鼓励、呵护和支持建筑业在“一带一路”沿线开发建设和东部地区连片式“自由贸易区”建设中有更大作为。为保全投资的绩效，国家更会大力支持和鼓励高智力的工程顾问行业跟随资本输出挺进两大市场，为国家资本投资保驾护航，同时通过国际工程顾问的实战历练，扩大中国式工程顾问品牌在国际建筑市场上份额和声誉。

4) 我国工程顾问国际化面临的挑战

(1) 工程顾问国际化的市场经营风险

国际项目工程顾问市场的风险比国内市场大的多，如政治风险、法律风险、经济风险、政策风险、安全风险、劳工风险、知识产权风险等。由于我国工程顾问企业缺乏国际

经营的经验，对风险防范的意识较弱，因此，风险防范体系的建立在我国工程顾问国际化的过程中是非常重要的。

(2) 来自国际工程顾问公司竞争压力的挑战

加入 WTO 后，我国的工程顾问公司可以在会员国享受到比较平等的待遇，但是在享受平等待遇的同时，我国的工程建设市场也在逐步对外开放，大量的国际工程顾问公司已进入中国，我国原先相对封闭的工程顾问市场也必将面临来自国际工程顾问公司的激烈竞争。由于当前我国工程顾问公司的能力和水平有限，在国内的国际工程项目和超大型的工程项目基本被国际大型工程顾问公司所垄断。因此，我国的工程顾问行业面临的不仅仅是要开拓国际市场，而且还要坚守住国内市场。

2. 我国工程顾问国际化战略的目标

在对我国工程顾问国际化过程中面临的优势、劣势、机遇与挑战剖析的基础上，运用 SWOT 分析法，则可进一步研究和制定我国工程顾问国际化的战略目标。

SWOT 分析法：优势与机遇的组合(SO)，可以得出更佳效果的战略目标，称之为“投入战略”；优势与挑战的组合(ST)，可以得出工程顾问国际化的防卫战略；劣势与机遇的组合(WO)，需要当机立断，或加大投入，或者放弃，称之为“抉择战略”；劣势与挑战的组合(WT)，需要设法控制损失，称之为“损失控制战略”。

表 3.2 我国工程顾问国际化战略目标 SWOT 分析

	机遇 O	挑战 T
优势 S	SO 投入战略 • 以一带一路为契机，跟随中国资本走出去，并适时推出中国标准(国际目标) • 与国际工程顾问公司合作参与大型国际项目工程顾问服务，不断提升自身水平(国内目标)	ST 防卫战略 • 建立我国工程顾问的生态系统(长期目标)
劣势 W	WO 抉择战略 • 培养、吸引和使用复合型、外向型、开拓型的国际工程顾问人才，提高自身技术优势(短期目标) • 发展一批具有国际经营能力的大型工程顾问公司(短期目标)	WT 损失控制战略 • 在国内的国际工程顾问市场中占有一席之地(国内目标)

在以上分析基础上，我们将工程顾问国际化的目标划可分为短期目标、长期目标、国内目标和国际目标。

1) 短期目标

(1) 培养、吸引和使用复合型、外向型、开拓型的国际工程顾问人才，提高自身技术优势复合型、外向型、开拓型的国际工程顾问人才的缺乏是目前我国工程顾问国际化迫切需要解决的问题。国际工程顾问人才的培养除进行长期的教育培训外，整合人才资源、充分利用好已有的国际人才是短期内解决我国工程顾问国际化人才缺乏的重要途径。

(2) 发展一批具有国际经营能力的大型工程顾问公司

我国绝大多数工程顾问企业的规模相比于国际工程顾问公司来说都很小，除了极少数有实力的工程顾问企业可以通过扩大业务范围和经营规模的方式来增强实力外，对于大多数的工程顾问企业而言，在资金、技术、信息、管理等诸多方面与国外大型工程顾问公司实力相差十分悬殊，如果采用自我发展壮大实力的方式参与市场竞争，不仅容易造成“小而全”的局面，造成资源浪费，而且在短期内也难以实现。因此，对于我国工程顾问企业来说，最佳的选择应是进行行业重组，加强横向和纵向联合，打破地域和行业、专业界限，在品牌、人才、信息、技术、管理、资金、市场等诸要素上实现优势互补、资源共享、市场共拓、风险共担、利益共赢，打造一批具有国际经营能力的大型工程顾问公司，才能与国际大型工程顾问公司进行竞争。

2）长期目标

（1）建立我国工程顾问的生态系统

所谓生态系统，其生态学的定义是指在一定的空间和时间范围内，在各生物之间以及生物群落与无机环境之间，通过能量流动和物质循环形成相互影响、相互制约的统一整体。而将这一定义应用到工程顾问上，包括两个方面：一是从宏观层面，政府建设主管部门要制定一系列促进中国工程顾问发展的政策、法规、制度和管理条例；二是同属工程顾问行业的不同组织之间、组织与外界环境之间通过理念传递、资源流动而形成一个能适应工程顾问行业发展的统一体。

我们探讨工程顾问国际化的战略，不仅仅是为了工程顾问能“走出去”，更重要的是要提高我国工程顾问的整体水平，缩短与国际工程顾问行业的差距。这两方面需同时进行，既不能操之过急，也不能久拖不决。

3）国内目标

（1）与国际工程顾问公司合作参与大型国际项目工程顾问服务，不断提升自身水平。当前，国内的大型国际项目越来越多，这类项目的特征是技术密集、知识密集，而我国工程顾问公司却很难参与其中，最主要的原因就是我国工程顾问公司与国际工程顾问公司的差距太大，无法与国际工程顾问公司进行竞争。而通过与国际工程顾问公司进行战略合作、建立战略联盟是获得国际市场、提升工程顾问水平的最有利途径。

（2）在国内的国际工程顾问市场中占有一席之地。通过合作可以提高我国工程顾问的水平，但合作与竞争并行不悖，为竞争而合作，靠合作而竞争。工程顾问国际化的目的就是要使我国工程顾问公司在与国际工程顾问公司的竞争中逐渐形成一定的优势，在国际工程顾问市场占有一席之地。

4）国际目标

以“一带一路”战略为契机，跟随中国资本走出去，并适时推出中国标准是一个国家参与全球竞争的重要手段，是一个国家综合实力的体现，掌握了标准就掌握了国际竞争的话语权。

“一带一路”沿线国家将是我国工程顾问企业“走出去”重点突破的区域。可以通过在这些国家建立样板项目，建成中国标准的示范工程，推动中国标准“走出去”成为国际标准。同时,政府建设主管部门应努力推动国内标准的统一与升级,促进中国标准与国际标准接轨。

四、我国工程顾问国际化战略规划研究

战略规划是对我国工程顾问战略发展做出的顶层设计、系统设计和总体设计,是将战略目标明晰、合理、规划、分解、实施的组织行为,是推进我国工程顾问国际化的重要手段,也是评价工程顾问国际化发展成效的重要依据。战略规划具有宏观性、战略性和针对性。

因此,在前述对我国工程顾问客观分析的基础上,依据国际工程顾问发展的坐标,从顶层设计、系统设计和总体设计角度,高起点绘就中国工程顾问国际化长远的、具有前瞻性和可操作性的发展战略规划和相应的发展策略,对我国工程顾问国际化的发展方向、发展目标、发展路径、有效预防发展风险、提高在国际建筑市场的竞争力,具有重要的现实意义和长远的战略意义。

(一) 编制战略规划的指导思想

制定战略规划是发现问题、分析问题和解决问题的过程。具体到我国工程顾问,就是要解决我国工程顾问到底要往什么方向发展以及如何发展。那么,如何确定我国工程顾问国际化发展的基本思路,选择的发展方向,制定的发展目标?确定的发展方向、发展目标的依据是什么?

美国项目管理协会出版和发行的《组织变革管理实践指南》对于我们研究和编制中国工程顾问国际化战略规划不无重要的启迪。根据美国项目管理协会推崇的变革管理理论,旨在为实现既定的商业效益,把个人、团体和组织从当前状况转变为未来状况的一种综合性、周期性、结构化的组织变革工作,是帮助组织整合和协调人员、过程、结构、文化和战略的必经过程。该理论认为,组织不能依靠自然演变而取得成功,而必须借助有目的的、有活力的战略来有效预测、影响和应对不断变化的外部趋势、模式和事件[27]。从我国工程顾问的现状来看,已经不可能通过自然演变来实现国际化的目标,必须通过对目前工程顾问管理和行业现状实施变革管理才能实现。作为关涉中国工程顾问发展的重要战略规划,变革管理无疑是研究编制规划的重要工作指南。

根据变革管理的指导思想,在研究编制工程顾问国际化战略规划过程中要着重把握好以下几个方面:

(1) 变革是一种战略,组织应该利用战略变革来保持竞争力,确保长远成功[28]。

当工程顾问出现发展缓慢,内部矛盾突出,现有的发展模式已无法适应当前所处环境时,在国家政策引导下,通过采取一系列变革措施,对我国工程顾问的发展方向、发展目标、发展模式、发展理念等做出适度调整、优化,使之能符合当前及未来外部环境状况而进行的战略变革。因此,只有进行战略变革才能确保我国工程顾问国际化的目标能够

成功。

(2) 工程顾问国际化过程涉及到方方面面，包括工程顾问的战略方向、战略目标、组织结构、知识结构、工具方法、政策机制等，是一个综合性的变革过程，要借助有计划的、结构化的方法来确保组织适应变化的过程[29]。

成功的变革管理，需要采用结构化的方法，最常用的就是由修哈特提出、经戴明修改的 PDCA 循环，需要经历从启动变革、规划变革、实施变革、管理变革过渡、保持变革效果等一系列有效的变革管理过程，才能实现最终的变革目标。

(3) 战略规划应该是一个迭代、应变和持续的演进，而不是一个按年开展的、自上而下的过程[30]。

当外部环境发生变化时，工程顾问国际化的战略就必须适应这种变化而进行变化，变革管理从启动到收尾就会呈现周期性循环，从而保持变革的效果。

(二) 战略规划探讨的核心问题

从理论角度而言分析，作为我国工程顾问的战略规划应该是一份全面而完整的、综合所有方面问题的方案，而在实际操作中，由于人员、资金、信息等方面的因素制约，全面的规划方案在有限的时间内一揽子全部完成几乎是不可能的。因此，我国工程顾问国际化战略规划应该强调纵向时间发展上的持续性，而每一纵向时间段可以针对当时最需要解决的核心问题制定有针对性的规划方案。这些核心问题包括以下六点：

(1) 解决我国工程顾问"碎片化"问题

从整体性治理理论来看，整合是实现工程顾问整体性治理的必由之路，也是解决我国工程顾问管理和行业"碎片化"的必要途径。要整合就必须运用协调、整合和责任策略，对权力、功能、制度和信息系统等进行有机协调与整合，破解体制裂解、组织结构障碍和低效率等症结，构建工程顾问整体性治理新模式[31]。其中整合、完善和修正有关工程顾问的政策和管理制度应为治理"碎片化"的核心与关键。

(2) 咨询与设计分离的问题

咨询与设计的分离客观上造成了我国工程顾问水平与国际工程顾问之间的巨大差距。以设计为主体的工程顾问公司是目前国际工程顾问公司的主流形式，这就为解决我国工程顾问公司咨询与设计分离提示了基本思路。

在可能的条件下，要鼓励有条件的工程设计企业通过改造和重组，调整结构、完善功能，充实人力资源，尽快发展成为以设计为主体的工程顾问公司；对具备设计能力的工程顾问企业，在申请相应的设计资质时给予政策支持，使他们能提供全生命周期的项目管理服务。

(3) 工程顾问企业规模普遍较小的问题

国际工程顾问企业根据规模可划分为：大型工程顾问企业(1 万人以上)、中型工程顾问企业(2 000 人以上)、小型工程顾问企业(2 000 人以下)。我国工程顾问企业的规模普遍偏小，尤其缺少大型的工程顾问公司，因此很难与国际大型工程顾问公司进行竞争。

在未来较长一段时间内，打造大型甚至巨型的工程顾问公司将是我国工程顾问公司努力的方向。

但是，并不是所有的工程顾问企业都能成长为大型企业，合理的规模格局是大中小型相结合，以中小型为主。大型工程顾问公司大约占总量的 5%，中型工程顾问公司占 30%左右，而小型工程顾问公司占 65%左右，这样的格局符合我国的实际情况，也与国际工程顾问企业的规模格局相吻合。

大型的、综合性的工程顾问企业的成长需要一个长期的过程，但在短期内通过兼并重组、资源整合形成一批大型工程顾问企业也是一个重要途径。在未来 5 年内，我国至少要形成 10 家大型工程顾问企业，形成示范效应，以带动我国工程顾问行业的进一步发展。

(4) 解决我国国际工程顾问人才缺乏的问题

从我国的实际情况来看，现有的国际工程顾问人才的稀缺性表现得十分明显，不仅如此，国内数量有限的国际工程顾问人才还大多就职于跨国的国际工程顾问公司。抓紧建设一支高素质的国际工程顾问人才队伍是我国工程顾问国际化的首要工作之一。工程顾问人才队伍的建设可以从两个方面进行，一是内部培养，二是外部引进。

① 内部培养

首先，要加强在人才培养上的投资力度，建立培养机制以及用人和激励机制。国内的工程顾问企业长期忽视在人才培养方面企业所承担的责任，没有建立企业参与人才培养的机制，在人才培养上的投入很少，人才的待遇也不高，因此，人才流失的现象比较严重。

美国福陆公司(Flour Corporation)优异的人力资源管理体系值得借鉴。福陆在全球拥有 35 000 多名员工，分布在六大洲的 25 个国家。其人力资源管理体系的理念是吸引、激励、留住最优秀的员工，与企业共同成长。福陆认为，人力资源是企业最主要的资产，特别重视员工价值，对员工进行长期持续的培训，以获得知识的不断更新，从而保证了福陆在高附加值领域和高新技术领域持续占有领先优势，在项目管理方面能够不断开发出新的工具和产品。公司除了给员工提供有竞争的薪酬外，还提供其他额外收益，包括利润分红、健康保险、学费偿还、职业发展、工作轮换计划等。了解福陆的人都认为，在福陆任何一件事从一开始就有章可循，是很了不起的。

其次，可以与专业院校联合培养工程顾问人才。对于在市场上难以找到的人才，可以通过与专业院校联合培养或选派人员进入专业院校进修的方式获得。另外，在高等教育方面，国家应加大国内高校开设有关国际区域的法律、商务、项目管理、经济等人才缺乏专业的力度；扩大和加强外语教学，鼓励学生到国外学习，通过国际交流提高学生的国际化概念。

第三，可以与国际工程顾问公司进行合作，选派人员到跨国公司进行考察和学习，以提高选派人员的外语、国际工程项目管理、技术、经济等方面的综合素质。

② 外部引进

首先，要充分利用我国在海外的留学人员。我国每年有大量人员出国留学，他们熟练掌握外语，同时又具备一定的国际工程专业知识和技能，是我国国际工程顾问人才的一支重要力量。因此，应充分重视留学人员的作用，大力引进这些人员。

其次，要用好曾在国际工程顾问公司工作的优秀人才。目前国际工程顾问企业大多已改变外派高级管理人才和高级技术人才的做法，实现了高级人才的本地化。越来越多的中国优秀人才进入这些企业工作，这些人员外语熟练、专业知识和技术深厚、国际工程管理经验丰富。因此，要充分利用这些有国际工程顾问企业工作背景的人才，通过灵活的用人机制吸纳这些人才。

第三，要加大全球招聘力度。在全球范围内聘请高层次人才已成为众多国际工程顾问公司的通常做法。我国工程顾问企业也要致力于这方面工作，广聘优秀的国际工程顾问人才为我所用。

(5) 工具和方法落后的问题

目前，各种大型、复杂的项目越来越多，大量的信息、数据需要进行动态管理，要提高项目管理水平，提高工作效率，就必须使用先进的工具和方法。我国工程项目管理软件研发的整体水平较低，实际应用情况也不容乐观。要改变这一局面，政府和企业都应共同为之付出努力。

首先，要积极学习和掌握国外优秀、成熟的项目管理软件以及国际通用的项目管理软件，将项目管理软件的应用纳入工程项目科学管理的必备条件。

其次，国家应建立有关项目管理软件开发应用机制，国内的软件开发商和信息系统集成提供商，要努力开发我国的各种工程项目管理软件，大力提高软件本身的质量，使其既能体现现代工程项目管理的思想和管理方法，又能较好地适应国内的管理环境，从而提高项目管理软件的易用性和可用性。

第三，要大力培养工程项目管理软件的开发、应用和管理人才。人才的培养可分层次进行，先培养急需的程序员和计算机操作员，既能操作，又能开发编程；再进行软件的普及培训，让更多的工程顾问人员掌握软件工具的应用。

(6) 工程顾问生态系统建设问题

我国工程顾问要做大做强做优，离不开赖以生存的良好的生态环境，包括有关工程顾问的政策、法规、管理制度、市场环境等。

首先要发挥国家政策引导作用，创造有利于工程顾问发展的法规体系和政策环境；其次，对同属工程顾问范畴的相关行业协会要加强市场、业务等信息沟通，行业内部要围绕工程顾问建设发展，强化服务功能，做好行业内会员企业的统筹、协调、培训和推进行业发展；再次，引导社会力量参与工程顾问国际化战略研究，发挥专业媒体对工程顾问的宣传，为中国工程顾问发展营造社会舆论氛围。

(三) 战略规划的实施和检查

编制战略规划最终是为了通过实施规划来完成既定的目标，战略规划如果不能得到很好的实施,战略规划的编制就毫无意义。在我国工程顾问国际化战略规划实施过程中,按照变革管理的思想进行逐步实施、逐步调整、完善十分必要,围绕变革管理生命周期框架,遵循“启动变革—规划变革—实施变革—管理过渡—保持效果”的程序对变革过程实施管理。在实施过程中进行控制、检查和评估,既是对战略规划实施效果的检验,又是对战略规划进行及时调整的依据。以变革管理来指导战略规划的实施和检查,是推动工程顾问国际化整体战略成功实施的关键。

1. 启动变革

“凡事预则立,不预则废”。如果没有做好变革的准备就盲目开始变革,成功的可能性是很小的。

变革与自然演变不同,与“改善”活动也不同。改善是顺应现有组织环境,配合现状,日积月累地促使现有的运作更为完善流畅。而变革则是突破现状,使组织活力再现,甚至因此获得再造重生。变革也常常要改变组织成员的习惯和观念,并对其产生一定的利害关系冲击。因而,启动变革就是要消除变革的阻力,评估变革准备度,以获得变革的可持续性。

在这里引用一个变革公式:

$$D \times V \times F > R$$

其中,D 代表不满情绪,V 代表变革愿景,F 代表初步实践,R 代表变革阻力。这个公式是由 Richard Beckhard 和 Reuben T Harris 二人在 David Gleicher 的研究基础上在 1987 年共同提出的一个简单有效的变革管理工具。变革公式可以帮助我们把握战胜变革阻力必备的三个要素:①对当前形势状况的不满;②对组织未来愿景的期望;③迈向愿景的努力初步实现。如果上述三项要素有一项为零或者接近零的话,三者之积也将为零或者接近零,此时,变革阻力将占据上风。

(1) 变革的准备度

对于我国工程顾问面临的现状和存在的问题,近年来从政府主管部门到民间的专家学者以及工程顾问的从业人员都在进行热烈的讨论,探讨工程顾问的出路在哪里,改革的呼声也比较强烈,可以说对我国工程顾问现状的不满是工程顾问国际化变革的源动力。

在当前把工程顾问国际化的愿景提出来,相信大多数人都能够理解,也会非常支持。当然,并不是所有的干系人都能理解,应该通过沟通使他们理解工程顾问国际化愿景和目标。沟通是变革管理的关键,通过充分沟通,取得信任。可以利用所有可能的沟通渠道,例如刊物、谈话、演讲等,来传递工程顾问国际化远景及其战略信息,与所有人持续且密集地进行沟通,鼓励风险共担,以便赢得他们的认同与支持。这个过程需要 1 年左右时间,甚至更长时间。

另外,还要建立强有力的指挥组织,成立强有力的变革小组,小组里的成员从职位、名声、关系及所拥有的信息与专业能力上都应是一流的,他们不仅要有非变革不可的信念,而且愿意全力投入变革行动,以追求卓越绩效。

(2) 变革的启动

对于工程顾问国际化变革来说，启动项目的选择非常重要。启动项目优先顺序的决定由变革的重要程度和紧迫程度决定，如图 3.8 所示。

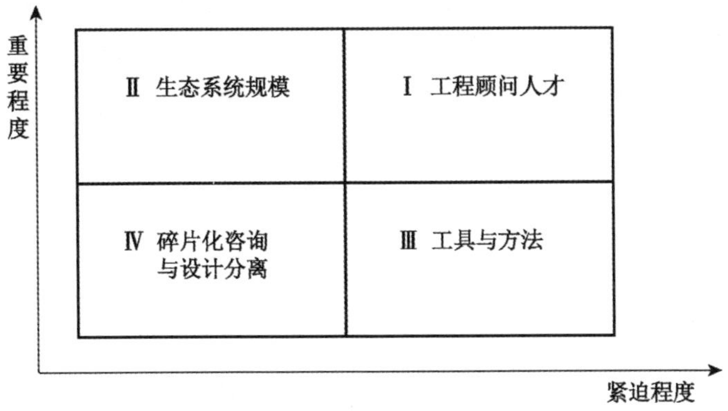

图 3.8　问题优先解决顺序

根据问题解决的优先级顺序，通过规划并创造短期成果，建立对变革的信心，从而组织起更多的资源应付更大的问题，为变革注入新的活力以实现变革的效果。

2. 规划变革

根据变革管理的理论，对工程顾问国际化变革活动进行规划，可以提出工程顾问国际化变革管理模型图(图 3.9)。

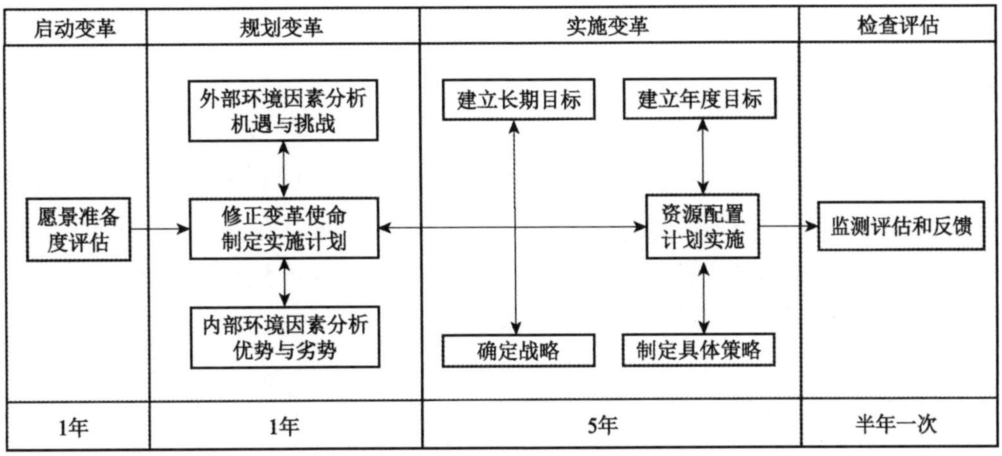

图 3.9　工程顾问国际化变革管理模型图

从规划变革开始重新审定工程顾问国际化发展战略，研究变革实施计划、评估和控制体系，为确定切实可靠的战略路径打下基础。通过研究我国工程顾问内部环境的优势和劣势，研究外部环境的机遇与挑战，可以制定我国工程顾问国际化目前切实可行的路径实施计划。

(1) 国家路径:包括优先次序的排列,目前首先考虑国内,其次向"一带一路"国家发展,待条件成熟后向欧美发达国家发展。

(2) 合作路径:包括我国工程顾问企业与国际工程顾问企业的合作、企业与政府的合作、我国工程顾问行业协会与欧美发达国家工程顾问行业协会的合作等。

(3) 资源路径:重点解决工程顾问人力资源及工具方法的问题。

(4) 组织路径:重点是工程顾问生态系统的建立,培育发展大型工程顾问企业。

3. 实施变革

我国工程顾问国际化是一个循序渐进的过程,其实施过程可以分为三个阶段,即初创期、发展期、成熟期。在每个时期,均需完成一定的目标,应对一系列的挑战,然后才能顺利过渡到下一阶段。

1) 初创期

初创期是我国工程顾问国际化的起步阶段,这个阶段的核心任务可以用七个词语来概括:分析市场、确定区域、建立关系、获得支持、积累经验、培养人员、提升能力。

(1) 分析市场、确定区域

通过分析不同备选地区中工程顾问企业所拥有的优势和劣势以及存在的机遇与挑战,确定优先进入的区域。

(2) 建立关系、获得支持

建立与工程顾问利益相关方的合作关系。第一,要建立与国际工程顾问行业协会的联系,听取他们对我国工程顾问发展的意见和建议,并开展全方位的合作;第二,要建立与国际工程顾问企业的合作关系。国际工程顾问历经上百年的发展,工程顾问的实践经验和专业能力都明显强于我们,通过与国际工程顾问企业的合作,在合作中不断学习他们的工程顾问理念,汲取他们的经验和教训,提升自己的工程顾问水平。

(3) 积累经验、培养人员、提升能力

在充分进行市场分析的基础上,应该根据自身的实力尝试实施一些工程顾问服务,目的是积累工程顾问的经验,提升自己的能力。这个阶段的项目规模不宜过大、技术难度不宜过高,但也不能过于简单。过于简单则起不到积累和提升的作用,过于复杂则可能超过我们的能力范围,一旦失败反而会挫伤士气。

2) 发展期

在初创期,我国工程顾问已积累了相当的项目经验和专业能力,变革的初步效果也得到了大家认可的时候,变革就会逐渐过渡到发展期。发展期是我国工程顾问国际化变革的关键期,在这一阶段可以从项目运作、内部建设、外部关系三个方面来展开。

(1) 项目运作

在初创期积累了一定的经验以及能力提升的基础上,应当考虑进行项目的拓展,包括项目的区域范围、规模、复杂程度、技术难度、项目数量等。

在进行项目拓展的同时,必须要实现的项目的国际化运作,包括工程顾问服务的理念、管理技术、管理工具的国际化,逐步形成自己的国际品牌,发展一批大型工程顾问公司。各个品牌之间通过相互协作，形成战略协同，从而进一步提升我国工程顾问的整体水平。

(2) 内部建设

随着项目的拓展，项目数量、规模、难度的增加，对工程顾问人员的数量、素质、技术水平要求也越来越高。因此，对于工程顾问人才的培养是本阶段的工作重点之一。

其次，对在初创期及项目拓展期摸索的管理经验进行推广，在一定程度上实现制度化，以利于工程顾问生态体系的建设。

(3) 外部关系

与国际工程顾问组织、政府机构等一些重要主体建立长期战略合作伙伴关系，“编织”我国工程顾问的社会网络，为我国工程顾问真正走向国际市场铺平道路。

3) 成熟期

成熟期是我国工程顾问国际化的一个理想阶段，在此阶段，我国工程顾问的水平已有相当大的提升，对工程顾问的发展充满信心。此阶段可以从国际发展、内部管理两方面展开。

(1) 国际发展

经过发展期，我国工程顾问企业的规模已发展壮大，形成自己的品牌，工程顾问的水平快速提高，具备全生命周期顾问服务能力。以前期积累形成的优势领域为突破，以点带面，全面参与国际竞争，放眼全球市场，争取在部分领域走在国际前列，占据国际市场份额，和国际工程顾问企业展开竞争，向高端顾问服务领域发起挑战。同时不断优化企业结构，增加人才培育，使企业实现国际化经营。

(2) 内部管理

当我国工程顾问顺利过渡到成熟期，无论是工程顾问的硬实力还是软实力都极大提高，有利于工程顾问发展的生态体系基本形成，工程顾问的发展进入稳定期。当然，在稳定的背后也隐藏着风险，如果没有继续开拓的精神，就可能出现衰退的迹象。对内部管理来说，认为变革已经完成，缺乏进取之心，是这一阶段的最大风险之一。因此，要克服认为所有行为都能找到惯例、是合理的麻痹思想，根据环境的变化及时进行变革目标的修正，时刻保持清醒的头脑，最终实现我国工程顾问国际化的愿景。

4. 检查评估

变革的最终目的是促进组织的持续增长，保持组织的竞争优势。只能以效益的实现情况来测量变革执行的成功程度，也就是要评估变革被成功整合进日常商业运营的情况[32]。因此，检查评估是我国工程顾问国际化过程中十分重要的环节，它贯穿于变革管理的全过程，对于变革的可持续性、可复制性具有十分重要的指导意义。

对工程顾问国际化变革实施过程的检查内容主要包括项目投入、实施过程、项目产出，评估的内容主要包括预期效果、工程顾问人员情况、企业规模变化、项目管理计划、执行周期、项目管理达到的技术标准、预算与成本控制等。由于我国工程顾问的总体规模和运作范围非常大，因此检查评估可以采用“参与式监测评估”方式。“参与式监测评估”

是指各利益相关群体系统地参与到调查、设计与实施的全过程[33]。采用“参与式监测评估”加强了检查和评估的效率以及密集性，可以更准确地了解变革实施的效果和存在的问题，有利于及时调整变革计划。

根据我国工程顾问国际化的实际情况，“参与式监测评估”的大致方法如下：

(1) 制定监测指标和评估方法；

(2) 制定统一的监测报表并对监测人员进行培训；

(3) 开展统一的监测和评估工作；

(4) 反馈监测结果到工程顾问各相关组织；

(5) 根据监测评估结果调整计划以保持变革效果。

任何规划都不可能是完美无缺的，很难按照既定的规划一直顺利实施，必须建立一套“规划—实施—检查评估—再规划”的机制。“参与式监测评估”是我国工程顾问国际化发展的内在联系的重要手段，它起着承前启后的关键作用，使我国工程顾问国际化进程不断向前，最终达成工程顾问国际化的宏伟目标。

附录

整体性治理理论

1. 国外相关研究

整体性治理强调在组织结构上建立协调与整合的连结性机制，其代表人物是佩里·希克斯和帕却克·登力维。英国学者佩里·希克斯(Perri6)首倡整体性政府(holistic government)的概念，主张21世纪的政府应为整体性政府、预防性政府、改变文化的政府及结果取向的政府(Perri6，1997；Perri6etal.，1999；Perri6etal.，2002)。

从1997年至2002年，希克斯的理论体系构建逐渐丰富和完善，在其第三本著作(Perri6etal.，2002)中，他将整体性政府改为整体性治理。希克斯(2002)指出，整体性治理就是政府机构组织间通过充分沟通与合作，达成有效协调与整合，彼此的政策目标连续一致，政策执行手段相互强化，达到合作无间的目标的治理行动。希克思的整体性治理理论吸收了新涂尔干理论(Thenew-durkheimians Theory)和组织社会学中的有关组织协调的思想，追求在治理层级、治理功能和公私部门三个面向上，完成政策、规章、服务供给和监督等过程的整合。希克思将整体性政府与协同型政府、贵族式政府、渐进式政府和碎片化政府进行比较，明确其特征，并从政策目标和政策机制、顾客目标和顾客机制、组织目标和组织机制、机构目标和机构机制等多方面介绍了整体性治理的具体措施。

其后，国外的许多学者展开了对整体性治理的研究。英国学者帕特里克·登力维(Dunleavy，2006)通过对一些发达国家(美国、英国、加拿大、澳大利亚、新西兰以及荷兰)的公共管理系统的实证研究，认为因为产生碎片化等一系列问题，新公共管理已宣告结束，而信息系统是形成公共行政变革的重要因素。登力维认为，与重新整合中包括的狭隘的众人参与式治理的变革相对照，整体主义的改革旨在以公众的需要为基础，简化和变革政府机构与其客户之间的整个关系。波利特(Pollit，2003)指出，整体性治理是指一种通过横向和纵向协调的思想与行动来实现预期利益的政府治理范式，具体包括：消除政策间的矛盾和紧张以增加政策的效力；减少重复，整合稀缺资源；增进某一政策领域中不同利益主体的协作；为顾客提供无缝隙而非分离的服务。波利特认为整整体性治理包括决策与执行的两方面的整体性体现，还包括横向和纵向两个维度的协调与合作，其改革对象可以是整个地方政府，也可以是一个政府部门，甚至是某一个具体的项目小组。学者 Adreti Di Maio(2004)具体指出了“整体性治理”在公共服务中的四个作用和多项技术，四个作用域即四个“What”：同一政府层级中的“整合”服务发生的预期是什么？跨层级“整合”的地方政府和中央政府的相关责任是什么？跨流程等级“整合”政策与执行的含义是什么？连接政府与私人部门的纽带是什么？三项支持技术即交互的协作和一体化的技术。挪威的 Tom Chris-tensen 和 Perlagreid(2006)等从结构、文化和迷思的角度阐释了什么是整体政府。从结构的角度看，整体政府是有意识的组织设计或结构重构。

从文化和制度角度看，组织的演进过程是对内对外压力的双向适应过程，形成独特的、制度化的或非正式的规范和价值。从迷思、象征和时尚的角度看整体政府只是一个虚饰和时髦的专业术语。此外，国外学者还将整体性治理的思想及理论运用到社会可持续发展（Loomis，2000）、高等教育（Enders，2004；Holloman etal.，1996）及公司治理（Kikbride & Letza，2004；Young & Thyil，2008）等多个不同领域的治理研究中。

2. 中国台湾地区相关研究

我国台湾地区较大陆更早开展了整体性治理的研究，主要从理论探讨和实践运用两个方面展开。

台湾大学政治学系彭锦鹏（2004）认为“整体性治理理论可望成为21世纪有关政府治理的大型理论（Grand Theory）”，是继传统官僚制、新公共管理之后的第三代公共行政理论典型范式，并构建了实现整体性治理的三项制度化策略：运用资讯科技而形成的线上治理模式是科技基础、整合型政府组织是组织基础、主动型文官体系是人员基础。

台湾中央大学通识教育中心的韩保中（2009）从理论面详细探讨了整体性治理理论的发展历程、组织协调论题、新涂尔干学说的意义与启发等，深入阐述了整体性治理理论的价值所在。他认为整体性治理强调政府组织的整合关系，援用新涂尔干理论及组织社会学的分析框架，而碎片化政府、棘手问题与协调三个概念是理解整体性治理的重要基础。韩保中还指出新涂尔干理论阐释了协调论题的组织社会学基础，其主张面对多元与复杂的组织关系，依据化异与求同两原则，有容忍性制、分、互赖与妥协四种基本协调之法及解决之道，这体现协调工作必须采取多样的方式。

而廖俊松（2006）则认为整体性治理是一个待检证的未来命题，李长宴（2004）、江大树（2011）、史美强（2010）等则以整体性治理理论为分析工具，应用于台湾的区域政府设计、长期照顾体系、都会永续发展、公务机关横向联系及服务流程整合方面的实践研究。

3. 国内相关研究

我国大陆对整体性治理理论的研究起步于2002年，最初主要集中于对这一新理论的诠释与解析，停留在引介和译介层面，近两年开始逐步转向实践运用，目前的相关文献达到30篇左右。

（1）理论诠释与解析

思路一：引介和分析整体性治理理论兴起的时代背景、理论溯源、内涵、特征、目标、基本内容和对我国的启示与借鉴意义。

我国大陆的陈铮（2002）是国内最早介绍整体性治理理论的学者，他介绍了英国的行政改革由“竞争政府”转向“合作政府”的发展轨迹以及朝“整体政府”迈进的改革方向。而张立荣和曾维和（2008，2009）则就“整体政府”公共服务模式的缘起、特征、内涵、目标、基本内容和实践模式发表了数篇研究文献，认为这种模式具有公平正义的公共服务目标、联合的公共服务方法和协调的公共服务政策。其在价值取向、组织结构、技术手段等方面对我国建设服务型政府和改革公共服务体系有重要的启示借鉴意义：一是建立“内联”治理结构，如大部制；二是发展“外协”合作关系；三是转变政府职能，建设和谐行政文化。曾维和(2010)还梳理了当代西方政府治理模式创新的理论化系谱,指出公共服务从以竞争为特征的新公共管理改革向以合作为特征的整体政府改革迈进。竺乾威(2008)认为整体性治理的思想的提出是基于对新公共管理实践的反思,着眼于政府内部机构和部门的整体性运作,主张管理从分散走向集中,从部分走向整体,从破碎走向整合。但这一整体性治理的实现还有赖于一种恰当的组织载体,尤其有赖于信息技术的发展。

周志忍(2009)指出整体政府理念并不是否定分工和专业化,它所针对并试图取代的是"碎片化政府"。整体性治理是当代政府管理的一个新理念,是当今发达国家政府改革的热门实践和学术研究的热门领域,其理念和机制对我国政府管理现代化具有重要的现实意义。

谭海波、蔡立辉(2010)分析了"碎片化"政府管理模式的形成、流弊,认为政府需要从机构、信息资源、业务流程、服务与沟通渠道等方面加以整合,建立"整体型政府"。胡象明、唐波勇(2010)总结了整体性治理反新公共管理"碎片化"的兴起背景、网络状的治理结构,认为整体性治理的实现有赖于协调机制、整合机制和信任机制的培养和落实。李渊、李文军(2010)指出整体性治理是在对官僚制与新公共管理实践中机构碎裂化和公共服务分割化的反思中发展起来的。从"复杂性—棘手问题—碎裂化—协调—整合"入手,着眼于政府内部机构和部门的协调与整合,实与涂尔干理论之整合观有相似之处。通过建构一套容忍的制度、分立或权变的做法、建立交易及相互依赖的方式、妥协或混合,达到政府整合与服务的无缝隙供给目的。曾凡军(2010)研究了整体性治理的深层内核,从过程面向和组织关系面向论述了协调是碎片化问题的解决之道。褚松燕(2006)认为:整体性政府的目的和基础在于由顾客社会向公民社会转变,而解制和建制构成行政服务机构建设拉动整体性政府构建过程中的两大措施。蔡英辉(2008)认为府际争议影响了政府间协作与合力的发挥,造成了非逆转性内耗,指出立足于法治精神的整体政府是化解冲突的良策,整合共同目标以促进府际协同,是整合资源和弥合府际争议的正道。曾令发理论探索国内外研究综述武汉(430000)111《当代经济》2012 年 3 月(下)(2010)认为整体性治理是指在管理理念上强调中央地方结合以及公私合作,以整体性组织模式,重点在于解决人们民生问题,采取网络式组织模式,在具体管理中注重授权与结果,从而实现政府管理与公众价值、科技以及资源的高度整合。孙志建(2009)探讨了整体性政府理念兴起的背景与诉求、整体性政府的制度化路径和将整体性政府理念纳入我国行政管理体制改革的策略。翁士洪(2010)介绍了整体性治理理论兴起的时代背景、概念、特征、实际运用情况、存在的障碍和缺陷及其前景。认为整体性治理强调整体与合作,其组织创新主要体现在以协同为特征的组织形态、以结果为导向的组织目标和以整合为核心的运作机制,同时强调官僚制的组织结构基础。崔会敏(2011)介绍了整体性治理的兴起背景、组织基础和主要内容,指出整体性治理理论以公众为中心,改进了"管理主义"的价值倾向;以整体性为取向,克服了碎片化管理的困境;以综合组织为载体,修正了过度分权带来的弊端。蔡英辉、曹文宏、刘晶(2011)从历史的角度探讨了总体性治理的渊源和根基,分析了多元政府间关系的现状及总体性治理的导向性作用。赵石强(2011)则讨论了数字时代的整体性治理理论及其启示。

思路二：将整体性治理与网络治理、分散性治理、无缝隙政府和新公共管理等理论的异同进行比较分析。

刘波、王力立、姚引良(2011)从理论溯源、侧重对象和研究层次等方面探讨了整体性治理与网络治理的区别，认为前者侧重政府“内修”，后者更强调政府、市场和社会的“外联”。

赵石强(2011)比较了无缝隙政府理论和整体政府理论的异同，认为两者强调对政府功能的整合，都以顾客或公民为导向，都依赖于现代信息通讯技术，但具有不同的理论范式、支撑文化和整合角度。

朱玉知(2011)以“整合还是分立”、“合作还是竞争”为参量，将公共治理分为整体性治理和分散性治理两种类型。认为整体性治理主张建立较少数量的大部门以强化合作，以此解决政府改革所引发的空心化和碎片化问题。分散性治理则认为只有建立更多较小的部门以强化专业性，才能在日益多样化的政府组织形式下保护公共利益，从而实现“良好的治理”。两者不是简单的替代关系，能够在一定的条件下实现互补。

王甲(2011)则就新公共管理、无缝隙政府和整体性治理三种范式下整合功能的异同进行了分析。

(2) 实践应用

近几年，学者们逐步以整体性治理理论为基石，开展实践领域的研究。胡佳(2009)认为，以协调、整合为核心的整体性治理理论对我国地方公共服务改革提供了新思路。刘超(2009)则认为在整体性治理理论框架下，建立整体性公共危机治理体系应从整体性公共危机治理战略的制定，大危机管理部门的建构，政府与社会、市场的协作治理，统一、高效的危机治理信息中心建设等入手。

2010 年，曾凡军、欧阳昌永及韦彬以整体性治理理论为分析工具，先后研究了我国的公共服务型财政，中国政府预算治理存在的问题及整体性政府预算治理的建构路径，考察了整体性治理应用于服务型政府治理逻辑上的合理性，探索了服务型政府实现整体性治理的路径。

高建华(2010)认为，作为区域公共管理政府合作治理的重要形式，整体性治理在区域公共管理政府合作治理中发挥着重要的作用。区域政府合作整体性治理需要在整体性政府构建、整体性治理模式、整体性治理协调机制、信任机制和承诺机制以及监控机制等方面加强努力。随后，他又深入讨论了区域公共管理政府合作整体性治理的政府信任机制构建、协调机制构建和合作监督机制构建的问题。

黄滔(2010)从深入分析整体性治理理论的背景、内涵，与新公共服务、无缝隙政府、网络化治理和协同治理理论的异同入手，剖析长沙市循环经济治理问题与整体性治理的契合性，提出了长沙市循环经济实现整体性治理的具体策略途径。

宋亚娟(2010)分析了我国养老保险的碎片化问题，提出了整体性治理视角下我国养老保险改革的路径，认为在整体性的养老保险改革的框架中，政府、社会和市场的关系是以政府为主导，市场和社会参与的“协作关系”。

刘筱红（2010）运用“整体政府”理论作为分析框架，以湖北G市村委会选举为个案，分析了在推动农村妇女参与乡村治理进程中所存在的效率取向、政府空心化、管理碎片化以及政府缺乏管理合作伙伴能力的问题，提出了构建农村妇女参与乡村治理支持网络的建议。

方堃（2011）认为公共治理的碎片化和分散化是导致城乡及区域之间教育、医疗、社会保障、基础设施以及劳动就业等基本公共服务非均等化的根本原因。借鉴整体性治理理论，构建以“服务三角”为宏观旨趣的新型农村公共服务体系的操作策略是：按照农民需求强弱分类提供公共服务，实行政府主导、市场运作和社会协同的服务政策，建立“市、县乡（镇）、村”一体化服务网络，营造“跨界合作”的公共服务组织文化。

崔晶（2011）以整体性治理理论为基础，并借鉴国际经验，尝试构建了京津冀大都市区地方政府的整体性协作模式。

王洁（2011）以长江三角洲为例，进行了整体性治理视角下的区域行政协调机制创新研究。赵宇、傅琼从研究整体性治理与府际治理机制出发，探讨通过建立“西三角”整体性治理机制来推进“西三角”经济区的府际合作的思路与对策。已有研究在分析治理现状时均用到了“碎片化”，且纷纷提出了破解碎片化问题的整体性治理路径。

4. 结论

整体性治理理论兴起于英国学者对新公共管理所造成的“碎片化”政府的反思，它强调多元体间通过网络状连接进行充分沟通与合作，达成有效协调与整合，使彼此的政策目标连续一致，政策执行手段相互强化，达到合作无间的目标的治理行动。整体性治理理论的出现对发达国家的政府改革实践带来了重大影响，台湾和大陆对于整体性治理理论的研究从最初的理论探讨逐步转向实践领域的应用分析。但密切联系中国国情，将整体性治理理论纳入科技管理实践的分析研究尚属空白。①

5. 本课题对“整体性治理”理论的应用

“整体性治理”理论的发展至今已有十余年，该学说影响了英国、加拿大、澳洲、纽西兰、芬兰及荷兰等国。国内和台湾对整体性治理的研究从理论探讨逐渐转向实践应用，其理论思想逐渐获得越来越多人的认同。

其核心是针对新公共管理引发的“碎片化”（fragmentation）所提出的治理方式，主张通过有效协调与整合，使多元主体彼此的政策目标连续一致，政策执行手段相互强化，达到合作无间的目标的治理行动。“整体性治理”理论的出现对发达国家的政府改革实践带来了重大影响，台湾和大陆对于“整体性治理”理论的研究从最初的理论探讨已逐步转向实践领域的应用分析。

本课题在研究中，从“整体性治理”理论的视角，对中国工程顾问业的现状试作观察分析，直感目前属中国工程顾问范畴的各类专业服务因以多头主管为特征的组织管理的

① 武汉理工大学的叶璇：《整体性治理》。

碎片化，使行业结构和顾问服务也呈碎片化状态。各自为战，自成系统，缺乏协调，信息资源、业务流程互不沟通，不能实现工程顾问服务应有的无间合作、目标连续一致的整体性服务。这与工程顾问服务内涵、要求相去甚远。因此，从整体性治理的角度，告别"碎片化"进入中国工程顾问服务体系协同创新的时代，势所必然。

结束语

基于上述四部分的研究，在分析比较了中国工程顾问业与当今国际工程顾问业的明显差距的基础上提出了按变革管理理论去改变现状、谋求发展的战略设想。目前同属工程顾问范畴的企业和人数体量很大。但都从各自专业的特点与需要出发，难以真正实现对建设工程全生命周期的工程顾问服务，与政府、业主、社会对工程管理的需求很不适应，与国际上通行的对工程顾问行业的需求很不适应。

当务之急一个核心问题就是要解决组织管理和行业服务体系"碎片化"的问题。国家建设主管部门首先要破解政策、法规、行业治理的体制裂解和低效率等症结，构建全新的工程顾问整体性治理模式，为工程顾问发展营造一个良好的生态系统。

其次，要充分发挥行业协会的统筹、协调、共治作用，参照国际顾问管理模式，使中国顾问业能迅速告别"碎片化"，进入协同创新时代。国际上工程顾问既有几百人乃至上千人的大、中型公司，也有专业特点仅限于一个或几个工程领域的几个人的小型公司。在谋求建设工程投资效益的最大化的同时，实现团队价值与利益最大化，是工程顾问企业的共同需求。各专业服务无论公司大小，在业务扩展上互通有无，互为补充、互相借鉴、互相合作。

第三，完善和发展中国工程顾问行业必须坚持以设计为主体。因为设计成果对整个建设工程的质量、进度和投资控制都有着直接的影响。国家建设主管部门要鼓励有条件的工程设计企业通过自身的品牌影响联合相关工程顾问企业组成工程顾问联合体，充分发挥各自的智力优势，为建设工程提供全生命周期的工程顾问服务。这是历经许多国内外建筑项目充分验证了的可行性组织模式。同时对具备设计能力的工程顾问企业，在申请相应的设计资质时要给与积极的政策支持，使他们在为工程项目管理服务中有更多可行的空间。

第四，从市场运作和行业发展的角度，在实施工程顾问国际化战略中，既要积极培育和引导实力雄厚、功能齐全、特色鲜明的顾问服务企业做大做强，通过市场的竞争成为中国式"工程顾问"的领军企业走向世界；同时，也要积极引导和鼓励专业特色明显的中小型工程咨询服务企业打开发展的新视野，本着合理化扩张公司规模及适度拓宽市场的原则，大胆实施组织变革管理，扬长避短，保持自身在某一专业领域中的风格，在工程顾问国际化战略中找准自己的市场定位，以保持企业的持续竞争力与健康发展。

"一带一路"战略的实施，是以习近平同志为总书记的党中央主动应对全球形势深刻变化、统筹国内国际两个大局作出的重大战略决策。它对推进我国新一轮对外开放和沿线国家共同发展意义重大。当前,经济全球化深入发展,区域经济一体化加快推进,全球增长和贸易、投资格局正在酝酿深刻调整,亚欧国家都处于经济转型升级的关键阶段,需要进一步激发域内发展活力与合作潜力。历史的机遇已摆在我们面前,我国工程顾问将要向什么方向发展、如何发展?已成为事关建设工程全局的重大课题。希望本课题的研究成果能起到一个抛砖引玉的作用,有更多的学者和有识之士能参与到这一研究中来。

由于参与课题者对相关知识的掌握水平与阅读文献有限,对本课题的分析与总结后得出结论恐有相对的局限性,对如何构建我国工程顾问国际化战略的外部环境和内部环境、如何通过整合实现中国工程顾问业的新模式、如何使中国顾问品牌进入"一带一路"沿线国家和欧美发达国家,以及进入国际市场的风险防范等等,尚需作进一步后续研究。

本课题在编写过程中得到了丁士昭教授的大力支持与具体指导,在此表示衷心感谢!

参考资料

[1] FIDIC:《工程咨询业务廉洁管理指南》.
[2] 美国项目管理协会(PMI):《项目管理专业人员行为守则》.
[3] 英国皇家特许建造师学会(CIOB):《会员专业能力与行为的准则和规范》.
[4]《国际工程顾问与建筑师事务所治理模式比较》(南开大学,2010 年,于萌).
[5]《房屋建筑工程施工旁站监理管理办法(试行)》(建市[2002]189 号).
[6]《上海市建设工程咨询行业 2014 年行业发展报告》.
[7] 国家行政学院学报:张楠迪扬《询我国政府对中介组织的管治困境——以建设工程领中介服务为视角》.
[8]《整体性治理:梳理、反思与趋势》(天津行政学院学报:史云贵、周荃).
[9] 丁士昭:《推进工程顾问国际化是当前建设领域改革的一个重要方面》.
[10] 中国国际工程咨询协会:《国际工程咨询业前景广阔》.
[11]《国际工程顾问与建筑师事务所治理模式比较》(南开大学,2010 年,于萌).
[12]《价值工程》杂志 2001 年 5 月第 3 期.
[13] 2007 年《物业管理条例》.
[14] 国际设施管理协会(IFMA)、美国国会图书馆《设施的维修和现代化》.
[15]《国家新型城镇化规划(2014—2020 年)》.
[16] 赵可金:《城市外交为"一带一路"定格》(2015-06-29 中国网).
[17] 乔良:《美国人对"一带一路"的战略思考》(财经内参).
[18] 南方都市报:国家发展改革委、外交部、商务部 2015 年 3 月 28 日联合发布《推动共建丝绸之路经济带和 21 世纪海上丝绸之路的愿景与行动》.
[19] 第一财经:国务院发展研究中心 2015 年《中国发展高层论坛新常态下的中国经济》.
[20] 金锐:《国际工程新丝路》(中金在线 2015-12-31).
[21] 2015 年中国宏观经济(上海)论坛暨北大国发院中国经济观察报告会资料.
[22]《上海建设工程咨询》2015 年 08 期资讯.
[23]《上海建设工程咨询》2015 年 07 期资讯.
[24] 央视网 2015 年 1 月 28 日新闻联播.

[25] 王辉耀：中国企业全球化报告(2015)．
[26] 王辉耀：中国企业全球化报告(2015).
[27] [28][29][30][32]《组织变革管理实践指南》Project Management Institute.
[31] 武汉理工大学叶璇：《整体性治理理论》.
[33] 王晓军、孙拖焕：《参与式监测评估理论与实践》.

上海市建设工程咨询行业协会课题终审意见

课题名称	推进中国建设工程顾问国际化战略初探
课题承担单位	上海华城工程建设管理有限公司 英泰克工程顾问(上海)有限公司 同济大学工程研究所

专家评审意见：

推进中国建设工程顾问国际化战略研究，是我国建筑业发展研究的一个薄弱环节。随着我国经济发展进入到“新经济”阶段，建筑行业把中国工程顾问国际化的战略研究，提到重要议事日程，具有紧迫性和重要的现实意义。

本课题通过大量具有国际背景的项目分析，借鉴发达国家国际工程顾问公司成功服务经验，从我国建设工程顾问体系和对建设工程整体性治理的高度，对国际工程顾问的内涵和特征；我国建设工程顾问国际化的战略方向和目标；以及我国建设工程顾问国际化战略规划等进行了初步的研究探索。本课题以理论为指导，面向实际，提出了许多中国工程顾问建设战略的新思路，具有理论性、实证性、创新性和前瞻性。课题组一致同意通过评审。

本课题要对研究内容的逻辑关系、案例应用等方面作进一步梳理；要进一步研究我国建设工程顾问进入国际市场的风险管理问题；进一步研究我国建设工程国际化战略的生态环境和中国特色问题，以进一步引起建筑行业，特别是政府管理部门的高度重视，并下力气推进中国建设工程顾问的国际化，从而推动进一步提高建设工程的质量和安全。

上海市建设工程咨询行业协会编印
2016 年 3 月 8 日

新常态下，建设工程监理服务计费研究

摘　要：2015 年 2 月 11 日，国家发改委颁发《关于进一步放开建设项目专业服务价格的通知》（发改价格〔2015〕299 号）以来，监理取费较为混乱，恶意压价，无序竞争等行为屡见不鲜，方式层出不穷。本文针对 299 号文以后的新常态下，从影响监理取费的人员数量及成本、管理费用、工期等因素研究了工程监理如何合理的取费，最终得出以“人员费为基数的计费模式”，可供政府部门管理和监理行业取费参考。

关键词：监理；取费

一、引言

（一）选题背景及意义

2014 年 7 月 10 日，国家发改委颁发《关于放开部分建设项目服务计费标准有关问题的通知》（发改价格〔2014〕1573 号），其中明文指出“放开除政府投资项目及政府委托服务以外的建设项目前期工作咨询、工程勘察设计、招标代理、工程监理等 4 项服务计费标准，实行市场调节价”。2015 年 2 月 11 日，国家发改委颁发《关于进一步放开建设项目专业服务价格的通知》（发改价格〔2015〕299 号）指出“在已放开非政府投资及非政府委托的建设项目专业服务价格的基础上，全面放开以下实行政府指导价管理的建设项目专业服务价格，实行市场调节价”。国家发改委先后两次改变工程监理行业政府指导价计费范围及方式，由市场自行决定工程监理行业的计费标准和数额，使得工程监理行业由吃“政府饭”真正地转变成吃“市场饭”。

从国内工程监理行业发展成熟度来看，虽然已经有 20 多年的发展经历，但并未有长足发展，脚跟未稳，根基不牢，发展不成熟，监理业务范围和监理人员权责有待明确。价格放开后，工程监理亟需跟上我国建设工程高强度投入快速发展的要求，建设主管部门也需要规范市场行为和完善法规体系。具体到工程监理行业来看，目前生存环境较为复杂，计费数额较低，由强制监理引发的监理法律责任较重，行业无序运行等问题，亟待解决。

在进一步推进工程监理行业市场化进程中，本课题主要从工程监理行业计费方面探讨国内监理行业应对市场变化的发展之道，研究出一套合理的工程监理计费模型，供政府相关部门及行业协会把控监理行业宏观发展及其工程咨询企业计费之参考。另外，行业协会可按本调查问卷对行业内不同岗位的人员工资、人员费与项目运营管理费、企业运营管理费系数进行定期调查，公布工程咨询行业往年服务费计费参数及标准，建立工程监理行业市场化后的计费新模型。

（二）研究方法

首先，运用研究分析法对国内工程监理行业的兴起和发展进行回顾和分析。其次，运用分析比较法对国内现存工程监理行业不同计费模型进行研究比较。第三，以发放调查问卷的方式通过大数据统计分析人员费与项目营运管理费、企业管理费及利润等比例关系，项目部的人员配置，项目部最低人员成本等，各参数平均水平。调查问卷可以得到每月或每年人员成本，结合项目人员的服务时间，即可计算出该项目的人员总成本。人员总成本与项目运行费用、企业管理费、利润等存在一定比例关系，进而可计算出监理项目部服务成本。

（三）主要研究内容

本文以工程监理行业计费模型研究及应用为最终研究目标，首先对国内工程监理行业发展历程进行回顾分析，并对国外工程咨询行业发展状况进行研究，以肯定国内工程咨询行业在国内建设市场中取得的阶段性成绩，以及从国外优秀做法中找到国内工程监理业发展可借鉴之处；第二，对国家发改委 299 号文进行分析，并预测工程咨询行业服务费计费标准放开后可能产生的新情况和新问题；第三，通过对工程监理行业不同计费模型的研究和分析，找出每个计费模型的优劣，最终得出一个最适合行业环境新常态下的计费模型；第四，对得出的计费模型所需参数通过调查问卷的形式进行大数据处理分析，得到工程监理行业项目部人员在不同规模不同建设阶段的数量配置标准以及项目部不同岗位的人力成本平均值，以及人力成本与营运费、企业管理费及利润之间的比例关系。第五，以实际项目为例，检验本课题所研究出的计费模型的科学性、合理性和适用性。第六，对工程监理行业如何应对市场化发展提出一些参考建议。

二、工程咨询行业的产生和发展历程的简要回顾

我国工程咨询行业发展至今，可概括为三个阶段的发展经历：第一阶段为萌芽阶段，从新中国成立到 20 世纪 80 年代初。在此阶段，由于计划经济条件下建设管理制度的束缚，国内还没有形成一个稳定的工程咨询行业。而咨询公司的工作则由不同形式的项目筹建机构或者派驻施工现场的“甲方代表”来实现。第二阶段为起步阶段，从 20 世纪 80 年代初到 90 年代初。在此阶段，国际金融组织贷款进入国内项目建设中，必须经过工程

咨询机构评审和认可后才能签订贷款协议。推行建筑业和基本建设管理体制改革的同时，为加强项目前期管理和提高投资效益，国内开始着手组建工程咨询机构，此阶段国内工程咨询行业的工作内容主要是国家重点工程项目的建设方案论证、技术经济评估和其他前期工作。工程招投标制度和工程监理制度在此阶段中产生。第三阶段为成长阶段，从20世纪90年代初至今。此阶段国内的工程咨询行业如工程监理、技术顾问、造价咨询等各种不同专业的工程咨询中介服务组织发展较为迅猛，国内的工程咨询市场日益扩大并逐渐趋于规范[1]。

(一) 工程监理制度发展历程的简要回顾

20世纪80年代，根据当时国内建筑业改革放开的现状，当时工程建设和管理水平较为落后，国外金融机构贷款以及国外建筑市场对我国传统建筑业实行项目管理影响，我国将国外的工程项目管理制度引入国内，结合国内以及与国外现状加以研究，将引入的项目管理制度命名为监理制度，中国监理制度成为当时“四大制度”之一。鲁布革水电站是我国引入监理制度以来第一个拥有监理单位参建的工程项目。由于监理的参建，该项目在缩短建设工期，减少结算费用等方面取得显著效果。而且当时的工程监理范畴不仅仅是现在意义上的“施工监理”，而是全过程全方位的工程项目管理。

中国工程监理发展历程从设立至今，已有28年的时间。回顾监理发展，可将监理发展阶段划分为设立阶段、试点阶段、稳步发展阶段和全面推行阶段。

改革放开三十年来，随着我国社会主义市场经济的迅猛发展，改革放开与国际接轨的迫切要求和国内建设市场的实际需要，1988年7月25日，国家建设部在《关于开展建设监理工作的通知》(〔88〕建建字第142号)中提出，建立具有中国特色的建设工程监理制度，标志着中国建设工程监理事业的正式开始。设立中国监理制度的初衷在《关于开展建设监理工作的通知》、1988年11月12日原建设部印发的《关于开展建设监理试点工作的若干意见》和1989年颁发的《建设监理试行规定》中均有体现，建设监理内容大致包括对投资结构和项目决策的监理，对建设市场的监理，以及对工程建设实施的监理。工程监理的内容可以是全过程的，也可以是勘察、设计、施工设备制造等的某个阶段。监理依据主要是工程合同和国家的方针、政策及技术、经济法规等。一个建设项目，可以委托一个监理组织实施监理，也可以委托几个监理组织进行监理。总结来看，中国实行建设监理的初衷是实施包括工程建设前期投资决策阶段和建设实施阶段(包含工程勘察、设计、施工及设备制造)在内的全过程、全方位的监理工作。

据《监理征程——中国建设监理创新发展20年》记载，1988—1992年，是我国建设工程监理的试点阶段。1988年11月28日，建设部颁布《关于开展建设监理试点工作的若干意见》中决定建设工程监理制度首先在北京、上海、南京、天津、宁波、沈阳、哈尔滨和深圳八市的交通的水电与公路系统进行试点。

1993—1995年是中国建设工程监理稳步发展的阶段，起到了承前启后、继往开来的作用。这3年深刻总结了试点阶段取得的丰硕成果，也为推行建设工程监理制度全面推行提供了坚实的制度、组织保障和宝贵的实践经验。在本阶段，中国建设工程监理行业成立了建设监理行业协会、初步开展了国际交流、继续完善建设工程监理法规体系、陆续开展、完善监理工程师各项工作并对工程监理人士开展了多种培训。

1996 年以来，建设工程监理制度进入全面推行阶段。2001 年，原建设部出台《建设工程监理范围和规模标准规定》（建设部令第 86 号），进一步明确了强制监理的范围。在此阶段，基本形成了建设工程监理法律法规体系，于 2000 年制定并颁布了第一版《建设工程监理规范》，2013 年在完善第一版《建设工程监理规范》的基础上颁布了第二版《建设工程监理规范》，并多次修订完善《全国监理工程师培训考试教材》，发布了建设工程监理与相关服务计费标准，颁布了《建设工程监理合同示范文本》，建立建设工程监理统计报表制度，培育了建设工程监理企业和建设工程监理队伍，提高了与国际化接轨水平。

中国建设工程监理制度的实施，在国内取得了明显的社会效益和经济效益，包括①表现出普遍较好的监理工程质量。据 2004 年北京、重庆、云南等一些省、自治区、直辖市对监理工程的质量抽查，其工程质量合格率都达 100%。如作为西部大开发和“西电东送”标志性工程之一的龙滩水电站，工程监理以事前控制和过程控制为重点，有效保证工程质量。②提高了工程投资效益，如厦门海沧跨海大桥，原概算投资 28.74 亿元，经过工程监理人员对工程设计和材料进行严格审查、合理优化、科学论证，施工中严格控制工程款支付，共节省投资 7.8 亿元。③有效控制了工程建设工期，如广州大学城一期工程，投资总额达 150 亿元，在工程监理人员科学严谨的组织协调下，仅用 10 个月便建成投入使用。④工程监理制度得到社会的广泛认可[2]。

（二）工程监理制度服务计费方式演变和发展的简要回顾

1992 年 10 月，原国家物价局和建设部联合颁发文件《关于发布工程建设监理费有关规定的通知》（〔1992〕价费字 479 号）（以下简称“92 标准”）。该文件首次规范了监理计费方法，文件规定有三种计费方法：

（1）按照工程项目概算（或者预算）的百分比计取监理费用（表 4.1）。

表 4.1　工程建设监理计费标准

序号	工程概（预）算 M/万元	设计阶段（含设计招标）监理计费 a	施工（含施工招标）及保修阶段监理计费 b
1	$M<500$	$20\%<a$	$250\%<b$
2	$500\leqslant M<1\,000$	$15\%<a\leqslant 20\%$	$200\%<b\leqslant 250\%$
3	$1\,000\leqslant M<5\,000$	$10\%<a\leqslant 15\%$	$140\%<b\leqslant 200\%$
4	$5\,000\leqslant M<10\,000$	$8\%<a\leqslant 10\%$	$120\%<b\leqslant 140\%$
5	$10\,000\leqslant M<50\,000$	$5\%<a\leqslant 80\%$	$80\%<b\leqslant 120\%$
6	$50\,000\leqslant M<100\,000$	$3\%<a\leqslant 5\%$	$60\%<b\leqslant 80\%$
7	$100\,000\leqslant M$	$a\leqslant 3\%$	$b\leqslant 60\%$

(2) 按照监理单位实际工作中投入的人数计算监理费用：监理人员(包括监理工程师、监理员、后勤人员等)每人每年平均是 3.5 万～5 万元。

(3) 当上述两种办法都不适用时，由业主与监理单位协商其他计取监理费用的方法。

“92 标准”自 1992 年 10 月 1 日施行以来，在一定的时间段内带动了国内监理企业的发展，监理企业和监理人员收入相对丰厚，吸引了许多优秀人才进入了监理行业。但随着国内经济、法制发展进程的逐步加快，1992 年出台的监理计费旧标准已经不能满足当前的监理工作。

2007 年 3 月 3 日国家发展改革委员会和国家建设部联合颁发《建设工程监理与相关服务计费管理规定》(发改价格〔2007〕670 号)(以下简称“670 号文”)。监理计费可以采用政府指导价或者市场调节价。其中依法必须实行政府指导价的，可以按照 670 号文计费基准价上下浮动 20%，具体浮动值由建设单位和监理单位根据有关规定、标准等协商而定。其他情况如实行市场调节价，建设单位和监理单位也可以协商而定，但不能违背相关法律法规。670 号文规定建设工程施工阶段的监理计费公式为

$$\text{监理费用}=\text{监理计费基准价}\times(1\pm\text{浮动幅度值})$$

其中：

$$\begin{matrix}\text{监理计费}\\\text{基准价}\end{matrix}=\begin{matrix}\text{监理计}\\\text{费基数}\end{matrix}\times\begin{matrix}\text{专业调}\\\text{整系数}\end{matrix}\times\begin{matrix}\text{工程复杂程}\\\text{度调整系数}\end{matrix}\times\begin{matrix}\text{高程调}\\\text{整系数}\end{matrix}$$

670 号文的实施，考虑到了工程的性质，完善和优化了监理计费制度，进一步推动了监理行业的发展。但随着国内放开政策的日益扩大，与国际工程咨询行业轨道日益趋近。2015 年 2 月 10 日国家发改委出台《关于进一步放开建设项目专业服务价格的通知》(发改价格〔2015〕299 号)(以下简称“299 号文”)。299 号文规定取代 670 号文，工程监理计费全面按照市场调节价进行[3]。

(三) 国外工程咨询费用计费的调研

在美国没有工程监理制度，中国的工程监理角色在美国是由工程咨询公司来充当。政府对项目实行工程咨询与否不进行干涉，完全由业主单位自行决定是否实行工程咨询。一般情况下，美国实行的是全过程的工程咨询工作，由咨询或者顾问公司负责工程的规划、设计管理施工。美国的工程咨询公司特别重视新技术、新材料的开发和利用，他们实行的是办公智能化，工作效率化，施工管理全方位化，除了对现场实行质量、进度、投资控制外，也注重施工方法、技术方案和经济效益等方面的控制工作。建设工程计费标准没有明确的规定，一般由业主和工程咨询单位共同商议确定，主要的计费方法有：按照建筑工程总造价的百分比计取；固定总价法计取。美国的工程咨询计费根据建筑工程的大小，最低计费为 4%，最高计费可达到 25%，通常情况下，咨询费用为建筑工程总造价的 12%～15%。美国的业主单位对工程咨询单位提出的合理化建议很重视，如果工程咨询单位提出的建议被业主采用，且降低了造价成本，那么业主就会给监理单位一定的奖励，给予奖励的额度一般为节约投资额度的 30%～50%。在项目施

工过程中，工程师实际发生的通讯费、差旅费、加班费、交通费及各种试验检测费用等均由业主另外支付。

德国和美国同样是由工程项目咨询公司或工程顾问公司充当中国监理角色，始于1905年，已历经百年的发展。一般说来，德国建设单位在工程咨询方面等方面的费用占工程总造价的7.5%～14%。德国工程咨询/顾问计费表如表4.2所示。

表4.2　德国工程咨询/顾问计费表

工程总造价/欧元	设计计费	咨询/顾问计费
300万以下	10%	12%
500～1 000	8%	12%
1 000～3 000	10%	12%
3 000～4 000	6%～7%	6%～15%

由表4.2可见，在德国，工程咨询/顾问计费要高于设计计费。而在工程咨询/顾问服务费计费总额中，75%的计费金额用于工程咨询/顾问的工资发放。可见，在德国，工程咨询/顾问企业以及工程咨询/顾问工程师的待遇优厚，咨询工程师行业真正属于知识密集型行业。

由美国、德国建设工程咨询计费来看，国外工程咨询计费远远高于国内监理计费标准，国外法律赋予工程师更多、更大的权利，业主也对工程师非常信任。同时，工程咨询公司自身更采用智能科技化管理，工作效率较高的精简团队[4]。

三、价格放开对工程监理行业的影响

299号文对工程监理行业价格的放开，对工程监理行业本身来讲不但是失去了“价格保障”，同时也可能会给工程监理行业带来新的发展空间。本节将针对价格放开给工程监理行业带来的机遇和挑战两面性进行详细分析。

（一）价格放开对工程咨询行业发展的挑战

1. 短期内市场竞争加剧，价格的无序竞争将成趋势

无论从业主节省投资角度来看，还是从市场需求角度分析，或者从工程监理企业利益目的角度来讲，299号文放开工程监理行业计费标准后，工程监理行业计费方式由政府指导价突然变为市场调节价，工程监理行业计费必然会由旧常态向新常态发展。在向新常态发展的同时，各个工程监理行业利益相干者都会有各自的计费策略，当各自计费策略云集于市场，便会出现无序竞争状态，直到行业内达成共识。

2. 短期内价格总体下行，低价竞标

在出现暂时的市场竞争加剧，价格的无序竞争状态之后，一部分工程监理企业业务量或收益就会减少，而为了自身的生存，不得不采取低价竞标的方式获取业务。有些业主方见行情混乱，为减少自身的投资成本，进一步压低监理企业的服务费，众多因素导致在短期内工程监理行业计费价格总体下行，工程监理公司低价竞标将成为行业关注焦点。

3. 工程监理企业投入减少，服务质量降低，行业受损

由于工程监理计费过低，将直接导致工程监理企业投入成本的减少，人力配置的数量减少和人员能力减弱，工程监理企业对参建项目的服务质量无法保证，最终影响监理服务质量的下降，企业和个人也会因监理服务质量的下降而受到处罚。若在市场中影响较大，则会使得行业可信度降低，声誉受损。

4. 过低的费用将导致企业收益下降，企业难以维持正常的运行而倒闭

随着总体经济的发展，企业成本必定在逐年增加。在工程监理企业计费过低的状态下，若监理企业不能在运作中产生更多的利润来维护企业开支，也没有雄厚的资金后盾，则企业将面临倒闭的风险，而这样的企业在市场中占有很大的比例。299号文的出台，势必对工程监理行业进行一次脱胎换骨的洗牌。

5. 行业人才流失，服务质量更加难以保证，建筑质量安全事故频发

监理企业收益的下降，必然导致优秀工程监理方面人才收入失去保障，工程监理企业难以留住优秀人才。随着人才的流失，服务质量更加难以保证，质量安全事故频发，工程监理行业在建筑市场中存在的必要性将会受到质疑。

（二）价格放开对工程监理行业发展的机遇

1. 加快市场化步伐，真正体现市场是资源配置决定性的因素

工程监理服务的本质依然是一种社会资源或商品，随着国内市场化和国际化进程的深入，工程监理服务计费由“政府指导价”到“市场调节价”的转变，是规律所致，大势所趋。工程监理行业计费完全由市场决定，才能真正体现市场是资源配置决定性的因素。

2. 检验企业实力和行业价值，迫使企业从吃“政策饭”向吃“市场饭”转变

工程监理行业经过市场化计费后，市场会对行业存在的必要性进行选择。若工程监理行业的存在对建筑市场来讲无关紧要，或工程监理行业不能满足建筑市场的需求，则建筑市场就会舍弃工程监理行业的存在，工程监理将退出建筑市场的舞台；如果工程监理行业的存在对建筑市场的发展起到不可代替、至关重要的作用时，则建筑市场会推动工程监理行业的发展。

3. 迫使企业提升自身的服务能力和水平，为业主提供有需求、有价值的服务

299号文放开计费价格后，工程监理企业为了承接到业务求生存和发展，企业之间的竞争力将会更加激烈。因此，监理企业若想在竞争激烈的环境中求得生存，就必须不断提高自身的服务质量和自身的综合专业水平，向市场和业主提供实际所需的服务内容。

4. 行业必将面临着重新洗牌,经过大浪淘沙,适者生存

通过上述分析,计费价格的放开,必然会形成短暂的低价激烈竞争。若监理企业不能在运作中产生更多的利润来维护企业开支,也没有雄厚的资金后盾,则企业将面临关门倒闭的风险,只有那些资本雄厚的企业才能坚持下来。对整个工程监理行业来讲,亦是面临着重新洗牌,经过大浪淘沙,适者生存。

5. 促进行业自律管理,促使行业健康发展

通过市场化竞争将会淘汰一批技术水平低、没有竞争力、资本实力较弱的企业,而坚持下来的企业在监理行业中综合实力较为优秀,生存能力较强。在实行价格市场化之后,必定会有一个更加规范、有序的市场生存环境,工程监理行业将迎来健康发展的新环境。工程监理企业根据自身的实力水平和所提供监理服务的质量,在市场中得到重新定价。届时,工程监理行业及行业在内的监理服务企业能够真正的在市场中体现其存在的价值。

四、工程监理行业计费模型的研究

(一) 不同计费模型分析

目前工程监理计费的方式很多,有的参照政府废旧指导文件来确定计费方式,也有根据客户的需求来设定计费方式,还有些业主自行研制出一种计费模型。结合目前市场实际情况,本节对工程监理服务费计费模式进行归纳。

1. 按总投资(造价)费用计取工程监理计费的酬金

按总投资(造价)费用为基数乘以某一百分比为工程监理计费的酬金,在以往编制概算预算、标底编制、计算工程量、设计监理招标、施工招标、全过程造价控制等均是采用以投资额为基数采取差额定率累进计费,这是目前采用最为广泛的工程咨询计费方式之一,由于670号文的取消,使得这种计费方式一时陷入无序竞争状态。

2. 按人员费为基数计取工程咨询计费的酬金

以人员费为基数的计费方式是境外工程咨询计费应用最为普遍的主要方式。这种方式对人力成本的测算比较实际,能够对整个咨询成本有较准确的测算,其计费主要是根据实际投入的人力成本再综合考虑管理费用和利润、税金,和其他计费方式相比,更有操作性,体现出工程咨询的时间因素是工程咨询计费的主要影响因素之一,更体现了我国今后“工程顾问”与国际接轨的趋势。

若要进行该模型进行工程咨询计费模型,各企业必须要厘清自己企业的人员资源成本分析和管理成本分析,有必要对人力资源进行分级分类,才能在实际中运用,该方式也考虑到时间因素给工程咨询计费带来影响。此方法是投入和产出相匹配,各计费环节较明朗,是一个应该积极提倡的计费方式。

3. 按建造平方米乘以某费率为计费的酬金

一般是对该类建设项目非常熟悉,监理计费较为成熟。如一般住宅、安置房以及前几期楼宇已经咨询服务结束，参照前期的咨询计费价格对后几期开发的项目按每平方米计计费用，在一次性承包方式提供咨询服务计费中实际运用还比较少。

4. 按时按件计取咨询计费

可分为按时计费和按件计费两种计费方式：

(1) 按时计费中根据承办人员的资格、经验、等级等计取其每天或每小时计费标准。

(2) 按件计费中根据承接咨询事项的数额，也可按事项的大小对计费进行细分，再按件计取计费。

这两种计费方式都是一般较为小型的、细碎的项目，以及工程咨询人员借用时常采用的方式。

5. 其他计费方式

采用综合性计费方式，既以上几种方式混合计费。

如某一工程采用全过程造价控制，采用按建安投资为基数乘以费率作为全过程咨询计费，投资方为保障自己的投资利益，要求工程结算审核按核减额计费方式，同时对合同以外的咨询企业提倡按时按件计取咨询费用，这在实际的工程监理取费操作过程中较为常见。

(二) 计费模型的比选

尽管计费模型如此之众多，但最常用的也是最易被市场接受的计费方式主要有“按平方米计费”“按投资(造价)费率计费”“人员费为基数计费”三种，(也就是上述所总结的(1)(2)(3)三种方式，具体到工程监理业务板块来分析)各种计费模型的优缺点分析如下。

1. “按平方米计费”优劣分析

按平方米计费方式多数在房地产项目，特别是在住宅项目上使用，因为从业主角度来讲这种计费模型所形成的监理费用，可以简单地分摊到房价上。不仅如此，这种计费模式优点还有：①价格简单，尤其是住宅工程极容易被复制套用；②已经有较多的数据支持和相对成熟的计费规则；③计费数额与监理投入没有直接关系，若计费数额较高，则监理企业有较大的获利空间。这种方式在实际监理服务计费应用中也会有相应的缺点：①按平方米计费价格往往很低，通常在每平方米 15 元左右，高的会到 25 元，但低的会在 10 元以下，有些甚至只有 5 元以下，基本按地域的不同的数据；②监理单位根据价格配备人员，如果价格较低，将导致监理人员配备不足，人员素质低下，服务质量下降，监理作用形同虚设，有些沦落为“盖章监理”；③风险极大，如工期延长工程监理企业很难对业主提出索赔。

2. “按投资(造价)费率计费”优劣分析

按投资(造价)费率计费是沿用了以往的按投资(造价)费率计费的方式，在一定时期内还会存在，这种计费方式可能会在政府投资项目或者公共建筑项目上继续使用。按投资(造价)费率计费方式优点有:①计算方便,可以对同类型项目做横向比较;②由于有以前670号标准,可以作为参照规则计取监理服务费;③费用与监理投入没有直接关系,如费率大,则监理企业大的获利空间也很大。缺点:①由于670号文的取消,形成无序报价的现象,价格的离散性大,难以评判;②容易造成低价竞争,进而影响监理服务质量。

3. "按人员费为基数计费"优劣分析

按人员费为基数计费模型是国际通用的计费方式,在外资项目及大型公建项目上得到广泛使用。其优点有:①报价透明度高,明码标价,优质优价。人员费、设施费、管理费、利润清晰;②报价往往与工期挂钩,便于处理因延期而生成监理费增加的索赔;③投标时将根据监理服务内容和工程项目特点配置人员,对服务质量有保障;④人员成本占报价的65%左右,监理人员的素质和能力是关键,迫使监理企业要留住好的人才、注重人才培养。这种计费的缺点有:①费用与监理投入有直接关系,且高度透明,将使监理企业的盈利点发生重大变化,使得监理企业只能通过利润费率来赚取企业利润;②业主对监理人员的综合素质要求提高,加剧了监理人才市场紧缺的现状;③业主会对人员进行考勤,按人员出勤率给付费用,给企业运行带来困境;④计算复杂,评判时对比,工作量极大。

(三) 计费方式的确定

就报价或计费来讲,按平方米计费的方法通常被业主喜欢,但对监理单位来讲,这种方式风险大,收取费用少,不被监理企业接受。按投资(造价)费率计费通常不受业主和监理企业双方欢迎,因业主心里预期不同,地域影响较大,难以评判。监理企业因报价无序竞争,价格难以把控。按人员费为基数计费通常业主愿意用但监理单位并不愿意,业主认为这种计费模型较为清晰,明码标价,物有所值。但监理企业盈利空间较少,在项目实施过程中监理人员变动较大,所以不被监理企业青睐。就保证服务质量来讲,按平方米计费的方法由于价格普遍偏低利润不高,资源配备不足,质量难以保证。按投资(造价)费率计费由于没有670号文作为依据,无序报价将使监理费远远低于以往的监理费用,导致投入减少,质量无法保证。按人员费为基数计费由于是根据是服务内容和工程特点,明确了所配人员、工作时间,使监理人员得到有效的保证,从而可以保证相应的服务质量。

按人员费为基数计费,因为这种方式的好处在于:①人员的岗位及要求明确;②人员的成本明确;③人员工作的时间明确。这对于双方来说价格是透明的,风险也是对等的,这也就是成为国际上通用的计费方式的原因。因此,工程监理计费应以"按人员费为基数计费"模型计费。按人员成本加利润模型为

$$成本费用 = 各类人员每月单价 \times 各类人员工作月份 \times 各种费率$$

或

$$成本费用 = 各类人员每月综合单价 \times 各类人员工作月份$$

五、“按人员费为基数计费”模型的建立

（一）监理项目部人员成本计算

本模型的应用主要针对房屋建筑工程和市政工程项目。“人员费为基数”计费模型是以监理项目部人员成本为基础，在本模型对项目人员成本进行计算时，考虑到房屋建筑工程和市政工程项目有所不同，则分别对房屋建筑工程项目和市政工程项目人员费计算方法进行思考。

在房屋建筑工程中，项目人员成本的计算主要衡量指标有：不同岗位人员成本，不同阶段人数配置以及服务时间三个方面，也就是房屋建筑工程的每个阶段的人员成本计算就是三者的数学计算。其中项目部人员成本包括人员工资、福利、补贴、社保、住房公积金等公司或项目部监理人员其他成本。不同阶段的人数配置就是根据有经验的工程师对项目的工期进行预测和判断，并将整个工期分为地基与基础阶段、主体结构阶段和装饰装修阶段这三个不同阶段需要的人员配备数量。服务时间则是某一监理项目部人员在该项目上的服务时间。

在市政工程项目中，监理项目部人员成本按照房屋建筑工程的方式得到不同岗位不同级别的个人成本。根据投资规模的大小，确定人数的配备数量。这样每个计算得出该项目部的人员费用，计算公式可参照式(1)来计算。

（二）监理项目部现场经费计算

通过调查发现，在项目部人员成本与项目运营管理费用之间存在一个正相关的比例关系：项目部人数越多，人员成本越大，项目运营管理成本就越高。因此可以找出并确定项目部人员成本与项目运营管理费用的比例数值。监理项目部人员成本与监理项目部运营管理成本之和为监理企业在服务项目上的直接费。

（三）企业运营管理费计算

企业运营管理费在本计费模型中又叫间接费。包括监理企业管理人员酬金和企业规费以及企业管理经费。企业管理人员酬金和企业规费包括经营管理后勤人员应付工资和补贴（含个人应缴社保五险、公积金、所得税）和公司缴纳的社保五险和公积金等。企业管理经费包括办公场所费用、办公费、职工教育经费、业务经营费、差旅交通费、固定资产使用费、财产保险费、特殊工资费用、研发费和其他费用。企业运营管理费在本计费模型中的计算方法是找出直接费与其之间的比例管理得到。

（四）利润和税金的计算

利润的计算依据监理企业自身的盈利目标而定，可根据直接费与间接费之和的一定

比例计算得到。税金为国家规定比例。

按上文所述，“人员酬金加利润”计费模型是以人员费为基础，通过相关参数计算出项目营运费、企业管理费以及利润等，从而得到服务费计费数额。可表示为

$$监理服务费 = 直接费 + 间接费 + 利润 + 税金$$

计费模型中费用组成详见附录 1。

六、计费模型参数研究

为获取计算服务费所需参数，我们以调查问卷的形式在上海市 50 家监理企业中展开调查研究，并以监理业务为例进行计费模型的研究及验证。问卷的调查得到了上海市建设工程咨询行业协会的大力支持，由上海市建设工程咨询行业协会(以下简称“协会”)发放给上海市范围内的监理单位，并督促完成。调查问卷共分为三个部分，包括监理企业的基本情况、监理业务人员成本调查表、项目监理机构人员构成调查表。第一部分基本情况主要了解被调查企业的性质、资质、各类员工比例、收入、成本等方面的内容，其目的是将企业进行分类统计，使统计结果更加合理、科学。第二部分监理业务人员成本调查表从不同岗位、不同的能力进行年薪调查统计，其中专业监理工程师岗位以上(含安全管理工程师)按个人能力分档资深和普通两档，年薪取值为调查单位最高工资和最低工资，和相应的人数。第三部分为项目监理机构人员配置调查表，主要围绕房屋建筑工程和市政工程进行调查研究。房屋建筑工程按照施工顺序分为地基与基础阶段、主体结构阶段、装饰装修阶段。房屋建筑按照不同建筑面积进行各阶段的人员配置调查，市政工程按照总投资进行项目监理机构人员配置调查。调查问卷形式内容详见附录 2。

(一) 费用参数调研

费用参数主要有监理项目部运行成与人员成本比例、企业管理费比例、监理业务利润率三个。在发出的调查问卷中，共收到有效调查问卷反馈 45 个样本，将样本中的数据整理后，运用大数据处理方式算出每个数据的平均值，以反映出行业中的平均水平，使数据具有普遍性和代表性。测算出上海市监理企业相关费率数据如表 4.3 所示。

表 4.3 上海市监理企业相关费率数据

监理项目运行成本与监理项目人力资源成本之比	管理费率	监理业务利润率
29.3%	13.7%	11.7%

(二) 项目部人员成本调研

项目部人员按照岗位进行分类为：总监、总监代表、土建专业监理工程师、机电专业监理工程师、安全管理工程师、土建专业监理员、机电专业监理员、资料员以及后勤保障人员。其中总监、总监代表、土建监理工程师、机电专业监理工程师以及安全管理

工程师按业务水平分为资深档和普通档两个档次。如某公司总监岗位资深档和普通档的划分办法为全公司的总监人数，以工资数额大小划分，工资数额较大的前 40%归为资深总监档，后 60%为普通总监档，其他亦然。每一档人员的收入按年薪分别统计出最高值、最低值和平均成本，并计算出每个岗位的人员成本平均值。然后再计算出公司按规定交社保后成本的每一档人员的平均值，每个岗位的年总平均和月平均。如表 4.4 所示。

表 4.4　监理业务人员成本调查统计结果　　单位：万元

岗位	分档	调查统计实际年收入				按规定交社保后成本		
		最低	最高	平均	总平均	平均	年总平均	月平均
总监	资深	21.2	29.9	24.0	20	34.85	28.95	2.4
	普通	14.9	19.6	17.3		25.02		
总监代表	资深	12.2	16.1	14.1	12.1	20.33	19.44	1.62
	普通	9.1	12.4	10.7		15.46		
土建专业监理工程师	资深	7.6	10.1	8.5	8.19	12.32	12.34	1.03
	普通	5.7	7.5	6.6		10.66		
机电专业监理工程师	资深	9	11.4	9.9		14.38		
	普通	6.9	8.9	7.9		11.38		
安全管理工程师	资深	8.7	11.4	9.9		14.34		
	普通	6.5	8.8	7.6		11.05		
土建专业监理员		4.2	5.7	4.9	5	7.04	7.25	0.61
机电专业监理员		4.6	6.3	5.3		7.75		
资料员		4.0	5.7	4.8		6.95		
后勤保障人员		4.2	5.6	4.8	4.8	6.98	6.98	0.58

(三) 项目部人员配备调研

项目部人员配置调研主要从房屋建筑工程和市政工程两个大的方面进行调研。其中，房屋建筑工程分为公共建筑、住宅工程和工业厂房三个板块。公共建筑和工业厂房板块按建筑面积分为小于 1 万 m^2、1 万～3 万 m^2、3 万～5 万 m^2 以及大于 5 万 m^2 四个档次；住宅工程分为小于 3 万 m^2、3 万～6 万 m^2、6 万～9 万 m^2、9 万～12 万 m^2 以及 12 万 m^2 以上五个档次。在施工阶段划分方面分为地基与基础阶段、主体结构阶段以及装饰装修阶段，阶段的划分则要依靠有经验的工程师进行划分。在市政工程方面按投资额分为 1 000 万元以下、1 000 万～5 000 万元、5 000 万～1 亿万元以及 1 亿万元以上四个档次。根据调查问卷搜集来的数据，进行处理得到每个档次所配置的不同岗位的人员数量。如表 4.5 所示。

表 4.5 项目监理机构人员构成调查表统计结果

工程类别		工程规模 建筑面积 M/m² 工程造价 N/万元	各阶段配备人数/人														
			地基与基础阶段					主体结构阶段					装饰装修阶段				
			总监	总代	专监	监理员	合计	总监	总代	专监	监理员	合计	总监	总代	专监	监理员	合计
房屋建筑工程	公共建筑	$M\leqslant 10\ 000$	1.0	0.3	1.8	1.4	4.5	1.0	0.4	2.2	1.7	5.2	1.0	0.3	2.0	1.5	4.8
		$10\ 000<M\leqslant 30\ 000$	1.0	0.4	2.4	2.0	5.7	1.0	0.4	3.1	2.3	6.8	1.0	0.4	2.8	1.9	6.1
		$30\ 000<M\leqslant 50\ 000$	1.0	0.6	3.2	2.6	7.5	1.0	0.6	4.1	3.0	8.7	1.0	0.6	3.7	2.5	7.9
		$M>50\ 000$	以 50 000 m² 为基数，每增加 20 000 m² 以内，地基与基础阶段，专业监理工程师增加 1.1 人，监理员增加 1.1 人；主体阶段，专业监理工程师增加 1.5 人，监理员增加 1.2 人；装修阶段，专业监理工程师增加 1.2 人，监理员增加 1.0 人。														
	住宅工程	$M\leqslant 30\ 000$	1.0	0.4	2.2	1.8	5.3	1.0	0.4	2.8	2.3	6.3	1.0	0.4	2.6	2.0	5.9
		$30\ 000<M\leqslant 60\ 000$	1.0	0.6	2.9	2.4	6.8	1.0	0.6	3.6	2.9	8.0	1.0	0.6	3.2	2.5	7.3
		$60\ 000<M\leqslant 90\ 000$	1.0	0.8	3.7	3.2	8.7	1.0	0.8	4.5	3.8	10.1	1.0	0.8	3.9	3.3	9.1
		$90\ 000<M\leqslant 120\ 000$	1.0	1.0	4.6	3.8	10.4	1.0	1.0	5.5	4.4	11.9	1.0	0.9	4.8	3.9	10.7
		$M>120\ 000$	以 120 000 m² 为基数，每增加 30 000 m² 以内，地基与基础阶段，专业监理工程师增加 1.3 人，监理员增加 1.1 人；主体阶段，专业监理工程师增加 1.5 人，监理员增加 1.2 人；装修阶段，专业监理工程师增加 1.2 人，监理员增加 1.1 人。														
	工业厂房	$M\leqslant 10\ 000$	1.0	0.3	1.7	1.5	4.4	1.0	0.3	2.3	1.6	5.1	1.0	0.3	1.8	1.5	4.5
		$10\ 000<M\leqslant 30\ 000$	1.0	0.4	2.4	1.9	5.7	1.0	0.4	3.3	2.2	6.8	1.0	0.3	2.6	1.8	5.7
		$30\ 000<M\leqslant 50\ 000$	1.0	0.6	3.2	2.5	7.3	1.0	0.7	3.9	2.7	8.5	1.0	0.6	3.4	2.3	7.4
		$M>50\ 000$	以 50 000 m² 为基数，每增加 20 000 m² 以内，地基与基础阶段，专业监理工程师增加 1 人，监理员增加 1 人；主体阶段，专业监理工程师增加 1.2 人，监理员增加 0.9 人；装修阶段，专业监理工程师增加 0.9 人，监理员增加 0.9 人。														
市政工程		$N\leqslant 1\ 000$	总监 0.9 人，总代 0.3 人，专监 1.7 人，监理员 1.4 人，合计 4.4 人。														
		$1\ 000<N\leqslant 5\ 000$	总监 1 人，总代 0.5 人，专监 2.9 人，监理员 2 人，合计 6.3 人。														
		$5\ 000<N\leqslant 10\ 000$	总监 1 人，总代 0.8 人，专监 4.1 人，监理员 2.7 人，合计 8.7 人。														
		$N>10\ 000$	以 10 000 万元为基数，工程造价每增加 5 000 万元以内，专业监理工程师增加 1.4 人，监理员增加 1.3 人。														

七、"人员酬金加利润"计费模型在监理业务实证分析

由上文研究分析,可得到不同建筑面积的房屋建筑工程和不同总造价的市政项目工程的人员配备数量,不同岗位的人员成本及成本也可在统计结果表中测出。房屋建筑工程项目根据招标文件给出的工期或工程项目的特点测算出的地基与基础阶段、主体结构阶段和装饰装修阶段三个阶段的工期,在考虑不同阶段配备人数差别的基础上可得到项目监理机构的人员费。市政工程项目根据总工期和推测出来的人员配置数量。房建工程和市政工程在考虑监理企业营运费计费系数为人员费的 0.3,管理费为人员费与营运费之和的 0.137,利润计取系数人员费、营运费、管理费三者之和的 0.12,合计费用为人员费、营运费、管理费、利润四者之和,税金计费系数为合计费用的 0.055 65,进而可得人员费用加费率监理费等于合计费用与税金之和。

通过分别选取 299 号文出台前后的选取几个具有代表性的招标项目,运用上述所介绍的人员费加费率监理费与 670 号文价格和实际成交价格以及招标文件对监理报价要求等方面进行比较分析。其中,表 4.6 是 299 号文出台之前监理费用与监理成本及 670 号文价之间比较,表 4.7 是 299 号文出台之后监理费用与监理成本及 670 号文价之间比较。

人员费加费率监理费可看作监理企业成本价。通过表 4.4 和表 4.5 可知,计算出的人员费加费率监理费可以落在 670 号文价格的 0.8～1.2 之间,大多情况下会小于或等于 670 号文价格。分析表 4.4 可知,在 670 号文执行之时,即 299 号文实行之前监理单位服务费已经是捉襟见肘,身兼重任,贴近成本价在运行。分析表 4.5 可知,在 299 号文执行之后,政府放开监理计费政策,由市场主导,实际成交价格骤降,已经远远低于监理企业成本价运行,有些监理企业为承接工程不惜低于成本恶意竞争。这严重违背《中华人民共和国建筑法》相关规定的"建筑企业不得低于成本价投标竞争并承揽工程"等条款。

八、结论与展望

第一,"按人员费为基数"计费方式不但适用于工程监理取费,对工程造价咨询、招标代理以及工程项目管理服务取费均有研究和实际应用意义。

第二,"按人员费为基数"的计费方式有利于保证监理企业投入人员的素质和数量,监理企业在报价时就作了明确的承诺。监理企业投入成本主要是人力资源成本,这种计费模型明确了监理企业投入人员的成本。同时,业主对监理人员综合素质更加容易了解,亦容易把控监理服务费的投入。

第三,这种计费方式不但能使得各项取费透明化,各项费用容易被业主认可,而且可有效地保证服务质量,有利于保障工程的质量与安全,同时可有效地处理因工作量或服

表 4.6 299 号文出台之前监理费用与监理成本及 670 号文价之间比较

项目类别	总建筑面积/ m²	造价/万元	工期/天	单位/万元										
				人员费①	营运费②=①×0.3	管理费③=(①+②)×0.137	利润④=(①+②+③)×0.12	合计费用⑤=①+②+③+④	税金⑥=⑤×0.055 65	人员费用加费率监理费⑦=⑤+⑥	670 号文价	实际合同价	计算费与 670 号文比	合同价与 670 号文价比
公建 A	132 838	122 083.37	45	778.24	233.47	138.60	138.04	1 288.35	71.70	1 360.05	1 773.22	1 773.22	0.77	1.00
公建 B	127 300	109 240	42	770.32	231.10	137.19	136.63	1 275.24	70.97	1 346.21	1 618.39	1 942.07	0.83	1.20
公建 C	90 000	45 000	31	415.67	124.70	74.03	73.73	688.13	38.29	726.42	779	638	0.93	0.82
住宅 D	309 300	130 000	36	958.52	287.56	170.71	170.01	1 586.80	88.31	1 675.11	1 868.65	1 530	0.90	0.82
市政 E	/	40 962.05	24	486.42	145.93	86.63	86.28	805.25	44.81	850.07	721.82	866.19	1.17	1.20

表 4.7 299 号文出台之后监理费用与监理成本及 670 号文价之间比较

项目类别	总建筑面积/ m²	造价/万元	工期/天	单位/万元										
				人员费①	营运费②=①×0.3	管理费③=(①+②)×0.137	利润④=(①+②+③)×0.12	合计费用⑤=①+②+③+④	税金⑥=⑤×0.055 65	人员费用加费率监理费⑦=⑤+⑥	670 号文价	实际合同价	计算费与 670 号文比	合同价与 670 号文价比
公建 F	160 000	250 000	49	1 341.69	402.51	238.95	237.98	2 221.13	123.61	2 344.74	3 255.03	858.88	0.72	0.26
公建 G	37 689.62	15 192	19	174.44	52.33	31.07	30.94	288.78	16.07	304.85	309	95	0.99	0.31
公建 H	189 736	148 722	56	1 433.28	429.98	255.27	254.22	2 372.75	132.04	2 504.80	2 094	1 598	1.20	0.76
公建 I	450 000	468 208	45	2 499.61	749.88	445.18	443.36	4 138.03	230.28	4 368.32	5 548.65	3 606.6	0.79	0.65
住宅 J	96 166	20 540	22	239.02	71.71	42.57	42.40	395.69	22.02	417.71	401.9	176	1.04	0.44
市政 K		37 600	20	461.4	138.42	82.18	81.84	763.83	42.51	806.34	670.42	489.98	1.20	0.73

务周期变化发生的合同变更。

第四，“按人员费为基数”计费方式利于防止低价竞标，无序竞争等不良市场问题及其所滋生较多的社会痹症。

第五，“按人员费为基数”将会对企业的盈利模式发生重大变化，企业一时难以适应和接受。同时，对参加不同地区竞标的企业会受到当地人员价格的影响而降低竞争力，必须要做好减少预期收益的心里准备。

第六，由行业协会定期调查、收集、整理和发布人员成本、相关费率、不同工程类型不同规模的人员配置标准等指数，作为工程咨询服务企业报价及评判的依据，也可以作为行业协会对会员企业的监管依据。

第七，以“按人员费为基数计费模型”为工程监理行业主要计费模型为契机，调整工程咨询行业机制，继续开展监理工作标准化制定的推进工作。

第八，可按照此种计费所需数据和计费规则，充分运用“互联网＋”先进技术理论，完善本计算模型，编制成取费计算软件。

参考资料

[1] 宋为群. 我国工程咨询业发展模型优化的制度安排[D]. 武汉：武汉大学，2003.
[2] 中国建设监理协会. 监理征程——中国建设监理创新发展 20 年[M]. 北京：中国建筑工业出版社，2008.
[3] 梅绘. 我国监理企业服务酬金现状分析与对策研究[D]. 北京：北京交通大学，2010.
[4] 任秉凯. 建设工程监理计费现状分析及研究[D]. 北京：清华大学，2013.
[5] 胡列格，谭立兵. 从监理与项目管理的关系探讨监理的定位与发展[J]. 工程建设，2006，12.

附录 1

建设工程监理服务费构成表

1. 项目监理人员酬金和规费		1.1 应付工资(含个人应缴社保五险、公积金、个人所得税)
		1.2 补贴(含交通、伙食、流动驻外工地补贴)
		1.3 社会保险和公积金(公司为项目人员缴纳的社保五险和公积金)
		1.4 意外伤害保险(商业)
2. 监理项目部现场经费(与人员费比例)		2.1 临时设施费(含租房、空调、桌椅、文件柜、厨具)
		2.2 检测检验费(含检测包、尺、测距仪、仪器校验标定等)
		2.3 日常现场办公费(含电脑、打印、复印、文具、相机、通讯、水电气、车辆折旧)
		2.4 劳动保护(含工作鞋、帽、制服)
		2.5 福利(含防暑降温、过节慰问)
3. 企业运营管理费(与人员费比例)	3.1 企业管理人员酬金和规费	3.1.1 经营管理后勤人员应付工资和补贴(含个人应缴社保五险、公积金、所得税)
		3.1.2 公司缴纳的社保五险和公积金
	3.2 企业管理经费	3.2.1 办公场所费用(含自有房房产税、印花税、房产折旧或租房房租及水、电、气、物管费)
		3.2.2 办公费(含电脑、打印、复印、文具、账表、通讯、印刷、通讯、会议)
		3.2.3 职工教育经费(含岗位培训、业务培训、继续再教育)
		3.2.4 业务经营费
		3.2.5 差旅交通费
		3.2.6 固定资产使用费(含车辆购置、折旧、维修、油料、停车、年检)
		3.2.7 财产保险费(含不动产和车辆保险)
		3.2.8 特殊工资费用(含工伤、病假、产假工资,婚丧补贴、遣散不称职人员和带薪休假费用等)
		3.2.9 研发费
		3.2.10 其他(含投标经费、质量认证申核费、广告、财务审计、法律顾问咨询费、会费和工会费等)
4. 利润		
5. 税金 营业税、城市维护建设税和教育附加等税率 5.6%;企业所得税为利润×所得税率 25%		

说明:为便于项目核算,直接费为项目监理机构发生的费用,间接费为企业本部费用。

附录 2

监理企业人员成本及项目部人员配置调查问卷

（注：本调查卷所需数据为 2014 年数据，请参照 2014 年度建设监理统计报表填写）

第一部分　基本情况

1. 公司名称：
2. 公司所在省、市：
3. 公司性质：□国资 □民企 □中外合资□外国独资□其他
4. 公司资质：□综合资质
   □房屋建筑工程(□甲/□乙/□丙)级
   □市政公用工程(□甲/□乙/□丙)级
   □招标代理(□甲/□乙/□丙)级
   □工程造价咨询(□甲/□乙/□丙)级
   □工程咨询(□甲/□乙/□丙)级

(注：第 3 项、第 4 项调查内容，请在选项□中打“√”)

5. 贵单位 2014 年度总从业人数：________；
   其中工程监理从业人员数：________；
   注册监理工程师人数：________；
   其他工程注册类人员数：________；
   高级工程师职称人数：________；
   中级工程师职称人数：________；
   初级工程师职称人数：________。
6. 贵单位 2014 年营业收入：________万元；
   其中工程监理业务营业收入：________万元。
7. 贵单位 2014 年营业成本：________万元；
   其中：工程监理业务营业成本：________万元；
   其中：监理业务人力资源总成本(包括：工资、奖金、津贴、加班费、企业交金等)：________万元。
8. 贵单位 2014 年营业利润总额：________万元；
   其中工程监理业务利润总额：________万元。
9. 贵单位 2014 年管理费用：________万元。
10. 贵单位测量专业监理工程师年成本人平均值通常为土建专业监理工程师年成本人平均值的________%。

11. 贵单位钢结构专业监理工程师年成本人平均值通常为土建专业监理工程师年成本人平均值的________%。
12. 贵单位幕墙专业监理工程师年成本人平均值通常为土建专业监理工程师年成本人平均值的________%。
13. 贵单位弱电专业监理工程师年成本人平均值通常为机电专业监理工程师年成本人平均值的________%。
14. 贵单位见证取样员年成本人平均值通常为土建监理员年成本人平均值的________%。

【填表说明】

- 所用数据均为 2014 年数据。对于建设监理统计报表中已有数据，请填写单位按照 2014 年度建设监理统计报表填写。
- 第 3 项、第 4 项调查内容，请在符合公司情况的选项□中打“√”。
- 总从业人数是指公司现有各个专业及职能部门的人数总和；工程监理从业人员数是指从事监理服务活动的人数。
- 其他工程注册类人员数是指除去注册监理工程师以外的其他工程注册类人员。
- 监理人员营业成本包括工资、奖金、津贴、加班费、公司交金总和。
- 调查问卷中第 11—14 题是指相应专业人员的年成本人平均值与对应专业人员的年成本人平均值之比，如：钢结构专业监理工程师年成本人平均值为 11 万元，而土建监理工程师年成本人平均值为 9 万元，则贵单位钢结构专业监理工程师年成本人平均值通常为土建专业监理工程师年成本人平均值的 122.22 %。土建专业监理工程师年成本人平均值中不含测量、钢结构、幕墙专业监理工程师的成本。

第二部分　监理业务人员成本成本调查表

岗位	执业资格/职称	分档	年成本			
			最低/万元	最高/万元	人数	平均值/万元
总监	注册监理工程师	资深				
		普通				
总监代表	具有工程类国家注册类执业资格且有中级以上职称以上取得培训证书人员 （仅有上海监理工程师无注册类的人员不包含在内）	资深				
		普通				
土建专业监理工程师	具有工程类国家注册类执业资格或者取得省监理工程师上岗证	资深				
		普通				

（续表）

岗位	执业资格/职称	分档	年成本			
			最低/万元	最高/万元	人数	平均值/万元
机电专业监理工程师	具有工程类国家注册类执业资格或者取得省监理工程师上岗证	资深				
		普通				
安全管理工程师	具有工程类国家注册类执业资格或者取得安全管理师证书	资深				
		普通				
造价专业监理工程师	具有造价或监理注册资格人员或有中级以上职称或其他工程类注册证书	资深				
		普通				
土建专业监理员	经培训取得相应监理员上岗证书					
机电专业监理员	经培训取得相应监理员上岗证书					
资料员	经培训取得相应资料员上岗证书					
后勤保障人员	司机或厨师等					
注：总监、总监代表、土建专业监理工程师、机电专业监理工程师、安全管理工程师、造价专业监理工程师均分为两个档次，资深档次占总人数成本的前40%、普通档次占总人数成本的后60%比例划分						

【填表说明】

- 各监理岗位的任职条件原则上按照《建设工程监理规范》(GB/T 50319—2013)的规定，同时综合考虑各省市的具体要求制定。
- 年成本包括年工资总额、奖金、津贴、加班费，年成本区间值是指公司内同一岗位、同一等级人员的成本范围，年成本人平均值是指对应区间范围内的人平均成本，人数是指同一岗位同一等级人员的数量。
- 总监、总监代表、土建专业监理工程师、机电专业监理工程师、安全管理工程师、造价专业监理工程师均分为两个档次，资深档次占总人数成本的前40%、普通档次占总人数成本的后60%比例划分。以总监为例如公司共有总监理工程师20名，成本从高到低排列的前8位为资深总监，后12名则为普通总监。资深的成本分别为42万元、40万元、39万元、39万元、37万元、34万元、33万元、30万元，则最高成本为42万元，最低成本为30万元，平均值为(42+40+39+39+37+34+33+30)/8=36.75万元，以此类推。
- 如实际中总监为挂名总监不能到场，现场由总监代表全权操作，则总监代表的成本纳入总监统计。
- 表中如某些岗位没有，可以不填。

第三部分　项目监理机构人员构成调查表

工程类别		工程规模 建筑面积 M/m^2 工程造价 N/万元	各阶段配备人数/人														
			地基与基础阶段					主体结构阶段					装饰装修阶段				
			总监	总代	专监	监理员	合计	总监	总代	专监	监理员	合计	总监	总代	专监	监理员	合计
房屋建筑工程	公共建筑	$M \leqslant 10\ 000$															
		$10\ 000 < M \leqslant 30\ 000$															
		$30\ 000 < M \leqslant 50\ 000$															
		$M > 50\ 000$	以 50 000 m^2 为基数，每增加 20 000 m^2 以内，地基与基础阶段，专业监理工程师增加__人，监理员增加__人；主体阶段，专业监理工程师增加__人，监理员增加__人；装修阶段，专业监理工程师增加__人，监理员增加__人。														
	住宅工程	$M \leqslant 30\ 000$															
		$30\ 000 < M \leqslant 60\ 000$															
		$60\ 000 < M \leqslant 90\ 000$															
		$90\ 000 < M \leqslant 120\ 000$															
		$M > 120\ 000$	以 120 000 m^2 为基数，每增加 30 000 m^2 以内，地基与基础阶段，专业监理工程师增加__人，监理员增加__人；主体阶段，专业监理工程师增加__人，监理员增加__人；装修阶段，专业监理工程师增加__人，监理员增加__人。														
	工业厂房	$M \leqslant 10\ 000$															
		$10\ 000 < M \leqslant 30\ 000$															
		$30\ 000 < M \leqslant 50\ 000$															
		$M > 50\ 000$	以 50 000 m^2 为基数，每增加 20 000 m^2 以内，地基与基础阶段，专业监理工程师增加__人，监理员增加__人；主体阶段，专业监理工程师增加__人，监理员增加__人；装修阶段，专业监理工程师增加__人，监理员增加__人。														

（续表）

工程类别	工程规模 建筑面积 M/m^2 工程造价 N/万元	各阶段配备人数/人														
		地基与基础阶段					主体结构阶段					装饰装修阶段				
		总监	总代	专监	监理员	合计	总监	总代	专监	监理员	合计	总监	总代	专监	监理员	合计
市政工程	$N \leqslant 1\,000$	总监__人，总代__人，专监__人，监理员__人，合计__人。														
	$1\,000 < N \leqslant 5\,000$	总监__人，总代__人，专监__人，监理员__人，合计__人。														
	$5\,000 < N \leqslant 10\,000$	总监__人，总代__人，专监__人，监理员__人，合计__人。														
	$N > 10\,000$	以 10 000 万元为基数，工程造价每增加 5 000 万元以内，专业监理工程师增加__人，监理员增加__人。														

填表说明：

1. 表中所填人数是以施工质量和安全作为主要监理工作内容的前提下，所需最低人员配置；

2. 总监和总监代表岗位的任职条件应满足《建设工程监理规范》(GB/T 50319—2013)的相关要求，如需设置总监代表，其设置原则如下：

(1) 公共建筑和工业厂房 $M \leqslant 50\,000$ m^2，住宅工程 $M \leqslant 90\,000$ m^2，市政工程 $N \leqslant 10\,000$ 万元，原则上可不考虑总监代表的配置；

(2) 公共建筑和工业厂房 50 000 m$^2 < M \leqslant 100\,000$ m^2，住宅工程 90 000 m$^2 < M \leqslant 120\,000$ m^2，市政工程 10 000 万元 $< N \leqslant 20\,000$ 万元，总监代表的配置可按 0.5 人配置；

(3) 公共建筑和工业厂房 $100\,000 < M \leqslant 200\,000$，住宅工程 120 000 m$^2 < M \leqslant 240\,000$ m^2，市政工程 20 000 万元 $< N \leqslant 30\,000$ 万元，总监代表可按 1 人配置。

(4) 公共建筑和工业厂房 $M > 200\,000$，住宅工程 $> 240\,000$ m^2，市政工程 $N > 30\,000$ 万元，总监代表可按专业或标段配置 1.5 人以上。

3. 专业监理工程师的配置，公共建筑、住宅工程及工业厂房应按其不同施工阶段及不同建筑面积综合考虑土建、安装与安全管理人员的配置；市政工程可根据不同造价比例考虑配置专业监理工程师和安全管理人员。对于建筑规模较小的公共建筑和住宅工程及工业厂房或造价较低的市政工程，专业监理工程师的配备可适当考虑兼职，对于建筑规模大于 100 000 m^2 或市政工程造价大于 10 000 万元的项目，专业监理工程师的配备应考虑按不同专业配备。

4. 监理员的人员配备包括资料员、材料见证员及相应专业监理员。对于建筑规模较小的公共建筑和住宅工程及工业厂房或造价较低的市政工程，监理员、材料见证员及资料员的配备可适当考虑兼职，对于建筑规模大于 100 000 m^2 或市政工程造价大于 10000 万元的项目，监理员的配备应考虑按不同专业配备

上海市建设工程咨询行业协会课题终审意见

课题名称	新常态下，建设工程监理服务计费研究
课题承担单位	上海市建设工程咨询行业协会 上海市建设工程监理咨询有限公司 上海同济工程项目管理咨询有限公司

专家评审意见：

本课题根据国家的重要政策即放开建设工程咨询服务价格，进一步推进市场化的新情况，课题组组织和开展了大量的市场和企业调查以及工程项目调查分析，参阅了大量国内外相关资料，通过对建设工程监理服务计费的历史沿革的分析，提出了价格放开后对行业和企业的挑战和机遇；通过对国内外同业市场计费方式的比选和分析，提出了推进建设工程监理市场化新的计费思路；通过对建设项目的人员成本、现场经费、运营管理、利润税金等计算方法和实证分析以及对国内外不同计费模式的比较研究，提出了以"按业主服务要求，按人员费为基数"为内容的计算模型，通过大量的国外监管模式和国内监管经验的研究分析，提出了对政府主管部门和行业协会关于加强监管，完善法规，加强行业指导等建议，同时课题对业内企业强化内部管理，融入国际化和市场化提出了建议。本课题研究成果具有创新性、实证性和可操作性，有助于推进市场化深入和企业的转型发展。专家组一致同意通过课题评审。

本课题报告在文字以及形式内容上，还需进一步梳理、精炼或增补；统计科目和数据要再做斟酌和核准，建议在部分企业试用过程中做跟踪性研究，进一步提升课题的合理性、科学性和实用性，完善课题成果，为社会提供优质高效工程咨询服务提供条件。

上海市建设工程咨询行业协会编印

2016 年 2 月 25 日

经济新常态下中小企业转型与发展的研究

摘　要：中小企业的转型与发展，是经济新常态下上海市建设工程咨询行业深化改革的一个重要内容。本项研究紧密结合行业的实际，通过对大量企业的走访、调查和座谈等，以行业中占大多数的中小企业为对象，深入研究了在经济新常态下企业转型与发展的形势、所遇到的困难及应采取的对策和措施，并结合基层企业的实例，提出了重要的见解。

本项研究还就行业中中小企业在经济新常态下转型与发展这一专题，对政府加强行业监管、指导以及政策支持，建设规范的市场体系；对行业协会加强行业调研、交流，支持中小企业改革试点，抓好行业领军企业家和高端技术人才培养，推进行业诚信自律建设等方面提出了建设性的建议。

本项研究的本义在于，为上海市建设工程咨询行业的中小企业在经济新常态下实现转型与发展出谋划策，提供借鉴和帮助。

关键词：经济新常态；中小企业；转型与发展

引　言

在经济发展"新常态"的形势下，如何加快企业的转型发展已成为社会关注的热点、难点。建设工程咨询行业以中小企业居多，这些企业的市场竞争力薄弱，业务的市场占有率低，最近政府关于放开监理等建设工程咨询业取费政策的出台，更是倒逼企业必须加快转型发展的步伐。

本课题选择本行业范围内的中小企业为样本，先后走访了明方复兴造价、环亚监理、臻诚咨询、申邑咨询、建津咨询、信达监理和科瑞真诚等 7 家企业；同时通过收集调查表格的形式，收到了 120 份来自基层企业的情况调查表；结合随同严鸿华会长深入基层十多家企业调查研究所获取的资料；协会会刊编辑部召开中小企业转型发展座谈会的情况；等等。综合四个方面调查研究的素材，排摸这些企业在转型发展中面临的困难与问题，努力发现企业在转型发展中的对策和措施，经分析、归纳，挖掘其带有普遍性和规律性的经验，以供有关企业借鉴、参考，为业内中小企业实现转型发展排忧解难、出谋划策。

一、认识和适应“经济新常态”

综合2015年12月18日召开的中央经济工作会议，12月20日召开的中央城市工作会议，2016年1月24日召开的上海市十四届人大四中会议以及日前发布的上海市委关于“十三五”规划建议的精神，结合上海建设工程咨询行业的实际，从机遇与挑战两个方面来理解和认识当前的“经济新常态”，从而适应上海经济新常态，服务上海经济新常态。

（一）认清形势，抓住机遇，增强信心

1. 从中央城市工作会议精神中寻找机遇

中央城市工作会议强调，要完善新时期建筑方针，科学谋划城市“成长坐标”。其中，会议对行业利好的信息有：要提升建设水平，加强城市地下和地上基础设施建设，建设海绵城市，加强棚户区和危房改造，有序推进老旧住宅小区综合整治，力争2020年基本完成现有城镇棚户区、城中村和危房改造，推进城市绿色发展，提高建筑标准和工作质量，高度重视做好建筑节能。

上海市将积极参与、主动服务长三角地区发展和长江经济带建设，并努力发挥示范带动作用。上海市将大力推进城镇化工作，形成城乡发展一体化的新格局。上海还要抓好重大标志性工程落地。这些工程项目将为行业和企业提供转型和发展的机遇。

2. 从中央“一带一路”发展战略中寻找机遇

中央“一带一路”发展战略的全面推行，必然涉及沿路国家众多电站、机场、码头、高速公路和铁路等巨大的基础设施项目建设，因此它就必然对我国建筑行业涉外工程承包的市场拓展形成广阔的空间，众多国内建筑企业必然引来国际工程承包的重大发展机遇。我国建筑业在国内经济增速下行，房地产投资速度下滑的困难时期，因此有条件转换发展思路和方向，到国际工程领域获取新的突破。上海企业，你准备好了吗？

以最为典型的高铁建设领域为例，据相关统计，目前已经跟中国有战略合作协议或潜在合作意向的高铁计划累计达3.47万km，占全球高铁建设计划规模的37.2%。

3. 认清上海稳中求进、向好的经济形势

2016年是全国建成小康社会决胜阶段的开局之年，也是推进结构性改革的攻坚之年。我们要积极贯彻中央经济工作会议的精神，牢固树立和贯彻“创新、协调、绿色、开放、共享”的发展理念，适应经济发展新常态，坚持改革开放，坚持稳中求进的工作总基调。

我们应该清楚地认识到，当前我国虽然面临着经济下行的压力，但全国经济基本面继续向好，大环境为上海的发展创造了很好的条件，上海发展的基本面也是好的。根据上海市十四届人大四中会议的政府工作报告获悉，上海经济保持平稳运行，2015年生产总值达到2.5万亿元，比上年增长6.9%，过去五年年均增长7.5%。2016年上海经济增长的预期目标为6.5%～7%，一般公共预算收入增长7%。上海总体经济形势应该是乐

观的。

4. 抓紧步入国家建筑工业化的"快车道"

在政府引导和市场需求的推动下，我国"以标准化设计、工厂化生产、装配化施工、一体化装修和信息化管理"为主要特征的建筑工业化正在步入"快车道"。由住建部批准的《工业化建筑评价标准》于2016年5月1日实施，各地政府相继出台政策和加速推广装配式住宅和建筑专业化产品，许多企业已经看到了装配式建筑的广阔市场潜力，纷纷进军建筑工业化的领域。

（二）适应形势，积极作为，迎接挑战

1. 充分认识行业的完全市场化是大势所趋

建设工程咨询行业走向完全市场化是大势所趋，不可逆转。住建部2014年92号文件明确指出：要建设"消除市场壁垒，构建统一开放、竞争有序、诚信守法、监管有力的全国建筑市场体系"。这就是建设工程咨询行业今后发展的方向和目标。对此，我们必须要有清醒、深刻的认识，行动上必须与时俱进。

过去，我们行业曾依靠国家的有关政策来"吃饭"，如实行强制监理、政府制定取费依据等，这些现都已成为历史，一去不复返了，决不能再存幻想。现在，我们必须在市场中求生存，优胜劣汰，靠自身的能力、水平在市场中重新定位，企业要在市场中显示其存在或发展的价值与能力。

2. 看清当前建设工程的市场份额在收缩

从国家统计局官网中获悉，面对错综复杂的国际形势和国内不断加大的经济下行压力，2015年全国建筑业总产值为180 757亿元，比上年增长2.3%，与2014年增长10.2%相比，2015年建筑业总产值增长率首次跌入个位数，且增速大幅跳水。全国建筑业房屋建筑施工面积124.3亿m^2，比上年增长−0.6%。数据显示，2015年全国固定资产投资增速明显回落，全国对上海建筑业的投资也在减少，这也对建筑业增速的大幅下降产生较大影响，令业内担忧。

上海当前正处于经济结构的调整转换期，经济增长求稳趋缓，上海建筑业的经济形势也不容乐观。2015年年底上海市住建委、市建科院共同编制出版了《上海市建筑业行业发展报告(2015年)》，该"报告"显示：因受多重因素影响，面临"新常态"的上海建筑业也挥别了高速增长，进入减速慢行的存量时代。根据报告统计，当年上海全市相关施工项目3 881个，比上年减少192个；新开工施工项目1 708个，比上年减少333个。面对严峻形势，上海建筑业企业毅然加快了"走出去"的步伐。其中，上海建筑施工外省市产值占比达47.17%，外地产值基本与本地产值旗鼓相当；上海设计企业也逐步向二三线城市拓展，形成全国布局。此外，上海龙头建筑业企业还积极开拓海外市场，在坚持其传统市场的同时，紧紧依托我国对外发展战略，选准"一带一路"重点邻国市场，积极构建"大海外"格局。

所以，我们应该认识到，上海市建筑业如以前世博会那样大规模的建设热潮已经成

为历史，房地产产业正在去产能化。总体来看，上海当前建设工程的市场份额不是在扩大，而是在收缩、压缩。上海的经济新常态必将倒逼建筑业改变以往“唯规模”“唯产值”的传统发展思路，加快转型步伐，从“粗放型”发展模式中解放出来，向依靠管理创新、科技进步、质量效益方面转型升级。同时，我们要有清醒的思想认识，要做好走出上海，向全国发展的规划和准备，并且要真正落实于行动。

3. 充分运用国家政策，提升企业核心竞争力

建筑业企业资质是我国建筑市场准入门槛的首要条件，2015 年 3 月 1 日新版《建筑企业资质管理规定》的实施，标志着建筑业市场监管进入了一个崭新时代。

新资质管理规定极大地放宽了对申请特级资质企业的要求，将不再考核工法、专利、奖项、标准等指标；同时，大企业不得接小工程的行业壁垒也被彻底打破，特级与一级资质企业承接工程不再受单项合同额 6 000 万元与 3 000 万元的限制，“使市场在资源配置中起决定性作用”的这一准则真正成为建筑市场的行为准则，所有建筑企业都必须依靠提升企业核心竞争力才能赢得市场的主动权。

新资质的施行标志着建筑业正逐渐从“关系竞争”时代进入“能力竞争”时代。今后，建筑企业的最大机会在于建立具有核心竞争力的品牌，应把握政策张弛中的发展机遇，专注于细分领域，走差异化竞争路线，加快专业领域的领先优势；同时，大型企业更应加强垂直整合力度，扩大产业链，在全国范围内加大市场份额，并加快“走出去”的步伐。

4. 学习、运用先进技术，与时俱进

BIM 作为新生事物，由于设计方、施工方及业主对其价值的共同认可和推动，BIM 已在众多地标性建筑项目中发挥了在优化设计和提高施工生产力方面的巨大优势。为此，我们要在企业中进一步普及和应用 BIM 技术，并结合实际，加快 BIM 技术本土化的进程。

2016 年，“互联网＋”无疑将成为行业经济增长的新引擎。我们要加快“互联网＋建筑业”的步伐，同时，加快建筑业信息化的进程，推进建筑业标准化、信息化、精细化的融合，以此提升企业核心竞争力。

要以行动推进绿色发展取得新突破。以清洁化、绿色化为引领，用更大力气推进绿色低碳循环发展，下决心调整淘汰低效落后产能，大力建设和整治生态环境，大力提倡、建设海绵城市。

(三) 充分认识本行业经济新常态的特点

根据目前的形势和行业实际，我们梳理出上海市建设工程咨询行业经济新常态的特点：

(1) 以新理念引领新发展。牢固树立和贯彻落实“创新、协调、绿色、开放、共享”的新理念，破除旧理念，稳中求进，促进结构性改革。

(2) 适应和运用好市场机制。随着市场化的深入，行业中原体制的红利已消失，过去由政府喂食的时代已结束，要学习、适应和应用好市场的新机制。

(3) 竞争趋势不可逆转且加剧。随着行业中市场价格的放开,随着经济发展下行压力加大,行业内的竞争将日趋激烈。市场不相信眼泪,必须直面竞争,在竞争中求发展。

(4) 学习和应用好新技术。学习新技术刻不容缓,应用新技术不能落后。建筑工业化、绿色节能建筑、"互联网+"等新技术的应用,能解放生产力,推进发展。

(5) 走出上海,融入国际市场。随着国家新的发展战略的实施,要以前瞻性的眼光规划企业发展,要勇于跨出上海,跻身世界,寻求新的、更大的发展空间。

二、业内中小企业的现状

(一) 关于中小企业的概念

根据《中华人民共和国中小企业促进法》和《国务院关于进一步促进中小企业发展的若干意见》,并结合上海建设工程咨询行业的实际,基本界定为:本行业从业人员 300 人以下,营业收入 1 亿元以下为中型企业;本行业从业人员 100 人以下,营业收入 1 000 万元以下为小型企业。

(二) 中小企业的分类及比例

根据我们近期的调查,如按本行业从业人员 300 人以下,营业收入 1 亿元以下为中型企业;本行业从业人员 100 人以下,营业收入 1 000 万元以下为小型企业的界定,其结果为:上海建设工程咨询行业的中型企业的比例是 24.17%;小型企业的比例是61.66%。两项相加,本行业中、小型企业的比例为85.83%。

我们对本行业部分企业进行抽样调查的结果,见表 5.1。

表 5.1

单位就业人数 R	营业额 W	数量	占 120 家的百分比
$R \geqslant 300$ 人	$W \geqslant 1$ 亿元	17	14.17%
100 人$\leqslant R < 300$ 人	1 000 万元$\leqslant W < 1$ 亿元	29	24.17%
$R < 100$ 人	$W < 1\,000$ 万元	74	61.66%

(三) 中小企业的发展与贡献

上海市建设工程咨询企业基本上是沐浴着国家改革开放的春风,成立于 20 世纪 90 年代前后。刚成立时,大多数是设计单位、研究院和工程、管理、财政、审计等部门下属的第三产业,普遍实行的是计划经济。

20 世纪末以后,随着国家改革开放政策的深入,市场经济的不断发展,特别是我国加入了 WTO 后,根据国家和上海市有关中介机构实行改制的指导精神,这些企业纷纷开展体制改革,陆续与原属部门和单位脱钩,成立了独立的自负盈亏的有限责任公司、股份制公司或民营企业。这些中小企业从试点探索到独立经营，从弱到强，逐渐跨入了市场经济的轨道。

2010 年前后，随着国家深化改革的新形势，有一些中小企业在业内按专业实行联合、并购和合作，此为企业的持续发展创造了条件。

上海市建设工程咨询行业的中小企业至今已走过了二十多年的历程，为国家和上海市的建筑业发展做出了杰出的贡献。首先，它适应改革开放的形势要求，改变了原来计划经济时期投资、建设、管理、使用"四位一体"的业主自建的形式，提高了上海工程建设的水平，加强了工程质量和安全生产的管理水平，提高了工程投资的控制水平，规范了工程建设行为，推进了市场经济的大力发展。而且，其为上海近年来的城市建设，尤其是改革开放时期上海城市面貌"一年一个样，三年大变样"的建设中发挥了积极的作用。同时，为上海"世博会"的成功召开，在展览场馆等基础设施建设方面作出了突出贡献。

三、中小企业转型发展中的困难

（一）政策变化快，企业压力很大

监理的定位至今未明确，监理的责任不断被扩大，除了合约责任外，又被赋予"安全监理"、旁站等法外责任，使监理人员十分困惑。现在倡导的工程项目管理，已经实践了十余年，但仍无系列配套政策出台，造成基层无法可依。

上海市的工程监理行业不久前曾获得价格上浮 20%的政策支持，现突然又面临市场取消强制监理，放开价格的变化；《招投标法》针对工程造价方面的法律法规都还在部委规章级别，立法之路很遥远；上海市的招标代理及造价咨询的地方收费办法，2005 年的文件虽已过时但仍在延用，随着"放开服务收费标准"的政策出台，企业又遭遇难题。

（二）业内无序竞争，业主恶性压价

业内恶性竞争愈演愈烈，竞争策略主要是在投标报价上竞相压价，而不是想方设法提供优质、差别化的工程咨询服务。这是因为有的企业不注重苦练内功，不是靠企业实力、信誉赢得市场，而是片面追求市场份额，却降低服务质量。另一方面，业主恶性压价，按低标价一轮轮淘汰，直致最低价。这种做空行业的经营手段给处于产业链和价值链末端的中小企业形成越来越大压力，冲击着行业的健康发展。长期来，行业内尚未形成良性的市场环境。

（三）市场和业主要求在提高，企业管理和员工素质需与时俱进

目前市场和业主对工程咨询企业的要求越来越高，但咨询企业却呈现人才匮乏，从业人员年龄偏大，学历偏低，责任心不够强，业务水平不高等现象。这与工程咨询企业高智能、知识密集型的要求相差甚远。随着信息化的发展，新技术、新材料、新工艺、新装备

不断涌现,咨询企业和员工必须跟上形势,不断提高职业素质和专业水平。

四、中小企业转型发展的对策和经验

在全面深化改革的形势下,针对建设工程咨询行业如何去适应市场,实现切合实际的转型发展,发展模式如何把握,发展要素如何整合,发展路径如何确定,现行管理机制如何变革等问题,我们通过调研和收集信息,归纳了一些单位的做法和经验。

(一) 立足本行,做专、做精、做强

1. 依托自身专业强项,走适合自身发展的道路

上海环亚工程咨询监理有限公司,始终坚持走适合自身发展之路。该公司是从上海化工设计院"转"出来的,他们能依托熟悉的化工专业,以自身的专业强项,坚持把本行业做专做精做尖。

他们先后与中石油签订了施工监理服务框架协议,框定中石油在上海区域内建设及改造的加油站项目施工监理业务均由该司承接,连续几年已完成 30 多个加油站项目监理,并连续被中石油评定为服务优良供应商。该司与原主管单位化工设计院联手形成战略联盟,其承接的工业类管理项目由该司承接其中的施工监理,共同成功完成的项目有年产百万吨氨项目、25 万 t/年苯酚项目、15 万 t/年丙酮项目、36 万 t 异丙苯项目等。

该司已成为上海化工区合格供应商体系成员之一。公司以诚信及让业主满意放心的服务取得业主后续建设项目,建立了长期信任、长期合作的项目业主关系。该司近年来不但全部承接了上海化工区管廊建设监理服务,并于 2012 年开始跟随业主到武汉开展化工区管廊建设监理服务至今。

2. 面对激烈的市场竞争,在追求卓越中持续发展

上海明方复兴工程造价咨询事务所,面对激烈的市场竞争,公司坚持"在追求卓越中实现企业的持续发展"。

他们以"严格管理,巩固已有阵地,做专做精、找准突破口,全力拓展"的发展思路,积极开展政策研究和市场调查,将自己的造价咨询、招标代理强项,向做专做精方向发展;在对市场充分分析的基础上,他们认准取胜市场的突破口就在积极拓展项目管理,着手对公司丰富的人才和技术资源积极整合,坚持开展员工专业培训和职业素质培训;健全和完善造价咨询、招标代理、项目管理有关制度和工作流程;采用工程信息化技术,开发健全了公司工程咨询信息管理系统;持续加快工程咨询市场的调查研究和经营推进力度,提升了公司造价咨询、招标代理和项目管理的咨询服务实力,实现了公司在现有基础上的跨越式发展。

3. 抓基础、练内功,优化技术,深化管理

上海信达工程建设监理有限公司,面对新的市场环境,他们坚持从基础工作上练好

内功，积极在优化技术层面和深化内部管理上做专、做精、做细。

他们构筑强有力的技术支撑体系，完善各类工程监理大纲、监理规划、专业工程监理实施细则、各类工程项目管理及监理作业指导书，由这些技术文件作为公司技术管理的基本体系，形成公司发展的核心竞争力；完善公司专业工程管理制度，公司质量手册、程序控制文件、作业指导书以及各项管理制度，作为落实技术体系的制度保障；完善的技术培训体系与学习型团队的建设，将公司的培训分为公司管理团队、总监理工程师与总监代表、专业监理人员与项目监理机构自身的培训四个层级，根据每个层级的工作职责与技能要求，设计有针对性的培训，不断更新、提升公司管理人员与专业技术人员的管理水平与业务能力；建立强有力的公司信息管理平台，加强公司所有在建项目与公司管理部门的互动，及时将每个项目的动态情况上传到公司，公司职能部门将管理信息下达到每一个项目监理机构或项目管理经理部。

（二）变革创新，使企业充满活力

1. 探索企业上市，借助资本市场促进发展

上海智通建设发展股份有限公司新三板挂牌敲钟仪式去年 1 月 12 日在北京举行，这是整个监理行业第一家上市企业，这在行业中是创新之举，同时也标志着该公司发展进入了一个新的里程。

该公司成立于 2001 年，历经了 14 年的发展，一直在积极探索如何在传统监理行业中做出自身特点和优势。2013 年初，通过对公司及行业发展现状、格局以及行业未来发展趋势的认真思考和评估，为使公司发展能迈上一个新的台阶，也为了积极探索传统监理行业如何更好借助资本市场来促进自身的发展进步，公司决定启动新三板挂牌计划。为与资本市场接轨，适应新三板挂牌上市要求，公司大力引进专业人才，完善公司人事、财务、项目管理等各项管理制度，严格按证监会及交易所要求完善自身项目管理体系、财务管理体系、风险管理及内控体系。并在券商、会计师及专业律师协助下准备了完善的申报材料。经过近十个月的辛勤努力，智通作为现代企业的全面管理加速提升，最终顺利通过全国中小企业股份转让系统审核并正式挂牌。

2. 解决老股份企业新老交替的难题，使企业重焕青春

上海申邑工程咨询有限公司近期通过企业改制，解决了老股份制企业新老交替，使企业重焕青春的老大难问题。

该公司是建立了 30 年的老企业，他们一直在酝酿转型发展之路。最近，他们下了很大的决心，完善了内部股份管理办法。即实行分立，让创业期的老股东退出，让新股东进入，人数从“大锅饭”股东 50 人左右缩减到 3 人，完成企业股份的新老交替，让企业的发展能够轻装上阵；他们制定了公司股份管理办法，不但约定了“进入”办法，而且还制定了“退出”机制，保证公司的活力；他们采用干股奖励的办法，用其中 20%～30%的利润作为干股奖励，让后来的企业骨干能分享企业利润，实行动态的管理，与经营管理业绩挂钩；企业推行项目经理负责制，把骨干特别是年轻人推到经营、管理第一线，使老企业重新焕发青春。

3. 创新企业管理模式，推行事业部体制

上海臻诚建设管理咨询有限公司为适应经济新常态，为提升企业竞争能力，在经营模式、业务拓展、服务方式等方面进行了革新与尝试。

他们进一步完善公司的咨询理念，即“以臻为重，以诚为本”，将这八个字作为企业核心文化，让每个咨询工程师勇敢担当起社会责任。创新企业管理模式，过去管理方式依赖于分层设置的组织和严格的流程，依赖信息的层层汇集、收集来制定正确的决策。在新形势下，他们运用大量数据的分析与挖掘，根据原则，让业务部门自行决策，从而达到“大道至简”。实行组织架构的调整，推行事业部体制，增设内审部门；咨询服务模式创新，在单一型的基础上丰富服务模式，不仅作工程咨询，也可做工程咨询加项目管理，可以通过与国内知名承包商合作，在PPP模式下提供相关咨询工作等。面对市场的风云变幻，该企业已在积极拓展“项目管理”的咨询业务，并获得初步成效。

4. 学习香港地区的经验，试行合伙人制企业

有不少企业负责人在工作交流中指出，企业为什么留不住人才，能人为何频频跳槽，这与能人的能力没得到充分发挥，或能人没获取相应的收益有关。大家提出，能否学习香港地区建设工程咨询行业的有益做法，在企业中试行合伙人体制，由能人来经营、管理企业，让能人发挥更大的作用。

（三）推行“全过程服务”，实行多元化发展

1. 发挥集团化运作优势，实行全过程造价咨询服务

上海财瑞建设咨询有限公司坚持发挥集团化运作优势，对承接的工程项目涉及会计、房地产评估和资产评估等实行全过程咨询服务，并实施集团化联合操作，对外形成一种单独专业公司不具有的服务优势，以项目服务较高的性价比赢得市场。

今年他们在中铁项目、东环项目、上海银行项目、西安项目等，都是在众多竞争对手的角逐中取得头筹。相对高端的服务收费使集团的整体效益迅速提升。公司又以极高的敏感捕捉市场，即使对一个看似尚未定论的项目信息，他们也紧追不舍，跟得快，跟得紧，跟到成功。全过程项目跟踪管理是公司力推的一项工作。

2. 试行多元化发展，建设综合性咨询企业

上海百通项目管理咨询有限公司为适应新的形势的变化，确立了“提升招标代理技术含量、大力拓展招标代理服务范围”的发展战略，明确服务向项目前期准备、方案策划、项目管理和合同履约跟踪管理等招投标活动的两端延伸，并提出坚持多元发展，向综合型咨询机构迈进，不断提高招标代理服务水平。

同时，他们通过联合研发电子招投标平台等办法来大力推进招投标流程的无纸化、网络化、信息化。对现有业务板块在资源配置上进行了整合与优化，对原来的组织架构和管理体制进行了重新调整。在此基础上，对现有工作流程和业务流量加速整合和升级，筹划设立三大中心——投标中心、财务结算中心和运营管理中心。作为公司经营发展的枢纽部门，三大中心的高效运作对企业的业务扩张起到重要的支撑和推动作用。

3. 适度转身，拓展新的发展空间

上海市市政工程管理咨询有限公司以市政工程监理为特色，有丰富的现场施工经验和管理协调能力，近来他们在搞好监理业务的同时，在转型发展中实现“适度转身”。

他们积极把监理工作延伸到项目评价、维修、养护管理方面，将有生力量投入到后期项目维护的管理和监理，并逐步摸索总结出一套具有市政公用设施使用后期维护特点的监理工作方式和方法。目前公司已涉足上海高架道路和隧道的养护管理和监理，在转型发展中拓展了新的业务空间。

（四）发扬特色，不断拓展新市场

将技术与服务有机结合，为客户提供超值服务

上海建津建设工程咨询有限公司成立于2005年，发展至今已10年。从当初仅有7名员工、年营业额百万元的小微企业，成长为现拥有150多名员工、年营业额数千万元的中型企业。短短的10年间，建津公司之所以发生了不小的变化，是因为他们坚持走特色发展的市场道路。

他们认为，作为中小企业自身没有多少资本可以消磨，只能在行业缝隙中艰难起步，面对和先入者、大企业的正面竞争，无论是品牌、业绩、人员都无法抗衡，只能错位竞争，在提升自身能力的同时发展自己的特色。业务上，他们始终坚持技术与服务的有效结合，通过提供过硬的管理技术和良好的服务态度，带给业主超过预期的服务。他们利用企业“船小好调头”的天然优势，贴身紧随当今科技的发展步伐，加快适应形势的速度，来逐渐完善自己的服务特色。他们广揽人才，以人才来发展业务。业务从造价走向项目管理，现又从项目管理中走出来，走向专业技术管理（如担当业主的玻璃幕墙顾问等），路越走越宽。文化上，公司从成立之初，就坚持“工作着、快乐着、学习着、进步着”的企业文化，倡导公司内正能量的建设，不断打造企业、团队文化，形成有效的执行力，能快速适应业主的需求。通过这种良性循环，他们的业务领域不断扩大，服务深度也在增加。在管理上，他们采用板块式的区域化管理策略，做好一点，辐射一片，稳扎稳打，使公司业务从张江高科技区起步，逐渐发展，现已深入陆家嘴开发区，并能参与不少大型项目，实现了再次飞跃，开拓了自己的一席之地。

（五）学习先进，走国际化的道路

1. 将国际惯例与上海实际相结合，开拓外资服务项目

上海第一测量师事务所有限公司利用国有的技术特长和人才优势，避开服务酬金上的低价竞争，专注于品牌打造，通过提高专业水准和服务质量逐步与国际接轨，获得了市场的认可。

早期他们在与多家境外造价咨询公司竞标后，拿下了香港瑞安集团投资的“新天地”项目，取得了成功。之后凡有外资投资的项目，香港瑞安都找一测所协助操刀。在项目的服务过程中，他们积极学习国际先进经验，并将国际惯例与上海的实际相结合，使公司的服务更适宜国内施工队伍的运作。例如旧房改建项目，他们采用了境外机构从未用的定额标准，业主非常满意。通过为一批批外资项目服务，企业找到了公司的市场定位，竞争对手也从国内同行转向境外同行。

2. 触角外探，试行国际化发展战略

上海华城工程建设管理有限公司是以工程项目管理、工程监理、造价咨询、工程检测为核心业务的综合性项目管理公司，形成了以上海为中心，江浙为两翼，依托长三角辐射全国的格局。该公司不满足于现有成绩，他们富有前瞻性，坚持走一步想三步，决心触角外探，全力推进"国际化"发展战略，

该公司积极引进国际先进建设理念和BIM技术，与莫特麦克唐纳国际一流的咨询企业建立了全面战略合作伙伴关系，学习其制度化、程序化、标准化的管理经验。他们邀请世界著名咨询公司莫特麦克唐纳亚太区总裁Kevin Dixon访问华城公司，传授先进经验。他们还与绿地集团联合举办"境外工程咨询服务研讨会，积极搭建境外工程咨询服务的交流平台，促进中国工程咨询行业向国际化发展。

(六) 整合资源，实行强强联合

按需合作，由小做大，在转型中发展

上海科瑞真诚建设项目管理有限公司是一家具有广泛社会影响力和持续行业竞争力的综合性工程咨询企业。目前，企业有员工400人，年营业额达1.2亿元。企业是在转型发展中一步步逐渐做大，现项目管理的业务已占整体业务的一半。

该公司经历了逐步发展的历程。原上海真诚建设监理有限公司1997年成立于松江，从三个半人起步，以工程监理为主。他们尊崇"踏实、拼搏、责任"的企业精神，并以诚信、共赢、开创的经营理念，用心服务于客户，取得了不俗的业绩。2011年11月，真诚公司整合了在市中心以招标代理业务为主的德记工程咨询公司，由此扩大了该公司的业务范围。2012年12月，真诚公司又与上海科瑞建设项目管理有限公司实行"强强联合"。2013年8月，新公司——上海科瑞真诚建设项目管理有限公司正式成立运作。

新公司依托同济大学在城市规划与建筑设计、土木工程、工程管理等学科的综合优势，致力于将发达国家先进的工程项目管理理念、方法与手段付诸国内工程咨询实践，并持续探索适合中国国情、独具中国特色的工程项目管理咨询新模式，公司已为超过1 000个建设项目提供专业化的工程管理咨询服务。

五、对政府和协会的建议

(一) 对政府的建议

1. 希望多理解企业的困难，增强政策的可操作性

政府在制定有关政策和条文的时候，请多考虑企业实际情况，能站在企业的角度考

虑问题，增强政策、条例的可行性和操作性，提高基层的执行力。如关于总监兼职、销项，关于监理平行检测的定位等问题。

2. 强化引导职能，健全公共服务体系

希望政府加强对中小企业的分类指导，加大对中小企业的支持力度，在政策和资金方面予以倾斜，尤其要加大对成长性、创新型中小企业的扶持和鼓励，以不断提升这些企业的规模和素质。健全公共服务体系，加强财税支持，改善金融服务，采用直接资助、贷款贴息等方法重点支持中小企业的自主创新项目。

3. 加强对行业监管，惩治扰乱市场的行为

为了保障建设工程咨询业的健康发展，政府必须加强对行业的监管，相关的监管部门要依法进行监管与检查，通过开通举报电话、投诉网站、社会监督等积极的监督措施，清退在市场行为和咨询服务方面不规范的企业。

建议政府相关部门：既然监理通过了招投标程序，而且监理合同在政府主管部门备了案，就必须严格监管监理的实际取费，从重打击扰乱监理市场的行为。

4. 尽快与国际工程咨询业务接轨

希望政府引导工程咨询企业走国际化的发展道路，要顺应国际工程咨询行业发展规律，取消监理综合资质，不鼓励突出做大，而突出专项资质，以便于工程咨询企业做精、做强、做专。要不断地学习国外先进的管理思想和方法，探索和创立有中国特色的管理经验，鼓励和支持企业去国外大胆实践，与国际业务接轨，大力开拓境外市场。

5. 把取消地方保护主义落到实处

地方保护主义为外地企业开展业务设置了层层障碍，不利于行业的发展。住建部虽然出台了打破地方保护和行业垄断的通知，但地方保护、部门分割的现象仍然存在。有的地方违背国家的许可，设置“地方粮票”、保证金制度等人为的异地服务门槛，为难异地企业，这不利于建立平等、公开、有序竞争的市场环境。为此，要求各地政府从我做起，从严管理，率先示范，坚决破除地方保护主义。同时，积极推进行业能根据企业资质与实力参与公正、公平的市场竞争。

（二）对行业协会的建议

1. 在行业中增强中小企业的话语权。

希望在行业组织的规范标准修订、政策制定前的调研等活动中，能让更多的中小企业代表参与。希望协会多组织一些中小企业开展互动交流活动，相互取经，共同探索中小企业的健康成长之路；希望协会多组织对中小企业的调研走访，及时把脉会诊，帮助他们克服困难，提升企业能级。

2. 深入调查研究，开展改革性的试点

希望协会能经常深入基层企业调查研究，真正掌握第一手资料和信息，由此开展改革性试点：在当前政府逐渐淡化企业资质，强化建设工程咨询人员资格的情况下，大胆试行协会个人会员登记制，并逐步分级开展个人会员的发展工作；完善协会信息网站，能与基层的企业网站连网，加强沟通与互动，及时了解基层的信息；在规范和维护行业市场秩序方面，除了加强诚信建设和自律工作外，希望试行对违纪违规的企业和个人进行计分和曝光的处分。

3. 结合行业实际，开展前瞻性课题研究

呼吁协会能紧密结合行业的具体实际，积极开展行业前瞻性问题的研讨与探索，为行业健康发展起到引领作用。如"互联网＋"如何在行业中运用，希望抓住这次机遇推进行业发展；如企业的体制、机制改革，如何适应当前的形势；如 BIM 技术如何推广、普及，如何在行业中得到有效的应用；如装配式建筑、绿色节能技术如何在行业中推广等。协会能联合有关高校，开展知识讲座，普及新材料、新技术。

4. 加快行业的诚信与自律建设的步伐

行业自律，其实就是行业参与者的自律，只有企业自律水平整体提升了，才会形成较好的行业生态，才有利于行业的健康发展。所以，希望协会带领各企业积极做好自律工作，使"守信激励、失信惩戒"成为建设工程咨询行业市场信用环境的准则。

诚信是咨询服务业开展业务经营的规范，专业咨询人的诚信更是其职业道德基石。因此，加快企业与个人的诚信体系建设是社会进步的大势所趋。希望协会要积极组织各会员单位加快诚信体系建设。

5. 与国际接轨，走高端的建设咨询服务路线

我们要向国外的大型咨询服务公司学习，积极探索境外项目管理的工作经验，学习他们为业主提供完善、精细化服务的思路和做法，争取向高端的技术咨询服务方向努力。专业技术咨询向设计优化、造价精准、进度优先、追求项目全寿命周期的最优方向发展，逐步实行优质优价，以避免一味地低价恶性竞争。协会要鼓励、组织企业大胆实践，自立自强，为企业走出国门，跻身国际市场创造条件。

6. 注重培养复合型人才和领军人才

队伍建设的基础是人才的培养，人才是现代企业竞争的核心。同时，人才又是企业最重要的资源，高素质的人才是企业创造价值、持续发展的力量源泉。必须认识到，企业的发展是以人为中心的，人力资源是支撑企业发展的重要因素。因此，协会一方面要大力组织开展员工的培训教育，提高员工的专业素养，同时，还必须协助企业不断加强应用型、复合型人才的培养和引进，建立人才的后备梯队，奋力打造全新的高素质人才队伍。随着市场竞争的日益激烈，行业呼吁要有更多的能驾驭市场，能在市场风浪中引领企业前进的企业领军人才脱颖而出。

7. 开展"企业沙龙"活动，为企业间的交流、合作牵线搭桥

整合、优化本行业内企业的资源，为行业内中小企业的合作（可以是项目合作、技术合作）合并、联合牵线搭桥，建议建立"企业沙龙"活动，定期或不定期、分批开展企业间的交流和合作，并为企业间人才流通搭建平台，创造条件。自废除 670 号文后，监理行业推行市场价，故希望协会尽快制定监理、造价咨询、招标代理的取费参考标准，作为行业的基本"游戏规则"，以约束会员遵守，阻止恶性压价、和无序竞争现象，促进行业健康发展。

结束语

在经济新常态下中小企业的转型与发展，这是企业深化改革中的一个重要课题。我们在从事此项研究中，经过大量的调研，采集到了部分中小企业在转型发展中富有特色的对策与经验，可供基层企业作工作借鉴和参考。

通过此项研究，我们还得到了一项新的认识，即在经济新常态下要实现中小企业的转型与发展，除了基层企业和员工进一步发挥创造、创新的积极性外，还需要充分发挥好政府和市场的两方面作用，要为企业转型发展创造良好的外部环境，不断引导企业合理、有序地发展。政府要进一步完善市场竞争的体制，推动企业的管理升级。另一方面，要尊重市场规律，创造市场公平、有序竞争的环境，以激发和增强企业生存和发展的活力。政府要更好地发挥在政策上的重要引导作用，通过有效的产业政策、创新政策、环保政策等，支持和促进企业产业结构调整，实现企业的转型和发展。

中小企业的转型发展是一项在实践中不断探索、推进的工作，我们通过调研总结了初步成果，相信今后该项工作经过基层企业的不断实践和共同努力，将会取得更大的成绩。

附 录

《经济新常态下中小企业的转型与发展》课题研究

企业基本情况调查表

<table>
<tr><td>企业名称</td><td colspan="3"></td><td>注册资金（万元）</td><td></td></tr>
<tr><td>法人代表</td><td></td><td>企业性质</td><td></td><td>成立时间</td><td></td></tr>
<tr><td>职工总人数/人</td><td></td><td>执业资格人员数/人</td><td></td><td>高级职称人员数/人</td><td></td></tr>
<tr><td rowspan="2">企业资质</td><td>施工监理</td><td>造价咨询</td><td>招标代理</td><td colspan="2">其他</td></tr>
<tr><td colspan="5"></td></tr>
<tr><td rowspan="2">2014 年各业务所占比例</td><td>施工监理</td><td>造价咨询</td><td>招标代理</td><td colspan="2">其他</td></tr>
<tr><td></td><td></td><td></td><td colspan="2"></td></tr>
<tr><td rowspan="2">营业额/万元</td><td>2012 年</td><td>2013 年</td><td>2014 年</td><td colspan="2">2015 年预计</td></tr>
<tr><td></td><td></td><td></td><td colspan="2"></td></tr>
<tr><td>公司地址</td><td colspan="3"></td><td>邮编</td><td></td></tr>
<tr><td>联系人</td><td colspan="2"></td><td>联系电话</td><td colspan="2"></td></tr>
<tr><td>主营业务</td><td colspan="5"></td></tr>
<tr><td>新形势下，企业遇到的主要困难和困惑是什么？</td><td colspan="5"></td></tr>
<tr><td>新形势下，企业转型发展有哪些对策和措施？</td><td colspan="5"></td></tr>
<tr><td>企业对政府有关部门和行业协会有何建议？</td><td colspan="5"></td></tr>
</table>

填表人：　　　　　　　联系电话：　　　　　　　填表日期：2015 年　月　日

上海市建设工程咨询行业协会课题终审意见

课题名称	经济新常态下中小企业的转型与发展
课题承担单位	上海明方复兴工程造价咨询事务所有限公司

专家评审意见：

中小企业转型与发展，是经济新常态下建设工程咨询行业深化改革的题中应有之义。本课题通过大量的企业走访、表式调查、座谈讨论等形式，以上海建设工程咨询行业中占有大多数的中小企业为对象，深入研究了经济新常态下转型发展的对策和措施，提出了重要的见解和建议。

该课题对建设工程咨询行业中小企业的转型归纳了若干种类型或方式。即：依托企业自身优势，做精、做专业务；探索企业上市，借助资本市场促进发展；做好企业股东新老交替，激发企业新的活力；借鉴国外企业经验，创新企业管理模式；做好业务链整合，开展全过程咨询服务；将技术与服务有机结合，为客户提供超值服务；实施国际化发展策略，开拓外资项目服务业务；按需合作，整合资源，实现优势互补；等等。

该课题对政府加强行业监管、指导，以及政策支持，建设有规范的市场体系；对行业协会加强行业调研交流，支持中小企业改革试点，抓好行业领军企业家和高端技术人才培养，推进行业诚信自律建设等方面，提出了建设性的意见和思路。专家组一致同意通过评审。

该课题在文字组织、案例分析等方面还需下功夫；对新常态、中小企业、转型发展三个关键词要注意内在逻辑联系并突出重点，适当展开分析，进一步揭示中小企业的特点、问题的成因以及如何转型发展并加强理论阐述。需要增加结束语部分，进一步提升课题的深度和分析高度。

上海市建设工程咨询行业协会编印

2016 年 3 月 1 日

建设工程咨询行业自律的探索与实践

摘　要：本课题以建设工程咨询行业的自律为研究对象，采用文献研究和比较研究的方法，考察行业自律的理论与实践。通过对行业自律的系统研究，尝试建立行业自律的理论体系，影响并推动行业自律的实务，以期付诸实践的应用。

课题报告通过对行业面临的困境、行业自律的困惑，以及影响行业自律的负面因素等内容进行归纳与剖析，以明确课题研究的应对方向。同时，还借鉴国外行业自律的成熟理论与相关机制，比较国内行业自律的不同形式、内容与实践的经验，学习、研究行业自律的跨学科理论，从中获得有益的启示，并引发课题研究者的深入思考。回顾、总结行业协会长期积淀的行业自律的宝贵知识财富，有选择地继承，并在实践中持续完善，发扬光大。课题研究认为，行业自律的实践必须是在行业协会的组织与领导下的有序开展与创新实践。会员单位在行业自律的层级关系中，居于整个关系金字塔的中间位置，上可以影响协会对行业经济秩序的自我调控与制衡，影响行业协会的社会声誉和地位；下可以实施对企业员工的管理与自律引导，是行业自律最重要的环节。结合"只有员工自律，组织才能自律"的观点，推出"协会引领是保障，企业自律是关键，人员自律是根本"的行业自律充要条件。并揭示了行业协会、会员单位与从业人员三者之间，在行业自律领域内主客体角色将互为转换的辩证关系。

课题研究从企业存在的理由及其相应的经济学原理，推论会员单位的诚信自律源自企业自身存续、发展的需要，是企业立身的根本。认为企业应采取明确的行动，让企业的目的和员工的目的趋于一致，同时建立起双方互惠的关系和对充足利润的共同依赖，从而将行业自律与企业经营目标结合起来，从理论上摒弃了"自律吃亏"的思维惯性，以激发会员单位诚信自律的主观愿望。

课题研究的一个重要观点，是要杜绝损人利己和损人不利己的思想与行为，坚守利己不损人的道德底线，弘扬利己利人的双赢服务意识与付诸实施的行动。其宗旨是要净化行业的道德氛围，有利于行业的可持续发展，不仅能跟上时代步伐，更要能引领行业理论思想，推动行业进步。

课题研究的第四节，有关会员单位和从业人员的一般行为准则，详细阐述了企业及其员工所遵循的应有之义。第五节"行业自律的实务"，在推出会员单位诚信自律的基本理念的基础上，提出了富有建设性、针对性和可操作性的会员单位诚信自律的“十不准则”；在强调培训是企业给予员工的集体福利的前提下，阐述了从业人员接受培训的权利和义务，进而呼吁“诚信自律从‘我’做起!”将“自律，在没人看见的时候”作为个人道德修养的最高境界，体现了课题研究者对行业健康发展的拳拳之心和极强的创新意识。

关键词：行业自律；借鉴；启示；继承；创新

引言

上海市建设工程咨询行业协会集工程监理、造价咨询和招标代理的行业管理于一体，在规范行业经营行为、提高行业服务质量、推进行业内部交流、引领行业诚信体系建设和促进行业整体发展诸方面发挥着积极而有效的作用。由于行业所涉及的三方面业务均始自于20世纪80年代中后期，受国家经济政策的影响①，新兴的工程监理制度、造价咨询制度和招标代理制度都或多或少地带有一定的“计划经济”痕迹，具有先天的政策依赖性，长期享有政策红利②。随着改革开放进入深水区，简政放权下，有关行业政策调整的市场化趋势，亟需增强行业自律以弥补“计划”退出的真空③，并谋求行业的生存发展。

本课题研究受行业协会的委托，由自律委员会组织21家委员单位，按“工程监理篇”“造价咨询篇”“招标代理篇”三个分课题组，分别从各自的专业角度展开研究，并最终合成总课题“行业自律的探索与实践”，完成课题研究。

我国建设工程咨询的特殊背景与内涵，及其上海市建设工程咨询行业协会专业的多元性，注定了行业自律没有成熟的经验可供借鉴，需要我们以继往开来的探索和创新精神，通过各单一专业的研究，进而统合并兼顾项目管理的服务，从行业发展战略的角度，探寻行业自律的方向，形成行业自律的思维导向体系，建设性地提出行业自律的形式与方法等实施性建议，以供协会的选择采纳从而实现课题成果的转换，是本课题研究的目标任务。有关课题研究的技术路线详见图6.1。

1. 课题研究的目标

课题组从行业诚信自律的视角，研究分析行业发展的瓶颈，寻求摆脱行业困境的根本途径。从理论上引导会员单位改变思维惯性，遵循市场经济的规律与规则；在规范企

---

① 中共十二届三中全会，1984年10月，进一步明确社会主义经济是“公有制基础上的有计划的商品经济”。中共十三大，1987年10月，明确提出要运用计划调节和市场调节两种手段，逐步建立“国家调节市场，市场引导企业”的机制。八届全国人大一次会议，1993年，《宪法》第十五条修改为“国家实行社会主义市场经济”(《我国社会主义市场经济发展历程及经验总结》，摘自：新华网，2014.3.21)。另见：社会主义市场经济是通过计划和市场两种手段实现社会资源合理配置、收入分配平等的经济运动形态。(摘自：百度百科)。

② 有关政策红利主要指①有关必须招标和必须实施监理等规定；②有关服务酬金的政府指导价。

③ 所谓“计划”退出意指《住房城乡建设部关于推进建筑业发展和改革的若干意见》(建市〔2014〕92号)、《国家发展改革委关于进一步放开建设项目专业服务价格的通知(发改价格》〔2015〕299号)等文件的实施。

业经营行为方面，提出长期下的，具有可操作性和实践意义的建议，将会员单位的诚信自律与企业的经济效益有机地结合起来。使诚信经营成为追求财富的不二选择，从而净化整个行业的从业环境，谋求真正意义上的为客户提供创造价值的服务。

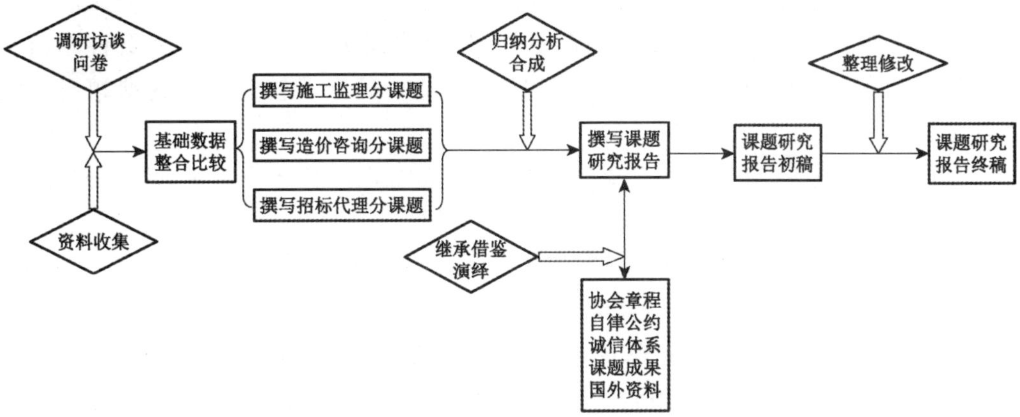

图 6.1　课题研究的技术路线

2. 课题研究的任务

在明确课题研究目标的基础上，解析具体需要完成的各项任务。

(1) 撰写课题研究报告是任务的表现形式

充分发挥自律委员会 21 家委员单位的积极性，从各自专业的视角，通过调研、访谈、问卷调查与资料收集，并统计、整合所获得之数据，予以分析研究，分头撰写《行业自律的探索与实践》的专业篇章，形成三个分课题研究报告。然后，由主任、副主任委员单位与分课题组的组长单位组成总课题组，继续深入研究合成总课题研究报告。

(2) 行业自律是课题研究的根本内容

通过对行业存在问题的归纳、分析，对国内外相似行业与不同行业自律实践的比较，对行业既有章程、《自律公约》和《行业信用体系建设课题研究》等成果的继承、借鉴和演绎，探索行业自律的路径，建设性地提出富有针对性、可操作性和实践意义的建议，供协会选择采纳。

3. 课题研究的实施计划

(1) 完成课题研究报告的计划

2015 年 3 月自律委员会从协会秘书处接受课题研究的任务，并在年度首次自律委员会工作会议上，商议拟定了课题研究的方向，确定了课题组成员。大家一致认为自律委员会的课题研究，应该有别于各专业委员会，首先，必须以“行业自律”为主旨。同时，又应与促进行业发展相关联。但由于行业的发展，是由三个不同专业分别运行的综合效应，因此，还要兼顾专业条线各不相同的发展机制与发展规律。如造价咨询业和招标代理业，在国际上，分别有工料测量和招标采购与之相对应，因而具有较大程度的可比性、借鉴性。而工程监理则并非全球性行业，虽然其功用与项目管理(Project Management)

有相近之处，但其服务仅为建设项目的实施阶段，所涵盖的服务内容远少于后者，然而却承载了相当的法律责任，以至于监理自身的定位成了课题研究的难点和无法规避的重点。

课题名称“行业自律的探索与实践”，由工程监理分课题组长单位上海宏波工程咨询管理有限公司提议，经 2015 年度二次工作会议议决。在此之前，各分课题组主要收集相关资料和调研准备等工作。该次会议基本确定了较为具体的课题研究实施计划。

课题研究计划于当年 7 月，三个分课题全面推进，以组长单位牵头，编制分课题大纲，各委员单位根据大纲分头落实调研、访谈、问卷设计与调查，以及数据收集。在第三次工作会议上汇报工作进展，讨论形成阶段性成果，年内完成分课题研究报告初稿。2016 年度首次工作会议前完成分课题研究报告终稿，并于该次会议布置总课题研究的具体工作，启动汇总分课题研究成果，深化课题的系统研究，全面推进总课题研究工作的开展。上半年度完成总课题研究报告初稿，第三季度完成终稿，在协会换届选举之前通过专家评审，以完成本届协会自律委员会的历史使命。

(2) 课题研究的目的

课题研究的目的是要推动行业的诚信自律，促进行业的进步与发展。根据协会章程，2016 年是协会的换届选举年，自律委员会在完成本课题研究的同时，也完成了本届协会自律委员会的历史使命。但无论新一届自律委员会将由哪些会员单位所组成，本届自律委员会全体 21 家委员单位，都由衷地希望课题研究的成果将能够与行业发展成正相关，并深刻地影响整个行业的存续、成长，直至在建筑产业链中占据可靠而又体面的一席。

4. 本课题主要研究内容

(1) 行业的生态环境与存在的问题，以及所面临的困境。从国家政策到社会认知，从政府监管到行业应对，从法律的宽严有度到刑责的合乎情理，陷入了概念性误区，亟待寻求扭转不利局面的应对措施。

(2) 他山之石可以攻玉。从国内外相似行业与不同行业的自律实践中学习成功的经验；从市场经济学、企业管理学、组织行为学，乃至哲学等学说中寻求探索的智慧，厘清咨询服务的市场关系与取酬原则，树立行业自信，坚定服务意识。为行业自律与持续发展提供理论依据与思维导向。

(3) 行业自律与各专业的自律。从行业与各专业诚信自律的历史继承到新时期、新常态、新形势下行业自律的创新。

(4) 会员单位与从业人员的自律。诚信自律以人为本，从会员单位，特别是从业人员的惯性思维和日常行为中，寻找影响自律的负面因素，发掘推动诚信的积极因素，推论会员单位和从业人员诚信自律的一般行为准则，进而引导从业人员进入并到达知耻的境界，以实现全行业在诚信自律方面稳定而持续的进步。

(5) 行业自律的实务。从行业持续发展的战略角度，建设性地提出富有针对性、可操作性和实践意义的建议，供协会选择采纳。

一、行业现状

（一）理想中的行业定位

上海市建设工程咨询行业协会是全国首个集工程监理、造价咨询和招标代理为一体的行业协会①。监理和造价咨询专业条线分别受中国建设监理协会、中国建设工程造价管理协会指导，招标代理则受中国土木工程学会建筑市场与招标投标研究分会（主管单位为住建部建筑市场监管司）和中国招投标协会（主管单位为国家发展和改革委员会）的指导。总体上都属于现代咨询服务业范畴。

现代咨询服务业是全球增长最快的高端产业之一。有统计表明，20 世纪 80 年代到 20 世纪末，咨询服务业平均增长 12%，高于全球国内生产总值的增长率。1997 年全球咨询收入是 600 亿美元，到了 2001 年世界咨询市场规模就到了 1 140 亿美元，差不多是 5 年翻一番。我国的咨询服务业目前正处于新兴的快速发展期。根据国家科委的调查，咨询营业额在 1996 年的时候只有 21.85 亿元，到 2001 年的时候达到 302 亿元，5 年大概增长了 12.8 倍。② 可见其发展势头。

建设工程咨询服务是咨询服务市场的细分，是建筑产业的衍生产品，其位于建筑产业链的上游，前瞻性地服务于建设项目的决策、实施乃至运营全生命周期的过程，成为现代建筑业不可或缺的一个环节，现代服务业一个极其重要的组成部分。当时提出监理的定位，即所谓三控两管一协调，主要依据"20 世纪 50 年代末 60 年代初起逐步在美国、西德和法国等国广泛应用的项目管理方法（Project Management）"。③ 其外延与内涵较之当下实施的建设工程咨询服务的招标代理、造价咨询和施工监理三个方面更广更深，但其业务面却相反要小得多，当时的建设部干志坚副部长提出"建设监理的范围包括大中型工业交通建设项目和重要的民用建筑工程。"④而不是后来强制监理所规定的那样。

在人才结构方面，也认为"监理工程师的知识结构包括四个方面，即应懂经济、懂技术、懂管理、懂法律。……监理工程师与其他专业技术工程师相比，知识应更丰富，他们是高智力人才"。⑤ 因此，理想中的建设工程咨询应该是知识密集型行业，高信息流行业，更是智慧型行业。其严密的人才结构带来的知识、经验互补，汇聚成集体的智慧，结合与时俱进的科技手段和不断更新的信息资源，为项目业主提供高效率的、创造价值的服务。

---

① 上海市建设工程咨询行业协会于 2004 年 3 月，由原上海市建设监理协会、上海市建设工程造价管理协会、上海市招标代理联络网三个社团组织联合组成。

② 李波、冯革，知识服务业的产业生态，上海：上海人民出版社，2006 年 1 月，P206-207。

③ 丁士昭，建设监理导论，上海：上海市建筑施工技术研究所，建筑施工编辑部，1990 年 7 月，P30。

④ 摘自：《总结经验、深化改革，进一步开拓建设监理工作》，原建设部干志坚副部长 1989 年 1 月 23 日在第三次全国建设监理试点工作会议上的讲话。

⑤ 同③之 P5。

(二) 现实中的行业生态

1. 行业规模

我国真正意义上的建设工程咨询服务始于 20 世纪 80 年代，相对欧美的百年历史，固然不免有些落后，却也有着前车可鉴的后发优势。而上海作为我国对外开放的窗口和经济最发达地区之一，凭借文化、观念、经济、投融资强度诸方面的影响，其建设工程咨询服务却是起步早，发展快，其咨询企业也最为集中。特别是 2010 年上海世博会的举办，使项目管理的服务形式与内容得以由此验证推广，并领全国风气之先。因而，从行业规模效应的角度来看，无论是从业企业、从业人员乃至经营业务的开疆拓土都让国外同行瞠目。行业协会会员单位的资质情况见表 6.1，从业人员数量见表 6.2。即便是在我国 GDP 逐年下降进入 6 时代的情况下，近五年的经营增长速度仍可见一斑(表 6.3)。

表 6.1　上海市建设工程咨询行业协会会员单位资质统计表(2015)　　单位:家

<table>
<tr><th>企业
专业</th><th>监理＋造价＋招标</th><th>监理＋造价</th><th colspan="2">监理＋招标</th><th>造价＋招标</th><th>监理</th><th>造价</th><th>招标</th><th>资质总数</th></tr>
<tr><td>工程监理</td><td rowspan="3">34</td><td rowspan="2">1</td><td></td><td rowspan="3">20</td><td>—</td><td>125</td><td>—</td><td rowspan="2">—</td><td>180</td></tr>
<tr><td>造价咨询</td><td>—</td><td rowspan="2">64</td><td rowspan="2">—</td><td>28</td><td>127</td></tr>
<tr><td>招标代理</td><td>—</td><td></td><td>—</td><td>18</td><td>136</td></tr>
<tr><td colspan="2">合计有资质的会员单位</td><td colspan="8">290 家</td></tr>
</table>

表 6.2　上海市建设工程咨询行业从业人员数量统计表　　单位:人

<table>
<tr><th rowspan="2">人数
年度</th><th rowspan="2">监理工程师</th><th rowspan="2">监理从业人员</th><th rowspan="2">造价工程师</th><th rowspan="2">造价从业人员</th><th rowspan="2">招标工程师</th><th rowspan="2">招标从业人员</th><th rowspan="2">其他注册资格</th><th rowspan="2">项目管理从业人员</th><th colspan="2">合计</th><th>备　注</th></tr>
<tr><th>注册</th><th>从业</th><td rowspan="12">1. 上海市注册招标师取消后，一度国家注册招标师未妥善执行，故缺统计。
2. 本统计表不排除有企业漏报的可能</td></tr>
<tr><td>2006</td><td>4 900</td><td>31 600</td><td>—</td><td>—</td><td>—</td><td>—</td><td>—</td><td>—</td><td>—</td><td>—</td></tr>
<tr><td>2007</td><td>4 968</td><td>31 100</td><td>2 602</td><td>3 103</td><td>1 281</td><td>1 353</td><td></td><td></td><td></td><td></td></tr>
<tr><td>2008</td><td>5 216</td><td>31 510</td><td>2 690</td><td>3 501</td><td>1 371</td><td>1 785</td><td></td><td>1 893</td><td></td><td></td></tr>
<tr><td>2009</td><td>5 561</td><td>32 670</td><td>2 427</td><td>3 924</td><td>1 164</td><td>1 935</td><td></td><td>1 398</td><td></td><td></td></tr>
<tr><td>2010</td><td>4 968</td><td>31 100</td><td>2 752</td><td>4 000</td><td>—</td><td>1 800</td><td></td><td>1 800</td><td></td><td></td></tr>
<tr><td>2011</td><td>5 216</td><td>31 510</td><td>2 149</td><td>3 831</td><td>—</td><td>3 151</td><td></td><td>2 590</td><td></td><td></td></tr>
<tr><td>2012</td><td>5 516</td><td>32 670</td><td>2 404</td><td>6 300</td><td>—</td><td>2 400</td><td></td><td>2 300</td><td></td><td></td></tr>
<tr><td>2013</td><td>5 918</td><td>34 132</td><td>2 404</td><td>6 213</td><td>—</td><td>2 278</td><td></td><td>2 355</td><td></td><td></td></tr>
<tr><td>2014</td><td>6 058</td><td>34 349</td><td>2 597</td><td>6 931</td><td>—</td><td>2 361</td><td></td><td>2 562</td><td></td><td>46 203</td></tr>
<tr><td>2015</td><td>6 630</td><td>34 317</td><td>2 685</td><td>6 988</td><td>—</td><td>2 589</td><td></td><td>3 704</td><td>9 315</td><td>47 607</td></tr>
<tr><td>累计</td><td>35.31%</td><td>8.60%</td><td></td><td></td><td></td><td></td><td></td><td></td><td></td><td></td></tr>
</table>

表 6.3　上海市建设工程咨询行业经营状况一览表

营业额＼年度	工程监理/亿元	造价咨询/亿元	招标代理/亿元	项目管理/亿元	合　计/亿元	备　注
2010	43.65	20.68	5.65	3.32	73.30	
2011	47.65/9.16%	25.87/25.10%	5.70/0.88%	3.46/4.22%	82.68/12.80%	
2012	53.33/11.92%	28.36/9.63%	6.74/18.25%	4.75/37.28%	93.18/12.70%	
2013	61.28/14.91%	32.72/15.37%	10.69/58.60%	6.85/44.21%	111.54/19.70%	
2014	68.56/11.88%	32.55/−0.52%	10.27/−3.93%	7.08/3.36%	118.46/5.84%	
2015	72.69/6.02%	34.34/5.50%	11.34/10.42%	13.42/89.55%	131.79/11.25%	
累计增长	66.53%	66.05%	100.71%	304.22%	79.80%	

资料来源：以上三表根据行业协会年度业务开展情况汇总及分析统计数据自行编制。①

但若从注册监理工程师与监理从业人员数的统计情况分析，可以发现其增长基本维持在弥补受限于年龄的自然淘汰，这通常来源于大、中院校少量的应届毕业生。而注册人员的增长，基本源自从业人员自身的成长，鲜有业界以外精英人士的加入②。注册与非注册人员的此消彼长，致使整个行业的规模并未呈现同步增长的趋势。其中，从业人员数的涨落，主要是受执行政策文件的影响，而与行业的市场行为并无内在的逻辑关系。譬如 2007 年的监理减员，从业人员减少了 500 人，注册人员增加了 68 人。这减少的 500 人中，有相当大的部分应该是注册监理工程师，因为，从 2006 年到 2007 年建筑市场受上海世博会的影响，正呈上升趋势，没理由出现监理减员现象。纵览比较表 6.2 的数据，注册监理工程师的年增长值平均在 300 余名，而该年度的增长值却仅为正常年度的 20%。经查上年度的监理工程师资格考试并无异常，但是当年我市政府建管部门强调了企业完整的、连续的全员社保信息的提供，使突击造假没有了机会，从而有效地阻止了拟挂靠的非监理从业人员的注册，以及已经挂靠的注册监理工程师的延续注册。再加上年龄因素自然更替的部分注册监理工程师，统计数据的异动也就能够解释了。

同样的道理，注册造价工程师在 2008 年也出现了类似情况。而以后几年中，发生的监理与造价工程师的明显减员现象，一方面是受注册周期的影响，在挂靠人员延续注册中遭淘汰所致。另一方面，住建部实施注册人员信息联网，强化了多资格个人只能在一个企业注册的控制手段，让企业与个人一时无以应对，暂时注销了部分注册所致。真正属于市场因素影响的，应该是受几次震动全国的工程质量安全事故处理对总监、总监代表和安全监理人员的刑事重判，及其日趋明显的收益低，风险高的行业现状，让一部分有

① 更为详尽的数字统计，见：上海市建筑业行业发展报告（2015 年），上海人民出版社，2015.12，P40-51。

② 与世纪之交前，施行注册监理工程师制度之初的建筑界各方精英汇聚的现象有云壤之别。其时，恰逢朱镕基推动国企改革，大批人员下岗，监理作为建筑产业链中的新兴行业，以及高智能、高素质、高水平的高端定位，吸引了来自科研、设计、施工和不景气国企中的专业技术人员，其中不乏具有高级职称行将退休的工程技术骨干，给监理行业的发展带来了难以估量的作用，其后的几年时间应该是监理行业社会声誉最好，规模发展最快，事业最辉煌的时期。

能力改弦易辙的监理工程师选择了离开。

再看行业经营状况。由于监理与项目管理的统计数据基本体现了建设项目实施过程中的服务报酬，造价咨询主要体现了建设项目实施全面完成后的服务报酬，招标代理则完全体现了建设项目实施开始时的服务报酬，因而，各专业的增长曲线具有提前与滞后的不同呈现。

其中，监理的产值，一方面受上海市静安区胶州路公寓大楼“11.15”特大火灾事故（以下简称“11.15 火灾事故”）的影响，执行上海市人民政府《关于进一步规范本市建筑市场加强建设工程质量安全管理的若干意见》（沪府发〔2011〕1 号）文件精神，监理取费在《建设工程监理与相关服务收费管理规定》（发改价格〔2007〕670 号）文件的基础上，取上浮 20%的高限，同时，也受 CPI 指数的影响，形成了之后四年的较高速度增长。然而，一旦废止了上述两个文件的执行，2015 年的产值增长基本上就保持在了 CPI 指数增长的低位。可以想见，随着监理取费的完全市场化，这样的低增长还将持续相当一段时间，甚至出现更低乃至负增长的可能。这种低谷现象将持续直至整个行业适应了真正意义上的市场化，才有可能重新回升逐步走向良性发展的正常轨道。

造价咨询的年度产值波动，较好地诠释了之前一段时间内建材市场的波动，其中，主要受钢材、水泥、铝制品价格的波动影响。因此，其产值的增长曲线并不直接表明其实质上的发展趋势，除了价格波动与 CPI 指数效应之外，唯有注册与从业人员数尚可在一定程度上说明其发展状况。然而，其注册人员的不增反降，似乎传递了行业人才建设方面存在漏斗效应的客观信息，至少在该领域中，行业规模与人力资源的技术含量在以往的十年中，并无质的提高。

招标代理的产值和从业人员在五年内几乎都翻了一番，其发展速度之快，除原有业务的扩大和 CPI 指数的效应之外，建材、人工价格上涨而政策基数①一成不变导致的招标扩大化，以及政府采购制度的强化所产生的代理服务，并将其服务报酬纳入行业统计口径应该是不容忽视的因素。

项目管理服务的统计包括工程咨询和项目管理两种不同类型的服务内容。其中，工程咨询的资质与资格管理隶属国家发改委，在行业上归口上海市工程咨询行业协会，主要从事项目前期决策阶段的项目建议书和项目可行性研究的编制等服务。而项目管理则未设资质、资格条件，按部门条线的不同法规，其行业管理由建设工程咨询与工程咨询两个行业协会交叉覆盖，其工作内容是从项目前期决策阶段的策划、项目设计管理、项目实施管理、项目竣工交付使用到项目运营管理全生命周期的服务。在行业协会的统计报表中，因简化计算未予明确区分，即相当于通常的“其他”一栏。但是从发改委简化审批

① 所谓“政策基数”是指《工程建设项目招标范围和规模标准规定》（2000 年 5 月 1 日，国家发展计划委员会令第 3 号）第七条：本规定第二条至第六条规定范围内的各类工程建设项目，包括项目的勘察、设计、施工、监理以及与工程建设有关的重要设备、材料等的采购，达到下列标准之一的，必须进行招标：①施工单项合同估算价在 200 万元人民币以上的；②重要设备、材料等货物的采购，单项合同估算价在 100 万元人民币以上的；③勘察、设计、监理等服务的采购，单项合同估算价在 50 万元人民币以上的；④单项合同估算价低于第①、②、③项规定的标准，但项目总投资额在 3 000 万元人民币以上的。

制度的改革，将过去单一的项目审批制，分别改为审批制、核准制和备案制，客观上减少了工程咨询服务的总量来推算，其大幅度的业务增长应该源自项目管理，可见项目管理作为行业创新力量的潜力所在。

2. 行业自律常态

1）协会既有诚信体系

协会现有诚信体系以协会章程为基本纲领，以诚信体系课题成果为理论支持与指导，以自律公约为会员单位的行为准则。协会自 2004 年成立以来，无论协会章程与自律公约均多次更版，持续改进与完善。现行章程为协会 2008 年 7 月 23 日二届一次会员大会表决通过的版本，现行自律公约为协会 2013 年 7 月 23 日修编并订立的版本。

新修编的《会员单位自律公约》和《监理自律公约》《造价咨询自律公约》《招标代理自律公约》以及《会员单位自律公约(体系)实施办法》形成了较为完整的 1＋3＋1 这么一个自律公约体系(以下简称“公约体系”)。监理、造价咨询和招标代理等各专业自律公约还附有约束个人的《从业人员职业道德守则》。总体上该公约体系体现了行业发展的传承性、连续性、针对性、成长性和持续完善性。倡导以道德为支持，产权为基础，法律为保障的行业良序，强化会员单位的自我约束机制，引导其履行和加强行业自律职能，自我创造一个良好的咨询服务市场环境。

公约体系的与众不同之处，在于条文内容均为道德所认可的范畴，而非道德所倡导或反对的范畴。为整个行业的行为准则设立了道德的底线，而非让人难以企及的道德高地。所用言辞语句均为陈述句，尽量避免祈使句，以显示公约发起者的主动意识。同时文字精简，语言凝练，意思明白，导向明确，易于执行，具有行业的普适性和针对性。

在公约体系这一规范性文件的基础上，协会又制订了实施性的《会员单位自律档案(试行)》，作为行业协会对会员单位诚信的内部考核。先已由自律委员会的 21 家委员单位率先试行，以待积累经验后在行业内全面推广。

2）行业的困境

建设工程咨询服务属于经济范畴，应该承担的是基于权利与义务对等的经济合同责任。然而，当下的监理业却承担了更多基于行政权力下的法律、法规责任，很多情况下，工程事故模糊了经济与刑法的责任界限，一些监理人员甚至被送上了法庭①，成为监理行业监理人无以排解的心头之痛。

缩小强制监理范围和取消咨询服务指导价的政策剧变②，几乎困扰着行业的每一个从业人员，让全行业陷入了迷惘。

涉及行业诚信的困境，无论是监理、造价咨询和招标代理诸专业均广泛存在无一例外。其中，涉及资质、资格管理与经营行为的挂靠现象，以及价格导向下的低价竞争现

① 自 1999 年 1 月 4 日的重庆綦江彩虹桥垮塌，到 2014 年 12 月 29 日北京清华附中体育馆及宿舍楼工程筏板基础钢筋体系坍塌的 16 年间，已经很难统计有多少监理人员被判实刑。

② 详见：《住房城乡建设部关于推进建筑业发展和改革的若干意见》(建市〔2014〕92 号)与《关于进一步放开建设项目专业服务价格的通知》(发改价格〔2015〕299 号)。

象，各专业具有共性，也最为普遍。由于其发生在企业运营的前端，成为企业最原初的不诚信行为，按照“一个谎言，要用十个谎言来掩盖”的理解，其不诚信的为害也最为严重。

其他不同专业各不相同的现象，鉴于篇幅，此处不展开叙述，仅罗列其主要的，众所周知的一些现象。

工程监理服务：在企业层面上，表现为重点突出，不及其余。重大项目重点监理，以谋求业绩与荣誉；一般项目则往往受低收入低成本经营思想的主导，在组织机构设置，监理服务成效等方面的履约率低下；对监理机构及其人员的从业行为缺乏有效的管理与控制，导致形式与内容基本一致的“监理不到位”现象。作为个人，监理人员自以为是，吃拿卡要勒索施工单位；受施工单位诱惑，通过工程计量签证放水谋求私利；对自以为质量、安全风险较小的偷工减料、不按图施工、不依照规范施工等现象视而不见，或为免多事，或为回报曾经的吃拿卡要。[①]

造价咨询服务：审核人惟业主意图是从，强势克扣被审核人，工程量只有核减没有核增，肆意拖延结算时间；审核人与被审核人合谋，高估冒算下的“约定核减率”；审核人先扣后补，勒索被审核人提供好处；审核人在全过程审价过程中，过度依赖监理的工程计量签证，在貌似公正的表象下降低自身工作强度，转移并逃避应该承担的责任，甚至知错就错充当“好人”。

招标代理服务：代理人迎合业主意图，根据目标投标人情况，量体裁衣编制招标文件，以排斥潜在投标人；以非正常手段暗示评标专家操控评标结果，实现“明招暗定”；代理人与投标人串通，围标串标；投标人向代理人提供好处，以换取与招投标相关而应予保密的信息。

3）业内外观念的差异

（1）行业内的自我认知

长期以来，行业内普遍认同本章前述“理想中的行业定位”。但随着国家经济社会发展，建设投资强度猛增，质量安全事故频发，政府逐渐赋予了行业更多的法规责任，使业内人士的观念也在产生着相应的变化。

“旁站监理”[②]“安全监理”的入规，在强化监理监督作用的同时，弱化了施工单位的自我管理职能，使监理沦为建筑工人的“监工”，更成为工程质量安全事故的“同案犯”。

监理、造价咨询和招标代理的法规与政策文件的每一次发布，大多偏重于强调监督的作用，而非激发施工单位完善其质量保证体系和安全保障体系，约束业主的任性。即便是一些对于参建单位具有普遍约束效用的内容，在实施过程中，也往往总是演变成聚焦于咨询机构的监督职能与责任。

监理、造价咨询和招标代理同行不同心。造价咨询的法定权力——支付签署权，与监理的质量安全控制职能分离，不能形成合力；招标文件与工程量清单的不完善，击鼓传

① 更多内容可详见：江苏省建设厅，建设工程监理热点问题研究，北京：中国建筑工业出版社，2007.10，P7-158。

② 原建设部，房屋建筑工程施工旁站监理管理办法（试行），（建市〔2002〕189号）2002-07-17。

花把责任推向了后续服务机构，增添了中介机构相互之间的责任推诿，客观上形成了提供“创造价值的服务”的障碍和阻力。

（2）行业外的普遍感觉

① 工程监理。a. 监理制度是工程质量和安全的保障，一旦质量安全出了问题，监理是当然的责任人；b. 监理是政府强制实施的，监理是低成本行业；c. 监理吃拿卡要，监理不到位；d. 监理是监督管理，所以要 24 小时旁站监理。

② 造价咨询。a. 审价是为业主节省投资的；b. 审价受业主委托，拿了业主的钱，就应该站在业主的立场；c. 业主赋予审价的权力，因人性贪婪的缘故容易被施工单位收买，所以要委托二审[①]。

③ 招标代理。a. 招标代理是项目建设必须要走的程序之一；b. 招标代理是招标人的代理，因此要服从招标人的意志；c. 代理机构服务质量的优劣以能否完成招标人预设的评标结果为考量；d. 招标代理是搞定评标专家、暗箱操作、明招暗定的腐败中介。

总而言之，社会的不诚信现象是一种客观存在，抱怨已成为我们挥之不去的习惯。疏于学习使我们的观念迂腐陈旧，缺乏独立思考让我们止步于真理。

3. 行业地位

行业的生态环境与存在的问题，以及所面临的困境。从国家政策到社会认知，从政府监管到行业应对，从法律的宽严有度到刑责的合乎情理，全方位陷入了概念性误区，以至于整个业界长期未能从根本上扭转行业的不利局面，而呈现一定程度的彷徨。总体上行业的社会地位低下，与高智能、高技术的服务职能和公开、公平、公正的社会公信力极大地不相称。

二、借鉴与启示

将行业的诚信自律放在一个更大的环境中，与国内外的工程咨询业及其他一些行业的诚信机制进行比较性的借鉴研究，是本课题研究的方法之一。

在进行借鉴研究时，我们根据不同特点选择了不同的关注点。对于其他国家不同行业的比较，偏重于诚信自律的理念与机制的考量。对于国内的兄弟协会，在大环境基本一致的情况下，更多关注已成文的，与诚信自律有关的文件，以及与之相对应的活动及成效。

（一）国外的行业自律

发达国家行业协会的历史传承厚重，互助性、自律性的功能完备成熟，开放性、发展

① “二审”是指业主对不诚信服务的一种防范措施，其作用类似于美国注册会计师协会的“同业互查制度”。即业主在已经委托一家咨询机构从事造价咨询服务的情况下，为防止审核人工作失误或对审核人诚信的忧虑，再委托一家咨询机构对其一审的结果进行审核。“二审”与“二审”的核减率往往在“一审”的委托合同中约定，凡超过约定核减率的要按比例扣除“一审”的审价费。也有业主由于对审价的结果不满意，事后再委托“二审”的，但容易引发纠纷。

性的现代特征明显，维护市场秩序、降低交易成本、保护合法权益、促进行业发展的理念先进，具有极其重要的借鉴参考价值。

1. 国外行业自律的理论与机制

国外行业自律的理论受法律学、行政学、经济学、管理学、法经济学、道德哲学，乃至宗教等学说的交互影响，有力推动了行业诚信自律的良性发展。其行业自律的机制也更为成熟、完善。

1）国外行业自律的相关理论

行业自律是对政府监管的重要补充。但在现实中，许多行业组织没有充分发挥自律的作用，有些甚至成为行业垄断和价格联盟的工具。因此，深入研究行业自律的功能及其实现条件，有助于充分发挥行业自律的积极作用，抑制其产生的消极作用①。

西方社会认为，行业自律可以解决市场失灵问题；防止官僚拖延，鼓励技术创新；减少溢出损害（即一个成员企业的过失会连带同一行业的其他企业受损害），防止共同制裁；为企业带来良好的声誉；降低替代威胁，促进行业内合作②等作用。

行业自律是行业内各企业的集体自律，而各企业能够进行集体自律的基础是各行业成员存在着共同利益。正如英格拉姆和英曼所言，保护共享物质资源如水、土地的需要及由此带来的共同利益是有效自律的催化剂③。

行业成员自律是为了获得自律所附带的收益，这成为行业成员自律的直接动力。雷诺克斯指出只要这些“参与附带”的收益大于参与的成本，企业就会参与自律。卡纳和科斯在分析企业自愿参与环境保护的原因时也指出：“获得竞争优势、市场份额（诉诸消费者、降低成本、提高内部效率）、建立企业声誉、降低资本成本（通过降低对利益相关人的责任义务风险来实现）为企业自愿参与环境活动提供了经济动机④。”

赫利蒂尔：“自律的市场收益率能导致行业增加自律绩效”。穆恩：“企业更可能受市场动机的驱动——产生一种‘绿色’声誉并将之作为提高市场竞争力的一个重要的战略资产，尤其是越接近消费者的企业，更可能把参与志愿体系看成是一个提高企业绿色形象进而提高其市场绩效的机会⑤。”

良好的内部治理结构是行业自律有效实施的结构性要求。莱文指出：“真诚的自律体系必须要满足以下条件：①清晰的、在团体范围内被广泛接受的、具有社会价值的标准；②反自利政策和程序的充分的内部防护；③为预防生产退化而采取联合行动的需要；④限制疗法的更高的利用率。英国银行业协会（BBA）将成功的自律体系归结为八大要素：良好的行为规章、独立的治理、覆盖全行业、充分的资源、有效的监督、强制力与制裁、定期的审查程序、核心利益主体的支持⑥。

---

① 常健、郭薇，论行业自律的作用及其实现条件，理论与现代化，2011 年第 4 期，P113.

② 同①，P113、P114 以及 P118 之参考文献[1][3][4][5][6].

③ 同①，P115 以及 P118 之参考文献[12]。

④ 同①，P115 以及 P118 之参考文献[14][15]。

⑤ 同①，P115 以及 P118 之参考文献[16][17]。

⑥ 同①，P116 以及 P118 之参考文献[18][19]。

政府监管和制裁的威胁是行业自律得以建立的外部前提。金和雷诺克斯在对美国化学制造行业协会的“社会公益计划”的研究中发现，如果没有明确的制裁，建立自律型的行业治理结构终将沦为机会主义的牺牲品。艾施柏等人指出自律性组织在声誉机制下，不具备主动监控产品质量，披露欺诈行为的能力；而在引入对自律型组织的外部监管后，其自律倾向将上升，对控制产品质量的重视程度得到提高。麦克斯韦尔等人对美国1988—1992年间有毒化学物质排放的数据进行了分析，证明对企业增加规制的威胁导致了企业有毒物质排放的减少，指出增加“规制威慑”有助于促进企业自律。因为强制监管的威胁很高，而企业自律的边际成本相对较低，因此，避免政府规制的唯一途径就是比政府行动更快——“占优自律”①。

对企业不自律的惩戒措施：对会员违规惩戒链条的修正。奥斯特罗姆在解释集体行动的理性选择方法时指出，“制裁”能有效促进个体为集体行动作出努力。她得到的结论是“在不存在制裁措施的情况下，高诚信得分者合作得很好，但低诚信得分者则不然；而当制裁措施到位时，大多数低诚信得分者也能遵守合约，此时，诚信群体与不诚信群体的合作比例差异显著减少”。可见，惩戒对促进行业成员为行业集体利益而努力有着非常重要的作用②。

作为自律的怀疑者洛特菲尔德也指出政府规制的威胁是有效自律的必要条件。甚至有学者认为政府监管并不一定要实际执行，只需进行监管威慑就能达到促进行业自律的目的。沃特鲁巴将政府的这种威慑称为对自律的“反向促进”。……斯特凡纳迪斯认为在无限重复博弈中，政府应节制使用正式管制，而把其角色限制到事前的警告和事后的监督，以此来引导自律组织采用社会期望的价格透明度。正因如此，政府干预是纯粹的威胁，而不是实际的行动，或许在使行业参与者自律上已经足够了③。

格雷厄姆和伍兹检验了企业自律在发展中国家产生效果的条件，将自律的市场动机概括为以下四点：①来自于风险管理的压力——企业破坏环境或滥用人权导致消费者或投资者的反对，从而给其带来金融风险、公众抵制或犯罪罚款，结果是市场力量驱使公司采取有责任的企业行为，制定有力的内部指导方针以管理交易风险；②来自于投资者的压力——投资者将意识到如果其他的参与人关心社会和环境问题的话，通过有效自律管理相关风险的公司将会获得更高的投资回报，结果导致一些投资团体会被有关环境或人权的关注所刺激；③来自于消费者及激进分子的压力——当激进主义者突出一个问题并鼓励消费者行动的时候，由此带来的需求份额的损失能鼓励跨国公司对其在发展中国家的运营采取积极自律。拥有全球品牌或直接面向消费者销售的那些部门在这样的压力下最容易受到影响；④保留和吸引雇员的压力——声誉不好的公司可能发现在紧俏的劳动力市场上招募和保留员工更困难。相比那些关心社会和环境责任的公司来说，不能控

① 常健、郭薇，论行业自律的作用及其实现条件，理论与现代化，2011年第4期，P116以及P118之参考文献[21][22][23]。

② 郭薇、常健，行业协会参与社会管理的策略分析——基于行业协会促进行业自律的视角，行政论坛，2012年第二期，P61以及P63之参考文献[3]。

③ 同①，P116以及P118之参考文献[24][25][3]。

制声誉风险的公司将面临更高的劳动力成本①。

甘宁汉姆等将阻碍自律发挥作用的因素归纳为内部因素和外部因素。内部因素包括构建行业道德和制定公共责任准则的能力，欠缺这些能力自律效果会大打折扣。外部因素指自律与其他机制的契合程度，没有其他机制的配合，自律的实施效果就会受到影响。巴内特将形成自律制度的阻碍性因素归结为竞争、惰性和形成自律制度的内在成本。

莱文指出：真诚的自律体系要求清晰的、在团体范围内被广泛接受的、具有社会价值的标准和反自利政策和程序的充分的内部防护。但如果行业成员经济地 位悬殊、目标分歧，可能会使这些条件难以达成 。

值得注意的是，一些学者认为，消费者的对抗，可能会使自律难以发挥作用。麦克斯韦尔等人指出："消费者的介入威慑不利于企业自律——如果消费者对政策过程的干涉变得轻而易举的话，企业或许会回避进行志愿排污（即不自律），结果是相比消费者干涉政策过程较难的时候，企业和消费者都更不关心排污问题。"贝克等指出，在市场变化、自律团体面临竞争风险和来自于团体外部或持反对意见的自律成员的竞争性改革时，自律作用发挥得不好。在这样的环境下，自律过程不可避免地成为反对新观点、新一轮竞争性革新和新竞争者，维护现状的工具；当试图管制成员产量和价格、规定哪些成员可以为公众提供服务时，自律作用发挥最差，在这样的情况下，自律成员集体地（不约而同地）使用市场势力②。

2）国外行业自律的相关机制

（1）美国注册会计师行业的自律机制

美国注册会计师协会（ AICPA ）是其行业自律的核心。广义上，1887 年该协会的成立，即标志着美国注册会计行业自律机制的开始。其内容包括质量监管、准则制定、资格认定、考试准入、后续教育等。狭义上，1977 年 AICPA 公共监督委员会(POB)的问世，成为美国注册会计师行业自律机制建立的真正标志。它主要指自律性执业质量监管制度。

20 世纪 70 年代，美国国内一系列的审计失败案件使 AICPA 不得不加强行业自律监管，建立一套完整的自律制度。其中典型的代表是 POB 和同业互查③制度。

POB 是 AICPA 自律制度中标志性的组织。POB 的职责包括：监督和评价同业互查委员会、执行委员会的监管和惩戒措施，从而保证工作的有效性；判断同业互查委员会是否已经使会员根据同业互查结果采取了适当的行动；监督本分部的其他合理活动。同业互查制度是美国注册会计师协会为提高审计的执业质量和可靠性而构建的一项重要行

① 常健、郭薇，论行业自律的作用及其实现条件，理论与现代化，2011 年第 4 期，P116、P117 以及 P118 之参考文献[26]。

② 同前注，P117 以及 P118 之参考文献[27] [18] [23] [13]。

③ "同业互查"是指由另外一家会计师事务所指定的检查人员对一家会计师事务所的质量控制系统的健全性及其执业情况进行调查和评估，据以确定该会计师事务所是否严格执行了审计标准，从而保证和提高整个审计行业的执业水平。

业自律机制。

1977 年，AICPA 成立了会计师事务所管理部，其下设两个分部：一是交易委员会执业管理部，负责管理已经或将要同那些受证券交易管理委员会管辖的公司建立客户关系的会计师事务所；二是非上市公司业务管理部，负责管理与非上市公司建立客户关系的会计师事务所。这两个分部都成立了各自的同业互查委员会。

美国的 CPA 行业监管模式下也有失败的案例，比如“安然事件”[①]，其主要原因在于过度信赖行业自律，缺乏必要的政府监管。而行业自律的缺陷之一是 AICPA 与联邦各州会计委员会，以及各州会计委员会之间没有相互的协调机制，导致信息不能共享，对各州事务所的监管作用有限。

(2) 英国皇家特许测量师学会(RICS)的自律体制变化

RICS 是英国规模最大、最具权威性的评估行业自律组织，对于整个英联邦地区乃至全球评估行业都具有非常重要的影响。其主要职能之一是动态地制定、修订和完善行业执业技术标准。主要表现为：

① 根据业务发展需要调整专业分组，实现评估对象多元化

RICS 为公众提供最高质量的专业服务为宗旨，业务涵盖 22 个专业，物业、建筑、土地三大领域，并设 22 个专家组。专业领域主要包括文物与艺术精品、商用物业、设施管理、管理咨询、房地产金融与投资、住宅物业管理、评估、商业及无形资产评估、研究、建筑监管、建筑测量、基础设施建设、项目管理、工料测量与建造、税务策划/估算、环境、测绘、矿业与废物管理、规划与开发、农业物业等。在商用房地产、规划与房地产开发、管理咨询、房地产估价理论、技术方法、估价标准等方面均处于世界领先地位，每年发表超过 500 多份研究及公共政策评论报告，向会员提供涵盖房地产、建设管理、项目管理、资产评估、规划与开发、设施管理、土地测量、建筑测量、管理咨询等 22 个专业领域和相关行业的最新发展趋势。

② 适应评估行业发展要求，修订评估准则

英国的不动产评估发展历史较早，不动产评估准则最早也是在英国面世，并于 20 世纪 70 年代出版，主要规范以财务报告估价为目的的估价行为，以及测量师出具的其他公众使用的评估报告。英国的评估准则由 RICS 的评估与估价准则委员会(AVSB)制定，该委员会由 20 人组成。每年在伦敦总部召开四次正式会议。评估准则在规范 RICS 会员执业行为等方面发挥了重要作用。

RICS 致力于制定一套国际化的评估准则以便为其全球的会员提供执业指导。通过实践，RICS 越来越认识到国际评估准则委员会是最能达到这一目标的一个团体，因此，RICS 积极参与国际评估准则委员会事务，并在修订评估准则时，充分考虑到与国际评估

① 安然事件，是指 2001 年 12 月发生在美国的安然公司破产案以及相关丑闻。安然公司曾是世界上最大的能源、商品和服务公司之一，连续六年被《财富》杂志评选为“美国最具创新精神公司”。该事件面临的指控包括疏于职守、虚报账目、误导投资人以及牟取私利等。其中的假账，涉及审计安然公司财务的，位列世界第一的会计师事务所安达信。安达信也曾在当年 6 月因审计工作中出现欺诈行为被美国证券交易委员会处 700 万美元罚款。(摘自：百度百科)。

准则的接轨。RICS认为,实现上述目标的最好的办法是尽可能地采用国际评估准则,并将其综合在红皮书中,而不是继续允许会员运用不同的评估准则。这样做也可以避免这些准则在解释时产生的矛盾。

③ 加强约束机制,进一步规范测量师执业行为

RICS的《行为准则》用于指导和规范测量师的执业行为。除特殊说明外,对所有的测量师都具效力。为了与RICS章程和细则进行的变更相适应,理事会对行为准则也进行了重新修订,对原来的行为准则进行了简化和更新,使之更贴近会员的日常工作。《行为准则》规定了测量师与雇主的关系,包含了更广泛的对公众责任。

《行为准则》提出了测量师的核心职业道德标准,测量师的所有行为和判断必须基于下列核心道德标准:a. 诚信行为;b. 总是提供最高标准的服务;c. 以促进信任的方式行动;d. 尊重他人;e. 承担责任。这些职业道德要求测量师对其负有专业责任的客户或其他人负责,要时刻尊重他们的个人隐私并且在判断过程中始终考虑到社会利益。

《行为准则》对影响测量师公平、独立执业的利益冲突、收费等也作出了明确的规定。当测量师、测量师所属的事务所或团体掌握着关于某个委托人的机密信息时,除了守则允许的情况外,不得利用该机密对抗委托人。测量师应当对委托人披露费用与收益的发生缘由、来源或数额,包括任何费用、酬劳、或其它任何他由委托合约中可能获得的利益(与委托人达成一致的除外)。同时明确测量师有投保的义务。在理事会确信的那些商业条款中允许职业保险的国家,理事会在与相关的全国性的组织协商后,要求目前正在该国执业的测量师投保。为了有效地落实《行为准则》提出的要求,RICS还制定了新的惩戒规则,并且已经以独立文件的形式公布。惩戒规则规定了专业行为委员会、惩戒委员会、申诉委员会职责及其在处理对测量师的投诉时所要遵循的程序。

(3) 欧美管理咨询协会的发展及运作

管理咨询的发源地是欧美地区。从19世纪末20世纪初产生时算起,管理咨询在西方发达国家的发展经历了百余年的历史。欧美发达国家管理咨询业协会有着与管理咨询行业大体相当的发展历史,到今天为止,已经有了丰富的经验和比较成熟的运作模式。

欧美管理咨询业协会所发挥的职能包括:行业/职业的代表;行业/职业与外界沟通的桥梁和纽带;行业/职业内业务交流和信息沟通的平台;行业/职业内专业技术和管理培训的基地;管理咨询业协会应提供信息服务、会员交流的平台;行业/职业的自治政府;等等。

通过对美国管理咨询公司协会(AMCF)、美国管理咨询顾问协会(IMC)、英国管理咨询协会(MCA)、国际联合会(ICMCI)、全欧管理咨询国家协会联合会(FEACO)大量的网络调查,分析欧美管理咨询业协会的现状,它们功能发挥及其内部运作机制,总结其成功经验主要有以下七点:

① 行业协会功能发挥充分。作为管理咨询业的代言人,管理咨询业协会必须充分发挥其功能,维护会员单位的合法权益,积极创造有利于行业发展的大环境。

② 行业信息整合。因为市场失灵,信息不对称,以公正的立场整合政府不知晓的信

息。管理咨询业协会应该作为沟通外界和行业的桥梁，向政府部门和公共领域传递管理咨询行业的诉求。

③ 专业自立，建立完整的伦理法规，按其检查执行，对注册管理咨询顾问采取非终生制，定期考核，对公众负责。

④ 创造多种培训和发展机会，定期召开集会，开办培训班，加强业内专业水平。

⑤ 保证协会的独立性：恰当的经费来源，通过合理的会费收入，举办各种活动收入，注册管理咨询顾问的标准项目收入，以及民间资助来保证协会的独立性。

⑥ 建立法人治理机制，明确章程，通过理事会，监事会，民主选举等一系列方式保证协会的有序运作。

⑦ 协会的内部管理采用了现代的管理方法，运用战略，计划，现代管理，公开招聘，财务，信息系统等进行有效管理。

2. 国外行业自律的借鉴与启示

1）理论的借鉴与启示

行业自律是一种约束企业行为的有效形式，是行业内各会员单位的集体自律。能够集体自律的动力在于行业内成员存在着共同利益，当其获得的收益将大于参与的成本时，或来自于市场的压力能通过集体自律而得到缓解时，企业出于“经济动机”或“市场动机”的原因会主动选择参与自律。

行业自律需要协会具有良好的内部治理结构——真诚的自律体系，即满足包括协会章程、自律公约等规章；自律委员会之类的自律机构；有效的定期审查制度；协会的公共信息平台；对行业成员违规行为的惩戒机制等必要条件与要素。

行业自律需要以政府监管和制裁的威胁为外部性激励的前提，而不能仅仅依靠声誉机制和行业成员对自律的自我觉悟。相对政府制裁这种来自外部高成本的“规制威慑”，企业自律的边际成本要低得多，因此，作为博弈的一方，企业通过选择行业自律在“纳什均衡”下是“占优策略”。从而达到有效推行广泛的行业自律的目的。

诚然，“惩戒”对促进行业成员，特别是低诚信成员为行业自律的集体利益而努力的作用，将是十分明显的。然而，协会有必要与政府达成默契，一种将政府的规制作为“威慑”，而非经常实际执行的默契。政府主要以对企业的事前警告和事后监督为抓手，引导行业通过自律增加对社会的透明度，以此形成对自律的反向促进。

“社会有需求，企业有产品，经营有利润，是企业存在的三大理由”。中共十六届四中全会之前，长期实施的强制监理范围和建设工程咨询服务指导价，形成了实际上的“双刃剑”效应。作为项目业主其内心需求与咨询业提供的服务，无论是形式、内容与取酬都有着相当的差距。这种差距导致项目业主在心理与行动上很大程度的对抗，极大地影响着行业成员的自律，限制了行业自律作用的发挥。需要行业及其成员从理念上改变自己，以实际行动重塑行业存在的不变理由。

2）机制的借鉴与启示

(1) AICPA 的公共监督委员会(POB)与同业互查制度，对行业自律的积极、动态约束。

（2）RICS 的《执业技术标准》《评估准则》和《行为准则》的制定、修订和持续完善，由惩戒规则规定的专业行为委员会、惩戒委员会、申诉委员会等组织机构及职责与程序，以及其长期付诸实施的坚持。

（3）欧美管理咨询协会的伦理法规建设，及其执业人员实质性的非终生制。

（二）国内的行业自律

我国行业协会的自律管理，主要依据完善的自律规范机制、有效的自律惩戒机制及必要的救济机制。其中自律规范机制是基础，自律惩戒机制是保证，救济机制是补充，三大机制相互支撑，共同形成一个有机整体，从而保证行业的有效自律。全国不同行业、大小各异、数量众多的协会机制大格局均概莫能外，但其具体形式、内容与实施成效却又有着较大的差异。

1. 国内行业自律的形式、内容与实施

1）电力行业

我国的电力行业协会属于工商领域的行业协会，是一种比较特殊的行业自律组织。该协会的产生、发展和运作与电力体制改革和政府职能转变联系紧密，是伴随着电力市场建设的进程而产生和发展的。根据社团组织的属地化管理，行业协会在纵向上分为全国性的“中国电力企业联合会”和各省、区、市“电力行业协会”两个层次，其形式基本类同。

（1）自律规范机制

健全的行业自律规范是行业自律管理机制的基础，行业协会对行业事务进行自律管理时采取的最为普遍的方式就是制定行业规则，通过这些规范性文件约束成员的行为，维持良好的行业秩序。行业自律规范主要有协会章程、行业标准和自律公约。

（2）自律惩戒机制

自律惩戒从性质上应属于非法律惩罚的范畴，非法律惩罚是社会自治团体进行有效自治不可或缺的制度设计。非法律惩罚比法律惩罚更有效、更具有专业性和针对性。非法律惩罚机制有助于行业协会的自治。行业自律惩戒方式有经济处罚、名誉惩罚、开除会籍、集体抵制等。

（3）救济机制

由于对违反自律规范的市场主体实施的惩戒会不同程度损害他们的利益，有可能是物质上的，也可能是名誉上的，都会影响到企业的进一步发展。因此，一个完善的自律规范机制要有必要的救济机制作补充。

首先对行业协会自律惩戒的权力做出明确规定，划定边界，防止其惩戒的权力损害到遵守规则的企业的合法权益，防止对违规企业的处罚过重，使结果适得其反。

其次，自律惩戒应遵循公开、公平、公正的原则，使受到惩罚的企业心服口服，使其他企业引以为戒，并使行业协会在行业中树立威信。

此外，应为违规企业提供申诉的途径，通过申诉进一步明确企业的行为哪些是属于违反行业规则的，哪些是惩罚过重的，哪些是可以免于惩罚的，从而保障企业的合法权益。

中国安全防范产品行业协会隶属于国家公安部。其行业自律，主要体现在组织订立行规行约，建立诚信体系，创造公平竞争的良好氛围方面。该协会于 2015 年 1 月发布的《中国安全防范产品行业行为规则》[①]，在协会的制度建设中具有重要的地位。

通常，行业协会的惩戒具有“执法”成本低和专业的判断力而更具针对性优势，在适用顺序上一般优先于国家正式的行政处罚。同时，又因为其缺少强制性而至惩处力度不够，所以，必须要有来自国家公序的行政处罚予以威慑担保。

惩戒效果和被自觉接受的程度往往与行业协会所提供公共产品的量成正比。行业协会能够给其成员提供的公共产品越多、越丰富，如包括降低收集信息成本、政策游说、抵制不正当竞争、联合诉讼等，被惩戒对象因顾虑失去上述种种好处，就越能够容忍、接受惩戒，并得到相应的改正。基于上述认识，该协会的惩戒机制包括了惩戒主体、违规行为、惩戒方式、惩戒程序等内容，特别是其中的惩戒程序采取了果断裁决机制。

(1) 惩戒主体

《中国安全防范产品行业行为规则》规定：“中国安全防范产品行业协会理事会负责监督执行”(第 15 条)、“任何单位和个人发现有违背本规则的情况都有权力向协会秘书处举报”(第 16 条)。从中可知理事会承担监督执行职能，协会秘书处承担举报受理职能。此外，协会考虑设立惩戒委员会(与专家委员会平行)为临时性机构，遇案随机从合格人选中抽选惩戒委员会成员，由协会领导、非当事人的企业代表、律师和学者按照“三三制”组成，总人数不超过 9 人，主席由行业协会领导担任，裁决实行合议制，采取票决的一次裁决制。

(2) 惩戒方式

说服教育与发出整改通知书；公示；除名；触犯法律的协助执法部门处理。

(3) 救济制度

从解决纠纷的效率与成本上看，行业协会内部的调解和仲裁制度是十分重要的。在安防协会内部已有的专家委员会中，设立法规与仲裁组，专门负责解决对行业协会协调争议不服的案件、对行业协会惩戒措施不服的案件，实行一裁终局制。裁决机构与惩戒委员会的相对分离，比较符合正当程序的要求。

3) 中国建设监理协会

中国建设监理协会的业务主管单位是国家住房和城乡建设部。作为全国性的行业协会，在行业自律方面，更多在于宏观层面上的建章立制与指导各分会和地方协会的工作。具体表现在确立会员单位遵循“守法、诚信、公正、科学”的职业准则；推进行业自律，维护市场秩序，促进监理事业健康发展，建立全国统一的行业自律机制；引导地方和行业协会探索建立健全与建设工程监理行业发展相适应的行业自律机制和诚信体系；明确经营行为的是非界限，并以此为禁令，形成对行业自律公约[②]执行与否的奖惩条文；组织编

---

① 中国安全防范产品行业行为规则，2011 年 12 月 8 日，中国安全防范产品行业协会第五次会员代表大会审议通过，并实施(摘自：百度百科“中国安全防范产品行业协会”词条)。

② 中国建设监理协会《建设监理行业自律公约(试行)》(中建监协〔2014〕001 号)。

写全国性的培训教材、专业专著、行业标准，组织开展行业培训，举办各类研讨活动和国际国内论坛。

在思想体系建设方面，该协会充分体现出与时俱进的发展理念。如针对“发改价格〔2015〕299号”文，协会及时从行业自律的角度建设性提出：“监理服务质量和价格和价值应趋于统一；否则你服务的内容和你的价值背离市场了，就难免出现恶性竞争，有的地方会出现断崖式的价格变化。怎么样确定企业的生存和发展思路？我们的监理企业是不是都要参与低价竞争的行列？低价竞争的情况下能否保证质量？这里涉及到长远和暂时利益的平衡点问题，这些都是我们考虑的问题？”①并着重强调“未来行业管理主要是靠行业自律管理，行业自律管理中诚信体系建设是行业组织的一项重要工作。”②为监理行业的前景规划，“行业协会要积极加强行业自律，要积极宣传全过程一体化项目管理的形式、内容及其积极作用；要通过培训等形式不断提高技术人员的全过程一体化项目管理的能力和素质，提高企业的综合管理能力；要通过发布企业、技术人员与行业的信息，引导企业和技术人员加强诚信与行业自律，不断提高企业和技术人员的技术水平和管理能力，引导全过程一体化项目管理的健康发展”。③ 从而，将行业自律的意识提升到改革新常态下会员单位集体选择的高度。

4）中国建设工程造价管理协会

中国建设工程造价管理协会的业务管理，归属国家住房和城乡建设部。在行业自律方面，着重宏观层面上的建章立制与指导各分会和地方协会的工作。主要体现在确立守法、诚信、公平、公正的行业理念，以及“科学公正，优质服务，廉洁自律”的职业准则；规范和维护工程造价咨询服务市场秩序和经营行为，促进本市工程造价咨询行业的健康发展，制止和惩戒工程造价咨询行业的不正当执业行为，保障工程造价咨询企业和委托方的合法权益，建立并完善工程造价咨询服务自律机制；组织编写培训教材，组织、实施培训教育；特别在其北京分会的行业自律公约及其实施细则④中，有关经营行为在诚信自律方面的是非界限分明，戒律与奖惩内容具体而详尽，让人很受启发并值得借鉴。

5）中国土木工程学会建筑市场与招投标研究分会

中国土木工程学会建筑市场与招投标研究分会，原名为中国土木工程学会建筑市场与招标投标研究会，由从事建筑市场与建设工程招标投标的建设主管部门和有关企事业单位（代理机构、交易中心）等自愿参加组成，是会员进行信息、经验交流的全国性的建筑市场与招标投标理论研究和行业自律性组织，在业务上受住建部建筑市场监管司指导。在行业自律上，因其会员包含了地方建设主管部门和企事业单位，分会提供了良好的信

---

① 2015年6月30日，中国建设监理协会修璐副会长兼秘书长在“中电建协电力监理专委会2015年电力监理发展论坛”上的讲话（摘自：中国建设监理协会网站）。

② 同①，王学军副会长在该论坛上的讲话。

③ 2016年12月16日中国建设监理协会郭允冲会长在“中国建设监理协会应对工程监理服务价格市场化交流会”上的讲话。（摘自：中国建设监理协会网站）。

④ 《北京市工程造价咨询行业自律公约》（2012-02-21），《北京市建设工程造价咨询行业自律公约实施细则之——专职专业人员流动管理暂行办法》（京价协〔2011〕003号）（摘自：北京市建设工程造价管理协会网站）。

息沟通平台；分会每两年会进行一次全国建设工程招标代理诚信先进单位的申报评选，以推动会员单位的诚信建设；举办学术交流、进行课题研究、出版会刊以及组织、实施培训教育均是分会进行诚信自律宣传的重要途径，每年6期的期刊、12期的简报、国内外的经验交流和行业内课题研究成果中，随处可见业内人士对诚信自律的讨论。

6）中国招标投标协会

中国招标投标协会的业务主管部门是国家发展和改革委员会。在行业自律方面，同样在于宏观层面上的建章立制与指导各分会和地方协会的工作。主要体现为确立“公开、公平、公正和诚信”原则，自觉接受政府和社会的监督；明确协会的作用与任务，建立和健全招标投标行业诚信自律机制，促进招投标企业自觉履行守法、诚信的社会责任，维护招标投标企业的合法权益，自觉抵制失信、违规、违法行为，规范市场秩序，促进招标投标事业健康发展；在诸多有违诚信自律的具体事例方面，均在行业自律公约中有详细的针对性条文予以禁止与惩戒。

对于行业自律公约，强调了“签署公约自愿，退出公约自由。协会会员退出公约时，其会员资格自动取消。”①的连带性清出方法。并组织会员单位举行诚信自律签字仪式签署“诚信自律承诺书”，通过各类媒体向社会公众予以报道转载，广泛宣传“人无信不立，国无信而衰”的思想，以顺应国家倡导诚信，社会呼唤诚信，企业期盼诚信的各方需求，充分发挥协会在行业内的引导作用。

2. 国内行业自律的借鉴与启示

（1）行业自律机制。行业协会（学会）普遍建立行业自律公约，规范行业企业的经营行为，并对违反者实施惩罚，如《中国城市规划行业自律公约》《中国招标投标行业自律公约》等。行业协会（学会）建立行业规范，使企业遵守行业规范，通过建筑业企业、工程咨询企业、工程监理企业等行业成绩的自我规范，从而有利于业主的规范，实现整个建筑市场主体的规范。作为建设工程咨询行业协会，应该结合《建设部关于加快推进建筑市场信用体系建设工作的意见》，完善行业内企业信誉机制。

（2）专业人士自律机制。发达国家对专业人士管理除了有关法规约束他们的咨询行为外，主要是通过专业人士自律机制进行管理，包括：通过专业人士组织（学会）严格控制专业人士的资格，如实施会员资格制，建立严格的专业教育、职业训练和专业考试等制度；通过专业人士组织制定专业人士的工作条例和职业道德规范，若专业人士违反职业道德、公共利益，将会受到制裁，甚至取消执业资格；通过市场竞争机制、服务信誉等淘汰不合格的专业人士。这使得专业人士在社会取得很高威信，专业人士信誉机制在市场中发挥了重要作用。因此，本行业协会有必要进一步完善从业人员职业道德规范，重建从业人员信誉和监督机制。

（3）行业自律与政府监督的有效结合机制。政府监督机制不是万能的，完全的政府监督会导致“政府失灵”，行业自律机制也不是万能的，完全的行业自律机制会导致“市场

① 《中国招标投标行业自律公约》(2006-06-29)(摘自：中国招标投标协会网站)。

失灵”，市场经济的发展已经证明成熟的市场经济是政府监管、市场调节和行业自律的三元结构机制。因此，本行业协会应将行业自律机制与政府监督机制有效结合，以形成政府监管对行业自律的引导作用和行业自律对政府监管的有效补充。

(4) 行业自律的惩戒机制。目前，我国行业协会自我管理的能力尚弱，对行业内会员单位不良行为的惩戒，主要依赖政府职能部门的行政处罚。诚然，对于有违国家法律、法规的行为应该由政府职能部门予以行政处罚，如果涉及刑事责任更加应该追究其刑责。然而，囿于我国社团组织的权限，很多本该属于行约行规范畴的事项，被不恰当地纳入了法规条文，一定程度地挤占了社会公共资源，增加了政府的行政成本，在减少，乃至免除行业协会的管理职能和社会义务的同时，明显降低了行业协会组织的权威性和公信力。行业协会对违规者的惩戒，往往仅限于口头警告、业内通报、网络公示和取消评优资格等软性惩戒措施，而鲜有除名清出的严厉举措。即便是向政府职能部门通报，又是否能够将其纳入不良行为记录，并进而予以限制招标或降低资质等级的处置，也并非一如行业协会之所愿(此处仅指正确的惩戒)。由于各级政府的各个职能部门之间未必能够实施信息共享，客观上的部门壁垒与可能发生的权利寻租，让事态的发展充满变数，甚至有可能走向了协会意愿的反面。为增强行业的自我管理能力，树立行业协会的权威性和公信力，在借鉴发达国家主要依靠行业自我管理的自律机制同时，中国招标投标协会的“退出自律公约，即予以清出”的成功经验，同样具有良好的示范作用，应该值得本行业效法。

(5) 行业协会和从业人员信用记录公示机制和信息共享机制。对行业协会(学会)和专业人士信用记录对外公开，提高信息透明度，并充分利用现代信息技术，做到信息共享，接受专业人士、企业、社会、政府部门的监督。

(三) 行业自律的跨学科借鉴与思考

1. 场经济环境下的行业自律需要

市场经济需要经济法制与自律机制并行，在我国市场经济发展尚未成熟的背景下，市场自身的自律能力较弱。如前文所述，我国工程咨询行业发展滞后于市场经济的发展，在经历了“政策红利”的保护和“政府失灵”的风雨后，仍旧未能完全适应市场经济。而近年来，政府通过放开价格，下放审批权限等诸多举措，以推动行业改革和发展，创造良好的外部环境。放开市场后，价格就成为竞争的主要手段之一，为了避免市场主体恶意竞争现象的孳生，身为主要监管角色的行业协会则需要强化其导向作用，行业自律亦成为其不可或缺的功能。

在自由竞争市场环境下，市场在调节经济活动的过程中，也容易出现失灵，有效率的市场会造成不平等，无拘无束的市场会引发低效率。市场失灵的状况易引发政府干预，但政府对市场的干预作用有限，则最终会出现市场机制和政府干预双重“失灵”的缺陷，行业协会则能够有效弥补这种缺陷，规范市场主体行为。但是，行业协会产生作用的前提是行业协会的机制建立是健康有效的。

建设工程咨询行业的自律与上述市场经济中法律与自律机制的二者关系是同构的。

行业需要政府法律法规的外部约束，同时也需要强有力的自我约束的内部机制。在有关咨询酬金方面，对发改价格[2015]299号文的广泛宣传和树立导向固然是重要措施，但或许能切实可行的是行业“自律价”①。自律价当是依据市场和行业整体发展情况而确定的，并因建设工程咨询其特殊的服务性质，综合考量，以拒绝市场上价格的恶意竞争。而这需要与“政府指导价”区别开来，避免重回政策红利的老路。

2. 自律的管理层次

行业管理是宏观经济管理与企业微观经济管理之间的管理层次，也是一种适应社会化大生产和市场经济需要的经济管理形式，政府职能重新定位，规范的行业管理模式是提高经济运行质量和效率的保证。政府应从资源配置主角的地位退下来让位于市场，从行业服务的主角地位退下来让位于社会中介组织，从经济活动主角的地位退下来让位于企业。因工程咨询行业的发展背景，行业协会更需要强化的是企业在市场竞争中的规范行为，而首要的任务就是让企业逐渐地摆脱环境依赖的习惯，将更多关注力拉回企业发展本身。

微观至从业人员的自我管理，当个人缺乏自律时，他的行为易受习惯和即时诱惑的影响，或是被环境中他人的观念所扰，难以产生内心渴望或遵从内心的真正理性。人们只能在实现真正理性之后，才能对自己管理、约束和激励，从内控上影响自己的行为，有意识地自我提高咨询服务的要求，最终为客户提供好的服务成果。

因此，需求的多层面要求行业自律管理应当进行多层面的勾画设计，既从宏观上调整良好的氛围导向，在微观上也需要关注从业者的需求，从导向和需求上优化自律机制。

3. 自律与他律的哲学辩证

(1) 哲学上对于自律与他律的阐述繁杂，康德第一个系统地论述了自律概念，并把它确立为伦理学的基础。康德强调道德的本质就是一种自律行为，这种自律是理性的自我立法。他认为真正的道德行为是纯粹基于义务而做的行为，即理性的自我立法是无上命令，是适用于所有情况，是普遍性的道德标准，是一种绝对的义务，只有遵从这种理性和规则，才能真正自由。康德把自由看成是阐明道德自律性的关键，高扬了道德的主体性。他的观点，与人们通常意义上的“慎独”式的自律不同，并非是自我约束。康德式的自律不仅拒斥了出于外在权威和规范的他律，拒斥为了个人利益而做的事，这其中也包括了因为道德正确所以产生快感而做好事的行为。究其根本，自律就是道德的本质，这是道德形而上的观点。这种理性的自我立法和义务的概念，凸显了人作为有限的存在者自身的二重性，真正有德性的人不仅是有理性的、自我立法的人，更是能够在理性与欲望的冲突中坚持去做自己应该做的事情，尽到自己义务的人。康德在道德上强调自律而摒弃他律，强调敢于运用理智的勇气，而摒弃屈从于权威的懦弱。在康德看来，屈从于他律就是道德上的懦弱，道德懦弱是蒙昧主义盛行的前提，而自主的自律则是道德上的勇敢。

(2) 马克思认为，道德的基础是人类精神的自律②。马克思和恩格斯考察伦理道德是同人类的历史发展联系在一起的，个人的自由意志必然要面对并接受不同程度的自然

---

① 马红光、何建龙，市场经济体制下的政府价格调控——行业“自律价”，理论导刊，山西省委党校，P99-103.

② 中央编译局，马克思恩格斯全集，第2版第1卷，北京：人民出版社，2002年10月，P15。

和社会关系的前提[①]。他反对康德“只在抽象的普遍性的行驶在表现其自身的自我意识提升为绝对的原则”[②]，认为道德原则有其层次性。总之，马克思认为正确的道德和自律是合乎人性实际的，帮助社会进步的，而不是彻底摈弃他律，而是需要同时存在的。事实上，积淀了某些全人类的特质，有可能会落后于时代的发展。

比较康德和马克思的观点，在当前社会环境下的咨询行业的自律，不可依赖于从业人员的个人理性存在，而更多应利用行业管理实现他律的行业环境下从业人员的自律，才可能将行业自律导向健康的发展方向。

4. 行业自律的经济学理解

1）实验经济学：市场博弈的囚徒困境模型

设一赌局，两名参与者每人各持一式两张卡片，分别印有“合作”和“背叛”。双方各出一张卡片文字面朝下，置于主持人面前，主持人翻开卡片，根据以下规则计算得分或称支付利益（图 6.2）。

一人背叛、一人合作：背叛者得 5 分（背叛诱惑），合作者 0 分（受骗支付）；

二人都合作：各得 3 分（合作报酬）；二人都背叛：各得 1 分（背叛惩罚）。

一般形式囚徒困境的支付矩阵			
			蓝
红		合作	背叛
	合作	3，3	0，5
	背叛	5，0	1，1

图 6.2　支付矩阵图

压价竞争囚徒困境的获利矩阵			
			乙
甲		稍低	低价
	合理	0，中	0，低
	低价	低，0	0，0

图 6.3　获利矩阵图

以此类推，将咨询行业压价竞争用该模型演示。（图 6.3）假定甲乙双方的服务质量相等，竞争仅在报价。其中，报价固然不可能相等，但由于囚徒困境的缘故，必然会有一个基本的趋势，如合理价或低价，同时，设一个实际上也会客观存在的中间报价来做比较。当合理价与稍低价竞争，稍低价中标，可中等程度获利，不中标者不得利；低价与低价竞争时，应该会是一个更低价中标，甚或是绝对低价中标，这样中标者就基本无利可图，因而是一个双输的结果；合理价或稍低价与低价竞争，由于这个低价是一种趋势而非绝对低价，所以低价中标的结果仍可低获利。

通过模型可以清晰看出咨询市场恶意竞争的压价行为，形成非零和博弈的囚徒困境。而低价中标的结果，中标人必然采取低投入、低成本策略，以保微利，至少也要做到不亏损，从而导致服务质量下降。如此低质量服务的信息反馈，在咨询市场报价的“多次重复”下，又导致项目业主在新一轮的招标活动中选择更低报价的投标人。持续的恶性循环反复下，咨询市场再没有忠诚的回头客，终于落入逆向选择的深渊而万劫不复。这

---

① 宋希仁，论马克思恩格斯的自律他律思想，马克思主义与现实，北京：中央编译局，2014 年第 2 期。

② 中央编译局，马克思恩格斯全集，第 2 版第 1 卷，北京：人民出版社，2002 年 10 月，P63。

就是缺乏自律机制下价格导向的恶果。因此,怎样通过全行业的自律,以价值为导向,采取提高企业自身综合素质,向业主提供创造价值的服务,使咨询市场的价格回归理性,破解长期困惑行业的囚徒困境,是协会的一项长期的任务。

2)关于价格联盟

与行业内实际存在的,人人痛恨却又不免身陷其中的恶意竞争的压价行为相反,各企业在期盼咨询市场价格回归理性的同时,也弥漫着一种同样源自价格导向的,不切实际的价格联盟的幻想。虽然由于囚徒困境的"个人理性",导致众多企业的"集体非理性"的客观干扰,使价格联盟不可能真正形成,但并不能保证在局部范围或某个个案上均不成立。因此,其潜在的垄断意识有悖于行业自律而十分有害,需要我们在法律法规威慑的同时,采取相应的自律应对措施加以有效的防范。

3)关于服务、价格、企业与顾客

在咨询服务的取费标准方面,我们总是纠结于曾经的政府指导价,然而,彼得·德鲁克早在1954年就提出,一个企业"如果不能以顾客愿意支付的价格提供顾客需要的产品和服务,就是管理的失败①。"他还认为:"在市场经济中,是顾客决定了企业是什么。因为只有顾客,通过其对商品或服务的购买,才使经济资源转化为财富。企业想生产什么并非十分重要。顾客想买什么,什么是他们的认知价值,那才是决定性的。他们决定着企业是什么,企业生产什么,企业是否会兴旺②。"即什么样的服务货真价实,应该由顾客的认知价值来确定,而不应是政府,更不应是企业或行业。正如亚当·斯密所描述的,"我们期望的晚餐并非来自屠夫、酿酒师和面包师的恩惠,而是来自他们对自身利益的关切。我们不是向他们祈求仁慈,而是诉诸他们的自利心;我们从来不向他们谈论自己的需要,而只是谈论对他们的好处③。"这里的"我们"指的就是"顾客",而诉诸"自利心"的是企业。至于经顾客认知价值的价格是否合理,有一个被亚当·斯密称为"一只看不见的手④"的市场价格机制,引导着将社会资源分配达到最佳状态。

由此可见,由于囚徒困境产生的低价经营,以及恶性循环导致的逆向选择⑤,与所谓的取费标准形成价格悖论。长期下,行业整体经济低迷,而我们竟深陷迷思而不自知,实在是行业自律的盲点。

---

① [美]彼得·德鲁克,管理的实践,齐若兰译,北京:机械工业出版社,2014.10,P6。

② 同②,P26。

③ [英]亚当·斯密,国富论,唐日松译,北京:华夏出版社,2008年3月,P14。

④ 同②,P327。

⑤ 所谓"逆向选择"(adverse selection)应该定义为信息不对称所造成市场资源配置扭曲的现象。经常存在于二手市场、保险市场等。虽然"逆向选择"的含义与信息不对称和机会主义行为有关,却超出了这两者所能够涵盖的范围之外,"逆向选择"是制度安排不合理所造成市场资源配置效率扭曲的现象,而不是任何一个市场参与方的事前选择。

该理论模型缘起于美国加利福尼亚州立大学伯克利(UCBerkeley)分校经济学首席教授乔治·阿克劳夫(GeorgeAkerlof)在1970年发表的名为"柠檬市场:质量不确定性和市场机制"的论文。乔治·阿克劳夫和迈克尔·斯宾塞、约瑟夫·斯蒂格利茨由于在"对充满不对称信息市场进行分析"领域所做出的重要贡献,而分享2001年诺贝尔经济学奖。(摘自:百度百科,"逆向选择"词条与MBA智库百科,"逆向选择模型"词条)。

三、行业自律的继承与创新

随着建设工程咨询行业的快速发展，业内涉及诚信的问题矛盾逐渐突出，提供服务的企业与顾客在市场博弈中的双输现象日渐显现。无论是政府部门从监管的角度，还是企业、行业从自身的生存和发展角度考虑，基于社会诚信体系的行业自律环节，已然形成共识，要外部监管与内部自律双管齐下齐抓共管。在过去的12年里，乃至协会的前身，即与全国各地的兄弟协会开展了积极的行业自律活动和相应的制度建设，形成了行业自律宝贵的知识财富积淀，为我国的建设工程咨询事业的发展，也为本课题的研究提供了继承、借鉴与创新的巨人肩膀。

（一）行业自律的回顾

1. 普遍的行业自律制度建设

协会是行业的自律组织，协会章程是行业协会制度建设的第一步。但由于章程是协会的纲领性文件，虽然其文件的框架结构完整，但有关自律的条文内容所涉无多，因此真正作为行业自律制度建设的有效约束文件，大多从自律公约开始。

1）自律公约

2002年重庆市建设监理协会率先出台《重庆市建设监理行业自治自律公约》，随后各省市相应的咨询协会都陆续出台了自律公约，并随着时间的推移，大多有所修订完善。相对全国性的行业协会的自律公约出台稍迟，建设行业的自律公约发布于2014年。查阅国家、地方不同版本的自律公约，其内容基本大同小异，主要包括以下内容：

（1）企业自律：①企业资质申报与管理中的非诚信行为，如隐瞒事实与弄虚作假等；②超越资质的经营行为；③借资质挂靠业务与执业资格人员的注册挂靠行为；④招投标活动中的陪标、串标、围标等弄虚作假行为；⑤行贿、受贿、捞取回扣等企业腐败行为；⑥压价竞争、“阴阳合同”等不当行为；⑦同行竞争中的诋毁行为；⑧经营行为中利益关系的回避制度；⑨委托咨询合同的非履约行为。

（2）从业人员自律：①执业资格人员的注册挂靠行为；②从业人员的无证上岗行为；③提供虚假个人资信证明与证书的失信行为；④工作中利益关系的回避制度；⑤指定分包商、供应商的非职务行为；⑥因工作而收取礼品或勒索财物的行为。

（3）违约惩戒（含企业与个人）：①协会内部的警告；②协会信息发布媒体（如期刊、报纸、网站、会议等）公示、③取消评奖资格、取消或暂停会员资格、取消培训或考试资格；④记入诚信档案；⑤建议政府行政处罚等措施。

总体上，行业自律公约在签约初期，对于规范行业经营行为和提高执业水准曾起到一定的积极作用。但由于缺乏制度性的、有效的、经常的检查监督，无论是行业、企业与个人，随着时间的消逝，自律的热情也日渐降温。从中也可以看出，“仅仅有创意是不够的，创意不能持久，只有把创意落实为行动。”①

2）来自社会的诚信体系建设

全社会的诚信体系建设相对行业自律而言，属于“他律”的范畴，由政府、企业与社会第三方具有公信力的中介机构共同构成，具有政府的“威慑”作用，与行业自律相辅相成，行业诚信体系构建和完善是行业自律的外在动力。

根据国家“整顿和规范市场经济秩序，健全现代市场经济的社会信用体系”的要求，2005年原建设部印发了《建设部关于加快推进建筑市场信用体系建设工作的意见》（建市〔2005〕138号）。2007年印发了《建筑市场诚信行为信息管理办法》（建市〔2007〕9号）。以此为起点，行业信用体系建设工作步入实质性启动阶段，尤其是2014年国务院颁布《国务院关于印发社会信用体系建设规划纲要（2014—2020年）的通知》（国发〔2014〕21号）以后，各行业建设市场信用体系建设进入发展的快车道。目前，行业信用评价体系建设主要由政府主导推进。

住房和城乡建设部2014年7月开始着手“建筑市场监管与诚信信息平台”（俗称“四库一平台”）的建设工作，并于2015年底基本完成省级平台的建设。该信息平台是企业信息库、人员信息库、项目信息库、信用信息库和市场监管与诚信信息一体化工作平台，其中企业、人员和项目信息库是基础库，诚信信息库是行为和后果库。作用是解决数据多头采集、重复录入、真实性核实、项目数据缺失、诚信信息难以采集、市场监管与行政审批脱离、“市场与现场”两场无法联动等问题，保证数据的全面性、真实性、关联性和动态性，全面实现全国建筑市场“数据一个库、监管一张网、管理一条线”的信息化监管目标。该平台是全面实施企业信用体系建设的基础和推进市场信用体系建设的重要一步。

水利部2014年10月颁布《水利部国家发展和改革委员会关于加快水利建设市场信用体系建设的实施意见》（水建管〔2014〕323号），揭开了水利行业诚信体系建设的序幕。2015年9月出台了《水利建设市场主体信用评价管理暂行办法》，对参与水利工程建设活动的勘察、设计、施工、咨询、机械制造、招标代理、质量检测等水利建设市场主体单位进行信用状况综合评价，确定其信用等级并向社会公开信息。

浙江省2002年建立的“信用浙江”信用信息平台则将建设领域的诚信信息归集于一个全社会性的信用平台之中，其目的在于通过建设工程行业企业和人员信息的采集、分析和公示等措施规范企业和个人的诚信行为。

2016年7月始，上海市“在沪建设工程监理企业信用评价”试点工作启动，由市建管处组织，上海资信有限公司策划并实施评价，有16家监理企业参加了试点探索。通过委托双方的共同努力，拟定了“协议书”“评价标准”“评价表”和填报说明等相关文件，经填报、现场调研和试评后，于9月5日初步完成了试评工作。并在总结试评工作经验的基础上，进一步深入开展全面、正式的年度信用评价工作。

① ［美］伊丽莎白·哈斯·埃德莎姆，麦肯锡传奇，魏青江等译，北京：机械工业出版社，2006年1月，P1，引自马文·鲍尔，2001年。

2. 协会的行业自律体系

协会已成文的章程、“1+3+1”自律公约体系，以及《建设工程项目管理服务大纲与指南》与《建设工程施工安全监理工作守则(试行)》等行业标准，均具有较高的继承和借鉴的价值。其中，章程的第六条，本会的任务(三)、(四)、(十二)、(十三)款，以及第八条，本会活动原则的两款，均与行业自律密切相关，成为行业协会开展一切自律活动的行动纲领。

1) 信用体系建设课题研究成果

2006—2008年，协会耗时三年，投入了21家企业，23位专业人士组成课题组，完成了名为“建设工程咨询行业(上海)信用体系建设研究与应用”的课题研究。形成了“课题总报告”“理论研究分报告”“信用体系试用分报告”“应用研究及软件开发分报告”和“计算机系统操作手册会员分册”等阶段性课题成果。

2006年6—8月，课题进入试点阶段，协会组织了8家企业作为试点单位，着手实施行业信用体系建设试点工作。相继开展了试点企业人员培训、试点企业建立信用档案、试点企业制定信用管理制度、撰写试点工作总结报告，及协会组织的经验交流等活动。其所投入的功力极为深入扎实，仅《信用体系试用分报告》就囊括了“工作流程”“数据汇总”“数据分析”“情况分析与建议”“评价指标体系改进”和“试用阶段建议”等诸多内容。其中的“试用阶段建议”又分为“综合得分方案”“综合评价方案”“等级划分方案”和“辅助测评方案”。

从其“综合得分方案”的“工程获奖得分权重”的表述：“试用结果中可以看出，对于部分工程监理企业来讲优良记录指标中‘工程获奖’类选项得分最高。这对于评价对象自身信用来说必要性较小，并且一定程度上过分拉大了评价对象间的差距。所以建议对此评价项赋予适宜的系数。”(图6.4)可见其研究之客观、严谨，应该作为后续自律工作学习、研究的楷模。

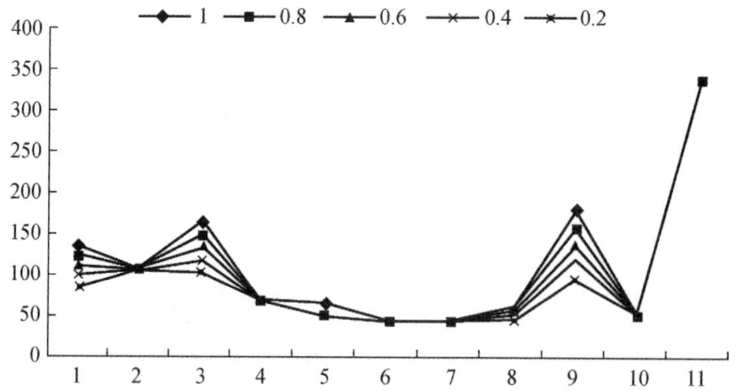

图6.4 工程监理企业工程获奖得分权重调整

图片来源:《建设工程咨询行业(上海)信用体系建设研究与应用——课题报告信用体系试用分报告》P56

2) 自律公约体系

(1) 会员单位自律公约，由全体会员单位共同发布。共八条，主要内容集中在第二到

第五条。其中，第二条倡导契约精神，承诺信守合同，不欺诈、不作假；第三条强调尽职尽责，保证服务质量，避免重大失误与事故；第四条坚持自愿、公平的交易原则，承诺不采用非正当手段，不损害他人的应有利益；第五条崇尚廉洁，远离腐败，承诺不以任何手段谋取不当利益。

(2) 各专业自律公约。监理、造价咨询和招标代理等专业的自律公约，分别由具有相应资质的会员单位共同发布。各专业自律公约均具各自的针对性，其内容除监理自律公约第三条内容涉及文件时效之外，其余内容均有继续保留价值。

此外，各专业自律公约均有各自的附件《××从业人员职业道德守则》，将各专业从业人员的自律也一并纳入了体系。

(3) 会员单位自律公约(体系)实施办法。该办法共九条，其中，第五条是会员单位违反"公约体系"处理的主要依据；第六条是对长期信守"公约体系"成绩突出的会员单位的荣誉性鼓励；第七条是罚则，由自律委员会提请协会秘书处按初次、再次和屡次[①]违约行为分别处以惩戒；第八条设立《会员单位自律档案》。

(4)《会员单位自律档案(试行)》包括填报的表式和"填报与管理说明"。根据填报说明，其表式由会员单位自行填报。自律委员会已组织21家自律委员会的委员单位进行了两轮试行填报，从中发现并改进了不少问题，特别是"填报与管理说明"经过两轮修改已基本定稿，拟申报协会秘书处择期推广实施。实施"会员单位自律档案"填报记录的与众不同，在于它不是一次性的活动、运动，而是一项周期性的日常工作。它不需要兴师动众提供大量文本资料，而是企业行政工作中的举手之劳，只求真实无须包装。"会员单位自律档案"的填报记录，贵在如实和长期坚持，以形成会员单位运营的诚信轨迹和真实积淀。

3. 行业自律的辅助制度——"责任保险"

2002年4月，协会的前身，原上海市建设监理协会与天安保险公司在国内首次开发、试行"工程监理责任保险"制度，当年有11家监理企业投保，至2008年共有23家监理企业投保。

2006年，原建设部建筑市场管理司委托原上海市建筑业管理办公室、中国建设监理协会、同济大学建设管理与房地产系、中国太平洋财产保险股份有限公司、江泰保险经纪有限公司、上海建科建设监理咨询有限公司等单位，组成《工程监理职业责任保险制度研究》课题组(建设部课题编号(2006)011号)，经过将近两年时间的研究，二易其稿，至2008年1月，形成课题研究成果《工程监理职业责任保险制度研究(V3稿)》。最终，未能实现课题转换付诸实施。之后，试点工作推进缓慢，推广乏术。

众所周知，工程监理的风险有增无减，客观上监理工作的实施，只可能最大限度地降低工程质量、安全事故产生的几率，并不能保证完全避免事故的发生。监理企业以其微薄的资产，往往难以承受事故的风险，由此产生了"工程监理责任保险"的需要，这是监理

① 此处所谓"初次""再次""屡次"均指所犯同类违约行为。

企业自身的需要。惟有监理责任保险，才能完善委托监理合同中监理企业对业主的承诺，这是对业主的负责，是企业诚信的具体表现，是企业伦理建设中“信誉战略”的一个重要环节，更是对整个监理行业尊严的自觉维护。因此，“工程监理责任保险”不仅必须积极推行，还应推广至整个建设工程咨询范畴，使之成为行业自律不可忽缺的辅助制度。

(二) 行业自律的困惑

全国各省市行业协会广泛开展的行业自律工作，在全社会声势渐起的同时，其对行业的发展究竟起到了多大的作用？实在难以准确考量。经课题组考察调研，本行业协会会员单位的不定量信息反馈，普遍认为协会领导下的行业自律活动的开展，对会员单位经营行为的规范化有明显的约束作用，对行业的促进发展还较为有限，而更多反映集中在行业自律的困惑方面。

1. 行业协会的法律地位尚不确定

我国改革开放三十多年，在行业协会的管理方面，部门法规政策始终走在国家法律的前面。当下，国家对行业协会的管理主要是通过《社团登记管理条例》①以及《国务院办公厅关于加快推进行业协会商会改革和发展的若干意见》国办发〔2007〕36 号(以下简称“36 号文”)来进行。2015 年 7 月，中共中央办公厅、国务院办公厅又下发了《行业协会商会与行政机关脱钩总体方案》(以下简称“脱钩方案”)，要求各地区和部门结合实际贯彻执行。而作为法律的《中华人民共和国行业协会商会法》建议稿及说明，自从中万(北京)行业协会商会发展促进中心中国行业协会商会网于 2009 年 6 月上网以来，再无消息。“这样就造成了我国行业协会普遍存在着一个法律地位缺失、职能不明确、人事组织关系不清、资金来源匮乏和缺乏政府支持等多种问题。”②很多时候，我国的“行业协会不能反映成员的利益甚至侵害成员的合法权益”；相反每每“通过制定协会规范给外部人设定义务”；在相当的程度上“充当着‘二政府’的角色”。③

2. 行业协会是怎样的组织

尽管行业协会的自身法律地位尚不明确，但其社会中介机制的性质却已为社会普遍知晓与认同，“行业协会这个社会中介机制，在一定程度上能够很好地弥补政府与市场两个方面的不足。因为它充当了宏观的国家与微观的市场之间的一个中观协调角色，在利益表达、利益分配、社会纠偏等方面起着重要作用。”④而行业协会是行业自律组织更是铁板钉钉。2007 年出台的 36 号文，在其第二部分，积极拓展行业协会的职能要求(四)“加强行业自律。行政执法与行业自律相结合，是完善市场监管体制的重要内容。行业协会担负着实施行业自律的重要职责，要围绕规范市场秩序，健全各项自律性管理制度，制定

---

① 《社会团体登记管理条例》，1998 年 9 月 25 日国务院第 8 次常务会议通过并发布施行。2016 年 8 月 1 日，民政部官方网站公布《社会团体登记管理条例》(修订草案征求意见稿)及其说明全文，征求社会各界意见。

② 中国之声记者肖志涛在《央广新闻》的连线报道，2009 年 12 月 6 日。

③ 谈萧，初论商会与行业协会法——基于民间法和国家法二元视角的分析，中国商法年刊(2007)，P318。(以上三处双引号之内容)。

④ 同③，P318。

并组织实施行业职业道德准则，大力推动行业诚信建设，建立完善行业自律性管理约束机制，规范会员行为，协调会员关系，维护公平竞争的市场环境。”2015年的脱钩方案，在其总体要求中又再一次明确：“促进行业协会商会成为依法设立、自主办会、服务为本、治理规范、行为自律的社会组织。”

行业协会客观上存在着法律的二元结构，即一方面，行业协会的法人地位和职能需要得到国家法的认可，另一方面，它自身内部约定的行业规则或称行规行约，又构成民间法①的组成部分。我们固然期盼国家《行业协会商会法》的早日出台，以明确行业协会的定位与职能。但从行业协会的长期运作而言，其民间法的作用不可低估。即如谈萧②所言，“在西方国家，协会不仅仅是追求经济利益的集团，也包括追求精神、道德和其他特定利益的集团。它们广泛参与到包括劳资谈判、价格听证、公共政策制定、公共决策、法律制定等活动的过程当中，相互制衡，以分担个人（市场主体）和国家（政府）原本不得不承担的琐碎事情，从而维护协会成员的利益，减少政府与市场的功能性摩擦，提高整个社会的运行效率。”③因此，行业自律应该正是行业协会施展身手，充分发挥协调作用的一项重要而不可忽缺的任务。

3. 行业自律公约的风险

自律公约属于行业协会内部约定的民间法的组成部分，其条文内容首先必须符合国家法律和部门、地方法规的规定；其次，引用的参考文献，特别是规范、标准的准确性与时效性；再其次，所约定的自律事项必须满足道德的底线，同时鼓励“跳一跳，够得到”的道德引导；最后是自律公约的行文、用词必须严谨，语义唯一不可歧义。以免引发意外的风险。

2013年7月，国家工商总局首次公布的12起垄断案例的执法公告，其所涉及违反的相关法律法规与本行业不少人士目前的一些想法有相似之处。这12个案例中，有9例是因执行其行业自律公约的结果，被判达成垄断协议并处重额罚金。④

其中，辽宁省建筑材料工业协会组织辽宁中部11家水泥熟料生产企业，每户企业收取数百万元的保证金，共同订立《水泥行业自律条款》《检查处罚规定》等所谓自律公约，以协调水泥熟料行业的竞争关系，达到垄断经营的目的。被辽宁省工商行政管理局决定给与协会罚款10万元的行政处罚。⑤

此外，2013年8月，上海市物价局对上海黄金饰品行业协会及部分金店的价格垄断

---

① 谈萧，初论商会与行业协会法——基于民间法和国家法二元视角的分析，中国商法年刊(2007)，P317 根据自生自发秩序理论，“民间法”是指在一定的社会群体中，以个体诉求为出发点，形成的自生自发规则。这种自生自发规则没有经过国家立法形式进入国家制定法，所以在成文法语境下，不能被称之为“国家法”。但是，这种民间规则具有一定的强制性，在特定时空的社会群体中能够形成被普遍认同的权利义务关系，也就是在组织社会秩序上具有合法性。同时，这种民间规则也可以通过法律解释的方法进入国家司法，据以解决纠纷，也就是具有可诉性。

② 同①，P316 谈萧，宁波大学法学院副教授、经济法研究所副所长，山东大学法学院博士研究生。

③ 同①，P318、P319。

④ 中华人民共和国中央人民政府网站(www.gov.cn)2013年7月30日(源自：人民日报)。

⑤ 摘自：律商中国法律透视，2014-05-28，第82期，2013年度中国反垄断报告——国家发改委国家工商总局负责查处的垄断行为篇(节选)。

行为，分别处以行业协会最高50万元罚款，五家金店上一年度相关销售额1%的罚款，共计人民币1 009.37万元。原因是该行业协会组织老凤祥银楼、老庙、亚一、城隍珠宝、天宝龙凤等金店召开会长会议，商议制定《上海黄金饰品行业黄金、铂金饰品价格自律实施细则》，约定了黄、铂金饰品零售价的测算方式、测算公式和定价浮动幅度。老凤祥银楼、老庙、亚一、城隍珠宝、天宝龙凤五家金店依据《价格自律细则》规定的测算公式，在规定的浮动范围内制定公司黄、铂金饰品零售牌价，操纵黄、铂金饰品价格，损害了其他经营者和消费者的合法权益。①

2013年9月，国家发改委在其官网披露，云南省发改委对牵头组织达成价格垄断协议的丽江市旅游协会旅行社分会，依法处以法定最高额度50万元的罚款；对参与达成并实施价格垄断协议的8大旅行社集团，依法分别处以上一年度销售额之5%的罚款，合计罚款334.6万元。原因是丽江市8大旅行社集团在丽江市旅游协会旅行社分会的牵头组织下，就统一对外报价等事宜多次开会协调，并于2009年、2010年签订了旅行社行业自律协议，统一了接待旅游团队的对外报价。2011年和2012年，该旅行社分会还组织各旅行社签订了《合作经营协议书》，在各旅行社之间实施收入二次分配，即按照约定的市场份额比例，分配从各旅行社收入中提取的旅游综合服务费、景点返佣、古城维护费返佣等收入。两年间，各旅行社共计实施收入分配24次，共计分配金额2.27亿元。②

以上案例显示，一些行业协会对法律法规中有关垄断与价格联盟的概念缺乏应有的认知，并未意识到自律与价格联盟的界限，从而形成垄断效应的恶果。极有可能，在事件的发生之初，所有的参与人员还都抱着为行业恶意竞争的乱象着急，有一种油然而生的冀望通过自律来制止乱象的责任感和使命感，却不意走向了良善愿望的反面。类似的情形在本行业之内，不仅是在观念上存在着孕育的温床，且也曾有过具体的筹划，而终于没有实施，却是行业的万幸，应该引以为戒。

4. 行业自律多建制，少执行

由于行业自律发挥作用主要通过行业规范、行业协调、行业惩戒等方式进行，具体的手段包括制定行业规范、行业标准和技术标准，以及行业准入、协调与解决行业内的争议等。行业规范用于协调会员之间的市场竞争关系，行业标准用于限定会员的生产水准，行业准入用于限制会员的进入门槛，行业协调则被用于平衡和维持会员之间的利益关系。

多年的行业自律建设，行业协会普遍建章立制，在协会章程之外，大都制定了诸如公约、守则、标准等制度性文件，每遇上头下发的文件政策或有运动活动，还要发出各种倡议，期望得到一呼百应的自律效果。因此，对于会员单位而言，何为自律、何为违约早已是一清二楚，无须赘述。然而，在实际运行过程中，却又往往各行其是，但凡公约、标准中明确的违约行为，大都企业与从业人员在实际工作中会采取“规避”而非“自律”的行为模式。久而久之，规避而获益的不良体验，浅尝而不能自已，就好像打开了潘多拉的魔盒，从此，找关系、走门路、压价竞争、商业贿赂、资质挂靠、人员挂名、陪标、围标、串标，以及

①② 摘自：律商中国法律透视，2014-05-28，第82期，2013年度中国反垄断报告——国家发改委国家工商总局负责查处的垄断行为篇(节选)。

吃了上家吃下家等行业的时弊万象，虽然是人人痛恨口诛笔伐，却又人人热衷，身体力行，终于不免成为行业内的从业鸦片，引导着人们走向了自律的对岸。

这种忙于自律建制，疏于自律管理的弊端，有其体制机制上的原因自不待言。然而，面对行业的式微，作为真正的行业自律自救，还是应该集中全体会员单位与从业人员的智慧，想方设法避免这种失衡，尽可能在建制与执行中求得形式与内容的统一与平衡，哪怕在一定程度与范围内适当降低行业自律的标准。

5. 政府监管与行业自律的边界

在理论上，政府监管与行业自律是进行市场治理的两种制度安排，二者互为补充，可以分别从法制化的公序与组织化的私序两个层面规制市场微观主体的行为。具体地说，政府主要借助法律及依法行使的强制性行政手段给予市场法律上的约束，可以被看作是一种“法制化的公序”；而行业协会则主要借助行业自律公约及非强制性的精神引导给予市场道德上的约束，可以被看作是一种“组织化的私序”。政府监管与行业自律共同作用于市场，有助于弥补政府监管的不足，实现良好的市场治理。

在现实中，由于中国的政治体制、历史传统及政府对权力失范与失控的原因，大部分公共管理职能和权力还都掌握在政府各部门手中，对于行业协会的自律管理职能所应该对应的权力，政府也没有明确放权。政府放权的不足直接导致行业协会进行行业管理的核心权力缺失，并引起行业协会的权威弱化，在行业事务上缺乏话语权，进而导致行业自律难以有效实施，协会的行业自律功能不能充分发挥出来。

6. 行业准入、清出执行乏力

我国的行政许可制度而非市场因素下的行业准入机制，一定程度地影响了行业准入、清出的自主决策。工程咨询企业准入门槛的资质条件相对较低[①]，导致从业企业的数量过多过滥，行业竞争不规范，价格导向下的囚徒困境，极不利于行业的发展，很多企业的经济只能勉强维持工作的运转。而低价中标导致服务质量下降，服务质量下降又带来恶性竞争，如此循环的结果使得企业的利润空间大大缩小。这一现象直接导致了行业待遇低、风险大，企业生存压力大，行业人才尤其是高素质、复合型人才流失严重，行业从业人员整体业务素质较低，甚至少数人员缺乏必要的职业道德与责任心。

由于行业内企业规模、服务能力、社会责任感参差不齐，从业人员业务素质、职业能力和道德水准差别较大，许多企业尚处在求生存阶段，导致企业和从业人员对于行业自律的认识和理解能力亦有差别，对行业自律的意愿和诉求不尽相同，从而导致行业自律在这样一个鱼龙混杂的行业内较难真正有效开展，更加遑论其严格的准入、清出的制度执行。大多情况下，只要有企业申请加入协会，对行业协会而言就是好事，不少行业协会还专门组织人员四处拉企业入会。因此，清出就更其难以实施了。

---

① 低资质门槛与无资质的市场准入最大的区别在于，前者一经行政许可，无论其服务能力与水平如何，社会必须认同其经营的合法性，只要政府建设主管部门不撤销其资质证书，便可始终保持其经营的资格；而后者则必须通过实际的服务并经项目业主的体验，树立起企业的信誉，从而得到市场的认可，其经营活动更多来自于忠诚的回头客，只要一旦失信，就可能面临如安达信会计师事务所因安然事件而倒闭那样被逐出市场。

7. 诚信体系建设名实难符

多年来我国工程咨询行业的诚信体系建设一直处于滞后状态，目前，全国尚没有建立起统一的企业及从业人员诚信评价体系，缺乏资信数据管理平台、信用信息共享机制不完善，诚信信息公开力度尚待提高，对失信企业的失信曝光、分类监管、市场退出等惩戒机制不完善，造成失信成本过低，进而导致行业自律难以有效实施。

一些既有的诚信评价机制，偏重于企业的资质、规模，承接业务的能力，产值、盈利、负债等财务数据，以及各种奖项的考量。将企业经营行为诚信与否的判断，建立并局限在并无必然逻辑关系的企业规模、财务信用和人为的奖惩评选等范畴，而与企业实际的诚信情况相去甚远，不仅不能起到诚信自律的激励作用，反而刺激企业一哄而上地参与三 A 之类的等级证书评选，助长了市场上的形式主义泛滥与大型企业的妄自尊大。

上海市建设工程咨询行业协会在推进会员单位自律档案建立过程中，对于自律档案管理保管机构、自律档案推行的范围、自律档案如何记载荣誉和惩罚记录、荣誉和惩罚的采集标准、自律档案的作用期限、档案记录的使用范围以及与政府监管部门建立的信用信息系统的关联等问题进行了长时期的讨论。在实践过程中，更面临着诚信自律档案信息采集和信息公开的选择标准难以界定，诸如对于企业接受投诉的信息处置，是否对书面投诉或信息化(电话、邮件、微信、短信等)投诉、实名或匿名投诉的选取，如何界定是否客观或不实等问题；在自律档案填报过程中，有些企业将其作为企业宣传的平台，因此对于企业荣誉信息填报往往积极主动，而处罚信息则往往不能如实上报的问题；再如由于社会上以国家部委办以及地方行政主管部门名义颁发的奖项很多，如何界定其纳入自律档案与否的问题。甚至在这些问题上的纠结所花费的时间与引发的困惑，远甚于建立自律档案本身的重要，极大地淡化了行业自律的应有之义。

(三) 行业自律的继承

通过以上行业自律的回顾，厘清了我国行业自律的基本脉络与本协会的既有自律体系，进一步分析了行业自律发展过程中出现的一些困惑。研究认为，行业自律作为行业发展的重要环节，其历史传承应该是有选择的继承。各项制度中凡是有利于行业健康发展，同时又合理合规具有可操作性的条文内容和实施方法，应该予以继承并在实践中持续完善。凡是盲目追求高大上的夸夸其谈，不切实际的标语口号式内容和形式主义的活动，应该予以坚决地舍弃。凡是来之于政策、法规、标准、规范中的，让我们在行业自律中感到困惑，甚至明显不利于行业健康发展的内容与做法，应该通过协会及其各专业委员会与政府有关方面的沟通协调，以我们的智慧与专业能力影响并改良相关政策、法规、标准、规范的制定，促进行业的法制化建设，使之更加有利于行业自律活动的开展。

行业自律的继承除了协会的行规行约等制度以外，还应该包括行业自律活动所积淀的诸多有价值的案例与经验的扬长避短，以形成行业自律的宝贵财富。

(四) 行业自律的创新

行业自律的内涵决定了“行业自律是建立在行业协会的基础之上的，如果一个行业没有一个行之有效的行业协会的话，行业自律也就无从谈起。”[①]因此，行业自律的实践必须是在行业协会的组织与领导下的有序开展与创新实践。这是我们整个行业赋予协会义不容辞的责任。

“创新是有目的性的，是一门学科……创新是否成功不在于它是否新颖、巧妙或具有科学内涵，而在于它是否能够赢得市场。”[②]从“规范行业行为，协调同行利益关系，维护行业间的公平竞争和正当利益，促进行业发展”[③]等行业自律的作用与“创新实践”的理论出发，推论，行业自律应该是一个行业自我规范、自我协调的行为机制及其自我约束的过程；行业自律创新的目的，超越了“约束的过程”，直奔“赢得市场”这一更大的目标与更加重要的主题。

这样的推论，或许有点耸人听闻。但百度百科(词语解析)总结了菲利普・科特勒[④]关于企业社会责任的理论，将“企业的社会责任”分为两类，“一类是反应型企业社会责任，另一类是战略型企业社会责任。[⑤]”其中，“反应型企业社会责任有两种形式：一是做一个良好的企业公民，关心各利益相关者所关注的社会问题的变化；二是减少企业经营活动已经产生的或可能会产生的负面影响。战略型企业社会责任是指寻找能为企业和社会创造共享价值的机会，……企业社会责任应该支持企业目标。履行战略型企业社会责任不只是做一个良好的企业公民，也不只是减轻价值链活动所造成的不利社会影响，而是要推出一些能产生显著而独特的社会效益和企业效益的重大举措”。[⑥]

菲利普・科特勒认为，企业社会责任经历了从义务向战略的转变，传统的企业社会责任，其做法只是履行一种义务，而新的做法是“也要支持企业目标”[⑦]。

正如“企业社会责任的概念是基于商业运作必须符合可持续发展的想法，企业除了考虑自身的财政和经营状况外，也要加入其对社会和自然环境所造成的影响的考量”。[⑧]在“以受激励与约束的行为规范为准，……企业的社会行为要合乎道德伦理的价值要求，……有法律规定的可由法律予以强制执行的责任”。[⑨] 一样，传统的“行业自律包括两

---

① 摘自 MBA 智库百科“行业自律”词条。行业自律的内涵主要包括以下五个方面：

(1) 严格执行相关的法律、法规、行业管理办法、合同法、其他相关法律、法规。

(2) 制定和认真执行行规行约“行规和行约”是行业内部自我管理，自我约束的一种措施。行规和行约的制定和执行对会员无疑起到一种自我监督的作用，推动本行业规范健康的发展。

(3) 向客户提供优质、规范服务。

(4) 行业自律也是维护本行业和企业的利益，避免恶性竞争，维护本行业持续健康的发展。

(5) 行业协会是行业自律的当然监督机构之一。

② 彼得・德鲁克，创新与企业家精神，北京：机械工业出版社，蔡文燕译，2009 年 9 月，序言 P26。

③ 摘自：百度百科“行业自律”词条。

④ 菲利普・科特勒(1931—)，“现代营销学之父”，美国西北大学凯洛格管理学院终身教授、凯洛格管理学院国际市场学 S. C. 强生荣誉教授。美国管理科学联合市场营销学会主席。《企业的社会责任》的作者，其代表作《营销管理》(与凯文・凯勒合著)被奉为营销学的圣经，自 1967 第一版至今已第 14 次再版。

⑤⑥ 摘自：百度百科，“企业的社会责任”词条。

⑦ [美]菲利普・科特勒、南希・李，企业的社会责任——通过公益事业拓展更多的商业机会，姜文波等译，北京：机械工业出版社，2006 年 5 月第一版，P7。

⑧ 摘自：百度百科，“企业的社会责任”词条。

⑨ 同前注。

个方面，一方面是行业内对国家法律，法规政策的遵守和贯彻，另一方面是行业内的行规行约制约自己的行为。而每一方面都包含对行业内成员的监督和保护的机能”。[①] 体现的仅只是履行一种义务；而本章着手研究的新的做法所企望的，同样应该兼顾企业的目标，即商业运作必须符合可持续发展的目标。

有关企业社会责任的理论，恰当地佐证了以上推论的“合宜性”[②]。因此，行业自律的创新，应该借助企业的社会责任的理论与实践，在激励、约束会员单位经营行为的同时，还能够促进全行业企业营利能力的自律。

四、行业自律的主体

政府简政放权的新形势下，行业的自律显得尤为重要，从行业的层面来看，“行业自律的主体是行业自律组织（通常是行业协会），客体是行业内经营者，手段是检查与处罚。有效的行业自律必须具备三个条件：一是有一个公平、公正、公开、专业、高效、低成本运作的权威性行业协会；二是有一部在会员平等协商基础制订的合法、合理、科学、平等、可操作的权威性行业自律公约；三是有一种确保公约得到有效执行的权威性、强制性的自律监督、检查与惩戒手段。”[③]会员单位及其从业人员因受行业协会的监督、检查与惩戒而处于客体的地位。

然而，仔细分析，监督、检查与惩戒均来自于会员单位共同的约定，因此，其行业协会的权威性与强制性也来自于会员单位的共同构建，如果没有会员单位的行为自律，便无以形成行业的自律。同理，企业的自律如果没有从业人员的自律，也无以形成企业的自律。当行业协会中绝大多数会员单位都能够自律，从而树立起行业在社会的公众形象与地位，加入行业协会成为行业成员一种企盼获取某种共同利益、追求一项难以企及的荣誉的愿望时，行业协会对会员单位的清出才能成为一种制裁，行业的权威也才能够得以显现。

由此引出这样的理解，所谓的行业自律，协会引领是保障，企业自律是基础，人员自律是根本，三者缺一不可。于是，行业协会、会员单位与从业人员三者之间，在行业自律领域内主客体角色将互为转换[④]。

（一）行业协会的主体地位

约束利益最大化的动机，维持市场的正常秩序，一要靠政府规制，二要靠公众监督，三要靠行业自律，政府的有效规制需要建立在“信息准确、监督能力强、制裁可靠有效以及行政费用为零这些假定的基础上”。……而公众监督自身就是公共物品，受制于它本

① 摘自：百度百科，“行业自律”词条。

② ［英］亚当·斯密，道德情操论，蒋自强等译，北京：商务印书馆，2008年版，P3，第一卷，论行为的合宜性。

③ 胡会武，保险行业自律敢问路在何方？——关于当前保险行业自律问题的思考，安徽保险，2012年第3期。

④ 不得不承认，从业人员的辞职，会员单位的退会，在某种情况下，是对企业与行业协会的一种逆向淘汰。

身所要解决的合作难题，很难发挥作用。在这种情况下，行业自律被视为维持市场秩序最有效和最重要的手段。[①]

在分散追逐个体利益的情形下，行业自律很难单纯的通过参与市场运行的企业自发形成，并且利益的力量总是大于道德的力量，如果没有组织制度的约束，企业很难自觉保持自律，个别企业的机会主义行为会使其他严格自律的企业处于劣势，这样，行业自律将难以为继，而整个行业也会受到牵连。[②] 因此，行业协会天然地成为了行业自律重要的组织者和实施者。

根据前述内容，行业协会在建章立制方面作出了非常大的努力，也取得了有目共睹的成果，至少在有效地处理和协调会员单位间的关系，向会员单位提供充分的信息，及时发布行业标准，组织国内外同行间的学术交流，以及行业内的专业培训等方面，均提供了很好的服务。但若从行业自律的实际社会效应来看，尚不能令人满意。

其主要原因之一是我国一直缺乏明确界定行政执法与行业自律界限的相关政策、政府文件，从而严重束缚了行业协会实施行业自律的主动性和积极性，而我国政府对行业协会的定位不准确和行业管理体制的约束也影响了行业协会自律功能的发挥。[③] 然而，这样的局面已经正在发生改变。随着“脱钩方案”的施行，行业协会与政府行政机关全方位的脱钩正在成为现实，行业协会将逐渐显现其独立性，彻底摆脱“二政府”的羁绊，回归民间社团组织的应有地位。从而充分利用“民间法”的行规行约，真正承担起行业自律的组织与实施的职能。

（二）会员单位、从业人员的主、客体地位与自律关系

在行业协会中，会员单位受行业协会的监督、检查与惩戒，充当着行业自律的客体角色。同时，会员单位又是企业自律的主体，在自我约束企业经营行为的同时，监督、检查与惩戒着企业员工的自律行为，员工成了企业自律的客体。而员工又是遵守《从业人员职业道德守则》的自律主体，在自我约束自身的职业道德行为的同时，反过来对企业法人组织的自律行为进行监督。以此类推，“行业协会显著的自组织性、结社性和次生性的组织特征”[④]，又决定了会员单位对行业协会自律的监督作用。

对个人而言，企业是施展个人才华、实现个人价值的平台，这个平台越宽广，个人价值体现的机会就越充分；对企业而言，企业的发展源于每个员工的劳动和创造，员工实现自我价值的过程，就是企业蓬勃发展的过程，二者相辅相成、相互推动，共同发展。因此，如前所述，在行业自律诸关系中，人员自律是根本！

工程咨询企业的核心竞争力就是人力资源，这个人力资源是包括了企业高层精英在内的广义的人力资源概念。只有企业内所有从业人员在日常咨询工作中，对其职业行为

---

① 胡辉华、段珍雁，论我国行业协会自律职能失效的根源，暨南学报（哲学社会科学版），2012 年第 7 期，P58，以及 P63 之参考文献[1]。

② 同①，P59 以及 P63 之参考文献[2]。

③ 同①，以及 P63 之参考文献[5][6]。

④ 同①，P60。

进行有效的自我约束，企业才能实现真正的自律。即所谓“只有员工自律，组织才能自律”。诚然，员工自律不可能源自天成，而需要教育、培训、宣传以形成企业自律文化的氛围，更兼来自企业的监督、检查与惩戒等外在压力，方可收到自律的实效。

有人将企业的经营活动比喻成航船的出海远扬，要保证企业在经营活动中自律管理，使每次航行都能平安穿越风浪、绕过暗礁，顺利到达彼岸，不仅要有结实的船体、正确的航向，更要有从船长到所有水手的同舟共济、协调配合与奋力拼搏。要实现企业自律和行业自律的共同目标，就要正确处理企业自律和从业人员自律的关系：一是建立能充分体现规范管理、有利于业务开展、科学有效的管理机制；二是能严格、有效地运行这种机制，并在运行中不断加以完善。企业自律和从业人员自律是一个动态的互相影响的过程，这种过程需要企业建立好的运行机制来加以规范、引导，从而促进企业自律的良性循环。

在行业自律的层级关系中，会员单位居于整个关系金字塔的中间位置，上可以影响协会对行业经济秩序的自我调控与制衡，影响行业协会的社会声誉和地位；下可以实施对企业员工的管理与自律引导，因而是行业自律最重要的环节。

从业人员是企业直接面向业主的经营服务者，其经营行为是否规范，服务质量是否达标，项目业主是否满意，涉及企业的兴衰存亡，因此，从业人员是企业自律的依靠，同时也是企业自律的抓手。作为“依靠”，企业应采取教育、培训与奖励的方式予以正面激励；作为“抓手”，企业应采取监督、检查与惩戒的方式予以负面激励。其中的“惩戒”宜作为一种“威慑”力量如达摩克利斯剑，高悬而不轻易落下。

（三）影响行业自律的负面因素

行业协会在推动行业自律的进程中，不可避免地受到一些负面因素的影响。这些负面因素往往隐藏在纷杂的表象之中，不易被人们所察觉，但却是大多社会不良现象的根源。人们在痛恨目之所及的表象同时，却不知晓是什么原因导致了这种不良表象的泛滥。这些负面因素有源自于政策法规的制度设计，有来之于传统文化的糟粕与社会诚信的缺失，也有行业自身内生的孳长。

1. 制度设计缺陷的影响

“我们的制度设计，总不免高标准严要求，以致于在执行上往往不能如愿。其间，虽有国民素质的问题，但在很大程度上也与有关政策导向有关系。”①

1）准入制度不完善对行业的影响

（1）关于资质与资格挂靠

工程监理、造价咨询和招标代理企业的行业准入制，要求企业经营有资质，个人执业有资格。企业的资质等级与经营业务挂钩，一一对应各从其类。个人的执业资格不分等级，其执业范围与既有资格专业和企业资质等级相关联。制度设计希望咨询企业的资质

---

① 沈珉，论建设企业资质管理，上海建设科技，2014 年 04 期。

与能力相匹配，并在设定的业务范围内从事咨询服务，从而达到建设咨询市场的规范有序。然而，良善的愿望未必总是产生良好的结果，资质与业务挂钩下，资质成为稀缺资源，挂靠现象应运而生。

"'挂靠'通常指：低资质企业以高资质企业的名义，无资质企业或个人以有资质企业的名义，从事有资质要求的经营活动，这样一种以寻利为目的的经营行为，其本质是'寻租'"。[①]

① 资质挂靠是指企业经营业务的挂靠。企业的自利心自动自发地寻找着改变资源配置的机会与空间。"……制度设计的不公平导致高资质企业的垄断和鲸吞，影响了低资质企业的生机。低资质企业为谋求生存，利用制度缺陷变通经营手法，挂靠高资质企业从事经营活动，迎合了部分高资质企业利用资质的稀缺效应进行'寻租'的潜在愿望，从而形成'挂靠经营'"。[②] 并迅速成为政府管理的难点与行业自律的障碍之一。

② 资格挂靠是指执业注册人员的挂靠。资质与经营业务挂钩的结果，使企业对业务不可抑制的期盼，部分地导向了对资质的追求，而企业资质条件中关于注册人员数量的要求，有可能成为企业资质升级的瓶颈。此外，如监理企业一旦资质升级，其迅速增长的业务量与总监负责制的要求，又不免产生注册人员的缺口。以上需求，使执业注册人员成为稀缺资源。与此同时，社会上一些在业的具有相应技能的人士，通过执业资格考试取得执业资格后，既要维持现有工作又想能够获得注册正待价而沽。于是，形成供需双方的交易。由于这样的注册人员不能到岗执业而异化为"资格挂靠"这种"注册货币化"现象。其为注册而采取的种种作假手段与企业运营中的不良结果，深远地影响着行业的形象和声誉。

(2) 造价咨询的资质条件

根据原建设部令第 149 号《工程造价咨询企业管理办法》第九条第(二)项 ："企业出资人中，注册造价工程师出资人数不低于出资总人数的 60%；且其出资额不低于企业注册资本总额的 60%。"这项要求的本意是让造价咨询企业全面民营化、市场化，符合国际上有关激励—约束机制中的产权激励思想，有利于企业责任的强化与落实，并有效遏制市场垄断。但在具体实施中，出现了两种情况：

① 第四十四条"本办法第九条第(二)项……的规定，暂不适用于本办法施行前已取得工程造价咨询资质且尚未进行改制的单位"。这一条自 2006 年执行以来，始终"暂不适用"，导致国有造价咨询企业并未执行这两个"60%"，形成造价咨询企业资质管理的"二元"结构，其公平性招人质疑。

② 作为同时还具有监理、招标代理资质的企业，其股权结构相对要复杂一些，往往难以达到两个"60%"的要求。"当时出台的两个"60%"规定实施至今，与企业的实际情况越来越不相适应。为了满足资质标准，一些企业采取了实际出资人与工商登记出资人不

---

① 上海市建设和管理委员会、上海市建设工程咨询行业协会，联合从事研究的 2013 年住房和城乡建设部课题《监理行业资格、资质标准研究》P37。

② 沈珉，论建设企业资质管理，上海建设科技，2014 年 04 期。

相一致的‘假面出资人’对策，其产权不明晰的结果往往造成企业内部的经济矛盾，乃至诉诸法律。”①成为行业自律难以追责的隐性问题。

2）专业分割对行业的影响

我国引入建设监理制度之初，曾设想监理要提前介入，可以为项目业主提供前期策划、可行性研究、招标代理等前期服务，在项目实施阶段可提供投资控制、进度控制、质量控制、合同管理、信息管理和协调参建各方关系的服务。可是，在实施过程中，却推行了工程监理与造价咨询和招标代理的三分天下，在实际剥夺监理权力，降低监理威信，让掌握经济权的审价单位，在项目质量安全的五方责任主体之外作壁上观，既浪费了权力，又体现了政府对行业的不信任。而招标代理服务，在充分体现经济收益短平快的同时，强调了招标的程序性，淡化了责任的延续性，把不良服务的责任留给了后续服务机构。

3）法规中的兜底条文

尽管法律、法规旨在调控人们的行为，冀望能够令行禁止。但在制定的时候，往往因为担心法律、法规条文的欠考虑或不完备，在限制性或禁止性的条文中预设一些不具有实质性的内容，作为兜底条文，用自由裁量的方式以期制约人们不可预期的行为，是当下诸多法规的惯例。“法律作为一种‘公共产品’，理应具有广泛的民主性和公意代表性，应当强化以民为本的立法理念，广泛吸纳和体现民意。”②我们不能指望法律、法规的制定能够尽善尽美一蹴而就，按照有“矛”必有“盾”的理解，法律、法规的制定与实施即是一个博弈的过程，为要达到博弈的均衡，法律、法规的修订和完善就不可避免。因此，将法规中的兜底条款予以具化，至少也要做到宁缺毋滥，不留自由裁量的空间，就显得非常必要。

4）工程监理方面

（1）设定强制监理范围③的双刃剑效应

强制监理的推行，在给监理行业带来源源不断的业务同时，也让行业陷入了低价竞争的泥淖；从制度上强化政府监管的同时，弱化了监理服务的功能。一方面，项目业主对强制监理在心理上存有抵触情绪，主观上并不认同监理的作用，只是碍于规定，将委托监理咨询服务锁定在取得施工许可证和项目竣工备案资料的程序性要求的层面上，作为游戏规则来对待，而不认为是客户自身利益的需求。另一方面，监理机构抓住大规模投资建设和强制监理的机遇迅速膨胀，却又忽视企业自身建设，投机运营，以低水平服务和低价格取费为竞争手段，严重扰乱了市场。项目业主对于监理企业“有形式的需求，无内容的需要”；监理企业对于项目业主“有合同的承诺，无服务的兑现”。投入产出的成本意识下，监理市场的逆向选择趋势日盛，相对于真有监理咨询服务的需求者，业内价格导向茫

① 沈珉，论建设企业资质管理，上海建设科技，2014 年 04 期。

② 林啸 3101090135(法学 0901 班)，法律和正义的博弈分析，百度文库，2011-07-19。

③ 《建设工程质量管理条例》第十二条“下列建设工程必须实行监理：……”特别是“（五）国家规定必须实行监理的其他工程。”这一指代不明的兜底条文，易于让执行者产生自由裁量的不当权限，而导致强制监理的扩大化。

然。在开发商唯利是图，毫无忠诚度可言，监理企业一味迎合客户心理的情况下，低投入低产出形成的恶性循环导致服务的买卖双方共"输"。[①]

(2) 政策法规对监理的过度追责

政府对建设项目的业主、设计、勘察、施工、监理等五方责任主体的监督与处罚，在相应的法律法规中均有明确的体现。然而，在执行上位法的同时，各部门、地方不断细化出台的政策法规，往往还要在内容上予以一定的充实，在程度上予以相应的递进。在这些充实与递进的条文下，不免蕴含着较大的失衡。由于业主、设计、勘察、施工诸方的责任基本只跟自己的行为相关，而监理受业主委托，兼具控制项目施工质量、监理施工过程安全管理、协调参建各方等多项职能。因而在承担自身行为结果的责任同时，还承担着除勘察之外的其他三方行为的连带责任。其中，业主的掣肘、未发现设计错误、未发现施工方质量和安全隐患或发现后经提出未获整改，报告业主也未果情况下，没有越级向当地建设行政主管部门报告所导致的质量安全事故等，几乎是任何一方出了差错，监理都必然逃脱不了干系。其政策法规的偏颇所导致的不公，在国内所发生的数起重大质量安全事故的判例中多有显现。且在国家的两法两条例[②]所规定的法律责任之外，各部门和地方的政策条文还呈过度追责的处罚扩大化趋势，如所谓的"监理不到位"。

5) 造价咨询的约束机制

制度设计专业面过窄，形成行业分割，造价咨询与招标代理和工程监理的搭接和配合有明显的裂痕，难以形成合作伙伴关系。其作为项目投资的审核者，受业主的委托，承担着除业主和自身之外，对项目参建各方的合同计价的审核，占据了整个建筑行业的经济、道德制高点，成为一人之下，众人之上的权力一方。而项目业主的自利心，较大程度地影响着造价咨询机构的经营行为。按照阿克顿勋爵"权力导致腐败"[③]的理论，这样的单向性约束机制并不利于行业的自律，虽然其社会声誉要大大好于监理。

6) 招标代理的扩大化趋势

现行法规规定[④]总投资超过 3 000 万元的项目，以及咨询服务收费超过 50 万元的设计、勘察、监理等业务必须通过公开招标，由于多年来物价上涨和收费标准的提高，实际上现如今不到 1 800 万元投资项目的咨询服务收费就已达 50 万元。这在无形中就扩大了招标范围(施工项目超过 200 万元时，情况也类似)。

---

① 这一段文字分析的目的在于，虽然强制监理范围通过《住房城乡建设部关于推进建筑业发展和改革的若干意见》(建市〔2014〕92 号)开始得以逐渐纠正，但其昔日的政策影响在行业内依然根深蒂固。因此，有必要在业内引导人们的观念改变。

② 指《建筑法》《安全生产法》《建设工程质量管理条例》《建设工程安全生产管理条例》。

③ 阿克顿勋爵，英国剑桥大学历史系教授，历史学家，理论政治家。著名的自由主义大师。语出《自由与权力》，1887 年。(引自百度文库)。

④ 《工程建设项目招标范围和规模标准规定》(原国家计委 3 号令)，第七条规定必须进行招标的：

(1) 施工单项合同估算价在 200 万元人民币以上的；

(2) 重要设备、材料等货物的采购，单项合同估算价在 100 万元人民币以上的；

(3) 勘察、设计、监理等服务的采购，单项合同估算价在 50 万元人民币以上的；

(4) 单项合同估算价低于第(1)、(2)、(3)项规定的标准，但项目总投资额在 3 000 万元人民币以上的。

此外，该法规第十条“省、自治区、直辖市人民政府根据实际情况，可以规定本地区必须进行招标的具体范围和规模标准，但不得缩小本规定确定的必须进行招标的范围。”由此，各地方的具体必须招标范围就只能在原规定的基础上做加法，待到几乎所有施工项目都要招标（以造价 200 万元为界，以上须公开招标，以下也要邀请招标）的时候，招投标活动的程序性就超越了法律的严肃性，偏离了设立招标投标制度的本初目标。

2. 传统文化与社会观念的影响

行业自律中的负面因素，也有来自传统文化与社会诚信缺失对人们观念的影响。中华文明的传承与积淀对国民的影响是潜在而实际的，其良莠也是泥沙俱下。其中，在对待别人的道德与责任的标准上，我们往往理想而感性，始终不依不饶地追求道德制高点，不免形成南辕北辙的结果。

1）道德标准的影响

我们的道德教育诸如“大公无私”“舍己为人”的熏陶，导致人们对德行的认知有所偏差，似乎只有“利他”才能算作是道德高尚。以下图示社会道德程度坐标系（图 6.5）形象地分析了人群对道德取向的大致分布状况。其中，对利己不损人的道德底线，无论是思想还是行为都得到多数人的体认，而介乎利他与利己之间的公私兼顾，充实了社会道德行为的正态分布。因此，真正的无私与损人是道德社会的两个极端。

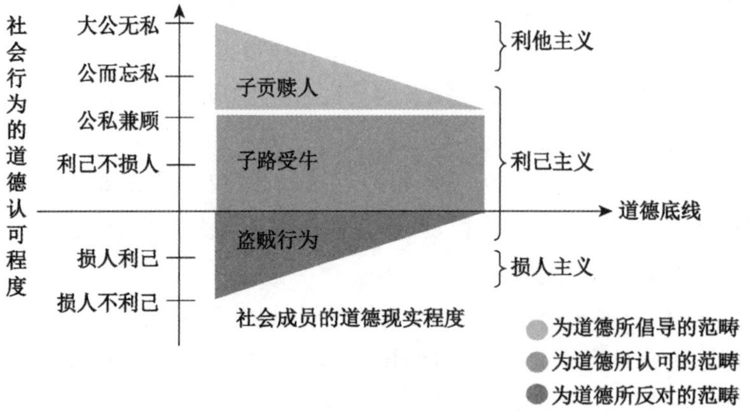

图 6.5 社会道德程度坐标系

资料来源：互联网下载原图（作者：佚名）后自行整理。

据《吕氏春秋》记载[①]：鲁国有条法律，鲁国人在国外沦为奴隶，有人将其赎回，可至府库领取垫付的赎金。孔子的学生子贡（端木赐）在国外赎了一个鲁国人，回国后没有领受这笔赎金。孔子知道后说：“赐这件事做得不对呀！高尚而完美的人做事，会按照影响社会道德风俗，教化百姓的要求去做，而不只考虑按自己的意愿行事啊。如今鲁国富人少

① 鲁国之法，鲁人为人臣妾于诸侯，有能赎之者，取金于府。子贡赎鲁人于诸侯而让其金。孔子曰：赐失之矣！夫圣人之举事，可以移风易俗，而教导可施于百姓，非独适己之行也。今鲁国富者寡而贫者多，取其金则无损于行，不取其金，则不复赎人矣。子路拯溺者，其人拜之以牛，子路受之。孔子曰：鲁人必拯溺者矣。孔子见之以细，观化远也。源自《吕氏春秋·察微》。

而穷人多，你拿回垫付的赎金，无损于你的行为价值；你不拿这赎金，今后就不再有人愿意赎人了。”孔子的另一个学生子路救起一名溺水者，那人为表感谢就送了他一头牛，子路收下了。孔子知道后说：“这下子鲁国人必定会勇于救溺水者了。”

孔子认为做好事而不求应有的回报，抬高了做好事的道德要求，增加了做好事的难度，违逆人之常情让人难以企及，不利于教化普通大众，反而让大多数人感觉为难而远离做好事。做好事而能得到适当的回报，会让人为追求回报而争做好事。这就是孔子“子路受而劝德，子贡让而止善”的道德哲学。

行业自律的制度建设，其道理也是一样，如果一味地拔高，看起来很有气势，但在执行上缺乏实施的可操作性，给人以说大话的印象，就会成为形式主义而事与愿违。所以，行业自律还是要提倡坚守道德底线，不可盲目攀高。

2）政策制定与执行的思维惯性影响

（1）重“物”轻“人”的思维惯性

我国长时期的农业经济，形成了重物质，轻思想的农耕文化传统。人们普遍看重实物，而轻视思想产品，更加不理解作为过程服务的咨询消费品，因此难以接受。这从监理取费的文件发布与建材造价资讯发布的历史演变可见一斑。

表 6.4　国家、上海市监理取费标准(指导价)调整一览表

文件名称	颁布机构	实施时间	文件简称	状态
《关于发布工程建设监理费有关规定的通知》(〔1992〕价费字 479 号)	国家物价局 建设部	1992 年 10 月 1 日	国 92 标准	废止
《上海市工程建设施工监理实施细则》(沪建建管〔95〕第 0200 号)第八章 监理费用	上海市建筑业管理办公室		沪 0200 号文	废止
《关于发布工程建设监理费上海市行业指导价标准的通知》(沪建监协字〔2001〕第 20 号)	上海市建设 监理协会	2002 年 1 月 1 日	沪 20 号文	废止
《关于实施本市建设工程安全监理行业指导价格暂行标准的通知》(沪建监协字〔2004〕第 5 号)	上海市建设 监理协会	2004 年 3 月 5 日	沪 5 号文	废止
关于印发《建设工程监理与相关服务收费管理规定》的通知(发改价格〔2007〕670 号文)。	发改委、建设部	2007 年 5 月 1 日	国 670 号文	废止
《关于进一步规范本市建筑市场加强建设工程质量安全管理的若干意见》(沪府发〔2011〕1 号)	上海市人民政府	2011 年 1 月 11 日	上海市 “二十二条”	废止
《国家发展改革委关于进一步放开建设项目专业服务价格的通知》(发改价格〔2015〕299 号)	国家发改委	2015 年 3 月 1 日	国 299 号文	有效

资料来源：胡少麟，上海市监理取费标准操作中的问题，建设监理，2013 年第 8 期 P36(有修改)。

从表 6.4 可以看出，在实施监理将近 30 年的时间里，由国家发布的监理取费标准只有 1992 年和 2007 年两次，其时间间隔长达 15 年，第三次发布间隔了 8 年，却已是全面放开实行市场调节价。由上海市发布的监理费指导价有四次，其中，第一次因袭了国家 92 标准，第二次属自行发布，后两次是由于新增安全监理和 11·15 火灾事故所作的微调。

反观建材调价，自 2006 年 11 月《上海建设工程建材与造价资讯》创刊以来，其具有法定指导意义的建筑材料和劳动力信息价，竟然能够每月发布一次，虽然其价格有升有降，但应该都与市场需求呈正相关，也就是得到了社会的高度关注。其中让人无法理解的是体力劳动与脑力劳动的价格，对时间的敏感度差异竟然可以高达 144 : 1①，令人难以想象。

再看 2010 年 11·15 火灾事故后，市政府 1 号文强制监理费按"670 号文"上限计取，即上浮 20%。然而，监理企业 20%的实惠尚未到手，"伴随着上浮 20%政策的推动，上海监理行业同时历经市场整治、行业检查等多轮专项活动。……随着治理活动的深入，整治步入攻坚阶段，整治的边际成本不断增加。……与上浮 20%同时出台的是对监理工作质量的高标准和严要求。……凭借'上浮'的由头，有关方忽视监理行业供需缺口，随意扩大监理工作内容，无限扩大监理责任，不切实际地强调所谓形式上的监理到位。"②也就是说，这一轮的政策调整红利很快就被等价交换的思想化解了。

此外，"按照'国 670 号文'的规定，监理计费额为工程概算中建安工程费。……意味着监理费的调整和'调整概算'相关，和工程审价及项目审计结果无关联。"③可是，在实施过程中，代理机构编制的"许多监理招标文件中还残留'监理费计费额暂定，待施工中标价明确后调整，尾款要和审价乃至审计挂钩'等语句。……许多时候，'投资监理'建议建设单位按照施工中标价、审定价、审计价扣减施工监理费，以体现'投资监理'的效用。"④

一些审价机构在监理合同的审核中，对保修期监理的取费也多有争议，"按照'国 670 号文'规定，保修期监理费另算。当前，招标文件中一般扣留 20%～30%施工阶段监理费作为保修期监理费，加之和审价(计)挂钩，时间上普遍涵盖甚至跨越了保修期。这种'偷换概念'的做法普遍流行，加剧了'上浮 20%，看得到，拿不到'的现象。"⑤

以上有关按概算计价、保修期监理费，以及价格上浮与责任加码的等价等概念，从思想上予以厘清，与执行咨询市场价格全面放开的 299 号文并行不悖。但通过分析可知，无论业内业外，其潜意识里重"物"轻"人"的思维定势，已经根深蒂固到足以自我否定的程度。

(2) 对旁站与安全监理的认知纠结。

就旁站与安全的监理职能，人们的认知与推行者的本意相去甚远。通过一些会员单位监理上海迪斯尼乐园项目的经验，可知境外的"工程师⑥"同样也有旁站与安全监督(监理)的职能。但其旁站的目的，是为防止出现不可追溯的偷工减料现象而导致工程留有质量隐患。但凡事后可追溯的工序，是并不需要旁站的。安全监督(监理)的目的，是为防止承包商见利忘义，罔顾建筑工人的生命安全而导致血泪工厂事件。

实施监理的前提是承包商自我完善的质量管理体系和安全保障体系，舍此，"监理"就无从做起。任何隐蔽工程的施工过程，都须承包商的自我管理与完善，旁站监理完全

---

① 此处取上海市 1995 年和国家发改委 2007 年，两次取费标准发布的时间间隔 12 年与《上海建设工程建材与造价咨询》每个月发布信息价之比。

②③④⑤ 胡少麟，上海市监理取费标准操作中的问题，建设监理，2013 年第 8 期，P36-38。

⑥ 国际咨询工程师联合会(菲迪克)的《FIDIC 施工合同条件》(新红皮书)中的"工程师"，即《FIDIC 业主/咨询工程师标准服务协议书条件》(白皮书)中的"咨询工程师"。其职能与我国的"监理工程师"相当。

是现场监督的存在机制，而不是取代施工管理的职能机制。同样，施工现场安全设施设备的管理和人与物的安全状态控制也须承包商自行全面负责，安全监理应该是承包商安全管理的程序监督机制，而不是施工安全管理的职能机制。任何过于强化监理的监督作用，弱化承包商的自我管理职能均不足取。

“如果没有监督，天使也会变魔鬼”。监理的监督作用应该是让天使保持天使的本来面目，而不是让魔鬼变天使。但社会舆论导向下的旁站和安全监理，迫使监理的肩头要担负起双重的责任，硬着头皮要让魔鬼变天使。而承包商的管理人员却日见缩水，自我管理的职能聊胜于无，让监理深陷于尴尬的境地。

(3) 非好即坏的思维惯性

在现实工作中，社会对建设咨询业寄予了太多的期望，赋予了过于重大的责任。无论政策法规，司法机关、公共媒体，民间舆论几乎呈一边倒地占据道德高地，根本不容行业、企业和从业者辩解。似乎一实行招投标，建筑市场就公平、公正了；一出现招投标的问题，就是代理机构暗箱操作了；一实行工程监理，质量、安全就有保障了；一出现质量、安全事故，就是监理失职渎职了；一实行全过程审价，政府投资三超就能控制了；一出现投资失控，就是审价与施工合谋放水了。事情永远是非好即坏，犹如硬币的正反两面。可是，真当遇到项目推进的障碍、强制性标准的执行等问题时，社会各界往往都采取规避的方式，违规操作，争闯黄灯，而将恶果都扔给了咨询企业。

面对如此纷繁复杂的行业百态和难以承担的行业责任，从业的企业与个人自觉不自觉地走向了逆向选择。从业人员的整体素质日趋下降，自我保护的意识与接受检查的能力逐步提高，实物质量与竣工资料形成基本不相干的两张皮，高智能、高技术人士的专业服务简化为“白帽子”的旁观①，而服务取酬自然也是没有了提升的空间。

3. 行业发展中孳生的不良思维惯性的影响

我国的建设咨询行业在将近三十年的时间里，受计划与市场经济的双轨制和户籍制度的二元结构的影响，以及历史遗留、行业市场和政府政策等长时期潜移默化的作用，在行业整体成长发展的同时，也孳生着一些不良的思想意识，并逐渐形成行业挥之不去的阴霾。

1) 大环境作用下的不良思维惯性

建设咨询行业中，社会反响较大的工程监理，最初以高智能、高技术服务和公正第三方的定位高调入世，与后来重业务轻管理的经营思想、低收入低投入的低价竞争路线，不断寻求自我保护的生存意识，行业地位每况愈下的低调现世，形成巨大反差，不免陷于丛林法则下的行业生态危机。反思行业演进的轨迹，也是其来有自。

(1) 政策导向的影响

① 行业的最初定位本无不妥，问题在于政府的强人(业主)所难。一个行业的入市，必然需要“市场有需求，企业有产品，经营有利润”，三者缺一不可。而市场的形成是一个

① 指戴着白色安全帽的旁站监理人员。

供需双方相互交际，相互适应，相互依赖，合作共赢的演进过程。如果行业、社会要预设导向，也只能是自下而上，以试错的审慎态度和企业良好的服务产品培育、诱导客户，而非军令似的一个文件全社会执行的制度设计。

行业的定位本指望自己成为业主的代表，强制监理范围和监理取费标准的设定，却生造了一个行业市场。其间，监理处于这个市场的有利高端，业主则成了这个市场被动的客户，而施工单位更理解为"躺枪"的一方，再加上政府对监理责任的层层加码和规制，事实上在这个关系三角里形成了三打一的"斗地主"局面。很快，监理的形象、地位与权益直落谷底，在享受、依赖政策红利，分食"大建设"蛋糕的残渣同时，既得利益下的垄断思想正成为行业的潜意识与改革的拦路虎。

② 行业资质、资格标准及其管理的有欠完善，导致不同形式的挂靠。在扰乱咨询市场秩序的同时，无论出于何种原因，其挂靠的企业、个人都具有了不诚信的"原罪"。当全社会对这种违规现象都熟视无睹的时候，人们便自觉不自觉地将其作为成功的经验，不断复制，恶性循环下，难保只剩下"就门前的一对石狮子是干净的"①。

(2) 业主行为的影响

① 前述政策导向的原因，业主委托监理实属无奈之举，并无咨询消费的主观愿望。因而，价格成为业主关注的首要问题。合同洽商中，为了承接业务，监理一方在低报价同时，不免作一些诸如人数、职称、24 小时监理服务之类的承诺。而业主一方，因为得了低价的便宜，也会在口头上作一些并不会在意监理承诺的大度安抚。然而，一旦解决了价格问题，消费者心态注定了业主的斤斤计较，无论多么低的监理取费，还是会引发业主对物有所值的时时权衡。监理的履约失信往往就成了铁板钉钉，而事实上，当下的监理企业也确有轻诺而寡信的不良习气。

② 为规避法规程序、标准规范对项目推进、项目投资和业主随性的约束，业主往往要求施工单位做一些有违法律法规、标准规范的事情，这种现象必然绕不开监理的三控两管一协调。在此之中，业主与施工单位总是能成为利益共同体，监理管还是不管，这个不是问题的问题却反复拷问着监理，被迫作出几乎永远是单向的抉择。"不管"，那么，施工单位受业主的指令有恃无恐，业主说自己不懂，监理是有偿服务的专业机构，一旦出事受规制的无疑是监理首当其冲，所谓"监理不到位"便是典型的问责理由。"管"，立马成为工地现场的公敌，环顾四周，所有的参建单位，乃至监督部门、机构都不可能成为监理的同盟，最令人头痛的是监理费要竣工结算后才能结清，而业主的下一个开发项目是否还会有机会？两害相权取其轻，但"管"与"不管"却并非"轻重之害"实乃"远近之害"，又岂能判知其孰轻孰重？万般无奈之下，只能帮着业主搜肠刮肚寻找所谓的合法、合规的理论依据，字斟句酌地替人圆谎，担惊受怕地掩盖事实真像，但求事情能够顺利过去而不爆发出来。长期下，形成的无条件地服从业主，在出卖自己的技术、诚信和灵魂的同时，伤害了自我人格，矮化了整个行业。

---

① 出自:《红楼梦》第六十六回，柳湘莲语。

③ 一些政绩工程所谓后墙不倒,雷厉风行地推进项目进程,完全无视工程建设的客观规律和法规程序,造成工程质量下降,投资增加,留下不可预知的质量安全隐患。一旦发生质量安全事故,监理必然难辞其咎。自我保护意识下,监理的工作重点逐渐偏向了责任追溯环节中的资料一环,将施工现场的监理资料作为监理工作的重点。由于很多质量、安全问题到工程后期都已不可能发现,因此,只求在接受检查或追责时,资料上查不出问题就行,从而形成项目与资料的两张皮现象。其重形式轻实务躲避责任的行为,完全失去了监理的应有作用。

(3) 施工单位行为的影响

① 强制旁站监理和安全监理以及对监理的追责,在施工单位的成本意识与施工人员的工作惰性的多重作用下,施工单位的自我管理职能日渐弱化,监理机构对施工质量和安全管理的控制正异化为直接的质量、安全管理。施工单位在质量、安全管理上对监理的依赖越益明显,其质量员、安全员逐渐演化为挂名人员,或任用实际工作能力不强的人员,以维持施工管理组织机构的完整。甚至有发生在缩小强制监理范围,法规允许业主自行管理的情况下,施工单位主动要求业主委托监理,否则,宁愿拒签合同的现象。这种拿了业主报酬为施工单位服务的越苞代俎的错位,一定程度上也反映了业主的消费者心态。这种本质上施工单位偷工减料(偷减人力资源与管理职责)转嫁责任危机,业主对咨询消费的狭隘与误解,以及监理不自重的委曲求全,实在是行业的悲哀和耻辱。

② 隐蔽工程的验收,施工规程要求施工单位在操作班组的自检互检和项目部自我验收后,向业主报验;承发包合同示范文本要求施工单位在验收之前48小时向监理报验。然而,在工地现场司空见惯的现象常常是,上午报验,下午验收,因为施工进度来不及,还要延至临近下班才验收。但即便如此,也还是来不及,施工单位就擅自将布料杆、混凝土运输车都开到工地现场,排成长长一列以示威慑,并提出边验收边浇捣混凝土的要求,监理自然不会同意,施工单位马上请业主出面说情以要挟监理。业主认为,加快进度与其有利,而质量、安全有监理在,当不至有误,于是敦促监理将就。如此,施工单位的违规迅即转化为业主的诉求,形成客户是上帝的错位。可悲的事情却还在继续发酵,边验收边浇捣的结果是,混凝土一旦开捣,局面便不可控制,开始时,可能还稍加注意,不一时便铺天盖地说来就来,“边验收”也就边缘化而不了了之。监理在事情的源头,没能坚持原则,没有按施工规程规定和承发包合同约定实施监理,后面的举措便失却了支撑而节节败退。

(4) 政府行为的影响

① 本章前述政策法规对监理的过度追责,在职能部门的实际执行中,尚有扩大的趋势。特别是与质量、安全有关的建材进场,利益驱动下,施工单位进场建材的品牌、型号、规格乃至某些特殊功能(如建筑材料及制品的燃烧性能分级概念的A1、A2、B、C、D、E、F级),总不免与设计要求有所差异,且往往趋于负超差,监理稍不留意即有可能漏检,可谓遍布陷阱。类此情形理应按“谁施工谁负责”的原则从源头追责,让偷工减料者承担违规的成本。然而,因为有了监理对进场建材的验收责任,有关部门的处罚便不分情由

地让监理与施工连坐，动辄罚款扣分，甚至其处罚力度更甚于事情的始作俑者，令监理倍觉胆寒。为避免这种过度追责，在监理与施工单位和监督部门的博弈中，任何情况下的自我保护无疑都是帕累托最优。于是，一切有关质量、安全的控制目的都转变成了规避责任。在此指导思想下，实物质量变得不那么重要，而其产品合格证、标识、包装和检测报告等资料成了主控对象。一旦被监督部门查处，又忙不迭地想办法要替施工单位掩盖真相，减轻共同的责任。因此，监理工作中的作假有不少是缘于此类过度追责。

②《建设工程安全生产管理条例》第十四条“……工程监理单位在实施过程中，发现存在安全事故隐患的，应当要求施工单位整改；情况严重的，应当要求施工单位暂时停止施工，并及时报告建设单位。施工单位拒不整改或者不停止施工的，工程监理单位应当及时向有关主管部门报告。”这一报告制度的执行，让监理陷于两难境地，如果不报告，万一出了事故，监理就要承担失职的责任而受处罚；而如果报告，不仅会得罪施工单位，同时也会得罪业主。因为，之所以要越过业主向“有关主管部门”报告，就是由于报告业主后仍无效用，所以，业主自然不会满意。据了解，开始的时候，监理企业也确实因为施工单位的“拒不整改或不停止施工”，向管理部门提交专题报告，但后来就越来越少了。原因之一是送交的报告很少有效果，基本都是不了了之，且还发生报告送出去，人刚回到工地，骂街的就已经到监理办公室了，其信息流之通畅可为楷模。这种报告制度的实施，很快又产生交叉感染效应，从“安全事故隐患”扩展到了“质量事故隐患”的范畴。为摆脱如此两难境地，用资料来自我保护也不起作用的情况下，不免选择旁门左道，如放宽日常监理工作尺度，对一些偷工减料现象视而不见，利用工程计量签证放水等作为交易，以换取不发生或少发生面对报告事件的尴尬。

(5) 业内孳生的不良思维惯性

① 监理行业的地位虽然不高，但无论如何，其职责总是包含着巡视、旁站、检查、验收、计量、审核、签认，以及签发监理指令和停工通知等业主授予的权限。根据“权力导致腐败”的理论，监理从业人员在施工现场的“吃、拿、卡、要”现象确实屡有发生。该类现象无疑受到施工单位表面上的奉迎与内心的反感，而业主心态更增加了业主对监理的疑虑与鄙视。社会上流传的关于监理“吃、拿、卡、要”行为放大了类此事件的舆论效应，几乎成为人们的口禅，导致整个行业背负恶名。

② 监理行业长期的低收入状况，形成监理企业普遍的低成本意识。其项目监理机构人员的投入数量不足，人员技术、管理能力的综合素质低下，造成人力资源方面偷工减料的事实不容否认。其人员数量、素质与实际工作需要之间的差距，无可避免地降低了施工现场的控制力度，由此造成监理工作的失控和质量、安全事故的发生，自是在所难免。形成全社会对“监理不到位”的诟病。

③ 监理从业人员的综合素质不高，导致其责任感、荣誉感的缺失，监理服务的质量也就每况愈下。面对业主强势时的唯唯诺诺，面对施工单位不理不睬时的絮絮叨叨，面对技术、管理时的含糊其辞，以其昏昏，使人昭昭成为相当部分监理从业人员的常态，让整个行业缺乏应有的自信。

2)大环境作用下其它的不良思维惯性

(1) 造价咨询方面

① 造价咨询最初作为政府的职能部门,为控制政府财政支出项目的投资,核减不核增的倾向性曾经受到正面鼓励。随着造价咨询成为中介机构进入市场,其市场行为的公平性被提升到职业操守层面。遗憾的是改制后从业人员的思维惯性依旧,兼受利益驱动,自然形成一切听从委托方的一边倒现象;工业地产商、房地产商的项目业主几乎都唯利是图,而一些政府投资和国企的项目业主政绩意识的原因,往往也都刻意压价以示廉洁奉公;建设工程咨询行业的卖方市场决定了业主的强势地位,审价单位自然不敢拂逆业主的意图。加上一些政府投资项目,由于职能部门合同意识不强,在结算审价结束若干时间后,审计部门的审计结论中所披露的问题,通过再追溯将业主责任转嫁给审价(施工和监理)单位。久而久之,形成了普遍的唯业主之命是从的执业习惯。审价具有明显的倾向性,如一切以扣减为目的,核减不核增,损害被审一方的合法利益;蓄意拖延审价周期,帮助业主长期侵占施工单位资金;按照业主旨意克扣或抬高工程结算,以满足其两可的腐败私欲,全然不顾被审方或公共财政的利益。

② 审价单位往往承接的是全过程动态跟踪审价业务,而实际提供的只是静态最终审价结果,现场投资控制不能做到月结月清,甚至到了竣工结算阶段,很多现场签证尚未签认,需要反复协调,影响并延误项目竣工结算。跟踪审价的现场服务不能满足实际工作需要,工程计量主要依赖现场监理的签认,很少亲自参与,使跟踪审价基本成了内业计算,也不管监理的计量签认是否有误,甚至即使发现监理的计量签认有误,也将错就错充当"好人",而把失误的责任顺理成章地推向了监理。体现了服务意识和责任感的严重缺乏与不能全面履约的失信。

③ 社会诚信缺失的影响也蚕食着造价咨询业。造价咨询机构在项目建设过程中掌握着一定的经济权力,但在项目的质量、安全和工期控制方面却并无多大贡献,这本身是一种权力浪费,当这种被浪费的权力在市场经济中一旦发酵,权力膨胀的结果就不免吃了甲方吃乙方。表面上审价单位委曲求全完全听从业主,明着偏向甲方,暗地里却是两边讨好,甚至出现与施工单位坐地起价约定结算核减率,让施工单位编制的结算虚高,获利后双方分成的极端卑劣行为,极具行业的危害性。

(2) 招标代理方面

① 招标代理的问题主要存在于政府投资项目或国企建设项目。与前述造价咨询几乎相似的原因,导致招标代理的职业立场毫无例外的偏向业主一方。招标的目的究竟是要寻找一个好的施工单位,还是为某个亲友或熟人,走一个合法的程序?是要为项目投资定一个合理的工程造价,还是为不可告人的目的遮人耳目?这是招投标存在问题的症结所在。从近年来建设领域反腐的成果可知,在招标投标过程中的寻租,是一些政府官员腐败的惯用手法与途径。而招标代理机构对此完全心领神会,主动迎合招标人意图,无原则地迁就其有违法律法规的要求,在招标文件编制的条件中,"量体裁衣"地设置带有排斥性、歧视性或废标陷阱的条款,以排斥多数潜在投标人,暗合预设目标中标人的有

利条件；在公开的投标报名时，提出种种理由阻止其报名，或以笼络的手法动用各种社会关系劝阻已报名的投标人放弃投标；在回标分析中，选择性分析预设目标中标人的有利因素和其他投标人的不利因素，误导评标专家，甚至通过评标专家操控评标结果，实施明招暗定的虚假招标。违反招投标的诚信、公平原则。

② 招标代理从业人员受不当利益的诱惑，与投标人串通，向投标人泄漏应予保密的相关信息，为投标人创造和提供围标、串标的条件，并收取或索要好处费，严重扰乱建筑行业的市场秩序，降低了招投标制度的公信力，败坏了建设咨询行业的声誉。

③ 招标代理从业人员整体素质不高，专业配套不全，业务能力不强，管理上重经营轻质量的结果，招标文件编制有欠专业，条文间法律关系不够严密，工程量清单编制有欠精准，中标后工程量核对误差太大，或核对工程量不及时，导致项目实施过程中索赔事件频发，给项目后期结算带来极大困惑。招标代理机构服务质量的合同履约率不高，使招标采购的作用大为降低。

(四) 推动行业自律的积极因素

行业协会与会员单位多年的努力，推进了行业的成长与发展，其所取得的成绩的背后，必然有着诸多的积极因素在起着不容忽视的作用。然而，不识庐山真面目的原因，让广大业内人士置身其中而竟不自知。因此，发掘、提炼这些积极因素，将有利于行业自律的传承与光大。

1. 来自政府政策法规与监督的积极因素

本章前述"制度设计的缺陷"固然不利于行业的发展，但是，政府对建设工程咨询行业的关注与重视，及其一系列的政策举措却也瑕不掩瑜，具有一定的积极因素。

1) 政策法规的演进总体趋好

自十八届三中全会简政放权以来，一系列的改革方案正力图摆脱计划经济对行业的羁绊。取消咨询服务的政府指导价以全面放开市场、简化政府行政许可手续办理的具体实施，以及拟缩小强制监理范围、放低企业资质准入门槛①等制度的修订，均有利于行业自律的推进。

2) 以政策法规为主的多重压力促进行业自律

(1) 政策法规与监督的压力。建设工程咨询服务作为国家全面推行的制度，二十多年来一路高歌，至少在概念上早已是深入人心。其中，政策法规的持续更新与宣传，乃至强制执行，结合长期下的，建设主管部门常设机构不间断地检查监督，让从业企业时时面临惩处的威慑所形成的压力。

(2) 道德舆论的压力。自重庆綦江彩虹桥垮塌至今，数十年间多起重大质量安全事故及其背后的故事，引发社会道德舆论对行业所形成的压力。

(3) 业主的压力。项目业主利益最大化的心态，决定了其委托合同洽商中的压价行

① 住房和城乡建设部，关于征求工程监理企业资质标准(征求意见稿)意见的函(建市监函〔2016〕54 号)。

为与项目实施过程中的规避法规行为，由此形成对咨询企业发展潜力的影响和无端受到规制的压力。

(4) 替代产品的压力。在传统建设工程咨询业务增量有限的情况下，国家决策层面提出的“取消招标代理资质”和“国家一级注册建造师可以兼任总监理工程师”等有关动议，虽然至今尚未出台相关文件，也未见得就会真正付诸实施。但其类似服务的替代产品的威胁却是客观存在。

(5) 同行之间竞争的压力。有来自做大做强提高服务水平的良性压力，也有来自低收入低投入压价竞争的恶性压力，更有新一代信息技术工具带来的“太多企业会如法炮制，而不知不觉产生同质化竞争的结果，不利于客户选择，并触发相互毁灭的竞争缠斗。”①那样的中性压力。

以上多重压力，在很大程度上刺激并孕育了行业内生的想要通过自我规范、自我约束的自律，来改变和免于被规制的行业常态，以谋求企业(会员单位)的持续发展，从而形成行业自律的有利因素。多重压力模型见图 6.6。

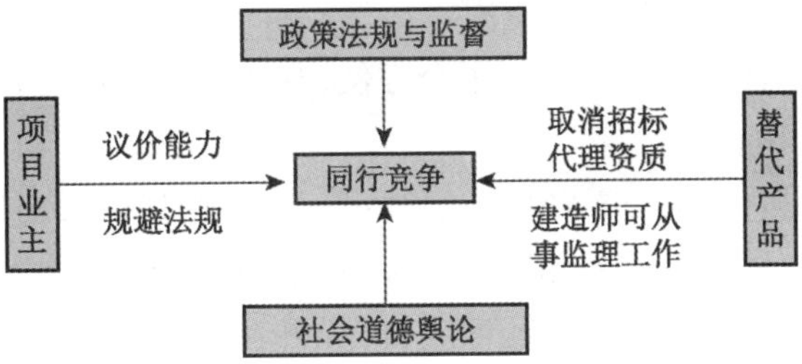

图 6.6　多重压力模型

资料来源：参考迈克尔・波特②《竞争论》P4“主导产业竞争的力量”自行整理。

2. 协会既有制度与活动所积淀的知识财富

长期以来，协会的制度建设与行业活动多有开展，并积淀成为协会与会员单位共有的宝贵知识财富，是行业自律非常有利的积极因素。有关制度建设形成的各项文件已在前述第三章中详述，以下就行业活动作一大致的归纳。

1) 继续教育与有组织培训

组织从业人员业务培训和继续教育是行业可持续发展的基础，是协会的主要职能之一。长期下，协会通过“建智培训中心”与各专业委员会，组织开展了广泛、深入、多元而有计划的学习培训活动③。

---

① [美]迈克尔・波特，竞争论，高登第等译，北京：中信出版社，2003 年 1 月第 1 版，导论，P20。

② [美]迈克尔・波特(Michael E. Porter，1947—)哈佛商学院大学教授(University Professor，哈佛大学最高荣誉，波特是该校历史上第四位获此殊荣的教授)，世界管理思想界“活着的传奇”，当今全球第一战略权威，商业管理界公认的“竞争战略之父”，位居 2005 年世界管理思想家 50 强排行榜第一。于 20 世纪 80 年代初提出的“五力分析模型”，对企业战略制定产生全球性的深远影响。(摘自：MBA 智库百科)。

③ 据建智培训中心提供的不完全统计，仅 2013—2016 年的四年间，岗位培训并通过考试的上海监理工程师11 165 名，监理员 1 425 名，安全施工监督管理人员 2 984 名。继续教育则主要通过网络学习，中心以编制网络教材为主。

(1) 协会于2004年创立“上海市建设工程咨询行业协会建智培训中心”,专职负责行业从业人员的教育培训。

(2) 教材编制与培训、考试的组织实施。协会与有关管理部门成立了本市执业、从业人员培训、考试的教材编制委员会,全面负责从编写教材、设立试题库及定期修订内容更新,到拟定试卷等工作。同时,组织实施监理工程师、监理员、安全监理人员、招标工程师,以及造价员等一般从业人员的岗位培训与考试;组织实施国家注册监理工程师、造价工程师、招标工程师等执业资格考试的考前培训;组织实施所有从业人员的继续教育,包括网上学习与课堂学习。

(3) 在组织各类例行培训的同时,协会每年还组织一定的专项培训与不同专题的各种论坛。如政策、法规、标准、规范及各种示范文本的宣贯与培训;质量、安全、新技术、新工艺、新材料,以及各专业实务和法律知识等专题演讲和讲座,或有关技术培训;事关行业发展与改革前景的系列讲座;与政府、全国性行业协会或兄弟协会等联手主办或协办的各种国内或国际论坛等。

2) 课题研究活动的开展与成果应用

为推进行业发展,协会历年来展开了全方位、有计划的课题研究活动,并将其研究成果付诸实践的推广应用。

2007年协会组织有关会员单位完成了建设部建筑市场监管司和上海市建筑建材业管理办公室共同组织的《中外建筑市场准入制度比较研究报告》之“建设工程服务”分课题研究;建设部组织的《工程质量保险》课题研究;上海市社会服务局组织的《上海市建设工程咨询行业人才引进标准》课题研究。

2008年协会组织5家会员单位配合中国建设监理协会完成了《工程项目监理机构人员配备标准研究》之“房屋建筑及市政专业”分课题的研究工作。

2006年到2008年开展的《建设工程咨询行业(上海)信用体系建设研究与应用》的课题研究(详前述第三章),其形成的成果已成为行业诚信自律的理论基础,更是自律公约体系等编制的重要文献。

2013年,受市建交委委托,与黄浦区检察院合作开展《监理费支付方式》的课题研究;2013年到2014年完成了住建部与市建交委托付的《工程监理行业资质资格标准》的课题研究。

2014年4月,协会组织部分会员单位启动了《BIM技术在上海工程管理中应用的现状、前景和前沿应用研究》《中国“工程顾问”国际化战略探讨》《新常态下,建设工程监理服务计费研究》《经济新常态下中小企业的转型与发展》等四大建设工程咨询行业课题研究工作,并于2015年末完成了课题研究形成了具有创新性、实证性和可操作性的课题报告。

2016年协会组织开展了《监理体系化安全监督管理》课题研究。

凡此种种研究成果有转化为制度文件付诸实施的,也有作为理论性指导散见于各项咨询服务活动的实践应用,限于篇幅,不展开叙述。

3）行业标准的编制

行业协会通过制定行业标准来指导和规范会员单位的执业行为，成为行业实施自律的法典与一定惩戒的依据。

2005年至2006年，协会组织编制了囊括勘察、设计、施工及施工监理等四项行业推荐性标准的《招标代理工作规程》，经将近两年的试行，于2008年以汇总形式上升为上海市地方标准。

2007年协会与上海市建筑建材业市场管理总站共同编制完成的《建设工程造价咨询规范》被正式批准为上海市工程建设规范，并于当年7月起正式实施；同年9月协会制定并下发了《上海市建设工程造价员管理办法实施细则》。

2008年协会组织编制完成《监理工作守则》《专家库管理办法》《专家库工作规则》及《专家委员会工作章程》，2010年编制完成《监理通用表式》。

2011年到2013年协会组织业内专家学者与企业家编制《建设工程项目管理服务大纲与指南》，并在“2013中国·上海建设工程项目管理国际论坛”上予以公开发布。填补了国内在工程建设项目管理领域方面的空白，成为具有我国特色的建设工程项目管理的标准。

2013年协会与市建交委稽查办合作，制定了招投标市场稽查、施工现场稽查、监理、施工、勘测资质资格稽查等三项市场稽查制度；参与了市建筑建材业管理办公室和市安质监总站共同组织的《建设工程施工安全监理规程》修订工作。

2014年完成《上海市建设工程预算定额》《上海市建设工程工程量计价规则和专业补充计算规则》《上海市建设工程施工费用计算规则》的修编工作。

4）示范监理项目部创建活动

自2011年起，协会为推进标准化监理服务，树立行业标杆、推广先进经验，提高本市监理服务的整体水平，在业内发掘一批监理到位、有示范意义的监理项目部，开展创建示范监理项目部活动。在明确公示示范监理项目部评审的标准、程序和相关管理办法，确保评选标准科学，程序规范、公开透明的同时，各会员单位踊跃报名参加，当年有30家会员单位，74个项目部与协会签署创建协议书，积极投入创建活动。经协会监理专业委员会组织行业专家，通过现场检查和两轮评审，并充分听取市安质监管理总站的意见，最终有涉及公共建筑、轨道交通、市政路桥、商品住宅及保障性住宅等14个项目荣获“示范监理项目部”称号。此项工作自开展以来，至今累计135个项目获此殊荣①。

5）行业协会各项评优活动

为树立行业典范，充分发挥建设工程咨询服务的作用，激励会员单位和广大从业人员提升服务水平和工作质量，协会坚持开展两年一度的多项创优评选活动：“市先进工程监理企业”“市优秀总监理工程师”和“市优秀监理工程师”；“市造价咨询先进会员单位”“市优秀造价工程师”和“优秀造价从业人员”；“市先进招标代理企业”“市优秀招标工程

① 据行业协会网站通报表彰数据，各年度获“示范监理项目部”称号的项目计有：2011年14个，2012年25个，2013年32个，2014年33个，2015年31个。

师”和“优秀工程招标代理项目”等评优项目。协会还向全国性的行业协会推荐企业与个人参与类此评优活动，并每有斩获。

2014 年，协会组织会员单位积极参加市城乡建设和管理委员会开展的“上海市建设工程质量通病治理论文征文活动”，有 20 篇优秀论文入选《上海市建设工程质量通病治理论文集》。

6）学习交流的行业媒介与媒体

2006 年 11 月 1 日，行业协会以国际化的视野，发起由协会、同济大学建设管理与房地产系、英国皇家特许测量师学会（RICS）等一起联合创办的 SCCA-TONGJI-RICS 学习中心（Learning Center），这么一个国际间学习交流的行业媒介。由此，开辟了行业在建设咨询服务的学术方面常态化的国际化交流。从而，使广大会员单位和从业人员得以有组织地“放眼看世界”，并从 RICS 的操作手册中习得咨询服务业的职业操守与行为规范，以及诸多解决道德问题和道德困境的具体案例。

行业协会的期刊《上海建设工程咨询》和网站“上海建设工程咨询网”，这一刊一网在宣传有关法律和政策法规、行规行约，交流专业技术和业务，推行新理念、新成果、新经验，及其与会员单位沟通联系并为之提供服务方面，充分展示着平面与网络交互作用的媒体魅力与优势，成为行业不可或缺的信息平台。

（五）会员单位与从业人员的一般行为准则

根据以上研究分析，可以推论会员单位与从业人员诚信自律的一般行为准则：“是指由目标体系和价值观念所决定的企业经营行为和由此产生的员工所特有的工作态度和行为方式，是企业文化的重要构成要素”。[①] 需要说明的是，我们无法苛求先治理社会所有的不合理现象，谋求在一个纯净的环境下开始我们的行业自律。因此，行业自律必须是自觉自动自发，排除一切消极等待的念头，从自我做起，从最微小的事情做起，与我们的事业和行业乃至个人职业生涯相始终的一项持之以恒的职责。

1. 会员单位的一般行为准则

企业规模固然有大小，但其法律地位与经营准则在日益全球化的经济体系中具有一致性。公司持续而发展，就能由小变大；公司持续而不发展，就会由大变小；公司发展而不能持续，势将短命。“Doing well by doing good”[②]，有人将其理解为“通过做好事而更好地实现企业的效益”[③]。同样的理由，若用之于“通过诚信自律而更好地实现企业的效益”，应该也顺理成章。行业的诚信自律决不仅仅只是为了规范行业的行为，更是为了行业内企业的可持续发展，是所有成长中企业梦想成真的必由之路，是行业与企业共同的

---

① 摘自：MBA 智库百科，企业行为规范的词条。其内容源于“沙建怀主编，企业文化理论与实务 100 问，陕西人民出版社，2007 年 10 月”。

② 根据网络查询，新东方英语试题翻译“为善者诸事顺”。出处不明。网上讹传语出[美]本杰明·富兰克林《穷理查年鉴》，但遍寻该书不着。

③ 引自：同济大学经济与管理学院，可持续发展与管理研究所所长诸大建教授 2008 年 MBA“可持续发展管理”课件与讲义稿。

战略举措。

具体而言，企业的一般行为准则，不仅表现为法律层面的政策法规与行业层面的规章、制度、准则等成文的规定，甚至也不仅表现为长期下全行业形成的价值观与服务理念。更重要的是，企业对内善待员工，对外提供创造价值的服务，两者兼顾的企业伦理。

1）善待员工

企业善待员工应该是企业诚信自律的首要之义。企业通过员工向客户提供服务，如果企业尚且不能善待员工，又怎能要求员工善待客户而为客户提供良好的服务？因此，服务客户的前提是企业必须善待员工！

（1）集体福利的兑现，有助于维持员工的积极性，使之全身心地投入工作，同时提高员工素质，易于留住人才。集体福利最基本的内容有：员工薪酬、员工激励、各项保险、健康体检、法定休假、带薪年假等。通常，企业也提供工作午餐、节日礼物和旅游津贴等福利的细节；要是能再增加员工培训①、员工协助②与弹性工作制③等创新内容，就更加全面完整，员工集体福利也就更高。

（2）人格尊重，主要体现在企业对员工的信任，以及企业与员工的平等雇佣关系。首先，一些诸如是否扣押员工的证件④，信息不对称程度⑤的高低等，都能体现企业对员工信任的程度；其次，作为雇主的企业，花钱购买员工的劳动，员工付出自己的劳动获取相应的酬劳，双方以劳动经济合同为纽带，在法律地位上是平等的合作伙伴关系。在日常工作中，尤其是在人际沟通方面，事事处处无不体现着衡量平等与否的天平。事实上，几乎任何一次员工受到的不信任或不平等对待，都将会反映到具体的工作实效中去。

（3）机会均等。在企业的内部环境中，员工个人成长发展的机会，在优胜劣汰、量才录用的前提下应该均等。因为，只要发生机会不均等，每一次都将是企业人力资源的损失与个人的失望，而这种损失与失望也终将投向未来的工作成果。

总之，若将善待员工纳入企业的制度设计，则诚如德鲁克所言，“企业经营者对于维护员工的工作机会必须许下坚定的承诺，以及必须设法让企业的成功与员工的工作保障之间，建立直接而明显的关系。……必须由管理者采取明确的行动，让企业的目的和员工的目的趋于一致，同时建立起双方互惠的关系和对充足利润的共同依赖，才是根本之

---

① 随着信息时代对知识的依赖性逐步增强，员工的继续教育与培训已成为企业与个人的共同需要，正如美国前总统克林顿所言：“在21世纪，人们最指望得到的赠品，再也不是土地，而是联邦政府的奖学金……”从而，有必要将“员工培训”纳入员工福利计划的范畴，而非传统概念中，为提高企业生产力，形成对经营机能的补偿作用，单方面要求员工培训的企业经营战略。

② 员工和员工直系亲属，在需要的时候，可以得到公司（直接或委外）提供的专业咨询服务，以处理工作或家庭困扰及心理问题等，甚至得到公司提供的适当经济资助。

③ 一定程度上的弹性工作制有利于员工在工作、学习、生活上的合理安排，避免气候、交通、家庭方面的因素而影响工作成效。

④ 指一些企业规定员工的学历证、职称证、资格证与注册证等证书由企业保管的做法。

⑤ 企业信息公开越多，信息不对称程度就越低，企业信任度相对就高；企业信息公开越少，信息不对称程度就越高，企业信任度相对就低。

道”。[①]

2）创造价值的服务

为客户提供创造价值的服务，是企业诚信自律的唯一宗旨。如果诚信自律的举措不能落实到“为客户提供创造价值的服务”，那么，企业所有的善举和正义均无实际的意义，无法换来企业在经济上的利益，即如能够实现企业的效益，也必然陷企业于失信的不义，因为，无法为客户创造价值的服务，一定不是市场需求的服务，由此而实现的效益自然成了不当获利。

（1）创造价值的服务需要诚信的经营行为。所谓的客户满意，并非要求企业一味地取悦于顾客，而是设身处地为顾客着想。咨询企业的经营行为囊括了企业宣传、信息公开、合同履约、自觉接受法律法规的约束，以及各项咨询活动的全过程。这一系列经营行为的诚信与否，决定了咨询服务的实际质量。而“创造价值的服务”也不局限于满足客户要求的经济价值，其中，还应该包括了社会的价值，而非此消彼长的零和结局。即通过咨询服务为客户提供创造经济价值的同时，还要对社会利益共同体各方有利，至少应该做到无害——不能违反法律法规的规定，留下工程质量、安全的隐患，逃避节能保温与环境污染的追责，有损社会公众和住户的健康、安全与经济利益等涉及社会价值的事实与结果。

（2）创造价值的服务需要负责任的管理。“如果一个企业未能取得应有的绩效，我们完全有理由去更换一名新的总裁，而不是去辞退员工。”[②]德鲁克的洞见昭示了“管理”的重要性。他还认为“CEO要承担责任，而不是享有‘权力’。……责任是一个严厉的主人。如果只对别人提出要求而并不对自己提出要求，那是没有用的，而且也是不负责任的。如果员工不能肯定自己所在的公司是认真的、负责的、有能力的，他们就不会为自己的工作、团队和所在单位的事务承担起责任来。”[③]所以，企业的管理者应当是勇于承担责任的表率，要让员工明白自己所在的公司是认真负责、有能力胜任所承担的工作的。以此影响、激发全体员工的责任感。从而，以企业全体成员的责任感形成“创造价值的服务”的有力保障。

（3）创造价值的服务需要正确的财富观。从“社会有需求，企业有产品，经营有利润”的逻辑关系来看，企业的财富来自于客户的需要。诚如斯蒂夫·乔布斯的苹果产品引领着全球的市场消费，也只能诱导消费者萌生消费的需求，而不能不管不顾消费者的感受，兀自生产出售其产品。有鉴于此，咨询企业的经营活动必须瞄准建筑市场上项目业主的需求点，恰如其分地提供服务以实现履约。在此基础上向前、向后的服务延伸，就属于引导客户消费，只要客户愿意支付酬金，即可认为是客户的需求，应该予以鼓励。但若在思想上，始终离不开诸如强制招标、监理、审价等传统政策法规的影响，以满足单方面程式化的规定需求，而与实际上的社会需求不相吻合，又怎么能够产生“创造价值的服务”？

---

① 彼得·德鲁克，管理的实践（中英文双语珍藏版），齐若兰译，北京：机械工业出版社，2014年10月版，P234。

② 同①，P10。

③ 同①，推荐序三，管理学：德鲁克留给人类的伟大遗产，P15。

因此,正确的"财富观",在很大程度上有利于指导企业在追逐财富的过程中,保持理性与进取而不失信于社会。

2. 从业人员的一般行为准则

虽然说,"只有员工自律,组织才能自律",从业人员是会员单位(企业)与行业协会自律的依靠,如果没有从业人员的自律,行业自律就无从谈起。但从业人员同时也是企业自律的客体与抓手。因此,企业的作用至关重要。如果企业能够如前所述,切实做到善待员工并为客户提供创造价值的服务,则"榜样的力量"自然引导着从业人员的行为准则。对行业的从业人员而言,政策法规与制度的目的,在于加强企业员工的责任感,而不是规制的恐惧。企业"需要采取的做法是以追求绩效的内在自我动机,取代由外部施加的恐惧。"①只有当"企业有利可图时,员工的工作才会更好、更有保障、更愉快。"②作为回报,在此基础上的监督、检查与惩戒的方式等负面激励也才能对员工产生真正的威慑作用,而不再是敌视与规避的态度。所以说,行业自律实在是一项系统工程。

1) 对企业的"善待"心存感恩

员工与企业的平等地位,决定了员工对企业的选择权,也就是员工对企业的心理认可程度。员工在认可企业并就业的同时,也就时刻监视着企业的经营行为。那么,只要你还认同这个企业而不选择离开,就应该对企业抱持一颗感恩之心。这种感恩,绝非是赏一口饭吃的感恩戴德,而是平等相待的一种回报,犹如"人生是一面镜子"的比喻,你对镜子的一颦一笑一愁一怒,镜子都毫不吝惜地全部还给了你一样。本行业从业人员对企业的感恩,需要的,只是希望员工能够与企业的目标相一致,通过员工的智慧与双手给项目业主提供创造价值的服务。当企业在诚信自律方面,有行为不当之处,员工能够适时恰当地提出异议,或处置修正,或选择拒绝、回避都将是正当行使权利的行为,都应受到鼓励而不被追究。

2) "创造价值的服务"源自员工的双手

创造价值的服务并不是企业想要提供就可以提供的,它必须通过员工的双手来实现。因此,员工的服务能力、服务意识与服务质量至为关键。

(1) 服务的能力,可通过执业资格考试或岗位培训和企业的招聘活动这两个途径获得其基本能力;再加上与时俱进的继续教育来接受新事物、新知识、新技术,以防止知识老化的保障能力;更重要的是,员工个人对身边世界广泛的兴趣与细致的观察,以及由此形成的发散性思维与累积的广博知识,所具备的善于发现问题、解决问题的拓展能力。

(2) 服务的意识,这里所指的是"有偿服务"的服务意识,即在委托咨询服务合同的约定下,自觉主动为项目业主做好服务工作的履约愿望,这种愿望,应该由企业通过内部管理与培训,将其传递并深入到每个员工的内心,形成上下一致的整体观念。

我们服务的对象是项目业主,那么,业主究竟是什么?德鲁克在 1954 年就指出:"是

①② 彼得·德鲁克,管理的实践(中英文双语珍藏版),齐若兰译,北京:机械工业出版社,2014 年 10 月版,P233。

顾客决定了企业是什么,因为只有当顾客愿意付钱购买商品或服务时,才能把经济资源转变为财富……"①由此,他作出了"顾客是企业的基石,是企业存活的命脉,只有顾客才能创造就业机会"。②的著名论断。

知道了这一点,作为员工,就完全应该把自己利益的实现建立在服务项目业主的基础上,即"以业主为中心"的服务理念,在坚持职业道德底线的前提下,想业主之所想,尽其所能地提供创造价值的服务,让业主满意。只有这样,才能体现出自己存在的价值。

为此而谦让、妥协、将业主的利益置于首位,团结、奋进、努力为业主付出更多,应是从业人员的智慧之举。而无论何种原因形成的,对业主感觉上的好恶、情感距离上的亲疏,都违背了一视同仁的普遍服务原则而有违从业人员的一般行为准则。需要通过培训来克服此类心理障碍,以调整从业人员的心态,务使其心胸宽广起来,养成大肚能容的职业气度。

服务意识是人类文明进步的产物,属于工业文明的范畴。从业人员的文明化程度的高低——即社会化程度的高低,决定了服务意识的强弱,而与从业人员的学历高低、知识多寡无关。因此,随着咨询服务的社会化程度的日益提高,通过协会与会员单位的教育、培训和从业人员的自我学习,即使在不提高行业知识结构的情况下,依然有助于行业整体服务意识的有效强化。

(3) 服务的质量。英国(宁波)诺丁汉大学校长杨福家认为"没有质量就没有一切"。③ 因此,服务的质量是提供创造价值的服务与否的唯一衡量指标。举例而言,有规范规定,钢筋混凝土结构的工业与民用建筑的使用寿命是 50 年,假如项目监理机构提供的监理服务,有效控制施工单位的施工质量,恰好使项目满足 50 年的使用寿命,则应认定其监理服务物有所值,符合"创造价值的服务"的基本要求。如其能超过 50 年甚至达到 70 到 100 年,则被认为是"创造高附加值的服务"。反之,其不足 50 年甚至只有 30 年,则被视作"未创造价值的服务"或"创造负价值的服务"。其衡量的标准均在于工程质量。

但由于时间的滞延性,通常人们都等不到检验其项目使用年限的确切时间,因而,人们大多认为无法验证其施工质量的合格与否,从而更无法判别监理服务的质量及是否提供了"创造价值的服务"。由此形成了监理好与不好一个样,让诚实守信的老实人吃亏的监理行业现实的无良局面。

这种情形诚如鲁迅所言之"如鱼饮水冷暖自知",作为提供监理服务的从业人员自己心里是再明白不过的,譬如钢筋质量参数、纵向钢筋的数量、箍筋的间距、混凝土强度、混凝土构件截面、混凝土保护层的厚度等指标的受控与否,均与建筑物使用寿命密切相关。

①② 彼得·德鲁克,管理的实践(中英文双语珍藏版),齐若兰译,北京:机械工业出版社,2014 年 10 月版,P28。此处的"顾客"与文中出现的"客户""项目业主""业主"等同义。

③ 摘自:光明日报社记者朱振国报道,"没有质量就没有一切",光明日报,2011 年 09 月 26 日 02 版。

其中，尤以“混凝土保护层的厚度”①最容易被忽略，却又恰恰是建筑物使用寿命最关键的设计依据。如果一个行业从业人员为项目业主提供的服务，在任何情况下，至少不以一时一事的利害得失影响咨询服务的质量，能与类似建筑物使用寿命的设计要求一般相吻合，就是守住了个人职业的道德底线，应该予以鼓励与认同。如果还能超越寿命要求，兼顾"价值工程"的管理思想，实现为业主提供创造高附加值的服务，就能在企业里体现个人价值。一个企业这样的人多了，该企业也就能在行业竞争中赢得优势。而这一切均有赖于每个从业人员的诚信自律与企业契约精神的相互支撑。

综上所述，提供创造价值的服务，其能力、意识与质量，均息息相关于行业的每一个从业人员，唯有全体从业人员形成合力，才有可能成就整个行业的自律。

3）正确理念引导下的自我约束

小学四年级有一篇课文②，说的是一个 11 岁的美国男孩，在一个晚上跟他的父亲一起去钓鱼。那天是当地法定钓翻车鱼的日子，要过了零点才可以钓鲈鱼。不一会儿，有一条鱼上了男孩的钩，鱼很大，足有 10 公斤重，他让鱼折腾了两个多小时，只到那鱼精疲力尽才把它钓上来。但仔细观看，却发现是一条鲈鱼。这时候，男孩的父亲划亮火柴看了下手表，是晚上十点，离允许钓鲈鱼的时间还差两小时！父亲说："孩子，你得把它放回水里去。""爸爸！"男孩抗议着环顾四周，月光下，再没有其它垂钓者，也没有船，当然也就没人会知道这件事。可父亲的沉默让他知道没有商量的余地，他只好小心翼翼地从那鱼嘴里摘下鱼钩，吃力地把它放入水中，看着它嗖地一摆尾巴消失了。男孩的心中十分悲哀。

几十年以后，当男孩成了纽约一位著名的建筑师，也没有再钓到过那么大的鱼。但每当遇到道德的问题时，这条大鱼就会出现在他的眼前。正像他的父亲教诲他的那样，道德虽然只是一个简单的正确或错误的问题，但实施起来却有一定的难度，特别是当你面对着很大的诱惑的时候，如果没有人看见你行为的时候。每当他回想起这件事，他都为自己的父亲骄傲，也为自己骄傲。

这故事告诉我们，道德的诚信往往发自人们的内心深处，而非总是显现为想象中轰

---

① 《钢筋混凝土结构设计规范》(GB 50010—2010)

8.2　混凝土保护层

8.2.1　构件中普通钢筋及预应力筋的混凝土保护层应满足下列要求。

1. 构件中受力钢筋的保护层厚度不应小于钢筋的公称直径 d；

2. 设计使用年限为 50 年的混凝土结构，最外层钢筋的保护层厚度应符合表 8.2.1 的规定；

环境类别	板、墙、壳	梁、柱、杆
一	15	20
二 a	20	25
二 b	25	35
三 a	30	40
三 b	40	50

注：1. 混凝土强度等级不大于 C25 时，表中保护层厚度数值应增加 5 mm；
2. 钢筋混凝土基础宜设置混凝土垫层，基础中钢筋的混凝土保护层厚度应从垫层顶面算起，且不应小于 40 mm

② 引自：[美]詹姆斯·勒菲斯特，钓鱼的启示，小学四年级语文课本第七册，北京：北京师范大学出版社，2009 年 3 月版，P77。

轰烈烈的义举，更非如学雷锋日的大肆宣传，甚至也不需要人们去做什么，秉持守住道德底线的理念就好。

(1)“自律，在没人看见的时候”，应该是自我约束的最高境界，同时，也是人们应该守住的道德底线。这样的行为准则，其最大的难度在于面对诱惑的抉择的那一瞬间，那是考验人格真伪的道德天平即将倾斜失衡的瞬间，人们那对于自我苟且的妥协。这就需要通过协会的教育、培训，企业的管理与员工的自我历练，形成广泛自律的行业氛围，一种诚信自律的行业文化，让我们的内心足以强大。

(2)“自律”无法要求外部环境来适应自己，而是应该针对社会和市场所有合理的、不合理的现象，作出自律的应对措施并通过具体实施，努力以我们规范的经营行为和高水平的服务质量，影响社会公众对行业的认知，改变人们对行业的偏见，逐步消除对行业的不合理要求，进而引导政府和开发商理性购买并消费我们的服务。

(3)“自律”需要从业人员不断学习的精神。不仅是要学习业务管理方面的知识与技术，更要学习经济学原理和道德情操方面的知识，汲取充分的养料，更新观念走出陈旧概念的窠巢，不再恋恋不舍于曾经的政策红利。

(4)“工程咨询责任保险”对执业人员的自律作用。只要社会有不安全感、危机感，就有保险的市场，从某种意义上说，保险具有缓解社会矛盾，稳定社会关系的功能，对社会安全具有相当的积极意义。随着社会的发展，市场经济越发达，竞争越激烈，市场风险越大，就越需要保险业。保险是一种经济制度，保险是一种法律关系。工程咨询的责任严格讲应该是一种过失责任，这要形成明确的法律概念。工程咨询责任保险并不是要逃避责任，而是羊毛出在羊身上的保险，是行业中会员单位的一种自愿的互助抵御风险行为，实在是一种文明的进步。①

通过在建设工程咨询领域推行互助共济的，由企业支付，以具有执业资格的注册工程师个人名义投保的“工程咨询责任保险”，转移个人执业的风险，强化全行业履约能力的同时，避免咨询服务的过失责任给业主造成的经济损失，以完善委托咨询合同中咨询企业对业主的承诺。

五、行业自律的实务

行业自律的实务，应该是在以上各章理论研究基础上，从行业可持续发展的战略角度，在行业协会、会员单位与从业人员等三个不同层面的实施主体范围内，建设性地论述富有针对性、可操作性和实践意义的行业自律的实施性内容，具有较强的现实指导意义。

(一) 行业协会的自律实务

协会层面的行业自律实务，重在行业自律的理论研究、制度建设、推进实施、约束监

① 封履宁，监理责任保险投保一年记，上海建设监理动态，2003.5.

督，以及统领整个行业的公信权威。

1. 行业自律的理论研究

行业自律的理论研究应归属行业协会的自律委员会。自律委员会的组建，应考虑行业自律的研发能力，集聚一批兼具理论研究能力和理论研究主观愿望的专业人士组成研发团队。

理论研究应该有计划、针对性地开展。研究课题可大可小，可宏观可微观，可以是计划中也可以是计划外的。同时，要有接受政府行业主管部门委托研究的思想准备和完成任务的能力。

研究的关键，是要着眼于行业自律的创新，不仅是方式方法上的创新、更重要的是观念的创新；要着力于行业自律的理念与价值观在全行业的普遍形成；要对行业自律形成动态的关注点，消除易于忽视的盲点，将课题研究建设性地聚焦于影响行业公信力、有违行业道德底线的观念和行为范畴。

研究的方向，是要杜绝损人利己和损人不利己的极端缺德思想与行为；坚守利己不损人的道德底线；弘扬利己利人的双赢服务意识与付诸实施的行动。

研究的目的，是要净化行业的道德氛围，要有利于行业的可持续发展，不仅能跟上时代步伐，更要能引领行业理论思想，推动行业进步。

研究工作的开展，要重实质轻形式，不能以完成任务为唯一目标，还要兼顾研究的质量与现实的需要，要讲求实效并体现研究的价值。对会员单位在行业自律活动中的实践要给予理论与技术支持。

2. 行业自律的制度建设

协会章程、行规行约等制度以及行业标准，几乎无一例外地与行业的诚信自律呈正相关。因此，行业的制度建设即行业自律的制度建设，二者不可分割。

1）行业制度建设的内容

行业的制度建设应该是在传承既有制度基础上的扩展、补充和周期性、持续性的修订与完善。主要包括：既有的协会章程、既有的自律公约体系、既有的行业标准、既有的教育培训制度、既有的各种会议制度与议事规则、既有的协会与政府建设主管部门的联系协调机制等既有制度的修订与完善，以及根据需要可能增补的行规行约的编制。

2）拟修订的行业制度

（1）“创建示范监理项目部”相关制度的修订。当下的“示范监理项目部”名为“创建”，实际上依然是“评优”活动的拓展和延续。因为项目申报“创建”之后，其最终能否创建成功，不是按合格一个通过一个，而是由差额评选决定的，因此，必然会有相当一部分的项目，不是因为服务水平与质量的缘故，而是由于差额的原因使之无法成为“示范监理项目部”。从而在很大程度上挫伤了这些申报单位的积极性，也抑制了其他拟参与该项活动的会员单位的主观能动性。因此，其创建制度有必要作适当的修订。

如果真要从“创建”的目标出发，则应该是但凡申报，就说明该会员单位有决心和信心要将该项目创建成示范监理项目部。那么，就要给人以希望，通过检查、评审、整改、复查，督促其向这个方向努力直至成功。同时秉持宁缺毋滥的指导思想和原则精神，经评审未能达标的一概不予通过。

此外，示范监理项目部应根据不同专业分别申报创建，可根据会员单位的意愿每个专业允许申报一个项目。同时，申报创建的项目不应区分项目的大小难易程度，因为，服务水平与质量的评定标准应该是相同的。以此彰显创建活动的公平，更鼓励中小企业做好做专的从业积极性。该活动应该面向所有的会员单位在行业内全面推行。如果大部分（甚至是每个）会员单位都有“示范监理项目部”，也就是让大部分（甚至是每个）会员单位都有一个监理的标杆供自己的员工学习看齐，那么，整个行业的监理服务水平与质量都将会有一个全面的提升。

(2) 行业协会内各类奖项评定制度的修订。有关奖项评定的办法，多有根据会员单位自行填报的业绩来予以评定，其中，不乏得到社会获奖成果的佐证，且其所占分值较高。其实，就项目参与社会评奖的情况而言，大多以项目的施工质量来评定。施工质量上乘，固然有工程咨询的一份辛劳自不待言，然而，这一份辛劳在这奖项中的贡献究竟几何，却不得而知。更何况，在政绩面前，获奖的天平往往偏向权力的一方，其究竟奖的是质量还是职级，则除了参与评奖的专家之外，只有天知地知。有鉴于此，有必要在奖项评定办法中，降低社会获奖的分值，增加业内专委会组织的专业检查评定的分值，让人们知道其奖得名副其实才好。

(3) 各专委会成员及其专家的管理制度的修订。“专委会成员”与“专家”，顾名思义就是掌握专门技术的专业人士，然而，如果单单具有技术似乎还不能满足专家、委员的要求，还应该具备诚实、正直的道德品行，要敢于在各种评选、检查会议上“直言”，而不是当“好好先生”经常“莫言”。否则，就失去了专家、委员的意义，反而在本应积极的事务中无端增添些许负面因素。因此，有必要在既有的“管理办法”中增加对于专家、委员在“德行”方面的要求，并付诸实施。

(4) 协会与政府建设主管部门协调、联系制度的修订。在行业协会与政府建设主管部门之间固有的协调机制与联系渠道的基础上，进一步建立各专业委员会与相关监督部门之间的例行互动和惩戒信息的热线互通，并在相应的制度中予以落实。

(5) 各专委会活动的制度修订。历届以来，协会各专业委员会的工作会议及其相关活动制度齐全，执行开展良好。然而，为了更好地推进行业自律，有必要在其活动的有关制度中，增加自律委员会参与各专业委员会活动的内容，但不宜参与过多，以每年一次为限。通过自律委员会的介入，达到行业自律的沟通、宣传与共同进步的效用。

3) 拟增补的行业制度

(1) 建立各专业委员会对其专业范围内会员单位的检查制度。各专委会由会员单位推荐专业技术专家组成检查团队，开展对监理、造价与招标代理的经营行为检查，以规范、促进会员单位的诚信自律；

(2) 建立协会内部的同业互查制度。开展对造价咨询与招标代理的服务质量检查，重点是对其编制成果的检查如：审价报告和招标文件、工程量清单等内容。特别是当发生业主或第三方异议的情况时，通过同业互查，不仅能够甄别成果质量的优劣，解决争议，还可以促进被查会员单位的服务意识，提高服务水平，更能够树立和增强行业的公信力。

(3) 建立协会内部的自律培训制度。其内容应包括：①各专业岗位培训、继续教育等课程中，设置适量的行业自律的内容；②适当安排行业自律的专题讲座，宜每届不少于一次；③开展关于行业自律的宣传与交流活动，及时通报有关行业自律理论研究的进展与成果。

(4) 建立"行规行约"在网站的定点公示制度。行业协会"上海建设工程咨询网"的信息平台上，可以通过"协会介绍"查阅到"协会章程"；在"政策法规"中，有"法律法规""国家规范标准""地方性规范标准""其它文件(国家)""其它文件(地方)"等分类，其中的其它文件多属各级政府的政策文件；在"信息中心"中，大多是行业协会的信息，但基本属于新闻类信息。再利用搜索引擎将"行业自律""自律公约"等关键词输入后搜索，前者出现两条通知、一条新闻；后者有一条关于"大连监理企业签订自律公约"的新闻。而有关行业自律的既有制度却遍寻不着。如果协会制定的一些制度，自己的媒体都不登载、不宣传，让会员单位和从业人员都无处查询，也不给社会公众以知晓的机会，则行业自律又将从何做起?! 所以，应该有必要给予所有行业自律制度建设的成果，在协会的网站上设一个固定的位置，以备业内外人士的查询，并将其作为一项制度予以固化。

(5) 建立会员单位"诚信自律"信息动态发布制度。基于以上第(4)点所述相同的原因，也有必要在协会的网站和期刊上，根据行业内发生的涉及诚信自律方面的信息，无论正面、反面、表彰、惩戒，均应适时动态的予以发布、刊载等宣传，并在网站上保留一定的时间。

(6) 建立"监理行业价格指数"的发布制度。自实施发改价格〔2015〕299 号文件精神以来，放开价格的结果让咨询服务取酬失去了方向，无论作为公序的"取费标准"，还是私序的"行业指导价"均已无可能。而市场"看不见的手手"本是市场长期运作下的自动调剂功能，在断崖式的政策剧变之际，短时期内也是无能为力。根据"以顾客愿意支付的价格提供顾客需要的产品和服务"的经营理念，在过渡时期实施渐变的方式逐步建立起市场的正常运营机制，十分必要。可以仿照"行业发展景气指数"的概念，以"监理行业价格指数"逐步培育监理市场良序。譬如，将过去一个时间段内(譬如三个月或半年)全市监理合同备案的统计数据，按不同专业，不同规模予以定性、定量的分类，形成以专业与规模相关联的计价单元，然后，在每个计价单元中作可比性(以单位面积取费或每百万元取费)的价格统计分析，得出该计价单元监理取费的上限(max)、下限(min)与均值(mid)，并通过行业网站和期刊予以发布①，供监理企业投标报价和签订委托监理合同的参考。为培育监理价格市场，形成随行就市的价格浮动，应该允许对其上下限的突破，如投标报价可允许在 1.05 max～0.95 min 之间浮动，而将每次发布的均值描点连线，可体现实际市场价格上升或下降的变动趋势，其形成的价格曲线就基本类似于"行业发展景气指数"的曲线。如此，既满足发改价格〔2015〕299 号文件精神的要求，也避免了行业价格联盟或

① 定期发布的频率如参照《上海建设工程建材与造价资讯》以每月一次固然最好，但周期过短，工作量过大恐怕也不适合，最长不宜超过半年一次，具体可在试行中根据统计工作量来确定。

垄断局面的形成，还能借此向全社会公开透明行业取费的模式与依据，久而久之即可形成符合“市场调节资源配置”的监理市场，真正符合行业自律的首要之义。届时，就不必再有 1.05 max～0.95 min 的限制系数。具体应专设课题予以深入研究①。

3. 行业自律的活动开展

行业自律的活动开展可分为行业自律的推进实施、约束监督和树立协会的公信权威。三者之间具有严密的逻辑关系而不可分离更不可偏废。

1）行业自律的推进实施

（1）行业自律的培训。针对行业从业人员素质较低的情况，提高全员综合素质与行业自律的实效密切相关。因此，其诚信自律的培训并不能就事论事，局限于自律的理论与知识，而应从提高整体素质的角度予以策划、实施。培训活动的形式宜按协会的自律培训制度予以落实。可将行业自律的培训对象分解为企业管理决策层、既有从业人员与拟从业人员三个层面，进行针对性的培训。

① 企业管理决策层的培训，可通过行业协会的各种会议或召开专题演讲等形式予以开展；

② 既有从业人员的培训。a. 通过继续教育的途径达到培训的目的，即在继续教育课程中设置适量的行业自律内容；b. 将其活动下沉到每个会员单位，可采取企业在行政部门或人力资源部门设立自律培训讲师②的方式，进行企业内部的自我培训（包括对新进员工的岗前培训）；

③ 拟从业人员的培训，应在现有岗位培训的教育考试机制中，增加诚信自律的课程。

通过各层次的教育、培训与各种交流活动，开阔眼界、拓展思路、吸收新思想、改变旧观念，在行业内树立普遍的，诚信自律的现代企业发展理念。

（2）“公约体系”与“标准”的施行。协会的一项重要工作，在于“把创意落实为行动”。即在协会的层面上，根据“公约体系”和“标准”的内容，向全体会员单位推行实施，该要宣传、培训、监督、检查、审核、惩戒、通报、扶持的一系列活动，都应该全面行动起来有所作为，不能让制度、文件成为纸上的文字，墙上的口号。只有创意加行动才是真正意义上的“创新”。

（3）会员单位自律档案。根据《会员单位自律公约（体系）实施办法》第八条的规定，建立会员单位自律档案。该档案将系统记录会员单位获得的荣誉、受到的惩处、历次接受检查的情况，以及经核实的客户投诉和社会实名举报等涉及企业诚信的相关内容。“世界的本质就是数据”③，档案填报的内容相对简单容易，但随着时间的推移，其内容会随之积累而丰富起来，若干年以后，自然形成一个企业的诚信轨迹，具有可量化的大数据

① 如果该设想能够实行，则还可以进一步试行“监理行业发展景气指数”的统计。如将全市在建项目数、注册总监理工程师数、每年报考监理人数、监理人均产值、行业流入（出）人数等纳入评价指数。

② 自律培训讲师宜由会员单位在企业内部选拔适宜的兼职人员，通过协会的集中培训后担任。

③ ［英］维克托·迈尔-舍恩伯格，大数据的时代：生活、工作与思维的大变革，盛杨燕、周涛译，浙江人民出版社，2013 年 1 月第 1 版，推荐序二，Pv。语出：舍恩伯格的演讲题目。该书 P125，也有类似说法：“本质上世界是由信息构成的。”

效应及其毋庸置疑的相关关系。有利于市场对会员单位的诚信考量及其自我激励。

(4)"示范监理项目部"与各类奖项的激励机制。在继续实施并在总结经验,不断完善其制度的演进中,逐步降低乃至完全排除与诚信自律关系不大的人为因素,通过长期的"改良",使之更适合于市场的需要,更彰显行业的公信力,以形成协会正面激励的品牌机制。

(5)充分发挥行业协会的沟通与协调的基本职能。行业协会在政府与企业之间起着桥梁与纽带的作用,担负着协助政府制定行业发展规划、产业政策、行政法规的职能;在会员单位与会员单位之间、与项目业主之间、与政府和社会之间,以及行业与政府之间具有广泛的协调职能。这些职能决定了行业协会的公关资源,有利于行业与政府间的信息沟通,有利于协会将行业的实际情况结合自身的专业水准影响政府政策法规的制定,有利于将行业可持续发展的理念与咨询服务的价值观向政府和社会传递,并更好地服务于会员单位。其相互关系见图6.7。

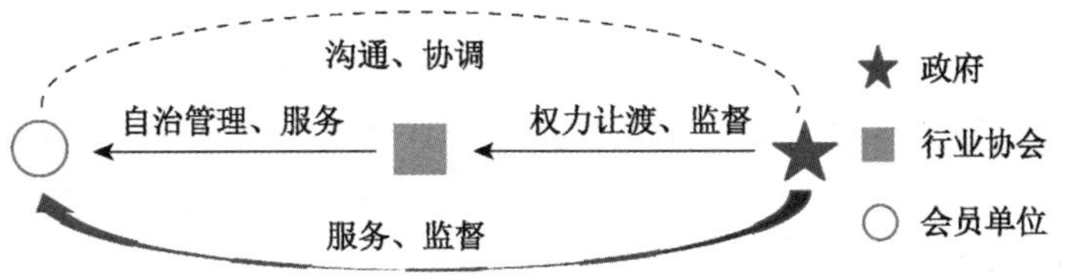

图6.7 政府、协会与会员单位之关系

资料来源:自行整理编制。

2)行业自律的约束监督

行业协会代表着全体会员单位的共同利益,并根据既定的行规行约统领行业自律的推行与实施。这是具有严密逻辑关系的两项基本职能。为了维护全体会员单位的共同利益,协会对全行业的咨询服务质量、竞争手段、经营行为等进行严格监督,惩戒违法、违规行为,以维护行业信誉,创造市场良序。

协会秘书处将通过各专业工作部和各专业委员会,全方位、多渠道、多维度掌握会员单位的诚信自律实施情况。①按不同专业分别采取专业检查组抽查、同业互查、周期性普查、不定期专项检查等方式施行实务性监督;②协会专设面向全社会的热线电话与投诉信箱、政府建设行政主管部门的热线联系、各专委会工作会议交流等手段实施信息化监督。以防范、制约、制裁会员单位的失信、违法、违规,以及与行业咨询服务有关的有违道德底线的不当行为。

3)树立协会的公信权威

(1)协会通过不断的理论研究,推出创新理念,影响并扭转政府和社会对行业的偏见;

(2)在正确理念引导下,行业协会带头自觉践行诚信自律,督促会员单位履行自律公约的承诺,与会员单位在咨询服务市场上共进退,追求全行业持续发展的实际效用;

(3)利用桥梁纽带作用和公共关系资源,尽其所能地协调好政府与会员单位的关系,以行规行约有效约束会员单位的经营行为,让政府的规制与惩戒始终保持达摩克利斯剑高悬的威慑，绝不轻易落下；

(4) 加速推进监理责任保险制度的进一步探索[①]，并尽早全面推行、普及监理责任保险，强化社会各界对监理服务的经济合同意识，弱化刑律刑责意识，通过提高会员单位的履约能力，确保项目业主的经济利益不受损害，由此提升全行业的社会信誉度，摆脱清华附中和江西丰城电厂坍塌事故的阴影，并在此基础上进一步推动整个建设工程咨询责任保险制度的施行。

(5) 广泛推行“自律，在没有人看见的时候”的自我激励，坚持全行业“不说谎、不做假”的道德底线，坚定会员单位自律活动的理论引导与技术支持的信心，不奢望行业发展突飞猛进，始终保持追求进步的姿态，即使其进步缓慢。

脚踏实地认真做好以上事项，从而树立起行业协会的社会公信力与行业权威，则行业自律有望水到渠成。

(二) 会员单位的行业自律

会员单位的行业自律，就是加入本行业协会的企业，在从事业务经营行为方面，遵守并贯彻国家法律，法规政策的同时，根据行业内的行规行约，自我规范、自我约束、自我调节的行为机制，以及维护市场秩序，维护行业声誉，促进行业健康发展的应尽义务。

1. 会员单位诚信自律的基本理念

会员单位的诚信自律源自企业自身存续、发展的需要，是企业立身的根本。如果不能明白这一点，而只是将其作为营生的一种宣传手段，那就是虚伪，至多也是空谈。“虚伪”是人类不耻的一种“恶”，通常企业也不至于有意而为之。空谈则往往是人们的一种无意识行为，然而“空谈误国，实干兴邦”[②]，企业治理当然也是一样。那么，为避免空谈，要明白诚信自律的实践意义并具体实施起来，还是需要有最基本的思想理念，并由此形成企业的核心价值观。

诚信自律的基本思想理念有赖于组织的学习，即企业经营者团队率领全体员工自上而下有组织的学习。行业自律属于企业伦理学范畴，“企业伦理学是一般规范伦理学在经济管理领域中的应用，因此，其第一步工作是，根据一般规范伦理学的基本原则和方法得出

---

① 关于监理责任保险制度的探索，行业协会可另设课题专门研究。需要指出的是：一方面，监理委托合同应该是基于权利与义务对等的经济合同责任，当工程发生质量、安全事故，在追究责任的时候，除非有证据证明监理从业人员有犯罪的故意，否则，均应确定监理为过失责任，追究其经济合同责任，而非刑事责任。至于以往发生的对监理企业和人员的判决，虽然都有现行的法律依据，但都过度强调了“惩恶”，疏忽了应有的“扬善”，特别是模糊了经济合同责任与刑事责任的界限。往往在参建各方都被判处实刑之后，其经济损失无法得到应有的补偿。另一方面，以往的监理责任保险均以企业法人的名义投保，经十余年实施，事实证明效果欠佳，限于篇幅，此处从略。通常境外咨询业保险都是由企业以执业人员个人名义投保，这样，将更加有利于明确责任和理赔对象，以及提高执业人员的责任心。最重要的是项目业主的经济损失可通过保险公司赔偿，从而实现委托监理合同的全面履约。

② “空谈误国”应该源自明朝末年顾炎武的“清谈误国”。1992 年 1 月 18 日，邓小平与时任湖北省委书记关广富在谈话中说：“空谈误国，实干兴邦，不要再进行所谓的争论了。” 2012 年 11 月 29 日的“十八大”之际，习近平借参观《复兴之路》展览之机，发表了新一届班子施政宣言，再次谈到“空谈误国，实干兴邦”这一重要论断。(引自：百度百科，“空谈误国，实干兴邦”词条)。

经济管理领域中的一般伦理原则，用作探讨企业伦理问题的分析工具”。① 包括道德哲学、经济学、管理学与经济管理学在内不同专业的知识相互交叉渗透，密切相关。如果企业能够在长期下，组织员工采取渗透性、系统化、学术类、通读式、思考型的学习。通读一些有关上述专业的学术类著作，其所接受的知识信息将是系统化而非碎片化的；随着阅读的深入，具有浸润的渗透性而非灌输的植入型，易于引发读者的思考，有利于形成基于经济学原理和管理学真谛，富于道德和正义感的思想理念，进而凝聚形成企业核心价值观。

美国伦理学家戴维·弗里切认为，“（企业）伦理问题可归为五大类：贿赂、胁迫、欺骗、偷窃和不公平歧视”。② 在这五大类中，除贿赂涉及刑律并慑于其威慑之外，继续细分并结合本行业的问题所在，会员单位的行业自律主要体现在：不作假、不挂靠、不垄断、不操控、不违约、不盲从、不压制、不无耻、不落伍和善待员工不二选。凡此十项可简称为“十不准则”。

2. 会员单位诚信自律的“十不准则”

1）企业行为不做假

无论是资质、资格的申报、维护，还是投标活动的作假，类此自欺欺人的现象首先是对自己的不忠，却几乎在每个会员单位都司空见惯。这种发生自企业诚信自律源头的欺骗行为，危害甚巨。因为，为了掩盖最初的谎言，以后就要编造更多的谎言，使作假了无止境。如清华附中案，其施工单位的项目经理是资格挂靠的“挂名经理”，实际工作无法到位，但从其建造师注册开始，之后的施工项目投标、中标、合同签订、施工过程管理，一路走来始终谎言相随，直至事故发生，在逝者受害的同时，企业与挂名者既是施害者又是受害者。在投标活动中还养成了轻诺寡信的不良习惯，严重影响合同履约。成为会员单位诚信自律的痼疾。唯其“对自己忠实，才不会对人欺诈”。③ 如果自己明知道是在作假，却还是坚持依然如故，本质上构成“欺诈”。因此，企业应“胸怀真诚的观念，始终如一地忠实于不变的自我……”④千万不可作假。

2）经营业务不挂靠

行业内的资质挂靠现象可谓人人痛恨，却又是家家热衷，不是挂靠人家，便是被人挂靠。总之，说归说做归做，没有人真正在意。其根源虽有资质管理的不尽合理，譬如国外大多没有资质这一说，自然也就没有挂靠的客观存在，如若有一天，我国的资质取消了，就如深圳市建设监理协会方向辉会长所言：“取消企业资质，推行个人执业制度，适应工程监理行业健康发展的客观需求。”⑤问题也就立马宵遁。但就当下而言，作为违反现行法规的举动，其缺乏诚信的负面示范作用影响还是很坏的。因此，会员单位必须在资质限定的范围内承揽业务，不挂靠他人，也不被他人挂靠。

---

① 徐大建：《企业伦理学》，上海：上海人民出版社，2002 年 1 月第一版，P3。

② ［美］戴维·J. 弗里切，商业伦理学，杨斌等译，北京：机械工业出版社，1999 年 4 月第一版，P9。

③ 引自：莎士比亚戏剧《哈姆雷特》，第一幕第三场。

④ ［美］莱昂纳尔·特里林，《诚与真，诺顿演讲集，1969——1970 年》，江苏教育出版社，2006 年 12 月，“诚与真的历史文化脉动（代译序）”，P6。

⑤ 方向辉，工程监理制度改革方向之探讨，在 2016 建设监理创新发展交流会上的演讲，摘自：建设监理，2016 年 11 月 10 日，微信号：jsjl64271048。

3）公平竞争不垄断

行业内可能涉及垄断的现象主要来自两个方面，①经营业务受资质与工程等级挂钩限制下，高资质、大企业的业务垄断；②长期政策红利形成的惯性思维下，对指导价的依恋与价格联盟的期盼。

（1）高资质、大企业的业务垄断。如监理、造价咨询、招标代理的资质管理规定[①]都设定了低资质企业经营范围的上限，但未设定高资质企业经营范围的下限，造成了高资质企业的鲸吞现象，体现了市场资源配置的明显不公平。这种因政策法规形成的垄断现象，固然不能归咎于企业，但企业自身应该在经营管理上体现其自律。譬如，高资质企业的经营目标是否要大小项目通吃[②]？一些低等级、小规模项目，是否可以不要参与竞争？通常情况下，高资质企业都是不分情由地大小项目通吃，特别是一些具有国资背景的大企业，更是利用其社会影响力，争项目不遗余力，甚至将中小项目以各种名目寻租挂靠，这就与行业自律沾上了边。从经济学理论分析，大企业的经营能力有其边际效应，当业务量达到一定规模时，不免管理能力和服务水平下降，交易价格与经营成本上升，呈现出明显的垄断特征。

（2）内心深处不能忘怀的价格联盟。自从"299号文"实施以来，有关价格放开几乎是逢会必谈，谈则对压价竞争的现象多有挞伐，并对"行业指导价"或类此的名目情有独钟，往往有人义正辞严地慷慨陈词，在怒斥压价行为同时，大有"政府取费标准"或"行业指导价"如"自古以来就是我国领土"一样，怎么可以没有呢?! 但是，囚徒困境下的行业竞争，又有几人真能做到独善其身？归根究底，骨子里还是念念不忘曾经的政策红利，希图协会能够挑头组成价格联盟。

由此看来，行业内，虽然没有明显的垄断行为与价格联盟的事实，但在观念或理念上，还是根深蒂固，需要企业自律以推进行业内的公平竞争。

4）招标投标不操控

在招、投标活动中：①不违反法律法规的规定情况下，代理机构尊重业主的定标权，尽其所能地满足项目业主的意愿及需求，符合诚信自律的基本准则；②一切不符合法律法规规定的，无论是业主还是投标人的要求，代理机构但凡应允，必有不合法不合规的操控行为而有违诚信自律的道德底线；③投标企业的围标、串标、走专家路线等举动，即便是出于业主的正当意愿，甚至有诸多理由证明自己在客观上有多大的正义性，至少在行为上，依然是不合规的操控，有违诚信自律的道德底线。因此，务必坚守原则不操控。

5）信守承诺不违约

信守委托咨询合同双方的约定，提供创造价值的服务，确保全面履约。在"299号文"下，委托咨询合同的价格全面放开，由市场决定资源配置，无须再行追究。但是，无论其合同价格高低，均坚持服务标准的唯一性，不在人力资源方面偷工减料，才是咨询企业诚

---

① 《工程监理企业资质管理规定》建设部令第158号、《工程造价咨询企业管理办法》建设部令第149号、《工程建设项目招标代理机构资格认定办法》建设部令154号。

② 研究认为，不同资质的企业宜分级经营，有利于大企业做大做强，小企业做专做精。因课题局限，从略。

实守信全面履约的最好保证和最好体现。

6）服务业主不盲从

面对项目业主有违法律法规的要求，要坚守底线不盲从。由于我国建设投资的主体多元化，导致业主的需求呈现复杂化。如：私有制经济的业主，单一追求项目投资的利益最大化，则易于发生钻政策的空子，在环保、节能、消防、安全保障等方面降低标准、以次充好；在政府投资项目或公有制经济的业主，则往往兼有出于政绩的原因，以权谋私的原因，出现一些似是而非，表里不一，匪夷所思的，具有腐败本质的现象；还有出于种种不同原因的违章开工、任意压缩工期等与施工许可制度不符的现象。所有这些违规的“业主要求”，如果付诸实施，其后果在当下的法律法规下，只要留下隐患，一旦事发，咨询企业，特别是监理企业，便具有不可推卸的责任。即便是侥幸事情得以不发，就面对社会公众而言，不也应有损害公共利益，违背执业操守与诚信自律的自责?!

7）平等关系不压制

与上一条情形密切相关的是，当遇到项目业主有违法律法规的要求时，很多从业人员是有所警惕，有所抵制的。这样，就不免会有业主找到咨询企业主管，要求通过企业强制执行。每每遇到此类事情，企业应当充分了解事情的缘由，判别“业主要求”的合法合规性，区分“业主要求”的正当与否，而不是强制员工执行。以体现咨询服务的原则性和企业与员工间的平等伙伴关系。

8）面对荣誉不无耻

诚信面对会员单位自律档案和来自第三方诚信体系评审，如实填报企业信息，尤其是有关企业荣誉和受到惩戒的信息；在面对行业和社会的评优活动中，企业的申报要有自知之明的知耻之心，切忌在明知不符合申报条件的情况下，心存侥幸地申报，更不应该在已经得知不能获评的情况下，还要坚持通过公关谋求奖项，让评委和领导为难，使自己终显无耻。

9）紧跟时代不落伍

学习的意义不言自明，会员单位有必要组织学习，明白事理，与时俱进。否则，“当风俗一旦确立，偏见一旦生根，再想加以改造就是一件危险而徒劳的事了；人们甚至于不能容忍别人为了要消灭缺点而碰一碰自己的缺点，正像是愚蠢而胆小的病人一见到医生就要发抖一样”。① 至少在思想观念上，不能停滞在一个长期形成的思维惯性或曾经辉煌的时代遐想中，固步自封，自以为是。而是通过如上文所描述的那种、那样的学习，确保自己不落伍、不退步。

10）善待员工不二选

诚如前文所述，企业善待员工应该是企业诚信自律的首要之义，只有企业善待员工，员工才有可能善待客户，为客户提供良好的服务。舍此，必无其它选择。

以上十项准则，虽不能涵盖企业层面诚信自律的全部，但若能够在真正意义上做到其中的半数以上，并还能够继续不断地努力修为，则全市建设工程咨询业行业自律的综

---

① [法]让·雅克·卢梭，社会契约论．北京，商务印书馆，2009 年 6 月，P20。

合效应，必将大有改观而令全社会侧目，从而树立起行业在建筑产业链中的应有地位，改善我们的从业环境，有效推动整个行业的可持续发展。

（三）从业人员的行业自律

建设工程咨询服务通过从业人员的脑力劳动得以实现，因此，从业人员的个人表现将直接影响到其所在企业是否诚信的社会声誉，甚至也间接影响到整个行业的社会公信力。据此，我们的行业自律必须要尽一切可能落实到每个从业人员，如果从业人员不能有效自律，则企业与行业均无法自律。然而，仅仅依靠从业人员的自我觉悟，或通过教育培训的浸润渗透，尚不能确保其自律的可靠程度，还必须有赖于政府职能部门与社会公众的他律，以及行业协会与企业一起有组织的，严格制度下的全员自律。其中，他律的作用主要不应在于惩戒，而在于法律法规与社会舆论“威慑”下的“屈人之兵”。怎样巧用“威慑”并获得“他律”应有的效用，是行业协会的一大课题。下文主要以从业人员培训与行业有组织的自律着手提出相应建议。

1. 从业人员接受培训的权利和义务

无论是《劳动法》还是《公务员法》都强调了从业者接受培训的权利和义务，本文更是将“培训”纳入了企业的员工福利计划。根据权利与义务对等的原则，在确保企业提供培训的前提下，强化员工义务的履行至为重要。

行业内的从业人员培训，既是为了保持并提高会员单位员工咨询服务的能力，也是为全体从业人员个人发展提供一个学习的平台。作为从业人员，要接受新知识，新概念并形成行业自律的新理念，与整个行业发展保持同步不落伍，需要通过有组织的系统培训，所以，从业人员必须履行接受培训的义务。为要履行这样的义务，从业人员应该服从所在企业学习培训的安排，按计划参与并完成培训。

2. 诚信自律从“我”做起

“只有员工自律，组织才能自律。”因此，行业自律必须立足于每个从业人员从“我”做起，舍此，别无他途。归纳起来，至少应该包括以下几个方面。

1）诚实守信不作假

“一个谎言，要用十个谎言来掩盖”。为人一旦作假，就有可能持续不断地作假以掩盖最初的谎言，其不诚信的为害甚为严重。因此，为人处世坦诚为好。诚实、正直、守信是人类的普世美德，秉持这样的德行，必然得到人们的尊重和赞赏，并愿意与之相交，从而有机会体现人生的价值。

作假有故意与无意的区别，故意的性质实属恶劣，而无意的作假和被逼无奈下的为他人作假①同样有害，为要避免作假与失信，务必树立诚实守信的信念，努力做到“自律，

① 当下，咨询服务过程中的失信与作假频仍，原因复杂。有自动自发的，也有受诱惑所致的，但更多的则是被动情况下的无奈之举。如来自项目业主的任性、面对施工单位的要赖，以及对政府规制的恐惧等综合原因。而很多工程质量、安全事故往往即由此发生。自动自发与受诱惑是人格扭曲，由于是非分明，易于遭受人们的鄙视，引发当事人内心的惶恐与良心驱动下的自责；而被动无奈则源自无意识的无原则妥协，易于受到人们的同情，引发当事人的委屈情绪与自我原谅而模糊是非的界限，让人可悲可恨。因此，更加需要引起从业人员普遍的重视。

在没人看见的时候”，坚持这样的道德底线，并不断在心理上暗示自己以养成个人的行为习惯，全面克服自我苟且的妥协。

2）勤奋工作不怠惰

人有惰性源自生理原因，如果由此任其自然，久而久之必将怠惰成性。反之，如果在人的意念控制下，却是应该能够得到有意识地克服。从业人员勤奋或怠惰与否，将直接影响咨询服务水平与质量的高低，因而也是诚信与否的衡量标志，需要从业人员认真对待切切不可怠惰。

3）服务业主不盲从

无论出于怎样的动机，业主的任性源于计划向市场过渡的经济双轨制下形成的“上帝”的地位[①]——专擅；无论是出于项目业主的仕途还是经济主观取向的前景，其利益最大化的目标的内涵，可谓是千奇百怪无从揣测。因而，面对业主的指令或要求，须要保持一份警醒的心思，我可以不探寻其指令或要求的目的，但务必要判明按其指令或要求行事，当下的咨询服务的行为是否合法合规合乎委托咨询合同的约定，不能简单因为“顾客是上帝”就盲目顺从。作为高智能服务的从业者，应该能够凭籍自己的智慧做到“三思而后行”，在法律法规的框架下坚持原则绝不盲从。

4）认真负责不迁就

“如果没有监督，天使也会变魔鬼。”因此，为要让“天使”保持“天使” 的本来面目，在项目实施过程中，监理的监督作用至关重要。但若监督经常出现失察或虽然明察却放任迁就的现象，就是对咨询服务工作的极端不负责任，其中的“失察”或与工作的勤奋和细致与否有关，而放任迁就则不免涉及从业人员的执业操守。诚然，“迁就”有时候或许是因为出于某种原因的“妥协”[②]，但这样的“妥协”绝不可以触碰咨询服务所依据的法律法规和委托咨询合同的约定，不能违反规范、标准的规定，也不可违背咨询服务的工作程序。一些如：箍筋间距过大、纵向钢筋焊接偏心等超差现象；不按规定时间报验、边验收边浇捣混凝土等擦边球现象；不戴安全帽或不扣帽带、安全网破损、安全带固定在操作者下方等违规现象，经常被参建各方认为是细枝末节的小问题，却往往是施工现场失控的前因或前兆，是事故发生从量变到质变的累积过程。因此，咨询服务的工作务必做到认真负责不迁就。

5）“吃拿卡要”不可为

“权力导致腐败” 阿克顿勋爵的警示不无深意。虽然当下的建设工程咨询行业地位低下，其生存、经营、发展均受制于多方的约束。但无论如何，还是受项目业主的委托，或招标、或审价、或监理，掌握并行使着一定的业主权力，从而产生了一些有限的腐败空间。若不注意自律自身的行为，可能无所谓一念之差，随波逐流就滑向了“吃拿卡要”的腐败

① 关于“顾客是上帝”，在消费市场是消费者被忽悠的一种说辞，而在建设领域，却是一种实际存在的现象。

② 妥协：以独立为前提、以底线为原则的适当让步。根据维斯（M. Ways）有关妥协在谈判中的作用的观点：“谈判已成为自由社会中不可缺少的必要程序。它使我们在妥协彼此的利益冲突时，了解到彼此的共同利益，而这种方法几乎比人们截至目前为止所采取的其他方法更为有效。”（引自：百度百科，“妥协”词条）因此“妥协”在大多情况下被认为是一种智慧，而与传统所理解的投降主义较少关联。

深渊，更加遑论那种深思熟虑的索贿受贿、吃了上家吃下家的职业腐败。

在"吃拿卡要"[①]这"四害"之中，应该是"卡"、"要"最坏，也最遭人痛恨；"吃"与"拿"因为界限模糊，易于自我原谅，难以自我警惕，小洞不补的累积之下，其危害尤甚于其它方面。同时，还特别因为其"贪小"的心理，遭人鄙视而至个人的品行与行业的地位同步下降。作为提供"吃拿卡要"的那一方，自然要谋求其投入的回报，于是，对于偷工减料、高估冒算之类的迁就之举也就必然而然了。因此，该"不可为"的意识应长存于从业人员的心胸，时时暗示提醒自己！

3. 建立"从业人员诚信记录卡"

按照从业人员——企业——行业的先后顺序进行诚信自律的顶层设计，建立"从业人员诚信记录卡"[②]，将个人与从业有关的诚信自律的行为，作为伴随其职业生涯的记录。该记录卡由企业的人力资源部门填写存档，并送交协会备案。常态下，该卡向一切个人保密，仅供在业企业主管和聘用企业查询，作为其职业发展的诚信考核指标，具有如达摩克利斯剑般的威慑作用。唯有对其加倍珍惜，才能时刻严以律己。从而"构建'一处失信、处处受限'的信用惩戒大格局，让失信者寸步难行。"[③]的行业环境。

结　论

本课题研究源于建设工程咨询行业面对新形势、新常态思考的迫切需要，有价值的探索性理论成果是研究的最终目标。本次研究秉持"功夫在诗外"[④]的学习精神，较为细致地梳理了涉及行业自律的现状，并进行针对性的分析与思考，以期客观地发现其在实施推进中的问题。同时，采用比较研究的方法，将行业的诚信自律放在一个更大的视野中，与国内外的工程咨询业及其它一些行业的诚信机制进行比较性的借鉴研究，并从市场经济学、企业管理学、组织行为学，乃至哲学等学说中寻求理论帮助，得出可供参考的建议。

首先，应当将诚信自律的理念、机制与制度建设并举，尤以理念引导为侧重；其次，协会可优化既有章程、公约、标准与相关制度，以及公共信息平台的综合作用，增加行业的社会透明度，打造真诚的集体自律氛围，以降低企业自律的成本；再有，协会应与政府达

---

① 据说，美国政府部门的公务员允许收礼的标准是价值"200 美元"。若是，则行业协会也可将"吃"与"拿"在协会的自律公约体系的《从业人员职业道德守则》中，定性地明确一些"吃""拿"的允许场合，定量地明确一个"拿"的允许标准。或许会更有利于从业人员诚信自律的有效约束。

② 《从业人员诚信记录卡》宜由行业协会另行组织各专业委员会研究编制。

③ 摘自：网易首页，财经频道，习近平主持深改组会议：让失信者寸步难行，2016 年 6 月 27 日（来源：上海，第一财经日报）。

④ 引自陆游的诗《示子遹》：我初学诗日，但欲工藻绘，中年始少悟，渐若窥宏大。怪奇亦间出，如石漱湍濑。数仞李杜墙，常恨欠领会。元白才倚门，温李真自郐。正令笔扛鼎，亦未造三昧。诗为六艺一，岂用资狡狯？汝果欲学诗，功夫在诗外。"（《剑南诗稿》卷七十八）陆游认为：作家所写作品的好坏高下，是其经历、阅历、见解、识悟所决定的。意指人们对于客观世界的认知，不能局限于某个领域的研究，而应通过在不同知识领域的实践、探索，以积累该领域以外更广博的知识——"功夫"，来解决该领域的问题。

成默契，以监管的“威慑”促进行业的自律，让政府的规制与惩戒产生“人们所应当看到的不是过去的恶大，而是将来的益处多。”①的良性效应；最后，持续完善的制度建设与可供借鉴的相关机制，如广泛多元的培训推动、动态约束的同业互查、建设性探索的监理行业价格指数、会员单位与执业人员的清出、会员单位自律档案的推行，以及互助共济的咨询责任保险等。

自从 SCCA－TONGJI-RICS 学习中心创办以来，“国际化”就成了业内的期盼和经常的话题，更兼“一带一路”国家战略的推出，“走出去”的呼声也就日益频繁。对此，行业同人应该有一个理性的认识。首先，改革开放三十余年，先后走出去的行业不少，但真有成功者寥寥无几。报载“2013 年中国资本对外输出所得与外国直接投资在中国投资所得利润的轧差为－599 亿美元，创出 30 年来的次高，仅次于 2011 年的－853 亿美元，比 2012 年扩大 70％”。② 2014 年“中国企业在海外投资总体来讲是不成功的。中国有 2 万多家企业在海外投资，90％以上是亏损的。”③而若要想借助“一带一路”的机遇走向世界，则即便成功，也只是在地域上实现了跨界，本质上，依然是受国人的委托监理我们自己的同胞，并非真正意义上的“走向世界”。再则，从行业自律的视角出发，如果，我们的诚信自律尚且不能令我们的国人满意，又岂能让哪些在市场“看不见的手”中浸淫了两百余年④的西方项目业主满意呢？因此，当下的国际化首先应该是“国内服务的国际化”。我们的行业在“放眼看世界”的同时，更多需要的是思考：怎样改良我们的咨询服务水平与质量，使之与国际接轨，并付诸实施。只有当国内的服务水平与国际标准相平齐的时候，才是我们真正走向国际的那一天。

课题基于较为全面的信息收集和比较而做的基础研究，最终得出初具可行性、应用性的理论成果，是一次富有意义的探索。而贯穿讨论始终的是一个认识前提，即利己而不损人的道德底线，它避免了貌似高尚而实则空乏的道德绑架，使研究成果更具实践价值。这，也恰是本课题研究的创新点。

由于课题研究目前仍处于理论探索阶段，其成果更多在其参考价值而不一定能直接应用于实践。但任何探索都起步于蹒跚之履，如若协会在日后的行业自律践行中，能由其成果中获得些许实用的价值，就像德鲁克说的“管理是一种实践，其本质不在于‘知’而在于‘行’；其验证不在于逻辑，在于成果。”⑤那么本课题研究当也算得是得其所哉。

相对我国经济的发展，行业自律的进展实在无可比拟，然而，“正是在进步的状态下，……而不是在社会以充分富有的条件下，劳动大众和大多数人的状况似乎是最幸福、最舒服的。但在静止的条件下，人们的状况是艰难的，在衰落的条件下则是悲惨的。进

① ［英］托马斯·霍布斯，利维坦，黎思复译，北京：商务印书馆，1985.9，P116 第七自然法。

② 搜狐财经转引自：我国去年对外投资亏损 599 亿美元 创出 30 年来的次高，第一财经日报，2014 年 4 月 29 日讯。

③ 新华网转引自：中国有 2 万多家企业在海外投资 90％以上亏损，国际金融报，2015 年 2 月 9 日讯。

④ 亚当·斯密在出版于 1759 年的《道德情操论》和出版于 1776 年的《国富论》中，先后两次提及“一只无形的手”，距今已有 240～257 年。

⑤ ［美］彼得·德鲁克，管理的实践（中英文双语珍藏版），齐若兰译，北京：机械工业出版社，2014 年 10 月版，P30。

步的状态是令所有阶层的人士都欢欣鼓舞的状态，而静止让人感到乏味，衰落让人感到悲哀。”①因此，无论我们的行业自律进步有多缓慢，只要保持前行的方向，都能激励我们鼓起前进的勇气，分享幸福的感受。

参考资料

法律法规，政策文件

[1] 建筑法(第46号主席令)[G]. 2011-04-22.

[2] 安全生产法(第13号主席令)[G]. 2014-08-31.

[3] 建设工程质量管理条例(国务院令第279号)[G]. 2000-01-30.

[4] 建设工程安全生产管理条例(国务院令第393号)[G]. 2003-11-24.

[5] 工程监理企业资质管理规定(原建设部令第158号)[G]. 2007-06-26.

[6] 工程造价咨询企业管理办法(原建设部令第149号)[G]. 2006-03-33.

[7] 工程建设项目招标代理机构资格认定办法(原建设部令154号)[G]. 2007-01-11.

[8] 住房和城乡建设部，关于征求《工程监理企业资质标准》(征求意见稿)意见的函(建市监函[2016]54号)[Z]. 2016-05-06.

[9] 住房和城乡建设部，住房城乡建设部关于推进建筑业发展和改革的若干意见(建市[2014]92号)[G]. 2014-07-01.

[10] 国家发展改革委，国家发展改革委关于进一步放开建设项目专业服务价格的通知(发改价格〔2015〕299号) [G]. 2015-02-11.

[11] 原国家发展计划委员会3号令，工程建设项目招标范围和规模标准规定 [G]. 2000-05-01.

[12] 社会团体登记管理条例(国务院令第250号)[G]. 1998-10-25.

[13] 民政部，社会团体登记管理条例，修订草案征求意见稿 [G]. 2016-08-01.

[14] 原建设部，房屋建筑工程施工旁站监理管理办法(试行)，(建市〔2002〕189号)[G]. 2002-07-17.

规范标准

[15] 国际咨询工程师联合会，FIDIC施工合同条件(新红皮书)[S]. 2011.

[16] 国际咨询工程师联合会，FIDIC业主/咨询工程师标准服务协议书条件(白皮书)[S]. 2011.

[17] 中国建设监理协会，《建设监理行业自律公约(试行)》中建监协[2014]001号 [S]. 2014.

[18] 中国安全防范产品行业行为规则，中国安全防范产品行业协会第五次会员代表大会讨论通过并实施[S]，2011-12-08.

[19] 北京市建设工程造价管理协会，《北京市工程造价咨询行业自律公约》[S]. 2012-02-21.

[20] 北京市建设工程造价管理协会，《北京市建设工程造价咨询行业自律公约实施细则之——专职专业人员流动管理暂行办法》京价协[2011]003号 [S]. 2012-02-21.

[21] 中国招标投标协会网站，《中国招标投标行业自律公约》[S]. 2006-06-29.

[22] 钢筋混凝土结构设计规范(GB50010-2010).

期刊杂志

[23] 干志坚，总结经验、深化改革，进一步开拓建设监理工作——1989年10月23日在第三次全国建设

① [英]弗里德里希·奥古斯特·哈耶克，自由宪章，杨玉生等译，北京：中国社会科学出版社，2012年5月1日第1版P68。

监理试点工作会议上的讲话 [J]. 建筑经济,1990.01.
[24] 常健、郭薇,论行业自律的作用及其实现条件 [J]. 理论与现代化. 2011(4).
[25] 郭薇、常健,行业协会参与社会管理的策略分析——基于行业协会促进行业自律的视角[J]. 行政论坛,2012(2).
[26] 马红光、何建龙,市场经济体制下的政府价格调控——行业"自律价"[J]. 理论导刊,1999(3).
[27] 宋希仁,论马克思恩格斯的自律他律思想 [J]. 马克思主义与现实,2014(2).
[28] 谈萧,初论商会与行业协会法——基于民间法和国家法二元视角的分析[J]. 中国商法年刊,2007.
[29] 胡会武,保险行业自律敢问路在何方? ——关于当前保险行业自律问题的思考 [J]. 安徽保险,2012(3).
[30] 胡辉华、段珍雁,论我国行业协会自律职能失效的根源 [J]. 暨南学报(哲学社会科学版),2012(7).
[31] 沈珉,论建设企业资质管理[J]. 上海建设科技. 2014(4).
[32] 胡少麟,上海市监理取费标准操作中的问题 [J]. 建设监理,2013(8).
[33] 封履宁,监理责任保险投保一年记 [J]. 上海建设监理动态,2003.5.

网站网页

[34] 上海建设工程咨询网.
[35] 中国建设监理协会网站.
[36] 北京市建设工程造价管理协会网站.
[37] 中国招标投标协会网站.
[38] 新华网,我国社会主义市场经济发展历程及经验总结 [Z]. 2014-03-02.
[39] 中央政府门户网站,工商总局公布 12 起垄断案例,行业协会成"垄断推手"[N]. 人民日报,2013-07-30.
[40] 林啸 3101090135(法学 0901 班),法律和正义的博弈分析 [D]. 百度文库,2011-07-19.
[41] 光明日报社记者朱振国,没有质量就没有一切 [N]. 光明日报,2011-09-26,02 版.
[42] 方向辉,工程监理制度改革方向之探讨 [R]. 建设监理,2016-11-10.
[43] 网易财经频道,习近平主持深改组会议:让失信者寸步难行[N]. 第一财经日报 2016-06-27.
[44] 搜狐财经,我国去年对外投资亏损 599 亿美元 创出 30 年来的次高 [N]. 第一财经日报,2014-04-29.
[45] 新华网,中国有 2 万多家企业在海外投资 90%以上亏损 [N]. 国际金融报,2015-02-09.

著作

[46] 李波、冯革. 知识服务业的产业生态 [M]. 上海:上海人民出版社. 2006.
[47] 丁士昭. 建设监理导论 [M]. 上海市建筑施工技术研究所,建筑施工编辑部,1990.7.
[48] 上海市住房和城乡建设管理委员会、上海市建筑科学研究院(集团)有限公司. 上海市建筑业行业发展报告(2015 年)[M]. 上海:上海人民出版社,2015.12.
[49] 江苏省建设厅. 建设工程监理热点问题研究 [M]. 北京:中国建筑工业出版社,2007.10.
[50] 中央编译局. 马克思恩格斯全集 [M]. 北京:人民出版社. 2002.
[51] (美) 彼得·德鲁克. 管理的实践 [M]. 齐若兰译. 北京: 机械工业出版社,2014.10.
[52] (美)詹姆斯·勒菲斯特,钓鱼的启示,小学四年级语文课文第七册[G]. 北京:北京师范大学出版社,2009.3.
[53] (英)亚当·斯密. 国富论 [M]. 唐日松译. 北京:华夏出版社. 2008.3.

[54] (美)伊丽莎白·哈斯·埃德莎姆. 麦肯锡传奇[M]. 魏青江、方海萍译. 北京:机械工业出版社. 2006.1.
[55] 2013年度中国反垄断报告——国家发改委国家工商总局负责查处的垄断行为篇(节选)[M]. 律商中国法律透视,2014(82).
[56] (美)彼得·德鲁克. 创新与企业家精神[M]. 蔡文燕译. 北京:机械工业出版社,2009.9.
[57] (英)亚当·斯密. 道德情操论[M]. 蒋自强等译. 北京:商务印书馆,2008.
[58] (英)约翰·埃默里克·爱德华·达尔伯格-阿克顿,自由与权力[M]. 侯健等译. 南京:凤凰出版传媒集团译林出版社,2011.10.
[59] (美)菲利普·科特勒、南希·李. 企业的社会责任——通过公益事业拓展更多的商业机会[M]. 姜文波等译. 北京:机械工业出版社,2006.5.
[60] (美)迈克尔·波特. 竞争论[M]. 高登第等译. 北京:中信出版社,2003.1.
[61] (英)维克托·迈尔-舍恩伯格. 大数据的时代:生活、工作与思维的大变革[M]. 盛杨燕、周涛译. 杭州:浙江人民出版社,2013.1.
[62] 徐大建,企业伦理学[M]. 上海:上海人民出版社,2002.1.
[63] (美)戴维·J. 弗里切. 商业伦理学[M]. 杨斌等译. 北京:机械工业出版社,1999.4.
[64] (美)莱昂纳尔·特里林. 诚与真,诺顿演讲集,1969—1970年[C]. 南京:江苏教育出版社,2006.12.
[65] (法)让·雅克·卢梭. 社会契约论[M]. 何兆伟译. 北京:商务印书馆,2009.6.
[66] (英)托马斯·霍布斯. 利维坦[M]. 黎思复等译. 北京:商务印书馆,1985.9.
[67] (英)弗里德里希·奥古斯特·哈耶克. 自由宪章[M]. 杨玉生等译. 北京:中国社会科学出版社,2012.5.
[68] 吕不韦. 吕氏春秋译注(修订本)[M]. 张双棣等注译. 北京:北京大学出版社,2011.6.
[69] 沙建怀. 企业文化理论与实务100问[M]. 西安:陕西人民出版社,2007.10.
[70] 陆游. 剑南诗稿校注·第八册、七十八卷·示子遹[M]. 钱仲联注. 上海:上海古籍出版社,2005.4.

论文及其他

[71] 上海市建设工程咨询行业协会,建设工程咨询行业(上海)信用体系建设研究与应用[R]. 2008.
[72] 上海市建设和管理委员会、上海市建设工程咨询行业协会,监理行业资格、资质标准研究[R]. 2015.4.
[73] 原建设部等,工程监理职业责任保险制度研究(V3稿)建设部课题编号(2006)011号[R]. 2008.1.
[74] 诸大建,MBA"可持续发展管理"课件与讲义稿[R]. 同济大学经济与管理学院,可持续发展与管理研究所,2008.

上海市建设工程咨询行业协会课题终审意见

课题名称：	《行业自律的探索与实践》
课题负责人	上海市建设工程咨询行业协会自律委员会

专家评审意见：

《行业自律的探索与实践》是上海市建设工程咨询行业协会委托协会自律委员会承担的研究课题。课题历时近两年时间，自 2015 年 3 月始，2016 年 12 月终稿。2017 年 1 月 17 日，协会邀请业内六位专家组成专家组，对课题进行评审。专家组认真审阅课题研究报告，查看了课题研究相关资料，经讨论，评审组专家一致认为：

课题采用了文献研究和比较研究的方法，查阅收集了大量文献数据，结合行业的理想和现实、国外和国内、本行业和其他行业的自律情况进行了对比分析，基于本协会的实际情况，分析了监理、造价、招标代理 3 个主要专业的行业自律存在的问题和困惑，并从已有的理论研究和实践成果出发，进行继承和创新，最终形成较为系统的行业自律理论体系。课题研究还将理论体系与实践相结合，针对行业自律的实务展开了讨论，提出了行业协会、企业、人员多层面的自律实务，对当前形势下咨询行业加强行业自律和诚信建设的开展有很好的指导意义。

课题报告体例规范完整，行文流畅，逻辑清晰，可读性强，引人入胜；课题研究的国际化视野和跨学科思考，特别是理论体系中针对行业自律的主体研究、自律的动机和目标等部分的精彩阐述和观点，令人耳目一新。

专家组认为，该课题研究完成了预定目标，在国内该领域里研究尚属先例，在同类研究中居于领先水平，一致通过对该课题的评审。

建议课题精简监理部分篇幅，增加项目管理专业的论述；理论在进行深度分析时，还需适量加入实例论证；在行业协会、企业、人员多层面的自律研究中，缺少“技术应用”的层面；在行业自律的实务部分，需尝试提出如何更好地将理论落地的措施。

上海市建设工程咨询行业协会

2017 年 1 月 17 日

第二篇

上海建设工程咨询行业发展概述

一、上海建设工程咨询行业概述

建设工程咨询是以科学技术为基础，运用多学科、工程建设理论、现代管理方法等为指导，为建设项目从投资到具体建设提供咨询与管理的服务行业。建设工程咨询行业作为现代服务业的重要组成部分，越来越受到市场的重视，发展前景愈加广阔。2015 年，是“十三五”规划发展的奠基之年，经济发展进入新常态，围绕建筑业的改革与发展，涉及到工程监理、造价咨询、招投标代理等行业的相关政策也陆续出台，例如资质管理、造价咨询计价规范的修订、电子招标的推广等，正在深刻影响着行业的发展，与此同时，“互联网+”“BIM 技术”以及装配式建筑等已经成为整个建筑产业发展与革新的重要动力，此外，建设市场也发生了许多变化，“一带一路”国家战略的完善与推进，为建设工程咨询企业拓展海外市场，优化资源配置，转型升级打开了新局面。

建设工程咨询服务主要范围覆盖了国民经济和社会建设的主要领域，在保障建设项目质量与投资效益、促进经济建设可持续发展方面，具有重要的地位，也因此，在整个社会不断发展的当下，建设工程咨询行业同样也面临一系列的新问题、新课题，如何了解新常态、适应新常态，实现服务技术、方式、模式的升级，培训一批优秀的管理人才队伍、提升工程咨询服务质量、增强国际竞争力等，都成了行业发展面临的新要求与新挑战。

二、上海建设工程咨询行业基本现状

(一) 工程监理行业

1. 资质情况(依据资质管理部门 2015 年底的动态数据)

资质等级分布：上海市建设监理企业共 197 家，其中综合资质 7 家，最高资质等级甲级有 121 家，乙级有 51 家，丙级有 18 家。由于我国资质等级制度先天性的因素，监理行业资质等级结构不合理，甲级资质多于乙、丙级，呈现倒金字塔式的非稳定结构形态。

监理专业分布：除综合资质企业以外，具有房屋建筑工程资质企业 180 家；市政公用工程 162 家；水利水电工程 25 家；机电安装工程 23 家；化工石油工程 17 家；公路工程 16 家；电力工程 11 家；港口与航道工程 10 家；铁路工程 3 家；航空航天工程 1 家；矿山工程

1家；农林工程1家。监理行业专业分布不均，以房建和市政专业为主，部分小专业竞争优势十分明显。

监理专业和咨询行业涵盖面：综合资质和同时具有四个及以上专业监理资质的企业有29家，占监理企业总数的14.7%；单专业监理资质的企业有21家。同时具有建设监理、造价咨询、招标代理和工程咨询其中三种及以上资质的企业有47家，占监理企业总数的23.9%。

2. 业务开展情况

2015年度，上海市监理企业工程监理合同额共88.54亿元，较前一年减少1.4%，首次出现负增长；境内新开工建设工程监理项目数量为10 434个，较前一年增加2.7%；境内在建建设工程监理项目有11 741个，其中强制监理的项目有9 125个，占77.7%；承揽境内建设工程监理项目投资额共10 573亿元。

3. 营业收入情况

2015年度，上海市监理企业总营业收入共182.88亿元：其中工程监理收入共72.69亿元，较前一年增加6%，占总收入的40%；招标代理收入3.78亿元；造价咨询收入5.31亿元；工程项目管理与咨询服务收入26.07亿元。其中，监理营业收入达到1亿元以上的有16家(综合甲级7家，甲级9家)，累计达到32.96亿元，占监理营业收入总数的45.3%。

据初步统计，监理营业收入达到5千万～1亿元的有27家(甲级26家，乙级1家)，累计达到17.56亿元，占监理营业收入总数的24.2%。监理营业收入达到1千万～5千万元的有71家(甲级63家，乙级8家)，累计营业收入达到18.75亿元，占监理营业收入总数的25.8%。监理营业收入1千万元以下的有71家，累计营业收入达到3.42亿元，占监理营业收入总数的4.7%。

4. 从业人员基本情况

2015年期末，上海市监理企业中从业人员共46 906人：其中工程监理人员34 317人，首次出现负增长，占总人数的73%；招标代理人员1 049人；造价咨询人员1 780人；项目管理与咨询服务人员3 769人。2015年期末，本市监理企业中注册执业人员(建设部)共10 490人：其中注册监理工程师6 630人，较前一年增加9%；注册建筑师57人；注册工程师317人；注册建造师1 495人；注册造价师1 153人；注册咨询工程师205人。

2015年度，上海市监理行业人均年产值为21.2万元，较前一年提高了6%。

(二) 造价咨询行业

1. 资质情况

2015年上海市150家工程造价咨询企业，其中甲级资质106家，占70.67%，乙级资质44家，占29.33%。同时，这150家造价企业中仅从事造价咨询业务的有19家，占本市造价咨询企业的12.67%。而拥有招标代理资质的为106家；拥有工程监理资质的为30家；拥有工程咨询资质的为94家；还有4家企业拥有设计资质。

2. 业务开展情况

2015 年上海市 150 家工程造价咨询总营业收入 106.38 亿元，其中工程造价咨询业务收入为 34.34 亿元，占 32.28%；招标代理业务收入 6.69 亿元，占 6.29%；工程监理业务收入 15.15 亿元，占 14.24%；项目管理业务收入 2.92 亿元，占 2.74%；工程咨询业务收入 2.23 亿元，占 2.1%。

2015 年上海市工程造价咨询项目所涉及的工程造价总额约为 16 527.78 亿元。

2015 年排名前十位的工程造价咨询企业造价咨询收入合计 14.03 亿元，约占总上海市总造价咨询收入的 40.86%。这十家企业中有 8 家企业的造价咨询收入超亿元，最高为 3.41 亿元。

3. 从业人员基本情况

2015 年年末，上海市工程造价咨询企业从业人员 18 427 人，其中正式聘用人员为 15 293人，占 82.98%，临时工作人员有 3 134 人，占 17.02%；造价工程师 2 685 人；造价员 2 090 人；其他注册执业人员 3 022 人。

2015 年年末，工程造价咨询企业中专业技术人员 12 469 人，其中，高级职称 2 371 人，占 19.02%；中级职称 5 652 人，占 45.33%；初级职称人员 4 446 人，占 35.65%；

(三) 招标代理行业

1. 资质情况

2015 年，上海市招标代理企业 132 家，其中甲级资质企业 63 家，占 47.73%；乙级资质企业 13 家，占 9.85%；暂定级资质企业 56 家，占 42.42%。同时，132 家招标代理企业中仅从事招标代理业务的为 16 家，占 12.12%；兼营工程监理业务的有 48 家，兼营造价咨询业务的有 97 家，兼营工程设计业务的有 2 家。

2. 业务开展情况

2015 年，上海市招标代理企业营业收入合计 115.23 亿元。其中，工程招标代理业务收入 11.34 亿元，占 9.84%；工程监理收入 37.47 亿元，占 32.52%；工程造价咨询收入 27.99 亿元，占 24.29%；工程项目管理与咨询服务收入 10.68 亿元，占 9.27%；其他业务收入 27.74 亿元，占 24.07%。

2015 年，上海市招标代理企业工程招标代理中标金额合计为 3 188.82 亿元。其中：房屋建筑和市政基础设施工程招标代理中标金额 2 929.26 亿元。

2015 年，上海市招标代理企业排名前十位的企业工程招标代理收入 5.04 亿元，占本市工程招标代理业务总收入 44.44%。工程招标代理收入排名第一的收入为 0.84 亿元。

3. 从业人员基本情况

2015 年年末，上海市招标代理企业期末从业人员 28 698 人。其中，正式聘用人员 23 986人，占 83.58%；临时工作人员 4 712 人，占 16.42%。从事招标代理人员 2 589 人，从事工程造价咨询人员 4 161 人，从事工程监理人员 16 274 人，从事项目管理与咨询人员 2 333 人。

2015年年末，上海市招标代理企业共有专业技术人员21 268人。其中，高级职称人员2 674人，占12.57%；中级职称人员8 129人，占38.22%；初级职称人员5 296人，占24.9%；其他人员5 169人，占24.3%。

2015年，上海市招标代理企业期末注册人员合计5 482人。其中，注册造价工程2 396人；注册监理工程师2 124人；注册建筑师8人；注册建造师763人；注册工程师3人；其他注册人员188人。

三、行业发展面临的主要问题及建议

(一) 面临的问题

1. 建设工程监理定位偏差。在现有法律体系的框架下，监理单位受建设单位委托实施监理服务，有合约义务，又受强制性法律法规责任约束，同时还需要承担一定的社会责任。在现行的这种法律关系中，如果监理职责定位问题不解决，监理行业的发展将永远难以跳脱瓶颈。令人感到无奈的是近几年动辄对监理人员追究刑责，似乎一旦发生重大安全事故监理必然沦为直接责任人。对监理职责定位的偏差主要体现在几方面：①“独立第三方”受限。监理作为建设单位委托的对施工过程质量安全的监管方，由业主授权，行使职权受到业主及其他各方的牵制，以及法律法规和社会舆论赋予监理的各种责任，现有的政策环境和法理基础的限制，导致监理很难作为“独立第三方”开展工作。②参建主体地位混淆。五方责任主体明确监理为主体之一，但监理并不是工程建设的直接实施方，主体地位和建设单位、施工单位等不应当等同对待。③责权不对等。随着责任的加重，监理的权利在原本即没有保障的情况下，更没有得到相应的增加，监理地位没有提高，责权利不对等，凭着有限的职权，却承担了与其他参建方同等甚至更大的责任。④主观能动性差异。监理一旦违反法律规定需承担责任，也普遍为过失犯罪，不能与故意犯罪等同对待。⑤社会责任承担形式。监理承担工程实体的安全责任无可厚非，但无法做到对施工过程的安全生产承担责任，不能将道德问题立法化或司法化。

2. 市场化改革应对不足，主要为工程监理行业。随着我国市场经济的不断发展，国家政策将日渐向更符合市场经济规律的方向引导，建设监理市场逐步开放，其市场经济本质将日益明显。没有了“强制监理”的扶植，竞争将日益激烈，监理企业不仅面对市场的萎缩，更要面对日益众多的不同行业的竞争者，竞争趋于白热化。监理行业在市场化改革的浪潮中，若不及时转变思维方式，封己守残，一旦政策放开，便难以应对市场的自行调控机制。主要表现在：①传统的监理服务模式已不能满足市场的需求。监理行业仍以人力资源创造价值，属于劳动密集型产业。传统的监理服务是基于计划经济时代的产物，服务模式单一性，服务价值不高，工作内容标准化，追求的目标既定，无创造性价值可言。今后的市场是体现价值的市场，未来业主对项目投资回报日益重视，更关心投资效益问题，如何用有限的资源去实现最佳的目标。实现监理行业劳动密集型向智力密集型、技术密集型转变，增强服务能力，开发核心竞争力，才能变化多端的市场中立于不败之地。②恶意价格竞争。监理行业发展至今，对“强制监理”的政策依赖性相当高，上海监理行业得益于取费政策，也受制于取费政策。2015 年 2 月，国家发改委颁布了《关于进一步放开建设项目专业服务价格的通知》(发改价格〔2015〕299 号)，对全面放开建设监理取费为市场价作出明确规定。原本的监理取费标准在实际执行过程中并未完全到位的情况下，取费放开后，监理企业面对市场的萎缩、业主方压低服务价格，行业一度出现了无序的价格竞争，直接导致了单项目合同额的下降，这也是各监理咨询企业合同额下降的主要原因。监理取费水平大幅下降，大多数项目在原取费标准的 50%～70%左右，甚至极少数项目出现了二到三折取费。低价竞争带来的一系列后果是不可估量的，取费低的企业势必承担了低于行业人工成本的风险；有部分监理企业转包监理业务、挂靠监理证照等；过低的监理取费导致企业投入减少，服务质量无法保证，工程质量安全面临严峻考验。③中小企业难以生存。大型企业更重视青年人才的培养储备，用人劳动关系管理也更规范；而中小企业中，注册人员和高级技术人员的比例较高，该类型企业多只以盈利为目的，疏于年轻人员的培养和发展。大型监理人均产值高于中小型企业，乙、丙级监理企业人均产值远低于行业平均水平，无论是市场竞争力还是人才吸引力都可见一斑。优秀监理人才难以留住，人才流失，服务质量更加难以保证；没有了市场竞争力，企业只能以极低的取费获取业务，但过低的费用将使得企业收益下降，质量安全事故频发，不可避免的陷入恶性循环。中小企业生存现状堪忧。

3. 人才队伍素质下降。人才是咨询企业的命脉。近 30 年来，我国建立起了有关工程咨询行业人才发展的制度和办法，培养了一定的队伍，在促进提高工程建设质量和安全、提高工程建设水平以及发挥投资效益等方面，起着重要的作用。但近些年人才成长的环境并不宽松，因诸多内外部因素导致的人才队伍质数总体下滑的问题愈发显现。人才队伍素质下降主要体现在：①队伍增长速度缓慢。注册工程师的增长速度一般都不能满足企业发展的实际需求；②精英人才匮乏。高端人才看不到职业发展的宏伟蓝图，拿不到咨询行业应有水平的物质回报，工作的环境与职业社会地位差异等也产生了一系列问题，如此环境下既无法吸引高层次人才流入，也不能阻止有实践经验和管理能力的高水平人才流出；③人才结构不明确。例如监理从业人员的注册管理对象只有全国监理工程师，在上海市只占行业从业人员的 19%，绝大部分监理从业人员没能明确纳入管理范围。这现象源自单一的监理工程师资格划分。合理的人员结构应由不同等级技能水平的人员构成的。把大批监理从业人员拒之于应当给予认可管理的大门之外，不利于调动广大监理从业人员的积极性。

4. 工程业务量的萎缩。不论对工程监理还是造价咨询、招投标代理等行业，近些年业务量都在减少，特别是一些特大型项目，这也和城市建设的基本环境有关，随着业务量的减少，直接影响了企业的生存和发展。

(二) 基本建议

1. 明晰监理职责定位。明确界定建设主体责任和监理职责，进一步理顺和调整《建筑法》《建设工程安全生产管理条例》《建设工程质量管理条例》等相关法律法规对于监理法律责任的规定，特别是明确监理在建设项目施工过程中应担负的相关法律责任，解答监理应该做什么，承担怎样的责任。

2. 完善监理市场准入及管理制度。修订《工程监理企业资质管理规定》《注册监理工程师管理规定》等有关行业市场准入以及资质资格管理的法律法规和规章制度，轻企业资质，简化资质管理审批手续，重个人资格，强化人才分级培养和管理制度。

3. 完善监理招投标制度，发布监理人员成本信息价。收集整理监理项目服务价格和费用信息，统计行业从业人员成本、运营费率、管理费率、利润率等信息，定期发布人员薪酬成本或综合单价，向社会提供工程监理服务价格信息，引导行业取费趋势。同时与监理机构人员最低配置标准相结合，监管招投标环节中的恶意压价行为，防止低于行业人工成本的不合理低价出现，从源头上控制恶意竞争企业。

4. 加强过程监管。提出监理服务质量的评价标准和考核方法，作为检查监理工作的基础依据，突出对以不合理低价中标的项目和企业进行过程监管，对其监理工作质量重点检查和考核，让企业为自己的恶性竞争行为买单，杜绝同类行为的再次发生。

5. 倡导公平的竞争环境。对于招投标代理与造价咨询行业来说，区域的不平衡发展环境导致了地方保护主义、政策的不平等问题，建议统一的、公平的市场竞争环境愈加迫切。

6. 建议统一的信用评价体系。目前上海市已经在工程监理行业推行了信用评价档案，造价咨询与招投标代理行业也正在研究，希望在研究和制订相关评价体系的时候，能充分考虑到企业的实际状况，从政策上保护企业与从业人员的根本利益。

四、上海建设工程咨询行业发展展望

1. 信息技术的广泛应用为行业的发展注入了新的活力。面对这“互联网＋”、大数据以及 BIM 技术等信息技术的广泛应用和迅猛发展，使得工程咨询企业在组织结构、商业模式、服务流程以及服务理念上都发生了变革，科学技术的创新也在推动这服务技能与服务水平的不断提升。

2. PPP 模式的推广拓展了市场。在建设项目数量减少，取项目越来越难，产值、利润全面下滑的情况下，企业需要快速调整战略规划、转变发展方式、PPP 模式的推广，鼓励私营企业、民营资本与政府进行合作，参与公共基础设施的建设，无疑给工程咨询行业带来了新的发展生机。

3. “大众创业，万众创新”的理念继续创造着企业发展的机遇。双创时代无疑为中小型企业的转型发展创造了新的机遇，特别是在跨地区、跨文化的发展带来广阔的市场，以创新为主要抓手的服务业顺应了时代发展的要求，在充分利用国家政策的利好，多元化发展的模式等情况下，企业将获得新的发展空间。

企业展示

（按单位名称笔画排名）

一、上海三凯建设管理咨询有限公司

上海三凯建设管理咨询有限公司（以下简称“三凯”）的前身是上海岩土工程勘察设计研究院监理部，经过 20 年的发展，三凯现已成为拥有一支 1 000 余人高素质、懂技术的人才团队，先后承接建设管理咨询项目超过 3 000 个，年营业收入超过 2 亿元，总资产超过 1 亿元。2015 年，监理营业收入列全国监理行业排名第 34 位，上海市第 6 位。目前，三凯业务已成为立足上海，覆盖全国，项目分布涉及近 20 个省市自治区，拥有工程监理综合资质和招标代理、造价咨询、国家设备监理、国家人防监理甲级资质，具有“大咨询”新业态的建设管理咨询公司。此外，三凯连续多年荣获上海市“先进工程监理企业”“先进造价咨询企业”“先进招标代理企业”“工程设备监理优秀公司”及“上海市重大工程立功竞赛优秀公司”等称号，荣获上海市“守合同重信用企业”称号和“合同信用等级 AAA”认证，为上海市建设工程咨询行业协会副会长单位，取得令人瞩目的成就。

从最初的狭窄定位，逐步扩大服务范围和深度，形成完整建设工程咨询服务产业链，特别是近三年，三凯面对建筑市场下行局面，坚持探索将科技创新作为企业发展新动能，取得企业经营业绩逆势上扬新成绩，成为行业发展重要力量的发展历程，印证了市场才是推动工程咨询行业健康发展的主动力，印证了变革和创新才是引领工程咨询企业健康发展的新方向。

◆ 基因与传承：脱胎于上勘院，传承上勘人特有的企业精神

企业精神是企业员工所具有的共同内心态度、思想境界和理想追求，是企业员工行为处事的风格与状态。上勘人的企业精神是“特别能吃苦，特别能战斗”。三凯人作为上勘人的一员，在上勘院这个“大家庭”工作与生活，上勘人所深具的这一企业精神，作为一种优秀的思想品质、作风传统得以传承，历经一代又一代三凯员工的吸纳渗透，凝聚成为三凯人一致认同的群体意识、团队意志，这就是“天道酬勤，厚德载物；敢为人先，追求卓越”。三凯人坚信天道酬勤，有付出才有收获。20 年来，无论何时何地何事都矢志不移地坚持勤学、勤思、勤勉、勤干，面对事业，不断地提升及进取；三凯人以深厚的德泽育人利物，始终恪守“德要配位”的人生信念，自觉践行职业精神、敬业精神和道德精神，胸怀广阔，和谐共处，经受得住挫折，承载得了事物；三凯人具有一种超越他人的进取意识，一种人有我优的竞争欲望，一种不怕挫折的精神状态，一种敢想敢闯的意志品质；三凯人还将“追求卓越”作为做人的一种境界，做事的一种目标，做企业的一种标准，众志成城，超越既有成绩，追求更加长远、更加优异的绩效结果。

回顾创业历程，盘点发展轨迹。三凯人的这一精神内涵，正是三凯人的内心定力所在，正是推进企业20年创业发展的动力所在。

◆ 开拓与发展：寻求在蜕变和突破中实现企业升级

三凯监理的初始创业。1992年初上勘人积极投身建设监理创新试点。1996年3月，由上勘院投资挂牌成立了上海三凯建设监理有限公司。三凯的监理业务从单一的地下工程监理转向房屋建筑领域施工阶段全过程监理。也正是从这一年开始，三凯的业务逐渐步入正轨。此时的三凯只能从市场竞争中寻找业务，通过服务来赢得客户，业务规模虽然不大，但每做一项工程都在树起一尊精品，为三凯后阶段发展奠定了基础。初创阶段承担监理的建京大厦、宇泰公寓等近十个项目获得“上海市优质结构”称号、“白玉兰”奖。这一代三凯人经过不断的实践和持续的学习，突破了自身原有专业的局限，在专业的全面性及深度方面逐步成为了监理业界专家，不仅全面满足了客户的需求，还利用自己的专业特长及管理特长，为业主提供增值服务。三凯创业阶段沉淀下强烈的客户服务意识和专业精神、品质信仰，为此后三凯的腾飞作出了良好的精神准备。

三凯咨询的蓬勃发展。在继承上一代三凯人优良传统的基础上，三凯新一届领导班子注入强烈的市场经济意识和不断向上发展的理念及团结拼搏精神。他们敢冲敢闯，敢想敢干，注重企业发展长远利益，注重企业品牌打造，秉承“以诚为本，整合资源，多方合作，互利共赢”的经营理念，以“没有条件，创造条件，主动出击，捕捉商机”的坚强信念和积极作为，持续不断地进行客户的开拓；秉承“客户至上、服务至上”的服务理念，坚持“做精品工程，树三凯品牌”，实现客户持续维护和滚动发展。先后开发十多家上海以及全国在基本建设领域的重大客户，这些客户如今都已成为三凯的长期战略合作伙伴为企业的持续发展奠定了坚实的基础。市场领域，也从上海延伸到长三角，逐步辐射全国。与此同时，专业领域不断延伸，从房建拓展到市政、设备、水利、电力等领域；咨询产业链不断延伸，从工程监理拓展到招标代理、造价咨询、项目管理、可行性研究等前期咨询等咨询服务。2009年，三凯年营业收入和新签合同额达到5 000万元。随着三凯的业务规模和社会影响的不断扩大，三凯的品牌信誉也在持续提升，证大大拇指广场、上海五角场万达广场、嘉定区公检法业务用房迁建工程、可口可乐饮料上海紫竹园区项目、上海浦东国际机场南进场地道及配套工程、上海市轨道交通8号线车站安装装饰工程等100多个监理项目获国家级、省部级优质工程奖项。九六广场、石家庄万达广场、浦东软件产业园研发楼等项目的造价咨询，金桥出口加工区S8地块、外高桥文化艺术中心等项目的招标代理以及成都花博会主展馆、东方路3601号丰华集团改建工程项目管理等工程均获业主好评。三凯项目团队与个人也获得诸多国家级、省部级荣誉。

三凯建设管理咨询的变革转型。2010年三凯董事会确定，三凯公司的未来定位是综合性的工程咨询公司，要以客户价值创造和最大化作为企业存在和发展源动力，以高层次、智力和管理密集型作为企业市场竞争的核心力量。2011 年，三凯正式更名为上海三凯建设管理咨询有限公司。2012 年，三凯制订了企业发展五年战略发展规划，确定三凯战略发展目标和路径：强化技术咨询和管理咨询，综合信息技术集成应用，实现咨询服务升级；面向建筑全寿命周期和全方面建设项目管理客户需求，探索咨询产品转型。2013 年，再次进行组织变革，成立工程监理、造价咨询两大专业公司，确定将三凯高管资源从常规业务中适当脱离，转向于：探索基于建筑全生命周期和项目建设全领域全过程的新的咨询服务产品开发，探索应用资本的力量助推发展的路径与方式，探索配合企业改革转型人才高地建设的路径及具体举措，探索适应当前与未来企业发展的大文化。在 2016 年 9 月，设立了基于 BIM 技术的建筑全生命周期解决方案提供者——上海司睿杰建筑科技有限公司。这些探索与实践，为三凯未来的发展提供了强有力的助推力。在“十二五”期间，三凯取得了连续四年新签合同额超 2 亿元的喜人成绩，三凯工程监理、造价咨询、招标代理三大业务均获得了上海市先进企业光荣称号，成为具有全国影响力的大型工程咨询公司。450 多米超高层的南宁华润中心东写字楼、地下五层且紧邻两条地铁的金融街海伦中心、树状仿生建筑之证大喜玛拉雅艺术中心、现代工业建筑力作之上海烟草集团浦东科技创新园区、世界级之老港综合填埋场一期工程、精益工程管理之上海迪士尼乐园核心区系列项目、复旦大学江湾校区项目、华东医院扩建新楼、东渡悦来城、成都天府万达、无锡农业银行新建办公楼、上海市轨道交通系列工程、上海浦东国际机场系列工程等诸多更高、更深、更大、更难、更有社会影响力的工程咨询项目承接并顺利实施，标志着三凯品牌建设达到了新的高度。

◆ 创新与跨越：谋求实现业内良性竞争的“弯道超车”

三凯坚持以开放的心态学习新理念、新经验、新技术，跟上发展节拍，适应发展要求，不间断地完善创新机制，使浓厚的创新氛围成为企业成功发展的常态。

管理创新，三凯的主要着力点是管理机制创新和管理手段创新。

管理机制创新，主要方面是通过机制调整充分调动公司各层级干部、职工积极性，从企业“要我干”变为“我要干”。三凯近五年的持续高速发展，得益于事业部制的建立。这一制度，是将三凯公司各项发展目标从公司化的形式分解到各个事业部管理团队，将事业部的发展业绩与事业部管理团队薪酬和事业发展紧密挂钩，形成一个大船引领诸多小船一起航行前进的组织架构，并配套科学现代化的人力资源定量化的绩效管理，再辅之项目运行的质量标准和过程的监控手段，形成一个完整系统的监督机制，确保了三凯公司年产值规模从 2009 年的 5 000 万元增长到 2015 年的 2 亿多元。

管理手段创新，三凯企业管理信息化设想早在 2008 年便提出，从 2009 年开始建设，至今已 8 年，走过了基础数据库建设、管理流程导入、数据挖掘综合分析集成运用等三个阶段，平台功能不断完善，界面友好度不断优化，信息化管理已逐步深入血脉，日常管理逐步植入信息平台，为公司走向全国化、分散远程管理奠定基础，实现了企业管理的效能。目前,三凯同时在建的项目多达300多个,该系统的使用,使得信息的传递更加高效、便捷、低成本,拉近了项目与公司总部的距离,有效地实现了企业的扁平化管理。再通过平台的数据模型技术,提高了企业的综合分析决策能力和风险预控处置能力。在业内,三凯信息化建设是比较早也相对比较成熟的。

与管理创新形成"双轨创新"的是技术创新。三凯以市场需求为导向,着力于地下空间风险控制、特殊工程关键技术解决方案、信息化综合技术集成应用等三个方面。

(1) 地下空间风险控制。在母公司的引领和协力下,三凯参编了上海市工程建设领域的4个地方规范:《城市轨道交通施工监测技术规范》《建筑工程施工控制技术规程》《岩土工程信息核型技术标准》及《建设场地污染土与地下水土工处置技术规范》。

(2) 特殊工程关键技术解决方案。瞄准绿色建筑、建筑工业化、城市更新与既有建筑改造、污染土治理等研究方向。三凯现有专利51项,软件著作权6项,编制了《三凯公司装配式监理工作导则》,并将在上海建设协会主办的中国配套式建筑论坛发表主题演讲。代表课题有《既有建筑地下空间改造》《实测实量机器人》《造价咨询作业信息平台》《基于信用管理的自主招标监管方案研究》等。

(3) 在信息化综合技术集成应用方面,三凯监理业务作业信息系统从2012年开始建设,系统建设目的在于通过信息化手段植入监理工作标准和基本建设程序、固化监理工程流程实现监理作业指引、项目过程全面管理、促进监理工作精细化,通过后台知识库、专家系统提升监理作业能级、优化监理咨询决策能力。通过互联网手段实现监理作业互通互联、信息共享提高监理工作效率;通过移动终端使用规范现场监理行为提高监理人员工作质量和功效;通过GIS技术、云技术、数据挖掘提升企业级项目管控能级和管理效率、快速反应能力。该系统现由三大模块组成,分别是:监理移动终端、监理项目作业平台、监理项目远程监控中心。截至目前,三凯公司企业级、项目级平台已全面投入使用,移动监理终端已在12个上海市重点项目试运行,并取得了良好的社会效应和经济效益,经专家评审认为:三凯监理业务作业信息系统处于行业领先水平,具有行业推广价值。三凯从事的BIM技术研发从2013年开始,研发方向着重于岩土工程、地下空间项目,充分结合工程技术、综合测试技术、全面项目管理、设备设施运维等,代表课题有《基于BIM+技术的超深地下空间风险控制与项目管理》、《海伦路SOHO项目BIM实践》等,后者荣获中国勘察设计协会举办的2015年"创新杯"建筑信息模型(BIM)设计大赛最佳普及应用奖,三凯正在与万达集团合作研究开发BIM造价算量技术并已取得阶段性成果。

◆ 前瞻与使命:确立成为"中国工程咨询行业一流企业"的愿景

三凯的成功秘诀,是"做好当下的,想着明天的"这种前瞻性。始终努力培养自己的是一种永无止境的进取精神,一种能够适应各种变化的韧性,在市场变化发展中,不断调整企业的发展坐标。

中国经济正在进入新常态,创新和转型升级将成为我国新常态阶段经济发展的主旋律。工程咨询企业需要调整心态改变思路,从过去的高增长惯性中走出来,从"薄积薄发”急功近利的盈利模式中走出来。工程咨询企业要明确自己的行业特点，在特定的专业领域、产业领域塑造自己无可替代的能力，从而寻找到生存的空间、发展的天地；需要提高效率、优化管理、降低成本、灵活机制，在提升服务方面下功夫，寻找到适合自己的道路。

展望未来，三凯又一次站在一个新的起点向前迈进。“十三五”，三凯将秉承“服务创造价值，共创幸福生活”的企业使命和“成为中国工程咨询行业一流企业，成为中国工程咨询行业转型升级领军企业”的企业愿景，进一步强化适应新常态的机制建设和举措实施，更加注重提高发展质量和效益，加快新动能的成长和传统动能改造提升，破除顶层设计与工作落地之间的梗阻，推动改革措施的落实到位，着力于企业核心竞争力的打造，着力于已有服务能级的提升，着力于新业务的拓展，引领新常态，取得新进展。

二、上海上咨建设工程咨询有限公司

上海上咨建设工程咨询有限公司（以下简称“上咨建设咨询公司”）成立于 1994 年 9 月，是上海投资咨询公司的全资子公司，通过控股上海上咨工程造价咨询有限公司、上海信息系统工程监理有限公司，构成比较完整的建设工程咨询业务链，成为具备全过程、多专业能力的综合性建设工程咨询服务企业。

公司（含控股二级公司）拥有工程咨询、建设监理、招标代理、造价咨询、政府采购和设备监理等甲级资质，中央投资项目招标代理乙级、人防工程监理乙级和机电设备招标代理二级等资质，现有各类专业技术人员 500 余人。其中高级职称 85 人，中级职称 220 人，初级职称 200 人。其中硕士学历 23 人，本科学历 287 人，大专学历 190 人。公司拥有国家注册监理工程师 60 人，国家注册造价工程师 68 人，国家注册咨询工程师 12 人，国家注册招标工程师 8 人，上海招标工程师 20 人，一级建造师 20 人，二级建造师 5 人。

公司工程咨询业务涉及房屋建筑、市政公用、轨道交通、机电安装、隧道桥梁、港口航道、环境保护、水利水电、园林绿化等领域，服务区域已扩展到青海、江西、重庆、江苏、浙江、东北等地区。公司 2012—2015 年营业收入的平均增长率为 11.04%以上，2016 年公司工程咨询营业收入达 17 050 万元。

◆ 构建工程咨询全过程业务链

项目生命周期的决策、准备、实施、运营四个阶段，是相互依赖、相互联系的统一过程。项目的全过程咨询服务应贯穿于项目生命周期的全过程，即系统地把各阶段、各专业的咨询服务有机地结合起来，形成完整的咨询服务链。上海投资咨询公司（以下简称“上咨公司”）作为市发展改革委的下属咨询公司，其职能主要为政府、国企和社会机构的基本建设决策，提供专业咨询服务。1994 年成立了原上咨监理公司，专业从事建设监理服务，为构建上咨公司全过程咨询业务链迈出了坚实的一步，随着业务发展和客户需求的提升，上咨公司又分别成立了上咨造价咨询公司、上咨招标代理和上咨工程管理公司。

2007 年经市发展改革委批准，将原上咨监理公司、上咨招标代理和上咨工程管理公司三个专业公司合并，组建上咨建设咨询公司，并通过控股上咨造价咨询公司和上海信息监理公司，完成了上咨建设咨询公司资质、人才、技术和资源的聚集。通过文献研究、行业调研，政策解读、内部诊断等方法，借助科学的分析工具，公司进行了业务发展与战略定位的课题研究，提出了以"项目全过程管理咨询服务"为龙头，各业务有机整合的发展目标，明确了"做精"建设监理、"做专"招标代理、"做大"项目管理和"做强"造价咨询的发展路径。

公司以"上咨"品牌为纽带，构建了从项目前期的市场分析、项目建议书、可行性研究到项目实施策划，全过程项目管理、招标代理、工程监理和全过程造价咨询等完整的工程咨询业务链，并依托上海投资咨询公司的 6 000 余名的专家人才库的优势、综合咨询管理的能力和与各级政府部门良好的关系，成为具一定竞争力的，能够承担全过程、全方位和多专业的综合性建设工程项目管理企业。

◆ 开展工程项目管理业务尝试

早在 1994 年，上咨公司就在上海投资咨询公司的支持下，参与了上海青松城项目的前期策划、编制项目建议书、可行性研究等前期工作，并承担了招标代理、工程监理和造价咨询等业务，开创了全过程服务的雏形。1995 年，公司管理层敏锐地认识到：项目管理业务是新的经济增长点，更是进一步提高综合竞争力的主要依托之一，决定将发展项目管理业务提升到公司战略高度，并从组织构架、管理体系和资源保障等方面作了相应的变革和调整。

经过 10 多年的努力，公司依据多专业综合优势，分别承接了上海商品交易大楼、市委党校海兴大厦、市公安局办公指挥大楼、市高级法院办公审判大楼、雅培全球药物研发部上海研发中心、上海警备区"9156"工程和上海市政协大院主楼裙楼大修工程项目管理等 130 余个项目的全过程项目管理业务。公司成为上海市第一批开展和推行项目管理试点单位之一。

◆ 参与"代建制"试点与研究

2004 年 7 月，国务院颁布了《投资体制改革的决定》，提出对非经营性政府投资项目实施代建制管理。1999 年公司受原市计委的委托，以项目建设期法人的身份，开始了"上海市收教收治综合基地项目"的代建制管理试点，成为了由社会咨询机构代建的第一个试点项目。截止 2016 年，公司先后承接了源深体育中心扩建工程、新建南汇医疗中心工程、南汇监狱及监狱总医院迁建工程、市警备区预备役炮兵师人防工程和市档案馆新馆工程等近 100 个项目的代建业务。上咨建设咨询公司分别入选，上海市市级和浦东新区、杨浦区、虹口区等区级《政府财力建设项目代建单位名录》。

作为上海市政府投资项目最早的 "代建制"试点单位，公司多次参加市发展改革委组织的《政府投资项目代建制管理办法》、《上海市级财力投资项目代建制制度设计和配套政策研究》等课题研究；市民防办《上海市民防专项投资工程代建管理办法》的编制；市财政局组织的《上海市市级政府投资项目代建制财政财务管理办法》意见征集和嘉定、长宁等多个区政府关于《工程项目代建制管理操作办法》的研究和制定，起草了《上海市市级建设投资项目代理建设管理服务合同(上报稿)》等规范性文件。

◆ 健全管理体系和工作标准

2000 年 4 月，公司通过了 ISO9001 质量体系 94 版的认证，并于 2002 年 11 月通过 2000 版认证。2007 年起，开始导入 GB/T 19001—2000 质量管理标准、GB/T 24001—2004 环境管理标准和 GB/T 28001—2001 职业健康安全管理标准，建立了“三合一”管理体系。

项目管理、代建制是随着建设领域管理深化改革和国家投资体制改革，所产生的一种新的市场需求，也是项目全生命周期理念下，工程咨询行业发展的趋势。在我国，项目管理、代建制是一种全新的管理模式，尚未形成一个统一的工作流程和工作标准，在结合公司 10 余年项目管理和代建制工作的基础上，编制了《建设工程项目管理(代建)服务手册》，围绕贯穿建设工程项目各阶段，明确了项目管理、代建服务的职责、范围、工作要求和成果，为项目管理、代建服务的规范化、标准化奠定了基础。2010 年公司还积极参与了市建设工程咨询行业协会组织的《建设工程项目管理服务大纲与指南》的编纂。

◆ 积极推进 BIM 技术的运用

2013 年，公司组建了自己的 BIM 团队，并建设了 BIM 的专业培训教室，2015 年取得了 Autodesk 授权培训中心证书(ATC)，2016 年又取得了国家人社部的 BIM 等级考试考点资格，成为上海为数不多的拥有“国际考试”和“国内考试”双重认证的 BIM 培训中心。目前开设了“BIM 国际认证班”“BIM 三维虚拟班”“BIM 室内设计班”“BIM 国家等级考试一级班”“NAVISWORKS 高级运用班”等五个专项 BIM 课程培训班，已培训学员近百名。在 BIM 技术的应用方面也取得了初步成果：①在上海市档案馆新馆项目中，运用虚拟现实技术软件 Lumion，通过虚拟场景不仅在体验上有身临其境的感受，且能够实现虚拟建筑的现场测量、材质纹理的实时切换，日照的分析和季节气候预演等功能；②将美国最新电玩开发公司出品的 UE4 虚拟引擎，运用到申能房产某浦东项目装修项目，高精度的超写实虚拟技术，使室内建筑虚拟体验上取得了惊艳的效果；③在崇明三星镇项目中，由大疆无人机航拍的全景照片，运用 Agiscan 软件生成三维地形模型，进行工程量、土方平衡分析和计算。

◆ 精心打造咨询服务专业特色

上海上咨工程造价咨询有限公司(以下简称“上咨造价公司”)前身是上海投资咨询公司的造价咨询部，于 1997 年取得建设部颁发的首批甲级造价咨询资质证书。根据国务院对经济鉴证类中介机构的清理整顿、脱钩改制工作要求，于 2001 年 12 月 28 日成立上咨造价公司，注册资金为1 000万元，由上咨建设咨询公司控股。上咨造价公司作为全过程咨询服务业务链的重要组成部分，以工程投资管理为主线，充分发挥“上咨”品牌优势，精心打造出具有“上咨”特色的全过程的造价咨询服务，先后承担了上海光源(SSRF)国家重大科学工程、F1上海国际赛车场工程、上海港国际客运中心工程、上海吴淞口国际邮轮码头工程、宝山顾村公园生态专项工程等一系列具有影响力的标志性工程。上海世博会建设期间，上咨造价公司承接了上海世博演艺中心工程、沙特阿拉伯馆工程和世博会浦东临时场馆及配套设施工程的全过程造价咨询服务。“十一五”“十二五”期间积极参与城市轨道交通建设，分别承担了上海轨道交通11号线北段二期工程、轨道交通2号线西延伸段工程、轨道交通7号线场中路综合交通枢纽工程和轨道交通11号线南段工程(迪士尼段)、南昌轨道交通1号线及3号线和合肥轨道交通2号线及3号线等项目，已成为全国轨道交通造价咨询方面的主要成员之一。在中国建筑工程造价管理协会历年的“工程造价营业收入百名企业”排序中，始终处在上海企业的前10位置，形成了内涵丰实、特色鲜明的“上咨”品牌。

上海信息系统工程监理有限公司(以下简称“信息监理公司”)成立于1998年，由上海市互联网经济咨询中心与上海上咨建设工程咨询有限公司共同出资组建，上咨建设咨询公司控股。信息监理公司为从事信息系统工程监理的专业咨询企业，是首批获得工信部颁发的信息系统工程监理资质的监理单位之一。拥有国家工程设备监理乙级、上海市政府采购代理乙级资质和工程咨询乙级资质。10余年来，先后承接了“中国上海”门户网站建设工程、中国(上海)自由贸易试验区信息共享和服务平台、上海博物馆信息化工程(一期，二期，三期)、上海市社会保障和市民服务信息系统工程、中国2010年上海世博会协同办公平台及信息安全平台、上海国际航运中心综合信息共享平台、上海市土地房屋综合管理信息系统和洋山港基础建设及信息系统工程等近百个项目的专业监理服务。信息监理公司已成为上海世博局、上海市监狱局和浦东新区、闵行、嘉定、杨浦、普陀等地区信息化建设的监理定点服务商。2006年至2014年度连续获得上海市重点工程实事立功竞赛优秀公司奖，是《信息系统工程监理规范》(GB/T 19668.1—2005)国家标准和上海《设备监理通用规范》的主要编写单位之一。

◆ 切实履行咨询企业社会责任

“科学诚信，确保优质咨询服务；以人为本，关爱环境健康安全；持续创新，全面提升上咨品牌。”是上咨建设咨询公司的管理方针。2010年在10年ISO9001质量体系贯彻的基础上，公司又导入了GB/T24001环境管理标准和GB/T28001职业健康安全管理标准，并制订了环境管理目标和职业健康安全管理目标。通过“环境因素管理策划控制程序”“危险源和风险管理策划控制程序”和“环境和职业健康安全运行控制程序”将节能降耗、安全、员工体检、员工劳防用品、废弃物、车辆、事故、应急准备及响应等方面的管理措施落到实处。

在开展咨询服务时，能够秉承“节能、环保和可持续发展”的理念。规划设计方案阶段，在土地使用、建筑规模和交通组织等方面，充分考虑项目单位业务发展的潜在需求，如：在南汇医疗中心的方案设计时，建议取消了拟设的传染病房楼，在医技楼设置发热门诊，为医院留有后续发展余地；在周浦医院的方案规划时，建议压缩了行政办公和后勤辅助用房的面积，预留了二期科研用房的发展用地。工程招标、实施阶段，尽可能选择节能、环保的材料和产品。

2006 年公司受市消防局的委托，承担了新一轮同时新建消防站 23 个站点的项目管理任务，由于消防站点建设具有“点多、面广、时间紧”等特点，通过运用项目群管理的思路，使多个项目的程序工作同步管理和执行，提高了人员工作效率使专业工作模块化，同时，加强计划管理和制度建设，使实施工作和检查落实工作规范化、制度化。在完成项目管理的同时，我们通过深入研究相关规范和消防站点特点，从功能空间和专业要求两个维度梳理出消防站点建设标准，经过 20 余次的修改和完善，编辑完成了五章四十一节的《上海消防站点建设项目建安工程实施细则》，最大程度地减少了消防站点在规划、设计过程中可能发生的方案不完整、不周全或缺失的现象，保证了项目实施的系统性和完整性。

上咨建设咨询公司成立 20 多年来，构建了较为完整的全过程工程咨询业务链，结合“上咨”特点及业务发展与战略定位的课题研究，确立了以“项目全过程管理咨询服务”为龙头，工程监理、招标代理、造价咨询和信息系统监理等业务有机整合发展的目标，积极探索新常态下，工程咨询企业的创新、发展之路。

三、上海东方投资监理有限公司

上海东方投资监理有限公司成立于 1996 年 6 月，原隶属于上海浦东发展银行。2001 年 6 月公司脱钩改制，成为由具备注册执业资格自然人出资的、专业从事建设工程咨询服务的高智力、高技术咨询机构，是同时具有工程造价咨询、工程招标代理、工程咨询、中央投资项目招标代理多项国家甲级资质，以及政府采购招标代理、机电产品国际招标代理和建筑工程司法鉴定资格的咨询企业。

改制伊始，在印保兴董事长的正确领导下，东方公司实施稳健的发展策略，积极探索现代咨询服务创新模式，注重改革体制机制、注重打造人才队伍、注重提升技术能级、注重拓展业务领域，公司业务和规模逐年增长，不断迈上新台阶。脱钩改制 16 年，注册资本、员工人数、办公用房面积、营业收入、缴纳税收等比改制前增长 20～70 倍。如今，通过做大做强，东方投资监理发展势头喜人，2015 年营业收入达 3.7 亿元(包括造价咨询、招标代理、工程咨询等)，其中造价咨询业务的上海市场占有率约为 10%，并连续多年名列中国工程造价咨询企业营业收入前百名排序第一(2005 年—2007 年、2009 年、2013 年、2015 年)，名列全国招标代理机构营业收入百强企业(2011—2015 年)，连续五年入选“上海民营服务业企业 50 强”(2012—2106 年，是上海市工程咨询行业唯一入选企业)。先后获得“第三届全国就业与社会保障先进民营企业”“全国招标代理诚信先进单位”“全国工程造价咨询先进单位”“全国招标代理机构诚信创优AAAAA级”“上海市模范集体”“上海市工人先锋号”“上海市五一劳动奖状”“上海市文明单位”“上海市著名商标”“上海市劳动关系和谐示范单位”等荣誉称号。

◆ 追求卓越　行业标杆

东方投资监理在建设工程咨询服务领域全面开展业务，发挥综合优势，秉持印保兴董事长提出的“质量、服务、时效、程序、操守”十字真诀和“能吃苦、敢担当、会创新、善谋划”的12字要求，积极探索走出一条定位于为业主进行项目建设策划与组织，以合同管理、投资控制为主线、协调建设各方的项目管理发展道路；并在业内率先开拓“投资监理”业务，形成工程咨询专业一体化服务特色。

2002年公司通过国际权威认证机构的ISO9001:2000质量管理体系认证，2010年5月又通过了改版后的ISO9001:2008质量管理体系审核，建立了严格的咨询服务成果三级复核制度。

根据当前建筑业改革发展和咨询业务发展创新的新情况、新趋势，东方投资监理成立创新业务协运小组，聚焦新业务，统一负责公司的BIM、PPP、电子招投标等新兴咨询业务，以及传统咨询业务在绿色建筑、装配式建筑、海绵城市、综合管廊等新领域内的探索研究、经营拓展、生产运行等工作。

公司技术条线利用历年数据积累和信息优势，通过对大数据的处理，挖掘出有价值的信息，积聚新资源，让数据产生价值，打造公司核心竞争力。

目前公司具有英国皇家特许测量师（RICS）资格48人，是上海市唯一拥有菲迪克（FIDIC）国际认证咨询工程师的民营工程咨询企业。通过各种内部和外部培训加强员工自身素质和能力，培育新能力，提高竞争力，具备国际化视野，为公司未来国际化储备人才。

东方投资监理因咨询业绩显著、社会信誉良好、技术力量强、专业水平高、服务细致周到而成为业内重要骨干企业，同时为上海现代服务业联合会、上海市咨询业行业协会（市科委系统）、上海市工程咨询行业协会（市发改委系统）、上海市建设工程咨询行业协会（市住建委系统）、上海市司法鉴定协会（上海市司法局牵头）等五个协会副会长单位的企业，在行业发展中发挥积极作用，并在一些国家级的行业协会担任副理事长、常务理事、名誉理事、执行主任等。

◆ 征战九州　纵横四海

在国家加大基础设施投入和城市建设的形势下，各类工程咨询业务随之增加，东方投资监理抓住这一发展机遇，通过多种途径开拓业务，有的是跟随长期合作的业主到外省市开展新的项目；有的是利用当地业务资源设立分支机构；还有的是争取当地政府项目的咨询业务。

按照公司改制之初就提出的“全员经营，做大做强，走出上海，接轨国际”的经营方针，除上海以外，多年来公司已在内蒙古、吉林、辽宁、北京、天津、青海、陕西、四川、重庆、山东、河北、河南、安徽、江苏、浙江、福建、湖北、云南、广东、广西、海南等20多个省、自治区、直辖市开展业务。上海以外地区的项目已占公司业务总量50%以上。据不完全统计，迄今承接的各类工程咨询项目规模已达5 500亿元，为国家和建设单位节约了近600亿元宝贵的巨额建设资金。比较典型的有：大型城市基础设施项目，如：上海浦东机场、上海虹桥机场、昆明长水机场、杭州萧山机场、南宁吴圩机场、重庆江北机场、青岛胶东机场、海口美兰机场、新疆乌鲁木齐机场、合肥地铁二号、三号线、军工路越江隧道等；公共工程建设项目，如：上海迪士尼乐园、"世博中心"等多个上海世博会项目、中国浦东干部学院、海南博鳌亚洲论坛国际会议中心等；大型综合性和高级商务楼项目，如：上海中心、珠海十字门中央商务区会展商务组团、郑州、西安、苏州、上海等绿地集团项目、天津大悦城、上海大悦城、杭州大悦城等中粮集团项目、上海虹桥天街、杭州天街等龙湖集团项目、上海浦江国际金融中心、外滩国际金融服务中心等；工业项目，如：大飞机项目、上汽临港产业基地工程项目、上海卷烟厂"中华专线"及北京、天津、江苏、浙江、福建、重庆、贵州、云南等多个烟草工业技术改造项目；商贸酒店项目，如：青岛国际啤酒城、外滩华尔道夫酒店、佘山深坑酒店等；房地产项目，如：崇明国际生态岛建设绿地长岛项目、华侨城苏河湾、中国平安杭州钱江新城项目等；还有诸多司法鉴定和仲裁项目；等等。

◆ 扬长避短　接轨国际

在为境外业主提供造价咨询服务的过程中，东方公司扬长避短、精准把控，得到了外方业主认可，体现出响应迅速、服务贴心、熟悉政策、了解施工的优势。

承接外资项目，造价咨询水平必须与国际接轨；而打造一支熟悉国际造价咨询管理的队伍更成为至关重要的前提。东方投资监理对此大力推进两项工作：一是引进一批具有丰富境外造价咨询经验的资深人员，作为境外领域的技术带头人，并承接到如满洲里香格里拉大酒店等一批外资项目；二是主动选送具备相应条件的专业人员考取MRICS（英国皇家特许测量师）和MCIOB（英国皇家特许建造师）资格，全面推进MRICS与MCIOB的培训工作，取得外资项目开拓的可持续发展。目前，东方投资监理具有MRICS和MCIOB资格的人员已经达到65人，成为国内造价咨询机构（包括境外机构）中拥有上述资格人数最多的公司之一。

董事长印保兴曾连续三届（包括首届）当选RICS中国区委员，是国内9位中国分会成员之一，并被RICS特许测量师学会中国分会选为中国分会荣誉司库及外部事务和公共关系委员会主席，也是国内极少同时为FRICS和FCIOB资深会员的专业人士之一。东方投资监理对RICS在中国大陆的发展始终积极参与并热情支持：2008年3月，RICS中国分会第一届会议在东方投资监理公司本部召开；从2008年11月开始，包括重庆市建设工程造价管理协会和RICS重庆办公室共同组织的西南片区RICS会员代表团等多批兄弟省市同行访问东方投资监理，并举行工料测量与造价专业发展交流座谈会。2010年7月20日，东方投资监理承办了"欢迎RICS全球主席及首席执行官偕高层人士来上海参观世博，共同推进上海现代服务业合作发展”会议。2016 年 1 月 14 日，东方投资监理与皇家特许测量师学会（RICS）签署合作协议，成为战略合作伙伴。

公司董事、常务副总经理印捷欧作为行业青年咨询精英，11 月份受英国皇家特许测量师学会（RICS）邀请，成为 5 位受邀代表中的唯一亚裔代表，在伦敦 RICS 总部接受封闭式培训；结合培训，作为公司高管领导和行业领头人，正努力研探“一带一路”战略中，如何“借势出海”向国际化发展的新思路。

◆ 政治引领　党建先行

公司在着力发展经济的同时，努力促进精神文明建设。董事长、无党派人士印保兴始终认为：民营企业同样必须坚持党的领导，党组织担负着政治引领、推动发展、凝聚人心、培养人才、服务员工、促进和谐等使命。

在上海市主要领导关心下，公司党组织从无到有，不断发展。公司于 2004 年 2 月成立了党支部，2008 年 4 月升格为党总支，2010 年 9 月成立党委，成为本市非公专业咨询服务行业中最早成立党委的企业。现有党员 105 名。公司还建立了工会、团委和职代会制度，团结凝聚员工，构建和谐企业文化。多年来，公司党组织获得了“上海市两新组织五好党组织”“上海市静安区创先争优先进党组织”等多项荣誉。董事长印保兴被授予“上海市优秀党建之友”“上海市优秀员工之友”称号，他连续当选第十三、十四届上海市人大代表、被授予“全国优秀中国特色社会主义事业建设者”称号。董事、党委书记徐新华被评为“上海市劳动模范”，董事、常务副总经理印捷欧获得“上海市巾帼建功标兵”和“上海市青年咨询精英”称号，项目经理金小武获得“上海市五一劳动奖章”；徐新华当选本届闵行区人大代表，董事、总经理周培康和印捷欧皆为本届静安区政协委员，董事、副总经理夏敏连续三届当选静安区人大代表。

2014 年，公司党组织关系归口上海市社会工作党委。

◆ 上善若水　慈善捐赠

东方投资监理在努力把企业做大做强的同时，承担起崇高的社会责任。多年来，通过创造良好经营业绩，上缴税收逐年递增；同时吸纳员工也越来越多，为解决就业做出了积极贡献。

公司发展不忘感恩人民，回报社会，并形成了自己独特的慈善文化：即以企业捐赠为主、领导和党员模范带头和员工踊跃参与。近年来积极参与社会各项公益慈善活动，慈善公益累计捐款近 1 700 万元。

在董事长印保兴倡议下，从 2006 年起，公司每年捐资数十万元，先后在江西井冈山、安徽大别山、云南文山、甘肃礼县、陕西富平、湖北五峰、贵州福泉、湖南东安、广西玉林、内蒙科尔沁、青海久治、宁夏等地建造 12 所希望小学，不少公司高管多次到所捐建的希望小学看望慰问学校师生。2014 年获“上海希望工程实施 20 周年希望工程突出贡献奖”。

东方投资监理坚持正确的企业社会责任理念，在企业发展中兼顾国家、社会、客户、职工的利益。把推动社会进步、帮助弱势群体作为企业的一份责任和义务，积极参与社会各项公益慈善活动，在社区共建、帮困助学、志愿服务等方面发挥作用。如向地震等重大自然灾害赈灾捐款、敬老助学献爱心、资助双拥工作、慰问老劳模、支持法制宣传、给农民工捐书、参加造血干细胞捐献志愿者等，为难有所助、困有所帮、贫有所扶、善有所为尽了一份力。为此，印保兴董事长被授予“上海市抗震救灾捐赠特别奖”“上海工商联系统抗震救灾先进个人”“第六届上海市慈善之星”“上海市光彩之星”等称号。

◆ 和谐企业　凝心聚力

东方投资监理是国内建设工程咨询行业的领先企业。拥有一支高素质的专业队伍，其中包括国务院特殊津贴专家、教授级高工在内的高、中级专业技术职称者 150 多人、中国注册造价工程师 128 人、中国注册咨询工程师(投资)和全国招标师 58 人次、上海市招标工程师和国家执业司法鉴定人 147 人次、英国皇家特许测量师和英国皇家特许建造师 65 人次，具各类执业资格和专家人数在业内名列前茅。

人才强企成为东方投资监理做大做强的坚实基础。无论是继续教育、专业培训、执业资格考试，东方投资监理都会为员工精心设计、周到安排，舍得投入，打造一支专业队伍。许多员工进单位时是一张白纸，经过悉心培养，项目历练和专业提升，都在白纸上画出了精彩的图画，成长为业务骨干、部门经理，甚至公司高管。

在企业发展的历程中，东方投资监理始终把人力资源看作是企业最为宝贵的资源之一。管理层认识到：只有树立以人为本的科学发展观，建立和谐劳动关系，才能使企业持续稳健发展。董事长印保兴提出的“两个发展”“两个授予”和“成果分享”理念，是开展人才工作的指导思想。“两个发展”即：既有企业发展，也要有员工的发展，才是企业可持续的发展；“两个授予”是：对员工不仅要授之以鱼，还要授之以渔；“成果分享”为：全体员工共享企业发展成果，并感恩人民，回报社会。

对员工“授之以鱼”。按时足额支付员工工资和缴纳四金。依法签订和履行劳动合同，员工可享受国家规定的包括年休假在内的所有假期；人力资源部门及时为外地籍员工办理人才居住证和居转户申请。

对员工“授之以渔”。公司注重构建学习型企业，建立和完善培训制度，定期组织业务知识、管培生、职业道德等各类培训，提升员工的专业能力和综合素质。在年度绩效考核中设置“参加学习培训从不缺席，主动并善于接受和掌握新知识”的评分项，起到了良好的激励作用。设立带薪学习假和带薪考试假，鼓励员工积极报考工作所需的造价工程师等资格；为表现优秀的员工创造条件申报中、高级技术职称。如指导论文撰写，给予项目实践机会等。公司每年都有一定数量的员工获取各类执业资格和中、高级专业技术职称。

公司每年用于员工继续教育、专业培训、执业资格考试的费用及奖励达数十万元，有力推动了企业人才培养和开发工作。

公司还成立了人才工作领导小组，董事长亲自任组长，表明对人才开发工作的高度重视。2012年公司设立了人才培养基金。人才基金用于奖励在工程咨询、工程造价、工程招标代理、项目管理等专业理论与实践探索中做出突出贡献的人员，以及考取各类工作所需执业资格的员工，各类成果(或论文)获奖的项目主要带头人等。

未来，在经济新常态下，面对经济下行压力和激烈的市场竞争，东方投资监理将着眼大思路，谋划大格局，构筑大平台。进一步树立危机意识和责任意识。加强探索创新，优化体制机制，着力开拓经营，做好统筹协调，提高管理效率，提升技术能级，注重人才建设，塑造品牌形象，提升竞争实力。

坚持"走出去"经营方针，着力拓展二三线城市项目。特别是重点关注国家"一带一路"战略所产生的新增项目效应。捕捉相关地区和项目信息，及时抓住商机，觅得良机，抢得先机。

继续探索PPP、"互联网＋"、BIM技术和电子招标的应用。通过项目实践，探索造价咨询业务创新模式，同时锻炼出一支精锐先行的队伍，保持东方投资监理在行业的领先地位。

四、上海市市政工程管理咨询有限公司

上海市市政工程管理咨询有限公司成立于1992年7月，是上海市市政公路行业内的成立较早的监理咨询服务企业之一。公司具有城乡建设部市政公用工程、公路工程、房屋建筑工程甲级监理资质，交通部公路工程甲级和特殊独立大桥专项、特殊独立隧道专项监理资质，国家技监局工程设备乙级监理资质、人民防空工程乙级监理资质，工程招标代理暂定资格。现有员工500多人，其中高级职称技术人员50人，中级职称技术人员140多人。各类注册人员153人，其中有建设部注册监理工程师55人，交通部注册监理工程师57人，注册造价工程师4人，注册安全工程师17人，注册建造师20人。公司历年完成监理、项目管理产值均达亿元以上。

公司从成立之时，就明确了发挥专业优势，立足市政公路，力争站在行业前列的目标。经过近25年的发展，公司在市政基础设施、公路工程、特大型桥梁、大型越江隧道工程等施工领域，尤其是在越江大盾构的施工监理方面，积累了丰富的经验，锻炼、培养了一批专业人才。目前，公司已发展成为以监理为主业、项目管理并举的具有一定专业特色的咨询服务企业。项目主要集中在公路、市政道路、桥梁、排水、污水处理、地铁、隧道、房建等领域。

截止2016年底，公司两次获得中国建设监理协会"全国先进工程建设监理单位"称号，获得"监理创新发展二十年工程监理先进企业"称号，三次获得"中国交通建设监理协会优秀监理企业"称号，获得"交通建设监理品牌企业"荣誉。从2002年到2016年，连续十五年获得"上海市重点实事工程立功竞赛优秀公司"称号。公司所属的项目管理、监理团队获得"上海市实事立功竞赛优秀集体"称号15个，"共青团上海市标杆青年突击队"

称号1个。累计有295人次获“上海市重点实事工程立功竞赛先进个人”或“优秀建设者”称号。

同时,公司监理的项目获得“国家优质工程”金质奖2项,银质奖4项,“中国土木结构詹天佑奖”2项,“鲁班奖”3项,“中国市政工程金杯示范奖”14项,“上海市市政工程金奖”87项,“上海市优质结构奖”12项。

◆ 不断实践,形成鲜明专业特色

通过依托技术优势,把握城市发展脉搏,紧跟改革步伐,坚持特色,公司把市政基础设施、公路工程领域作为企业的核心竞争力,把“做实、做强”作为企业的发展理念。特别是在桥梁预制拼装、大直径盾构隧道监理、设施建成后运行养护管理等方面,积累了丰富的实践经验,形成了专业特色,树立了自已的经营品牌。

1. 大盾构监理作业

随着我国城市化建设的发展,地上空间的开发开始遇到了瓶颈。充分发展和利用地下空间,已成为城市发展的新趋势。在软土地区,盾构法隧道施工已经成为建设地下交通的主要技术手段,能否承接大直径盾构工程的监理,对监理企业的实力、水平都是严峻的考验。

近十年来,公司先后监理了本市、外省市十多条大直径盾构隧道,取得了业内令人瞩目的成绩。这些大直径盾构隧道概括起来有以下几个特点:

(1) 隧道直径大。2005年开工建设的上海长江隧道工程,盾构外径达15.43 m,为当时的世界最大直径盾构隧道;目前在建的武汉地铁七号线一期越江隧道(三阳路隧道),为目前国内最大直径的盾构隧道;

(2) 掘进距离长。上海长江隧道工程,一次掘进距离7.5 km,为当时世界上一次掘进距离最长的盾构隧道工程。

(3) 水压高。南京纬三路过江通道工程,盾构施工承受水压高达0.74 MPa。相当于75 m水深产生的压力。

(4) 隧道局部覆土厚度薄。北横通道工程,进出洞段隧道顶最小覆土为0.6D,南京纬三路过江通道工程,江底隧道局部覆土厚度亦仅有0.6D,均属于典型的浅覆土盾构隧道。

(5) 盾构机掘进中的高风险。上海长江西路隧道工程,盾构机在地下30多米深处,近距离穿越运营中的轨道交通三号线及逸仙路高架的桩基,距桩基仅仅1 m之遥;南京纬三路过江通道工程,长距离穿越高石英含量的砂卵石层及复合地层。

(6) 超深基坑。长江西路隧道工作井超深基坑,开挖最大深度达35.15 m;深基坑紧邻运营中的轨道交通三号线(距三号线桩基仅29 m),为上海开挖难度最大的深基坑之一。北横通道筛网厂工作井的地下连续墙,深度大70 m,创了上海市的地下连续墙深度值最。南京纬三路过江隧道的梅子洲风井基坑,开挖深度到达46.45 m,属国内为数不多的超深基坑之一。

(7) 小弯道半径推进。北横通道新建工程，最小转弯半径小于 600 m。

2. 装配式桥梁监理作业

随着我国城市化进程的快速推进，城市高架桥梁的建造规模越来越大。上海于 2012 年启动了桥梁全预制拼装技术的研究与应用。公司及时把握了机遇，全过程参与了上海预制拼装施工试点项目及后续应用的监理和项目管理。

作为上海市首家参与该工艺研发和管理的监理单位，公司历经 5 年时间，参与了材料研发、现场试验、方案论证、表式(包括验收指南)汇编以及大规模施工等过程的基础管理工作。

研发初期，公司监理团队主持并参与了高性能混凝土及注浆材料的配合比设计工作，经过近百次的试验，最终取得预期成果，为该工艺的应用提供了基础技术保障。在施工准备阶段，参与了工场建设、设备配置、钢筋胎架和模板系统设计、起重吊装运输以及现场安装等多种方案的讨论、比选和论证工作。实施阶段中，监理团队通过宣讲、培训和交底等形式，剖析新工艺与传统工艺的差异，构思新的监管模式，提出各道工序的管理要点，制定了监理在预制拼装工艺中新的关键点和控制点，为监理单位更好地把控施工现场安全、质量，培养和提高监理人员现场监控水平和业务技能起到了重要作用。

公司参与编制了包含总则、术语、钢筋模块施工、桥墩构件预制拼装等内容的《桥梁预制拼装施工质量验收指南》和与该工艺施工配套的施工、监理用表，真正做到现场施工、验收有依可循，有据可查，使得监理管理工作"有序化、标准化、规范化"。2015 年，公司又参与了上海市规范《预制拼装桥墩技术规程》的编制，使得预制桥墩拼装技术上升为地方标准，进一步提升了该技术的高度。

3. 城市基础设施的运行养护管理

大规模的城市建设后，如何管理好城市基础设施，成为政府面临的重要课题。

2002 年，原上海市市政工程管理处(市路政局前身)开始推行"高架道路、城市桥梁运行委托管理和养护监理"。公司从承接首个委托项目开始至今已有 15 年历史，先后参与了申字型高架(由内环线、延安路、南北、沪闵、逸仙路高架组成)、市管桥梁(跨苏州河、铁路 38 座桥梁、延安路沿线 10 座人行天桥)、多条越江隧道(延安东路隧道、新建路隧道、人民路隧道等)和虹桥枢纽(核心区)高架道路等设施的运行和养护管理工作。

市政基础设施运行管理和养护监理，作为项目全寿命周期最后阶段——建成后生产运行阶段的管理，是一项新生事物，没有相应的规范标准可遵循，没有现成的经验可借鉴。公司根据合同要求，通过长期的实践和探索、积累，逐渐形成了一套满足业主要求、适应市政基础设施运行养护管理需求的组织机构设置、管理思路和各项制度、工作流程和控制方法；培养了一支社会责任感强、技术过硬的管理队伍和技术骨干。

此外，公司还积极拓展更多业务。比如，水处理项目建设，是城市发展的重要环节，海绵城市的理念正逐步被接受。公司从老本行排水管道开始，到排水排污泵站、污水处理厂；从开槽埋管到顶管施工，监理业务持续发展。公司参与了早期的合流污水一期二期和二港截流的建设，完成了西藏路电力隧道(直径 3 m)和白龙港污水管道(直径 4 m)

的顶管,完成了日处理170万t的竹园污水厂。

◆ 抓住机遇,开展全过程服务

2002年,上海市开始了政府职能转变,在市政建设领域内试点项目代建制。这是提升企业发展的一个机会,公司积极争取申请政府投资项目的代建管理资质,被上海市建设和交通管理委员会批准为上海市首批政府投资项目工程管理公司。公司由市政工程监理技术咨询公司改名为市政工程管理咨询公司,积极向全过程项目管理领域发展。公司当年就承接了沪太路道路拓宽改建工程的代建任务,开启了代建管理的破冰之旅。

在代建管理运作过程中,公司善于汲取施工阶段监理经验和感悟,充分发挥监理技术管理优势和合同管理经验,并根据市政基础设施建设点多线长、社会影响面广、交通压力大、干扰因素多、协调对象多的特点,不断充实项目前期阶段管理人员,探索以往做监理时不涉及的全阶段项目管理内容,包括项目前期的手续办理、可行性研究、初步设计、施工图设计、项目勘察、优化设计、招投标、材料设备供应、竣工验收、费用结算,以及项目后评估等方面的管理控制。通过不断地实践和经验交流,逐步摸索出一套行之有效的市政基础设施工程代建管理各阶段工作程序和办事流程以及管理办法。

随着咨询企业以代建单位身份介入到项目管理活动中,业务范围的拓展也对自身素质提出了更高的要求。它要求监理企业转变自身的社会角色——“由现场监理”转变“为项目管家”,服务宗旨“由确保工程质量、安全”转变为“提高项目的整体投资效益”,服务方式“由按规范操作”转变为“一切以建设方(业主)需求为准绳”,从而提高服务价值,使自己跻身于智力密集型行业中。更主要的是,通过代建制管理积累了经验,培养锻炼了一批人,在以后的监理工作中,对执行建设程序、管线搬迁、交通配合、社会协调等方面,能更好的为业主服务。

公司从沪太路改建工程开始,逐步有了福建路桥、周家嘴路、曹安公路、南环高速公路等项目的代建任务。目前,公司承接的苏州中心市政配套工程的项目管理任务,包括:地面道路桥梁、地下隧道、大型立体停车库、地铁车站、景观桥梁在内的大型综合市政基础设施,总投资28亿元人民币。

◆ 优良服务,赢得业主信任

公司的宗旨是,在市政公路行业的监理中,成为骨干企业和信得过企业。通过做好项目管理和监理服务,履行合同,使业主满意,社会认可。

1. 参与标准研究,提升技术水平

公司创立初期,就明确提出公司要走技术发展的路子。为此,主要做了两方面的工作:

一是积极介入相关监理资料方面的工作,帮助行业和业主制定相关的规定和规则。如前期的浦东新区的监理表式,市政局的监理管理文件,质监站的施工监理表式,到后来的上海市安全管理规程、城市排水施工表式等。通过把握行业的发展和需求,倒逼企业提高对这方面知识的了解和掌握。

到目前为止，公司参与了多部专业规范性文件的编写，主要有《交通建设监理岗位职责手册》《建设工程施工安全监理规范》《建设工程监理施工安全监督规程》《预制拼装桥墩技术规程》《交通建设监理企业管理指南》《上海市市政市政工程质量保证资料》(95 表式)等。

二是加强技术和技能的培训，努力创建学习型团队。结合管理、监理项目，公司和各个项经部项目组，开展了形式多样的培训和现场观摩活动。同时，每年开展技术总结、论文和课题的讨论，鼓励各项目组参与项目上的技术攻关和活动。

2. 严格管理，打造有战斗力的团队

培养有纪律有素质有技能的团队和业务带头人，是一个公司能够立足市场扩展市场的主要抓手。公司领导层将跑工地作为日常工作之一，带头深入工地了解情况、人员工作情况和团队服务情况。

公司从 1998 开始质量体系的贯标，2006 年完成质量、职业健康安全、环境三体系的认证；并结合实际，坚持开展了“四合一”活动，把贯标、立功竞赛、示范项目组、诚信建设四项活动结合在一起，目的就是规范行为、提高服务水平。

通过抓住主要骨干人员和内部的严格管理，造就了公司能吃苦敢打硬仗的风格，打造了一批现场服务好的团队。十多年来，公司在重大实事立功竞赛方面，成为行业的佼佼者，连续 15 年被授予“上海市立功竞赛优秀公司”称号，在行业里是第一家。在市建设咨询行业协会的示范项目部活动方面，公司每年推荐项目接受检查，每年都有项目获得“示范项目部”承号，既展示自己的服务，又在公司内部树立起标杆。多年来，在公司的精心管理与持续培育下，拥有了一支监理业务水平过硬、现场管理水平够强、思想觉悟够高、监理纪律严明的监理队伍。能够对工程建设过程中的安全、质量、投资、进度等方面真正起到真正的保驾护航作用。

◆ 诚信服务，打造企业品牌

诚信服务是企业的品牌，公司成立之初，就将诚信建设作为主要抓手。

一是企业的职业操守，监理工作必须坚持职业准则，公正公平，廉洁自律。

二是企业的合同意识，认真履行合同。

三是企业的合法合规经营，遵守行业自律公约维护行业利益，不低价竞争，不搞挂靠。

四是企业的社会责任。公司所从事的城市基础设施建设，都和人民生活息息相关。公建设施百年大计，无论是建设期的质量，还是运行期的维保，只能以尽心尽责、一丝不苟、便民利民的态度来应对。

公司还注重社会公益活动，如和周边街道结对帮困助学，安排残疾人就业等。在 2008 年汶川大地震后，在上海市建交委的安排下，公司积极派出人员到都江堰参加灾后重建工作，做出了贡献，获得了抗震救灾先进的荣誉称号。

随着建设市场改革的深入，监理服务向项目前期策划和后期运行阶段延伸势在必行。上海市市政工程管理咨询有限公司将继续致力于做具有中国特色的项目管理咨询企业，努力塑造优秀的品牌形象和良好的市场信誉，在市场发展的浪潮中，以“诚实、守信、优质、高效”的服务宗旨，做好服务工作、提高管理效益，实现自身竞争力的进一步增强。

五、上海沪港建设咨询有限公司

上海沪港建设咨询有限公司隶属于沪港国际咨询集团，经过多年发展，沪港已成为专业从事工程咨询、造价咨询、招标代理、政府采购、司法鉴定、审计咨询、评估咨询的大型综合性现代服务业企业，近年来，沪港相继获得“全国文明单位”“全国五一劳动奖状”“全国模范劳动关系和谐企业”“全国巾帼文明岗”“全国招标代理机构诚信创优 AAAAA 先进单位”“全国工程造价咨询企业营业收入百强”第一名、“中国最具竞争力招标机构百强”第六名、“中国造价行业最具竞争力招标机构”第一名等荣誉称号，沪港国际咨询集团党委书记、董事长郭康玺当选为获“国务院特殊津贴专家”“优秀中国特色社会主义事业建设者”“上海市人大代表”“上海市优秀党务工作者”“全国劳动模范”等荣誉称号。

本着“客户第一，沪港第二”服务宗旨，沪港不断追求质量优胜，效率率先、转型升级、创新超越，打造一流的执业能力和品牌价值，形成了大平台、大管理、大创新、大文化的发展格局和竞争优势。

◆ 大平台是“基”，实现专业咨询全覆盖

工程、审计、评估、估价四大业务板块联动，实现以客户需求为核心的“服务”战略。企业领导带领员工认真认识市场、了解客户的现有与潜在需求，并将此导入企业的经营理念和经营过程之中，不断为客户提供超出行业标准的期望值，形成差异化竞争优势。根据客户需求，沪港提供菜单式、全过程、一条龙等多种服务模式，“菜单式服务”：规划咨询、项建书、可研、估算、概算、预算、工程量清的制价、招标代理、政府采购、投资（财务）监理、竣工结算审核；“全过程服务”：项目管理 、全过程造价控制 ；“一条龙服务”：前期咨询 & 竣工决算、招标代理 & 投资控制、清单编制 & 结算审核、工程咨询 & 财务监理等。

依靠大平台，沪港不断开发专业服务行业的“高地”，做高产业链，向高端化发展，以满足客户高端化的需求。做政府专业顾问，为政府“简政放权”提供决策咨询服务；做政府审计顾问，机关事业单位内控制度建设，经济责任审计中的建设项目管理评判，离任审计中的招投标行为评定，为政府审计管理保驾护航；做政府咨询“军师”，从项目规划、决策、实施、验收、运营、管理做政府的“全科医生”。如：某区新城规划咨询、城市设计招标有效控制前期投资；某大居 180 亿元总投资，土地储备成本审计，核减 5 181.36 万元；为专业性极强涉及民生的供排水项目提供投资监理、审计服务，节约投资率超过 20%。

◆ 大管理是“道”，创造价值夺竞争优势

多年来，沪港已构建集团化、专业化、标准化的管理体系，通过管理增强核心竞争力。

“集团化集中管理”：建立项目统一管理制度，对客户高度负责，反应机制快速有效。充分发挥公司的综合优势，统一的集团管理，统一的人员调配，统一的项目管理，形成战之能胜的团队，在同行业中率先建立了项目集中管理制度，采用先进的内部项目管理系统软件，从项目承接、人员安排、项目进行、报告出具、客户反馈等全方面来进行动态管理，早已告别单兵作战的小作坊模式，充分发挥大公司团队作战的优势，保证了项目的时效和质量，尤其是大规模、时间紧的项目，集中管理体现出的高效率团队作战能力得到委托方的一致认可。

“技术专业化管理”：支撑一，“咨询成果数据管理”，建立实际市场价格要素资料库、实际结算工程指标数据库、建立新型建筑（如装配式建筑）造价指标、建立绿色建筑造价指标个性库、全覆盖的苗木数据库、审计问题案例库、合同范本库、专家资源库等。支撑二，“新技术、新业务研究”，如：BIM 计量、计价规则研究；建立基于 PPP 条件下工程造价控制模式；建设项目绩效评价指标体系设计；司法鉴证的时效标准与规范；等等。支撑三，“业务成果化管理”，每年 260 个条线总结报告；每年 90 个专业报告；每年出一本公司业务规范汇编；每年组织专业论坛。支撑四，“信息化和网络化建设成为强有力支撑”，实现 OA 与多专业板块的融合管理平台；全方位的项目立项、实施进展、合同执行、报告审核、成果归档监控；向项目参与单位开放的协同平台设计。

“执业标准化管理”：举措一，“延伸到核稿体系的标准建设”，成立标准室，核稿专业细分、流水化作业，总结归纳的“十八大”常见病、多发病，发布《核稿问题半月谈》。举措二，“界面管理、合同管理”，从招标策划阶段开始的界面管理，有效防范投资控制盲区，合同范本体系建设，培育业主的项目管理能力，让业主始终处于主动地位，职业律师成为项目组成员之一，过程中规避法律风险，成为索赔处理、反索赔的行家。举措三，“职级分层”，每年通过考试考核，对专职招标业务人员进行职级分层和核定职级，职级分为：初级计量员、中级计量员、高级计量员、助理专业师、专业工程师二级、专业工程师一级、项目经理等七个职级。各职级职责明确，考核量化，促进业务发展更精细、更专业。举措四，“时效管理”，制定项目时效标准、建立超时效单管理制度，每月召开项目汇报会，总师、部门经理 100%掌控，三个月以上项目部门经理亲自协调解决，建立五级审核限时，各级审核不超过 24 小时，对修改报告时间考核，修改报告不得超过两天。

◆ 大创新是“法”，专业发展才是硬道理

沪港不断解决发展中的专业、质量问题，创新业务管理，进行了以下业务创新，有效提升专业价值及服务质量。

“量价分离”：将计量与计价分离，由计量员按照计量依据，对工程实体的工程量做出正确的计算；由专业工程师按照约定的计价模式，正确计算项目全部费用。推行量价分

离的模式，使得专业成果更精准、更高效，另一方面，计量、计价相互制约，从机制体制上确保建设资金安全。

“背靠背计量”：对于财政资金项目、复审项目、备案项目、建安投资超过3 000万元项目实行背靠背计量。背靠背要求对同一项目由两个计量组同步计量，由专业工程师对两套计算稿核对，找出差错原因，最终确定工程量。

“五级控制”：实行主审、项目经理一级审核→部门经理二级审核→专业委员会三级审核→专业总师四级审核→主管总师五级审定的质量控制体系，对于重大、异常、问题项目还要增加总师会审及董事长签批环节。

“总师会审”：对于以下五类项目必须通过总师会汇报审核：①核减率小于15%的工程审价项目；②建安造价(送审)在1 000万元以上的项目，或土建专业单项送审金额大于800万元，或安装专业单项送审金额大于200万元的项目；③价格备案项目；④复审的项目；⑤投诉的项目。

“质量评审100%”：建立质量评审制度，如审价报告质量评审从工程量、定额(单价)、费率、材料价格、核增部分依据和正确性、报告文字等方面进行评审打分，如招标文件质量评审从招标方式、标段划分、投标人资质要求、承包方式、计价模式、合同模式、材料供应方式、评标方法，报告文字等方面进行评审打分。并将打分结果计入质量档案、纳入个人、部门考核。

◆ 大文化是“擎”，推动企业发展健康化

多年来，沪港积极践行社会主义价值观和“忠诚、创新、卓越、无私”的企业价值观融于决策及其发展的始终；独具特色的党建文化、做人文化、改革文化、批评文化、诚信文化、人才文化、廉洁文化、质量文化、管理文化、感恩文化、团队文化、创新文化成为沪港靓丽的风景线。

“党建文化”：党建从业务工作入手，开展“业务冲刺活动”，实现产值增长20%的目标。从人才培养入手，用“老三篇”精神引导“红”与“专”，积极塑造新时代的小雷锋、小白求恩、小愚公。从项目服务入手，开展“优质项目竞赛”，提供优质服务、创立优秀品牌。从组织建设入手，开展“党内托管”，加强党员管理，“业务工作拓展到哪里，党的组织就建到那里”。从共建活动入手，开展“结对共建活动”，机关共建、楼宇联建、项目合建、个人互建，促进专业队伍的廉洁、正气。从解决突出问题入手，开展“先锋行动活动”，解决人才不愿到外地工作、不善于管理等问题。

“做人文化”：孝敬父母、尊重老师，过年过节别忘了给父母发条信息、买份礼物；主动帮助老师擦桌子、倒水……要做一个高尚的、懂礼仪有修养的人。

“改革文化”：打破传统的“师父带徒弟、单兵操作”模式，推出“集体带教”的大学生体制改革，实行业务细分、量价分离，在中国大陆率先做到了与国际先进审计理念的接轨。

“批评文化”：每周中层干部例会上，都会对干部发生的问题进行通报，并张贴于文化长廊的白榜上，持续21年的清明“批评与自我批评”，要求领导干部人人“过关”。日常工

作中每个干部要做到“常洗澡、常照镜子”，并及时整改。形成了有效的纠错机制，提升了干部的自身修养和管理能力，同时大大提升了作为“不穿制服经济警察”的公信力。

“诚信文化”：“把项目交给沪港做就是放心，因为沪港是一家政治上可靠的企业”，这是很多客户对沪港的印象和评价。诚信作为沪港人追求的信条贯穿审计、评估、造价、咨询等的全过程。如新三板上市前审计，发现一些单位是两套账，其中有一套账是假账，而且被审计单位还与审计单位挑明了。尽管该项目一年可以赚几百万，但沪港人坚决不做。沪港人以一流的职业道德，与政府、社会一起，打造了政府、企业和个人良性互动的诚信链条，受到社会好评。

“人才文化”：董事会始终坚持“给想干事的人以平台，给能干事的人以舞台，给干成事的人以讲台”，党团、行政、专业三通道，对于每一位沪港人来说机会都是均等的，任何人不需要“拼爹”、不需要论资排辈，只要有一颗积极上进的心，与公司同心同德，梦想有多大，舞台就有多大，所以沪港大批年轻人能够“任性”成长，甚至有了 1994 年出生的模拟经理。

“廉洁文化”：建立廉洁风险防控机制。如建章立制，杜绝制度机制风险；实行“量价分离、专业细分”，降低业务流程风险；开展廉洁文化及职业道德教育，控制思想道德风险；建立廉洁预警机制，防范岗位职责风险；组织道德讲堂活动，把开展道德实践活动与培育廉洁价值理念相结合……不受贿，不吃请，不介绍关联业务，沪港的廉洁工作得到了社会各界的肯定。

大平台、大管理、大创新、大文化，成为了沪港最活跃的因素，不仅起到了增强员工凝聚力、向心力的作用，还转化为强大的生产力，有力地推动了企业的发展壮大。

六、上海明方复兴工程造价咨询有限公司

成立于 1994 年的上海明方复兴工程造价咨询有限公司前身是“明方审计事务所”，属上海市民防办自收自支的事业单位。1997 年与民防办脱钩改制。公司从初创时的 5 个人，发展到现在的 70 余人，其中近 60% 为具有注册造价工程师等职业资格的专业人员，1/4 的人员具有高级职称。2016 年，该公司从事工程造价咨询等业务实现业务收入 6 500万元，人均年产值 86.5 万元。

◆ 数位一体拓展多元领域

明方复兴是建设部首批颁发的“工程造价咨询甲级资质”单位，同时具有建设部颁发的“工程招标代理甲级资质”、财政部颁发的“政府采购代理机构甲级资格确认证书”和上海市司法局颁发的“司法鉴定许可证”，业务范围包括工程投资策划咨询、工程投资估算或概算编制、工程预算编制或审核、工程项目招标代理、全过程投资控制、工程前期动拆迁费用审计、工程竣工结算审价等。

作为数位一体、具备多项专业资质优势并拥有较长从业历史和执业经验的中介机

构，明方复兴自成立以来，通过招投标或接受委托方式，先后承接了各类大中型建设项目的投资咨询、招投标代理、全过程工程造价控制、结算审价、竣工财务决算审计、项目前期动拆迁费用审计等数百个建设项目，涉及项目的投资总额达数百亿元。专业服务覆盖建筑、安装、装饰、市政、园林、绿化以及公用事业等领域，项目类型也涵盖了公共设施、大型绿地、办公楼宇、轨道交通站点和土地储备项目的动拆迁及市容环境、市政道路整治修缮及新建社区住宅项目等，形成了建设咨询专业一体化服务特色。近年来，先后为“上海国际旅游度假区（即上海迪斯尼）核心区管理中心工程”“虹桥综合交通枢纽交通中心工程”“世博会市政配套设施工程”“上海市 A15 公路工程”“沪青平高速公路”“A30 高速公路”“沪宁、沪杭、沪嘉高速公路”“沪闵高架、内环高架、外环线工程”“上海国际赛车场工程”“东海大桥”“中新合作三林城”“上海市轨道交通 1、2、4、6、8、9、10 号线工程”等数百个工程项目提供了造价咨询、招标代理、结算审价、专项审计等相关服务。

不仅如此，明方复兴还积极拓展低碳绿色环保领域的业务，为纳米技术及应用国家中心项目、漕河泾开发区高科技园区、苏州河综合治理工程、临江水厂、白龙港污水处理厂、金汇港南闸改造项目、老港再生能源利用中心、老港综合填埋厂等项目提供优质服务。同时，公司还为外资、港资项目提供国际工程造价咨询服务，如 JCT 合同体系下的工料测量造价控制模式、港式清单服务等。

此外，遵从政府部门和行业协会实施机构专营、分口管理的要求，以上海明方复兴工程造价咨询有限公司为主体，通过内部资源整合和专业划分，还另行注册设立了上海复兴明方会计师事务所有限公司；并分别拥有大、中型国有企业年度财务会计报告审计、司法会计鉴定、基建财务竣工决算审计等多项特定审计资质；从而相互依托，分别对口承接相应专业的业务。如：工程造价咨询和项目投资全过程监理、工程决算审价及房地产估价、工程前期动拆迁费用审计和产权交易过程中涉及的各类资产评估业务，成为数位一体的紧密经营实体，因而能适应和满足对不同行业、不同类型客户提供多种形式服务的要求。

◆ 为政府投资项目“保驾护航”

自 2003 年起，明方复兴经严格的招标程序，已连续两届入围浦东新区审计局政府财力投资基建项目审计的特约委聘机构之一，2009 年 5 月再度成为浦东新区审计局委托的审计项目的中标供应商（工程和会计双双入选）。2008 年成为南汇区政府性建设项目委托工程造价咨询定点项目单位之一。2009 年、2011 年成为徐汇区审计局工程审计类中介机构。2012 年 4 月入围上海市财政局、上海市政府采购中心 2012—2013 年度上海市本级预算单位造价咨询服务机构。2012 年 5 月入围长宁区 2012—2013 年度政府投资项目财务监理服务供应商名册。2012 年 6 月入围浦东新区农业专项项目征集造价咨询（审核）协议供应商，2012 年 7 月再次入围浦东新区财力建设项目财务监理定点单位。2015 年入围上海市奉贤区财政局，入围 2015—2017 年期间闸北区财政局闸北区财政性资金基建项目财务监理（造价控制和财务管理）服务项目定点单位，2015—2017 年闸北区审计局一年度区属单位委托审计(审价)第一包财务审计、第二包工程审价定点单位,入围2016—2018年静安区财政局—政府财力建设项目—财务监理、预算审核、决算审价社会中介库定点单位。同时,明方复兴多年来作为上海市审计局、上海市建设和交通委员会造价咨询入库单位之一,为政府财力投资的控制作出了一定贡献。通过与国家审计机关间的合作,使公司承办人员在切实遵循各项工作规范的同时,也了解和掌握了国家审计的相关工作程序和业务标准要求,对自身的综合业务水准提高大有收获,为承办和开展同类型项目审计积累了丰富的实务经验。

明方复兴还对国家和地方的各项法律、法规、政策等非常熟悉,同时熟练掌握并成功地运用到实际工作中去,先后完成了诸多政府财政性投资项目,如上海市城乡建设和交通委员会内审项目、上海市规划和国土资源管理局土地成本认定项目、上海市房屋土地资源管理局大型住宅基地建设项目、第一中级人民法院审判楼、人民检察院第一分院业务办案楼、上海市统计资料馆、龙华医院改扩建工程、第九人民医院改扩建工程等,并受上海市审计局委托,协助完成了轨道交通4、6、9号线的部分项目审计工作,均得到了委托方的好评。

◆ 开启全过程造价咨询新模式

20世纪90年代,随着上海城市基础设施建设投资力度日益加强,固定资产投资规模大幅增加,工程造价咨询单位如何参与工程建设领域的管理,真正发挥造价咨询机构的作用,使建设项目从立项开始的整个建设过程都处于受控状态,成为了当时造价咨询机构面临的新课题。

1997年,明方复兴参与了中新合作三林城住宅项目的全过程造价咨询服务,这是上海市第一个全过程造价咨询试点项目,也由此打开了该公司投资监理的全新业务渠道。

在三林城的建设过程中,明方复兴运用工程造价管理的知识和技术,为寻求解决建设项目决策、设计、交易、施工、结算等各个阶段工程造价管理的最佳途径,从建设项目前期(立项、可行性研究)、实施(设计、施工)到竣工结决算各阶段、各环节,承担建设项目的项目建议书、可行性研究、投资估算、概算、最高投标限价、结算、竣工决算等的编制与审核工作,对工程造价全过程进行监督和控制。

着重事前控制。以工程施工期前及期中为重点控制阶段,并强化对前期设计阶段和招标投标阶段的造价控制与咨询工作的开展,加强对建设项目投资实施预控。

强调主动控制。全过程造价咨询在事前确立项目的投资目标和编制投资计划时,就对工程建设中环境的不确定性、风险因素等有主动性考虑和预测,分析各种因素对项目投资的影响,预测项目实施过程中目标和计划偏离的可能性,并采取相应的预控措施,对项目实施主动控制。同时,还通过深入了解施工过程,提前发现可能会产生争议的有关问题,将问题消灭在萌芽状态,使工程造价得以有效控制。

注重动态控制。在工程施工阶段,加强对合同执行情况的管理,严格把关设计变更及现场签证,及时进行工程投资执行情况的对比和分析,注重工程投资的“动态控制”和

“过程控制”。同时，协助委托方从项目管控体系上构建投资控制的基础和机制，及时发现项目管理及投资控制中存在的问题，并提出相应的解决措施和建议，以帮助委托方能够更好地提升管理水平，提高投资控制的效率和效果。

◆ 强化精细管理　提升综合效率

随着社会市场化的发展，市场、业主及管理机构对咨询行业提出了更高要求；同时，咨询行业的市场竞争也日趋激烈。如何在纷纭复杂的市场变化中寻求发展，明方复兴已积极从内部管理体制和管理机制、工程咨询信息技术手段和管理系统的引进和建立、专业人才的管理和项目总监的适配、以及高素质人才的培养和激励等方面采取一系列的改革措施，着力提高企业的“内生力”，以最大程度地赢得市场竞争。

改革分配制度。面对企业所面临的内外压力和企业可持续发展的需要，明方复兴迅疾改革和完善了层次清晰、职责分明的管理体制和考核严格、分配合理的管理机制；并完善了公司管理体制架构，制订了公司专业人员技术职务等级标准。其中，针对造价咨询业原先的粗放型管理，明方复兴加强了公司内部的“权力制衡”，一改以往一个项目谁做谁就全权负责的做法，而是所有的分配权均由公司掌控，确保时刻掌握相关人员的工作内容和质量，并根据其业绩给予相应考核奖励。

开发信息系统。采用工程咨询信息化技术，开发建立公司工程咨询信息管理系统，较完备的各类建设项目数据测算系统，为前台服务提供了强有力的支撑，以加强对业务系统工作的有效管控，提高公司整体工作效率和管理水平。该系统已于 2014 年 7 月上线运行。

为实现公司管理体制改革后的组织结构与审核流程线上线下一致，要求所有审价项目必须通过信息管理系统进行项目分配；项目总监开始审价工作后，必须根据工作节奏同步完善系统中审价项目的所有相关信息。在审价项目“审定单三级审核”内审送审时，需在公司管理系统上传有关项目资料的电子文档；所有投资监理工作需在公司信息管理系统中落实，项目总监必须根据项目进程实时完善项目信息。

完善管理制度。公司在历年来的实践过程中建立了完整的服务管理制度，确保在开展全过程造价咨询（投资监理、财务监理、竣工结算审价等）工作操作规范，充分体现中介服务的客观、公正、公平、公开的原则，确保从业人员踏实和廉洁的工作作风。具体包括：合同管理的投资控制报告制度、编制或审核预算造价的投资控制报告制度、形象进度工程款的拨付的投资控制报告制度、建设材料及设备价格咨询的投资控制报告制度、对设计变更的投资控制报告制度、对现场签证的投资控制报告制度、各项建设成本及费用定期审核的投资控制报告制度、投资计划（包括概算或估算）执行情况的投资控制报告制度、分阶段审价的投资控制报告制度等。

加强人才培育。在现有的 50 余名造价咨询从业人员中，有注册造价工程师 30 名，有注册招标工程师 8 名，注册咨询工程师 2 名，拥有高级职称的技术人员 17 名，各类具有中高级职称的专业技术人员占从业人员的 86%。公司同时还聘请了多位在工程造价领域颇有建树的专家和学者担任顾问，确保了公司的咨询服务质量。

同时，公司还不断增强员工职业素质，结合市场和工作需要每周开展一次专业培训，如“上海市建工项目主要行政审批程序介绍”“工料测量系列讲座”“现代建筑领域‘四新’技术应用系列讲座”“BIM培训”“2013工程清单计价规范培训”“2013版建筑工程施工合同(示范文本)培训”。还邀请台湾大学斯年管理培训宗信教授为员工进行心理、演讲、职业道德、PPT设计等素质培训；邀请英国皇家测量师学会培训官为员工进行RICS全球性的专业道德标准、职业操守核心原则等素质培训；以及新进员工入职教育；等等。坚持不懈的公司员工业务教育培训，对扩展员工的职业视野、提高专业咨询水平等起到了积极的促进作用。

新形势下，明方复兴坚持以“推进改革，严格管理，巩固已有阵地，做专做精；开拓思路，创新融合，扩展项目管理，做强做大”的发展思路，积极开展政策研究和市场调查。未来将进一步对造价咨询、招标代理等专业强项做专做精；同时，为了适应市场的发展和需求，还将把积极扩展管理项目作为企业取胜市场的突破口，在追求卓越中实现企业的持续发展，并为社会承担更大的责任！

七、上海建通工程建设有限公司

上海建通工程建设有限公司由上海交通大学与中国对外建设总公司于1993年共同设立，经体制改革，现为民营有限责任公司，拥有住建部、交通部、质检总局、人防办甲级监理资质，是中国建设监理协会和上海市建设工程咨询行业协会会员。经过20多年的发展，上海建通已经成长为一家集项目管理、工程咨询、工程监理、招标代理、科技咨询等为一体的大型综合性咨询服务企业，在城市轨道交通、桥梁隧道、大型场馆和环境治理等领域取得了丰硕的业绩，为中国城市化建设做出了努力和贡献。

公司成立20多年来已承接项目管理和工程监理项目1 800余项，项目遍布长三角、珠三角、环渤海以及中西部和东北部等十几个省市。其中，重点工程项目、世行亚行贷款项目和外资项目占70%以上。荣获“新中国成立六十周年百项经典暨精品工程”“国家鲁班奖”“詹天佑土木工程大奖”“国家优质工程奖”“中国市政金杯示范奖”“中国人居环境范例奖”以及省市奖和其它奖800余项。

2015年度实现合同额1.55亿元，收入1.57亿元，人均产值19.72万元，处于上海领先地位。

◆ 持续的改革创新是企业不断前进的动力

上海建通成立以来，在探索发展理念中，坚持科学与人文结合，实现规模与持续发展。其中，在科学管理上，坚持规模化与成效化经营，法规化与信息化管理，执行力与人性化环境。科学管理的不断深化，确保公司规模发展。在人文创新上，创建团队精神与核心竞争力，优化环境与人的积极性、人文目标与企业软实力。人文创新的不断提升，确保公司持续发展。

科学使公司不断掌握客观规律，人文使公司不断发挥创新思维。坚持科学与人文结合，上海建通已进行了多次重大改革：第一次改革是1993年至1996年，公司狠抓管理改革，在监理行业首创三大标准化管理（形象标准化管理、现场标准化管理和文档标准化管理），并在全国进行了推介；第二次改革是在1997年至2000年，公司狠抓体制改革，在教育系统率先把国有企业改制为国有与民营合资企业，并创立规范监理三表制度（贯标检查表、质量责任制表和业主反馈意见表）；第三次改革是2001年至2005年，公司狠抓机制的适应性改革，改革为公司、分公司和监理组的三级管理负责制，最大限度调动各级领导、干部和员工积极性，并提出"坚持科学与人文结合，实现规模与持续发展"新理念；第四次改革是2006年至2016年，公司狠抓政策的配套性改革，改革为公司、管理公司和监理组的三级管理责任制，最大化地发挥各级领导、干部和员工创造性，并在监理行业首批开展创建学习型企业试点工作。

其中2013年起，进一步强化公司、管理公司、项目监理组三级直接管理模式，并不断完善责权利对应的责任制。公司由各专业部门实施分类管理，项目由各管理公司实施全面管理，形成了各部门横向支撑到边，公司、管理公司、项目监理组纵向管理到底的矩阵式组织管理网络，兼顾了管理质量和管理效率。以实现公司，股东及个人的共同发展。

公司在1997年率先在监理行业推行标准化管理和通过ISO9000质量管理体系、ISO14001环境管理体系、GB/T28001职业健康安全管理体系认证。为了将三标与公司日常管理紧密结合，以滚动内审和集中内审相结合的方式进行，即日常根据项目监理工作进展进行滚动内审，年底对各部门、管理公司进行集中内审。对每个检查项目发现的问题，当即将检查记录发给监理组，两天内开出整改问题清单交管理公司，由管理公司督促项目监理组整改。每周例会通报上周检查情况，每月将当月检查情况汇总，在总裁办公会议上通报。对重点项目进行复查，并对整改工作进行跟踪检查，确保整改到位。

公司还建立了一系列切实可行的管理制度，如"一书四表"制度（即入职承诺书、每月安全质量岗位责任制表、每月建设单位意见反馈表、每月贯标检查表、每月项目风险控制表）。为落实五方责任制中的总监责任"总监理工程师、驻地监理工程师任命书""项目监理部人员一览表"及"监理项目人员安全质量岗位责任制表"等报表的格式、填报流程及归档要求，将现场总监和各监理人员的责任落实到每月、每天工作中，与个人考核绩效挂钩。

◆ 产业资本投资控股，专注提升工程安全质量及风险管理服务

2016年，钛和资本投资1.2亿控股上海建通，开启国内首家产业资本入驻工程监理服务企业的新时代，也开启了上海建通第五次推进事业部制改革的大幕。钛和资本专注于专业技术服务领域的投资，是中国第三方检测检验产业领域投资项目最多、布局最深的投资机构，至今已经在上海主板、深圳创业板、香港主板及新三板完成9家企业证券化。

中国工程服务行业的服务质量、模式及各种配套制度，与欧洲、日本和美国相比，还存在较大的提升空间，在中国大力发展城市基础设施的背景下，历经二十多年发展的中国工程服务业正在迎来变革机遇，这是行业发展给予中国工程服务企业一次转身、转变、转型的罕见窗口期。

上海建通在二十多年发展中历经了中国监理行业发展变迁，沉淀了优质的企业文化、专家型人才和管理体系。产业资本投资上海建通后，不但为企业注入资金，更注入思想、管理、人才和战略资源。上海建通主动破局变革，从单一监理服务向综合咨询服务延伸，将有机增长和并购整合相结合，深度提升服务能力。

通过获得产业资本全力支持，目前上海建通已经完成内部重组，公司专注于工程服务领域，为工程项目提供安全、质量和风险管理服务。

通过强调“关口前移”的三级（公司、事业部、监理组）风险管控思想，上海建通要求在项目风险发生前，监理组预先识别评估风险，制订预控措施和应急预案，将项目的不确定性风险管理转变成可控的有准备的应对措施。监理组每月总结分析本月项目危险源、质量和环境控制风险的预警、预防及措施落实情况，并根据施工进度，拟定下月风险预警预防方案及针对性措施。公司检查、汇总、总结项目工程进展情况、本月动态风险控制情况、下月动态风险梳理情况、对风险工程的监控情况，调配资源予以应对。公司工作小组以重点工程项目为重点进行节点检查、指导和考核。在风险识别中，除工程本身风险外，引入业主和承包商行为以及监理人员自身素质等因素，使得应对措施更趋完善，有效降低了事故发生率。

同时，自住建部2014年推进《工程质量治理两年行动方案》以来，上海建通全面落实管理公司、总监、一线监理人员各级责任，特别强调监理组负责人（总监）执业资格责任；对历次住建部通报违法违规典型案例，及时在周一办公会、季度研讨会、每月总监研讨会进行通报，要求管理公司督促，总监、监理人员对照本项目具体情况问题进行自查，并限期整改；汇总分析通报的违法违规典型案例的类型，补充修改了“项目监理部贯标检查（自查）表”，强调了总监责任、带班生产；工程结构材料报审及平行检测、焊接工艺试验报告；起重机械检测及验收等检查（自查）内容；加大滚动内审（检查）频次及力度，对于重点项目多次复查，并请技术专家、管理公司总经理、技术负责人共同检查，督促问题整改落实，实现重大质量、安全风险受控。

◆ 坚守道德规范，做一家令人尊敬的企业

坚守道德规范，做好工程项目的安全质量及风险管理，是工程服务企业长远发展的灵魂和哲学基石。

20多年来，上海建通和上海建通人的拼搏、奉献精神和文化底蕴、积淀来自于：一是大力创建学习型、创新型企业，创建学习型企业的核心是提高员工解决问题能力，创建创新型企业的本质特征是持续创新，使公司在不断创新转型中，努力建成规模与持续发展的发展型企业；二是大力发扬人文精神，包括“优质高效、团结进取、合作发展”的建通精

神，以及“我以建通为荣、建通以我为荣”的建通文化；三是大力发挥人文智慧，包括每周的工作例会、每月总裁扩大会和每季战略研讨会，都要展现实干和创新的勇气、智慧。

在继续创新转型中，上海建通不断提升着人文智慧。特别是重组后，更加重视企业文化建设，将合规教育融入全体员工的为人处事中，形成生活习惯，增强工作责任心教育，改革人才薪酬体系，实施“工资＋绩效＋股权激励”的立体薪酬方案，鼓励员工在工作中坚持原则。公司努力在企业内塑造积极向上的企业文化，结合月度考核考勤以及现场检查实施奖惩，年末组织年度总结表彰大会，获得优秀监理组、优秀总监向全公司交流管理和监理经验，带动公司服务质量总体提升。

上海建通秉承遵守国家及地方与部门的法律法规、规范标准的企业文化，倡导建通人坚守道德规范，站在社会稳定和公众安全的立场，争做令人尊敬的专业技术服务公司。

2014 年以来，公司积极参与各行业主管部门的争先创优活动，获得“中国设备监理协会优秀会员”“上海市重大工程实事立功竞赛 2014、2015 年度设备赛区优秀企业”“2014 年度上海市工程设备监理优秀公司”等称号。公司所监理的工程获得国家级“优质工程”奖项 8 项：其中“国家优质工程金质奖”1 项，“詹天佑土木工程奖”3 项，“全国市政金杯示范工程”4 项；获得省部级奖项 24 项，地市级奖项 14 项。

◆ 凝聚技术和管理人才，以技术驱动服务质量的提升

人才是技术服务企业的核心竞争能力，是工程技术服务企业的产能基础。上海建通的人才队伍包括专家团队、运营团队和总监团队。公司目前拥有建设工程注册监理工程师、交通工程注册监理工程师和工程设备注册监理工程师近 200 名，以及注册造价工程师、注册咨询工程师和一级注册建造师 30 余名；并有国务院授予特殊贡献津贴的专家和博士学位的高级人才 10 余名。这些人才为上海建通在轨道交通、公路及桥隧领域沉淀了丰硕的业绩，特别在轨道交通和大直径盾构项目上积累了丰富的经验。

2016 年以来，上海建通凭借全新的管理理念、创新的服务模式及立体的薪酬体系，激发了团队的工作责任心和积极性，同时也吸引了一批新团队成员的加入。目前，一批在轨道交通、大盾构、深基坑、桥隧及环境治理领域深谙设计、施工和监理的专家，成为建通最有价值的团队，也是建通发展的技术“法师”。公司的总监团队有一百多人，他们常年跟随企业发展，拥有丰富工程服务经验和管理能力，成为上海建通深化服务质量和水平的坚实力量。

上海建通坚持三个层次的团队建设。一是技术培训，专注提升总监团队的技术水平和工程管理水平，满足并高于工程项目的要求；二是管理培训，注重服务过程中的细节管理，企业的利润不是靠节约服务成本，而是通过优化管理流程和提高市场规模获得；三是合规培训，坚持及时学习贯彻各种规范及法规等。团队建设是企业持续发展的基础，贵在坚持，不争朝夕。

为了贯彻“我以建通为荣，建通以我为荣”的企业文化，公司通过专家讲座、新媒体宣传和建通简讯，让员工的理念跟得上形势和公司发展的需要，珍惜做好每一个项目的机

会，用每天扎实的工作体现员工的价值、增强工作的责任心和自豪感。同时，公司通过业主满意度反馈表、安全质量责任制表等考核方法，强化规章制度的执行力，使得人人主动自觉执行规章制度成为建通文化的基本体现，将科学与人文相结合，推动了公司的持续发展。

◆ **坚持科学性思维，坚守公共安全第一，客户满意至上。**

中国城市化进程是世界级别的创新，我们有许多经验可以借鉴，但是没有可照搬的模式。所以围绕中国城市轨道交通、地下管廊及其他市政工程，必须创新管理及服务模式。要借力中国城市基础建设蓬勃发展、政府主管部门重视工程服务的黄金时期，抓住时机迎接挑战。

对此，上海建通树立“科学性思维模式”，重新安排、组合工程咨询、设计、施工和监理领域的科学知识，创新服务模式，提高服务水平；同时突破已有的科学知识，提出适应中国市政工程服务的崭新见解、设想、思路和观点。多年来，上海建通重视体系建设，重视细节管理，责任目标落实到人，用信息化手段和新技术创新管理模式，坚持客户满意，更坚持维系公共安全质量的社会责任。未来，上海建通还将开辟规模化发展新战略，主攻大型项目、规模监理和项目管理，使公司向更高起点方向发展；拓展多元化发展新战略，扩大设计、监测和咨询业务，使公司向更大规模方向发展；向更大型化企业发展和向争取上市方向发展，使公司向更高起点和更大规模的新目标发展。

新的时代已经来临，上海建通正以崭新的面貌积聚力量，勇于破局变革，团结协力，坚持共赢，蓬勃向前发展！

八、上海第一测量师事务所有限公司

上海第一测量师事务所有限公司（以下简称“一测”）成立于1994年，是由国内首批获得英国皇家特许测量师（RICS）和特许建造师（CIOB）资格的专业人士创建的国内率先提供全过程造价咨询及项目管理的专业咨询公司。目前公司在职员工数百人，拥有英国皇家特许测量师，英国皇家特许建造师，国家注册造价工程师，注册咨询工程师（投资）等逾百名专业执业人士。秉承严谨、务实、高效的服务理念，为业主提供建设工程全过程造价咨询与合同管理、工程咨询与投资监理、工程招标代理、工程结算审价等优质咨询服务。

经过20多年的发展，公司业务已遍及全国各地，服务项目从大型城市基础设施到房地产综合发展工程，包括如机场、轨道交通、大型公共建筑、超高层、酒店、商业、城市综合体等项目提供了全过程的咨询服务。2016年，公司总营业收入实现19 449万元。

公司在发展过程中致力于推动咨询行业的建设，先后参与了上海及建设部的多项课题、规程及规范的编制工作，同时与国外同行建立广泛的业务合作关系，取得了共赢。

◆ 创业引领行业改革方向

20 世纪 80 年代后期，我国建筑业与国际交往中缺乏有关计量计价的专业人才。为此，业内资深专家徐绳墨将在国际上较有影响力的英国 RICS 学会和 CIOB 学会推荐给了上海市建委，建议集中力量培养符合相关学会成员要求的专业人才。在市建委的大力支持和城建学院、市建委所属相关单位的支持配合下，以系统、全面了解上述两个协会相关专业为目的的“建设管理高级人才培训班”于 1990 年分别正式开班！这两个班经历了英语强化培训以及两年多的专业培训和一年多境外同类机构实习前后约五年左右的全脱产培训。

培训即将结业之时，徐绳墨考虑到这批学员如果回到各自原单位，想要推行与国际接轨的这套做法显得有些力单势薄，对帮助政府推动由计划经济向市场经济过度改革的力量也十分有限，同时，境外同行又在纷纷争夺这批所培养的人才。因此有意组建一个公司，可以真正践行国际通用的建设工程造价管理乃至项目管理的理念和做法，并作为政府改革的实验田，帮助政府加快推动改革。

考虑到这个公司所处的现实环境、所肩负的使命以及未来发展的方向，徐绳墨觉得公司应该有三个方面的专业人才集聚，即熟悉了解国内工程造价管理的专业人才；熟悉项目管理的专业人才以及了解国际通用做法专业人才。很快，人才迅速聚集在一起正式启动了创建公司的步伐。

这个公司是国内第一家试图推行国际通用做法并打着“测量师”旗号的公司，所以就起名为“上海第一测量师事务所”(1997 年改制更名为“上海第一测量师事务所有限公司”)。1994 年公司完成了所有从业许可和注册登记手续，并于 1994 年 9 月正式向外界推出。

今天，公司专业人员已经由创办初期 20 来人，发展到近 400 人；办公场所由初创时期的 20 多平方米发展到逾 4 000 多平方米；年业务产值由初创时期 100 多万元发展到过亿元。

◆ 开拓全过程造价咨询服务

上海作为全国工程造价咨询业领先的城市之一，现有的造价咨询单位大都经历过传统市场的开拓、生存和发展。上海第一测量师事务所于 1996 年底正式进入造价咨询领域，在分析了市场的现状和自身的特点后，认为只有坚持建设工程全过程造价咨询，才是发展的最佳途径。

公司在开展全过程工程造价咨询服务的过程中，针对上海地区建筑市场外资介入较多，市场存在全过程造价咨询服务需求的实际情况，在政府主管部门及行业协会的指导下，从服务内容、人才培训、市场开拓着手，定位与国际惯例接轨的全过程造价咨询服务。

起步从几千万元甚至几百万元的小项目做起，当时的行业收费仅有审价收费标准，而一测全过程的造价咨询服务是涵盖整个建设过程的，一个项目做下来几无利润。当时的内资建筑市场几乎没有需要全过程造价咨询服务的项目，而针对外资项目，成立之初的一测还不具备和外资咨询企业叫板的实力和知名度。通过在市场的磨炼中不断地提高自身的管理水平和业务水平，一测逐渐被中外客户熟知，其后，在完成了“新天地”等一批有影响的大项目，使公司的知名度大涨，而公司所一直坚持的全过程造价咨询这一服务特色也真正得到了市场的认可。

造价咨询服务在整个建设过程中，体现服务水平高低的标准在于建设工程合同的履约，而制定合同是控制造价的前提，也是造价咨询机构专业水准的体现。国外同行的一大优势即在于其合约管理的能力。因此，无论是全过程造价咨询，还是单一的招投标代理，哪怕一个项目多达上百个的合同，一测始终坚持为业主提供制定合同的服务。在编制合同文本的过程中严格遵循建筑业法律法规，明确总承包与分包之间清晰的界面关系，保障业主对分包的主动权，明确工程变更、索赔、支付的原则，避免业主与总承包之间界限不清。只有为业主制定满足市场化的闭口或接近闭口的建设合同，才能在合同履约过程中真正做到有据可查、有约可依，减少不必要的矛盾，起到控制工程建设资金、保障质量和保证工期的作用。同时，在服务的过程中，一测也在合同管理上积累了丰富的经验和资料。

目前，公司正在培育项目前期决策咨询，合同管理咨询等新的业务增长点。

◆ 诚信执业促行业健康发展

工程造价咨询企业作为中介机构，有社会赋予它的责任，特别是在不成熟的市场经济条件下，政府管理职能逐渐淡出，工程造价咨询企业在工程造价管理中的作用将越来越大。公司在制订质量方针时突出了“真诚、效率、公正、高标准”，并在质量手册中指出，服务不仅要让业主满意，还要考量社会赋予企业的责任，维护职业操守是企业长期发展的根本，为此，公司在自身建设方面做了大量的工作。

近年来，工程造价咨询市场的竞争激烈，专业服务如果收费过低甚至不合理，势必影响服务质量。为此，多年来，一测秉承以高专业水准和高质量服务立足市场，不参与恶性价格竞争。虽然失去了不少机会，但企业在坚持合理收费的同时，也保证了服务质量，为行业健康有序的发展做出了贡献。

服务成果能否经得起检验是衡量企业诚信公正的重要指标，为此，一测积极配合客户及同行对公司服务的质量进行检查，得到委托方的赞许。走过这些年，企业在加强自身诚信经营的同时，也深切体会到只有整个造价咨询行业真正走向规范、有序才能可持续发展。

20 多年来，一测的业务已从结算审价扩展到以全过程造价咨询为主，涵盖招标代理、工程咨询、造价鉴定、项目管理及融资策划等多方面服务，除了诚信执业，优质服务是拓展业务的一大基础。

公司的使命是为客户提供最专业的咨询服务，“追求第一，第一追求”是一测的核心价值观，这其中有二层意思：一是专业水准，二是服务质量。在提供全过程造价咨询服务过程中，随着设计不断深化，一测会提供相对应的估算，有时甚至多达几十版。

公司特别强调在提供咨询服务过程中与业主的沟通交流，根据项目不同的特性，不断摸索与不同业主的沟通交流方式及服务形式。

◆ 业界标杆勇担社会责任

经过 20 多年在全国各地数量成百上千、类型千差万别建设工程项目上的工作实践，公司在建设工程造价咨询确定与控制方面的国内领先管理理念和做法得到了潜移默化的推广和卓有成效的应用，成为了建设工程造价咨询行业中具有既能广泛吸取当前国际先进理念和惯例做法、又能紧密结合国内传统规则和自身特点，既能充分发挥人员专业技术优势和丰富的理论实践经验、又能高效率高标准地灵活应用的行业典范、业界标杆。在为各投资建设方的建设工程造价有效管理和控制做出突出贡献的同时，也取得了显著的社会效益，得到了建设工程造价咨询行业政府主管单位或部门、国家和地方建设工程造价行业管理协会、同行兄弟单位、各类项目投资建设单位等的一致好评和肯定，多次受到了上级政府主管单位或部门、国家和地方建设工程造价行业管理协会的表彰。因此，企业深受建设工程造价咨询行业上级相关管理单位及其他兄弟单位的信任，陆续委托他们负责或参与了大量行业相关的前沿开拓和技术创新工作。

规范标准：公司成立至今，先后受国家建设和住房保障部的委托负责起草了《建设工程造价咨询业务操作指导规程》，受上海市法制办委托参与上海工程招投标示范合同文件的编写工作，受中国建设工程造价管理协会、上海市建筑建材业市场管理总站和上海市建设工程咨询行业协会等的委托参与了《建设工程造价咨询规范》(GB/T 51095—2015)、《建设项目工程结算编审规范》(待审批出版)、国家行业协会标准《建设项目全过程造价咨询规程》(CECA/GC 4—2009 修订版)(待审定)、《建设工程造价咨询规范》(DG/TJ 08-1202—2011)修订版(正在编制中)版及 2011 版和 2006 版的编制工作；参与了《建设工程造价咨询成果文件质量标准》(CECA/GC-7—2012)、《建设工程招标代理规范》(DG/TJ 08-2072—2016)版和 2010 版等的审查工作；参与了国家推荐示范文本《建设工程造价咨询合同(示范文本)》(2015 版)、《工程项目造价咨询服务单位招标文件(示范文本)》(正在编制中)等的审查工作；还参与了中华人民共和国交通运输部《公路工程造价管理办法》、中国建设工程造价管理协会及上海市建设工程咨询行业协会的《工程造价行业“十三五”规划》等的审查工作。

培训教材：近年来，公司受中国建设工程造价管理协会、上海市招标投标管理办公室、上海市建设工程咨询行业协会等的委托，参与了 2010 年度全国注册造价工程师继续教育培训教材、上海市招标代理工程师培训教材《招标投标法规与合同》与《工程项目招标投标相关法律知识》等的编制工作。

课题研究：在国家建设和住房保障部、中国建设工程造价管理协会、上海市建筑建材业市场管理总站、上海市建设工程咨询行业协会等的牵头下，公司负责翻译了《建设工程管理》一书、承担了《上海市造价咨询领域的改革方向》课题研究、参与了《99 版 FIDIC 合同在中国的适用性研究》课题、《上海建设工程造价管理改革研究》、上海市《建设工程案例技术经济指标》课题研究，承担了上海市《以判定合理报价为核心的商务标评审内容及要求的研究》，参与了国标《建设工程工程量清单计价规范》在上海的推广工作，率先成功实施了上海首个依据国标《建设工程工程量清单计价规范》要求实施的工程量清单招标与评标项目。

专业授课：一测的业内资深专家经常受到全国各地部分高校的盛情邀请，前往进行行业相关专业知识与理论经验的传授与分享，至今，公司专家已进行了多次关于《基于国内施工合同条款的工程合同价款管理与索赔管理》、《项目全过程造价控制的内容与方法》、《工程项目招标与评标》、《施工商务标评审程序与要点》以及《建设项目合同管理的途径与方法》等的高等院校或行业高峰论坛的讲课或演讲，得到了高等院校相关专业师生和社会同行专业人士的广泛一致好评。

定额编制：一测在上海市建筑建材业市场管理总站、业内专业软件开发集成商等的牵头下，参与了《"建设工程工程量清单计价规范"上海地区应用导则》的编制，开发了与上海市建设工程 93 定额相配套的工程材料、设备中准价、信息价检索数据库，编制了上海市建设工程 93 定额软件——"预算博士"；等等。

行业软件：随着社会的快速发展和技术的迅猛进步，工程造价行业的日常相关工作越来越依赖于相关专业软件的开发与支持，一测依靠强有力的技术力量，受上海市政府建设行业主管部门、部分工程项目投资建设单位等的委托，承担了"'上海浦东国际机场''上海化工区'建筑业电脑自动化管理系统""上海地铁明珠Ⅱ号线投资管理及即时查询电脑程序"及"上海市建设工程领域相关法规、标准文库光盘"等软件的开发，并常年向上海市建筑建材业市场管理总站等提供由公司负责造价咨询服务的各类建设工程项目工程造价指标数据信息等其他相关工作。

目前公司在原有的造价咨询服务中，重点开展应用广联达 BIM 平台和 Revit 平台工程量计算与传统工程计算同步进行，分析工作效率的提升程度，同时还探索基于 BIM 技术的增值服务模式。

此外，一测还以开放的心态加强与其他企业、联盟、行业协会等合作。例如，公司每年都会参与中价协组织的"企业开放日"活动，促进企业间交流，提高专业人才业务能力，提升行业整体素质。同时，一测还作为五家发起公司之一参与筹建了中国惠众工程造价合作组织，力求为工程造价咨询企业的规模化和联合化发展摸索出另一条成功之路。

◆ 以人为本提高企业凝聚力

公司在成立之初创造条件引进了一批在国外经过正规培训并取得英国皇家测量师资格的专业人才，以此形成了公司的技术骨干。培育一流人才也成为了一测生存与发展的根本。公司发展到今天的规模，除了准确的决策和对市场环境的适应，最根本一点还是对"人"的培育。要有一批既懂业务，又有较高政治素养，既能克勤克俭，又要胸怀大志的人才，才能创造出一流的企业，才能为社会提供一流的服务。

除了依靠骨干的传、帮、带和专业培训外，公司还不惜功本利用一切机会让员工参加各种形式的培训。公司设有专门的培训室，几乎每周五下午都会组织各类培训，有公司的专业人士讲授工作经验和业务知识，也有外聘的专业教师来讲课。同时，还组织国际交流，如新加坡国立大学的学生、英国咨询公司的专业人士相继来公司实习和工作，也选派优秀的员工到英国、新加坡、香港的同业公司去实习和学习。公司有一大批员工既能运用英语为外资工程提供专业服务，也能熟练的运用各种计算机专业软件。正因为拥有了一批熟悉国外工程造价咨询的专门人才，使一测在提供涉外工程造价咨询服务方面独具优势。

同时，党、政、工、团共同协力，也形成了企业的凝聚力。公司创建之初就设立了党组织、工会及团组织，二十多年来，公司始终贯彻坚持党、政、工、团共同协力谋发展的宗旨，形成团结、勤奋、协作、奉献、不畏艰难、积极向上的企业凝聚力。

此外，公司上下各级管理部门运作高效、务实，制定了合理的分配机制，明确各部门各岗位的职责和权利，充分发挥各个层面和全体员工的主观能动性，现已形成了上下联动矩阵式的三级管理构架。